KB215297

왜 자본주의는 고쳐 쓸 수 없는가

Capitalism

왜 자본주의는 고쳐 쓸 수 없는가

약탈 본능의 시대,
자본주의 사용 설명서

김운회 지음

알렙

차례

새로운 패러다임을 찾아서

프롤로그

약탈 본능의 시대를 살아가는 한국인들을 위한 자본주의 사용 설명서

1 자본주의 4.0이라는 말장난

"쓰레기와 다른 폐물들을 내리고 있는 트럭 주위에 약 35명의 남자와 여자 그리고 아이들이 있었다. 트럭이 쓰레기 더미를 떠났을 때 그들 모두는 막대기 또는 식품 및 채소 더미를 파헤치기 시작했다."[1)]

이 글은 북한의 이야기가 아닙니다. 1932년 세계 최고의 부자 나라인 미국 시카고의 쓰레기 집하장에서 일어난 것을 묘사한 보고서의 일부입니다. 자연자원은 예전과 다를 바 없었고, 국가는 여전히 똑같은 공장과 설비를 가지고 있었지만 수백만 명의 노동자들과 그 가족들이 구걸하고 빌려 쓰고 도둑질 했으며, 구호식량을 받으려고 줄지어 서야 했습니다. 수천 개의 공장 또한 가동을 중지해야 했습니다.

이것이 대공황입니다. 최고의 부자 나라도 대공황을 피해 갈 수 없었으며, 이것은 결국 세계대전으로 확대됩니다. 대공황과 세계대전을 겪은 후 세계는 이 같은 파국을 막기 위해 많은 노력을 해왔습니다. 그래서 각종 이론들이 나타났고 세계는 다시 번영의 길로 들어선 듯했습니다.

그러나 지금 세계 경제에는 다시 거대한 먹구름이 드리우고 있습니다. 한국도 예외는 아닙니다. 불과 70년 전이었다면 큰 전쟁이 났을지도 모릅니다. 늘 우려했던 일들의 실체가 드러나고 있습니다. 어떤 경제 전문가는 "인류가 경험한 가장 큰 경제 위기는 대공황이며, 그 후 최악으로 꼽을 수 있는 것이 지금 우리가 겪고 있는 것"이라고 말합니다. 그러면서 그는 "우리는 정말 재수없는 세대"라고 말했습니다. 제가 보기엔 1930년대의 위기처럼 새 패러다임 없이는 지금의 위기를 극복하지 못할 것으로 생각됩니다. 또 다른 의미에서는 새로운 패러다임을 구성할 수 있는 좋은 기회가 온 것일지도 모릅니다.

사실 자본주의의 위기는 과거의 제국주의 침략은 물론 최근 과도할 만큼 금융공학(financial engineering)이 발전할 때부터 싹수가 노래 보이기 시작했습니다. 실물을 무시하고 투기나 돈놀이에만 집중해서 장기적으로 성한 나라는 궁극적으로 세상에 없습니다. 2008년 리먼 브러더스(Lehman Brothers) 사태, 최근의 남부 유럽의 사태들을 보면서 설령 이 사태가 단기적으로 풀린다고 해서 완전히 해결된 것이 아니라는 생각이 듭니다.

특히 유럽의 경제 통합은 철저하게 데카르트적으로 진행된 듯이 보여도 곳곳이 허점투성이입니다. 간단히 우리나라만 봐도 그렇죠. 대구에 살던 사람이 광주에서 사업하기가 쉽지 않습니다. 그런데 하물며 언어도 다르고 화폐도 다르고 문화도 다른 사람들을, 경제는 물론 정치까지도 무리하게 통합하려고 했으니 어떻게 사달이 안 날 수 있겠습니까?

안타까운 것은, 사태가 이 지경이 될 때까지 우리는 우리가 사는 자본주의 자체에 대한 진지한 성찰(theoria)이 없이 외형적으로 나타나는 현상에만 골몰하여 임기응변식으로 대처해 왔다는 것입니다.

현대 사회는 학문 자체도 위기 상황입니다. 특히 사회과학 자체의 패러다임의 위기가 심각하게 도래하고 있습니다. 지금 우리가 보는 경제학은 열심히 그래프만 그리고 있지, 우리가 사는 이 세상 자체를 제대로 성찰하고 있지 못합니다. 최근 어느 경제학의 대가 한 분은 오늘날 경제학적 풍토를 잔가지들에 얽매여 자디잔 싸움을 하는 것으로 "마치 작은 산이 큰 산을 가린 것"과 같다고 토로했습니다.

지금 필요한 것은 불필요한 좌우 대립이나 진보 논쟁이 아니라 미래의 메가트렌드(mega trend)와 패러다임(paradigm)의 변화에 대한 보다 구체적인 논의입니다. 그러기 위해서는 자본주의 4.0이니 하는 말장난(play on words)보다는 현대의 자본주의 자체를 성찰해 볼 필요가 있습니다. 그리고 현대의 프롤레타리아인 도시 빈민, 농어촌민, 각종 소외된 세력들을 보호할 수 있는 새로운 유토피어니즘(Utopianism)을 논의할 필요가 있습니다. 마르크스주의는 유토피어니즘 이론 가운데 가장 성공한 이론이었습니다. 그러나 분명한 것은, 마르크스주의는 유토피어니즘 이론의 하나일 뿐이라는 것입니다. 자본주의나 마르크스주의 자체에 집착할 아무런 이유가 없는 것이죠.

2 살아서도 갈 수 있는 유토피아를 꿈꾸다

인간은 오랫동안 유토피아(Utopia)를 꿈꾸어 왔습니다. 그러나 유토피아는 현실에서 이룰 수 없는 꿈이었습니다. 결국 유토피아는 우리가 죽어서만 갈 수 있는 곳이라는 자각에 이르게 됩니다. 기독교가 말하는 '천국'이나 불교의 '극락정토'니 하는 것이 바로 그 예입니다. 죽음이란 어쩌면 천국으로 가는 길일지도 모릅니다. 아이러니하게도 우리는 공동묘지를 두려워하지만 그곳은 오히려 우리 욕망이 소멸한 안전지대일지도 모릅니다. 우리가 무서워하는 악마는 복잡한 도시의 사람들 틈에 함께하고 있을 겁니다. 그것이 학문의 이름을 빌리고 신(神)의 이름을 빌려 인간을 철저히 구속하는 것일지도 모르죠.

마르크스(Karl Marx, 1818~1883)는 죽어서만 갈 수 있는 유토피아에 대해서 '살아서도 갈 수 있는 곳'이라고 제시한 사람입니다. 그의 이론은 유토피아 구현에 대한 최초의 과학적 시도입니다. 그러나 분명한 것은 마르크스의 연구는 유토피아에 대한 최초의 과학적 시도이지 하나의 완성된 이론이 아니라는 점입니다.

저는 1980년대를 마르크스주의(Marxism)에 관한 연구로 보냈습니다. 당시 한국 사회의 많은 모순들을 이 이데올로기로 해결할 수도 있지 않을까 해서 말입니다. 그러나 마르크스와 사회주의 경제학을 연구하면서, 이 체제는 자본주의와의 싸움에서 결코 이겨내지 못할 것이라는 점을 알게 되었습니다.

마르크스의 이론은 앞으로도 보시겠지만 패쇄 경제(closed economy) 하에서 적용될 수 있는 경제 이론입니다. 마르크스의 이론은 국제 경제에서 가장 취약합니다. 노동가치론의 국제적 적용 과정은 한마디로 동화 같은 이야기죠. 경제에 관한 한, 마르크스주의의 가장 큰 문제는 그의 추종자들이 마르크스의 이론을 보다 창의적으로 발전 · 적용시킬 수 없었다는 것입니다.

문제는 자본주의 경제학이나 마르크스주의 경제학을 모두 제대로 공부한 사람들이 드물다 보니 한 가지 주제를 가지고 싸워도 서로 다른 차원에서 이야기를 하고 있다는 점입니다. 국제 경제에 대한 한 줌의 지식도 없이 레닌(Lenin)의 '제국주의 논리'로만 세상을 설명해 본들 해결책은 어디에도 없습니다. 그리고 리카도(David Ricardo)나 헥셔-올린(Heckscher-Ohlin)의 무역 이론으로 제국주의 시대를 설명하는 것도 우스운 일입니다.

무엇보다도 마르크스에 대한 환상을 깨뜨리는 것이 중요합니다. 일반적으로 마르크스는 어떤 '혁명의 화신'처럼 사람들의 입에 오르내리지만 그는 당시에 가장 중도적인 이론가였습니다. 그는 과학적으로 사회를 분석하려고 시도했던 이론가였지 혁명가는 아니었습니다. 다만 변증법적 유물론이라는 이론 체계 자체가 이론과 실천의 실존적 합일(合一) 과정을 의미하기 때문에 마르크스가 혁명가처럼 보일 뿐이지 마르크스 이론만으로 본다면 과격한 혁명가로 보기는 어렵지요. 당시에 마르크스를 회색분자처럼 생각한 이론가도 많았습니다. 마치 사람들이 예수님에게 "당신이 말하는 하나님의 나라가 뭐요?" 하듯이 당시에 사람들은 "당신이 말하는 그 혁명이 도대체 뭐요?"라고 마르크스에게 물을 지경이었습니다.

1980년대 미국은 베트남 전쟁에서의 패전과 금태환의 정지 등으로 세계 경제의 리더 역할에 치명적인 타격을 받은 상태에서 이른바 이중적자(재정 적자와 무역 적자)에 시달리고 있었기 때문에 최악의 경제 상황이었습니다. 그럼에도 미국은 오히려 스타워즈(Star Wars)를 추진하여 소련을 압박합니다. 그러더니 1990년대에 들어서 소련이 그대로 주저앉아 버리고 사회주의도 붕괴하게 되었습니다.

저는 사회주의가 무너져 내리는 것을 한동안 멍하니 바라보았습니다. '혁명은 피바다 위에 떠오르는 태양'이라고 하는데 그 많은 피들을 뒤로 하고 사회주의는 역사의 뒤안길로 사라져 가고 있었습니다. 물론 사회주의의 주요 이데아들을 자본주의가 많이 포용한 것은 사실입니다.

3 경제에는 혁명이 없다: 한국 자본주의의 성공

정치에는 혁명(revolution)이 있습니다. 그러나 경제에는 혁명이 없습니다. 하나의 제대로 된 자본주의 국가가 성장하기 위해서는 반드시 지나가야 할 여러 단계들을 다 거쳐야 하는 것입니다. 마르크스는 이 부분을 매우 정확하게 인지하고 있었습니다. 그렇기 때문에 현실적으로 보면 후진국 단계에서 제대로 선진국으로 진입한 나라들이 거의 없지요. 후진국들은 선진국들이 다 먹고 물린 밥상을 다시 받아서 먹어야 하는 처지가 될 수밖에 없습니다. 디지털 시대가 되면서 이 문제는 더욱 심각해질 수밖에 없습니다. 이른바 디지털 디바이드(digital divide: 디지털 정보 격차)입니다.

그리고 현대 사회는 기술이 알라딘의 마법사가 되는 시대입니다. 알라딘의 마법사의 손아귀를 벗어날 길은 어디에도 없습니다. 컴퓨터를 사용하는 사람이 MS 윈도를 벗어나 생활할 수 있나요? 회사를 경영하는 사람이 오라클(Oracle)을 벗어날 수 있나요? 그래픽 디자인을 하는 사람이 어도비(Adobe)를 사용하지 않고 작업할 수 있습니까? 아마도 미국을 가상적(假想敵)으로 생각할지도 모를 중국 공산당 주석의 비서실에도 MS 윈도를 사용하고 있을지 모릅니다. MS에서 아무도 모르게 해킹 프로그램을 깔아놓았다면 주석의 비서실의 주요 정보들이 다 새

나갈지도 알 수가 없는 일이지요. 이런 것을 좀 어려운 말로 '사실상 표준' 또는 '메타 상품(meta-product)'이라고 합니다.

그러면 한국은 어떨까요? 한국은 세계 여러 후진국들 가운데서 거의 유일하게 선진국에 진입할 가능성이 매우 큰 나라가 되어 있습니다. 사실상 선진국으로 분류하는 사람들도 많습니다. 실제로 싱가포르(Singapore)는 작은 도시국가(city state)인데다 정치적으로 민주화가 제대로 되었다고 보기에는 문제가 있고, 홍콩은 이미 중국의 일부이며, 타이완은 일반적으로 중국의 일부로 보고 있으니 큰 의미에서 중화 경제권의 일부라고 볼 수도 있기 때문입니다.

한국의 자본주의는 여러모로 운이 좋았습니다. '한강의 기적'이라는 것은 어떤 의미에서 보면 수많은 발달된 사회주의 공업국들이 세계 시장에서 분리되었기 때문에 이룰 수 있었던 것입니다. 선진국 경제는 전후의 길고도 긴 호황기를 맞아 그들이 포기한 노동 집약적 산업들에 대한 비교우위(comparative advantage)가 크게 발생하고 있었고 세계적으로 금리도 낮아 돈을 빌리는 데 부담도 적었습니다. 그리고 당시 대부분의 나라들이 수입 대체형(import substitution) 공업화를 추진하였는데 한국은 수출 지향적인(export-led growth) 공업화를 선택하였고 이 또한 한국이 세계 시장에 진출하는 데 유리한 배경이 되었습니다.

한국 자본주의의 성공을 잠시 살펴보고 넘어갑시다.

첫째, 시기적으로 보면 한국은 다른 대부분의 후진국들이 수출 지향 공업화 경쟁에 뛰어든 1970년대보다도 훨씬 이전인 1960년대 초반에 이 전략을 채택했다는 점입니다. 1960~1970년대는 세계 경제의 상승 주기였고 선진국 투자가들의 열정적인 투자로 한국과 대만은 쉽게 경제 개발에 필요한 자금을 가질 수가 있었고 이자율(interest rate) 또한 낮았습니다. 뿐만 아니라 수출 지향 공업화 경쟁 전략의 최대 장애인 무역 장벽(trade barrier) 또한 존재하지 않았고 무엇보다도 경쟁 상대국(competing country)이 거의 없었다는 점입니다.

둘째, 역사적으로 볼 때 한국은 패전국(일본)의 식민지였으므로 여타의 후진국가들처럼 '경제적인 재종속'의 가능성이 없었고 일본이 자국의 필요에 따라 건설해 둔 '경제'를 아무런 방해 없이 양도받을 수가 있었습니다. 여기에 후진국들 가운데서도 상대적으로 성공적이었던 토지개혁 또한 지적될 수 있습니다.

셋째, 한국전쟁이라는 동족상잔의 비극도 한국의 경제적 성공에 한몫 했습니다. 이해가 안 되십니까? 계급 전쟁(class war)은 새로운 사회 토대를 구축하는 데 일정한 영향을 미치게 됩니다. 즉 사회학적인 측면에서 한국은 구시대의 모든 전통 질서를 붕괴시키는 계급 전쟁을 겪음으로써 세계사적인 적응성(flexibility)이 강하게 되었다는 측면이 있습니다. 이것은 마치 "중국인들이 문화 혁명으로 인해 좌익 혁명을 통한 구제라는 환상을 버리게 됨으로써 자본주의적 방향 전환이 쉬웠을 것"이라는 슐레진저(Arthur Meier Schlesinger Jr)의 지적과 같이, 한국전쟁은 한국의 역사에 있어서 구시대의 앙금들을 쓸어가 버린 역할을 한 까닭이기도 합니다.

한국전쟁은 엄청난 인명 살상이 있었지만 인민군이 남을 휩쓸고 한국군이 북을 휩쓸어 구체제의 많은 봉건유제(封建遺制)들이 일거에 소탕되는 효과가 있었습니다. 여기에 '빈곤의 평준화'로 인하여 이른바 자본주의의 발달에 불가결한 요소인 값싼 노동시장이 형성되었고, 정부는 부담 없이 세계은행에서 돈을 빌리는 한편, 지속적인 인플레이션 정책을 사용하여 이른바 자본의 원시적 축적(primitive accumulation of capital)을 달성하게 된 것입니다. 사실 이데올로기 전쟁이 없었던 나라에서는 구체제의 모순들이 정리되거나 교정되기 어렵습니다. 오늘날 필리핀이나 많은 중남미 국가들이 제대로 된 경제개발을 못하는 주요한 이유들 가운데 하나도 계급 전쟁이 없었다는 것입니다. 가슴 아픈 일이기도 하지만 혁명이란 피를 먹고 자란다는 것을 새삼 실감하게 되는 것이지요. 지식인들은 다만 이 피의 양을 줄일 수 있도록 최선의 노력을 다해야 하는 것입니다.

넷째, 미국의 원조도 한국의 경제적 성공에 중요한 역할을 했습니다. 국제정치적인 측면에서 한국은 지정학적(geopolitical)인 중요성이 컸으므로 자신의 경제적인 계기와는 무관하게 미국으로부터 엄청난 원조를 받았습니다. 이 원조는 대륙 규모의 수준이었습니다. 이러한 미국의 강력한 지원으로 한국은 사회경제적인 질서의 유지뿐만 아니라 사회 기초 부문의 발전에 충분한 투자를 할 수 있었던 것입니다.

여기서 꼭 한 가지 지적할 것은, 당시 미국의 대한국 원조에 대해서 무조건 부정적으로 보는 사람들이 있는데 그것은 한국 경제 발전이라는 측면에서 볼 때 받아들이기 힘듭니다. 당시의 한국 경제 사정은 찬밥, 더운밥 가릴 형편이 아니었고 그들이 주장하는 바와 같이 도덕적인 원조를 해줄 나라는 세상에 하나도 없기 때문입니다. 1950년대에서 1960년대에 이르던 시기의 한국인들은 거의 아사 상태라고 보면 딱 맞습니다.

다섯째, 경제개발을 진두지휘한 강력한 정부도 중요한 역할을 했습니다. 일부의 사람들이 "당시에 누가 해도 그렇게 되었을 거야."라고 합니다만, 그것은 경제를 잘 모르고 하는 얘기입니다. 민주화가 고도화된 요즘을 보세요! 정부가 도로 하나 제대로 뚫을 수가 있습니까? 세계 근대사를 다 둘러봐도 후발 자본주의 국가, 특히 최빈국이었던 후진국가가 개발독재 없이 성공한 예가 없습니다.

한국의 박정희식 개발독재를 가장 많이 연구한 사람으로 덩샤오핑(鄧小平, 1904~1997)과 필리핀의 아키노(Benigno Simeon Aquino Jr., 1932~1983)를 들 수 있습니다. 현대 중국의 성공은 바로 덩샤오핑의 지도력 덕분이라는 데 토를 다실 분은 아마 없을 것입니다. 그렇다고 현대 중국 경제가 문제가 없다는 말은 아닙니다. 상당히 심각한 문제가 있지만 그래도 덩샤오핑의 결단이 없었더라면 중국의 현재는 상당히 참혹했을 것입니다. 아키노는 필리핀의 정치가로서 미국에서 마르코스 독재 체제 반대 운동을 계속하다가 1983년 8월 21일 귀국, 마닐라 공항 도착 직후 괴한에 의해 피살되고 말았습니다. 이 암살 사건은 대규모 반정부 운동을 촉발시켜 이후 군부에 의해 마르코스 독재 체제가 무너졌지요. 만약 아키노가 살아 있었더라면 필리핀의 현재가 훨씬 나아졌을지도 모르죠.

여섯째, 더 이상 물러설 데가 없는 빈곤의 절벽 끝에서도 교육열이 강하고 부지런한 국민성이 경제개발에 큰 역할을 했습니다. 서양인들은 마을이 만들어지면 교회를 짓지만 한국인들은 학교를 세웁니다. 학문을 숭상하는 한국의 오랜 역사적 전통으로 광범위한 인적 자원의 형성이 가능하였다는 것이죠.

이상의 내용들을 보면 한국의 성공은 일반화되기 어려운 경제 외적 요인들을 경제적 성공의 본질로 하고 있음을 알 수 있습니다. 실제로 1970년대 이후 수출 주도형 공업화 전략을 채택한 국가들은 국제 경제 환경의 변화와 더불어 그들의 경제를 더욱 파행적으로 만들고 말았

지요.[2)]

1970년대 한국은 경제적인 측면에서는 분명히 비약하였습니다. 적어도 두 번의 오일쇼크(oil shock)를 겪기 전까지는 말입니다. 한국은 1980년대 초 정치 · 경제적으로 심각한 위기 상황을 맞았지만 1985년 소위 '삼저호황(三低好況: 저유가 · 원화 약세 · 저금리)'을 맞이하여 한국 경제는 새로운 중흥기를 맞이합니다.

4 디지털 시대의 새로운 패러다임을 찾아서

제가 대학원에 다닐 때, 교수 한 분이 어떤 설명을 하다가 학생 가운데 하나가 반론하자 "이것은 말이야, 내가 하는 소리가 아니고 유명한 석학(碩學)이 한 얘기란 말이야."라고 하였습니다. 석학의 말이면 무조건 옳다는 말인지 아니면 석학이 한 얘기는 검증을 해서도 안 된다는 말인지 도무지 알 수가 없었습니다. 이런 걸 보면 사람은 일단 유명해지고 볼 일입니다.

세기말, 그러니까 2000년이 되기 바로 직전에 세계적으로 미래에 대한 많은 담론들이 있었습니다. 수많은 미래학자들이 미래 사회에 대해서 논하였습니다. 어떤 한국의 학자는 미국의 미래학자 중 한 사람에 대하여 미래를 가장 탁월하게 예측한다고 하여 아예 그 사람의 학문을 전공하다시피 하는 사람도 있었습니다.

그러나 제가 보기엔 답답하기 그지없는 이야기들입니다. 이들이 제시하는 미래의 패러다임(paradigm)이라는 것이 세계를 총체적으로 보고 생각해 낸 것이 아니라 자기가 살던 동네의 이야기를 보면서 그 동네에 맞게 만들어낸 얘기를 한 것에 불과하기 때문입니다.

그동안 제가 읽고 경험한 바로는 미국의 학문이라는 것은 형이상학(metaphysics)이나 철학적 기반이 약하고, 지나칠 정도로 공리주의적(Pragmatism) 전통이 강하여 세계를 전체적으로 조망할 능력이 다소 부족한 감이 있습니다. 물론 자연과학이나 공학은 강할 수가 있겠지만 대체로 세계의 석학이라는 사람들이 쓴 글을 보면 세상의 현상을 제대로 이해했다고 느껴지지가 않습니다.

그러면 여러분 가운데 참지 못하고 이렇게 말씀하실 분이 있을 것입니다.

"말도 안 돼, 그러면 당신은 세상의 현상을 제대로 볼 수 있다는 거야?"

글쎄요. 그럴 수 있는지는 저도 잘 모르겠습니다. 다만 저는 패러다임에 대한 여러 가지 논의들을 살펴보면서 디지털 시대에 좀 더 합당한 패러다임을 제시할 필요는 있겠다고 생각합니다. 물론 제가 제시하는 패러다임들이 모두 미래 패러다임의 구성에 정말 불가결한 것이 될 수 있을지는 모를 일입니다.

그러나 한 가지 확실한 것은 디지털 시대의 새로운 패러다임에 대한 제대로 된 분석이 아직은 없다는 점입니다. 대부분의 제시된 패러다임이라는 것은 여러 현상의 일면만을 바라보면서 제시한 것이라는 점입니다. 예를 들면 세상은 교육을 받은 사람이나 부자들만의 나라가 아니잖습니까? 그런데도 패러다임이라는 것도 미국과 서유럽의 현재 상황을 대변하는 것이 대부분 아닙니까? 그것이 어떻게 미래 패러다임으로 제구실을 하겠습니까? 저는 진리(truth)라는 이름으로 사회의 특정 기득권 계층만을 옹호하는 것이 학문으로 대접받는다는 점에 대하여 늘

안타깝게 생각했습니다. 제가 보기에 그런 것은 학문이 아니지요.

저는 앞으로 여러분들과 함께 미래 디지털 시대의 패러다임을 찾아서 과거 · 현재 · 미래를 여행할 것입니다.

제가 여러분께 드릴 말씀은 크게 세 영역으로 나눠집니다.

제1부 역사의 종언(The end of history)에서는 전체적으로 패러다임의 문제를 조망할 것입니다. 이 부분에서는 자본주의와 공산주의를 간략하게 검토하고 자본주의가 이처럼 번성하는 이유가 철학이 허약한 까닭이라는 이야기를 할 것입니다. 그리고 패러다임의 이해를 위한 도구로서 표현양식(expression mode)과 존재양식(existence mode)을 살펴보고, 죽은 표현양식이 산 존재양식을 구속하는 문제, 골프의 경제학(약탈 본능의 시대)과 카사노바의 경제학 등을 설명할 것입니다.

제2부 카멜레온의 노래(Song of Chameleon)에서는 끝없이 변화하는 자본주의를 패러다임의 시각에서 살펴볼 것입니다. 원래 자본주의 패러다임에 대한 분석은 사회주의 계열에서는 필수 과목이기도 하지만 그들의 분석이 많이 틀렸기 때문에 가급적 레닌(Lenin)을 비롯하여 여러 사회주의 이론가들의 자본주의 패러다임의 분석은 배제하였습니다. 그래서 이 부분에서는 주로 대변혁(Great Transformation), 분해되는 자본주의, 포디즘(Fordism)의 그늘, 포스트 포디즘(Post Fordism), 경기변동과 패러다임, 신자유주의(neo-Liberalism)와 패러다임, 탈자본주의, 지식사회(Knowledge society) 등 그동안 논의되어 왔던 많은 패러다임들을 전반적으로 여러분들과 함께 검토할 생각입니다.

제3부 디지털 패러다임(Digital Paradigm)에서는 이상의 패러다임 분석을 바탕으로 현재 자본주의는 어떤 방향으로 가고 있는지를 논의할

것입니다. 여기에서는 지식 사회에 대한 분석, 인터넷의 정치적 의미(Internet from Political Perspective), 시스템(System), 데이터베이스(DB), 디지털 상품(digital goods), 공용지의 비극(tragedy of commons), 인터넷 마케팅 등의 분석을 통해서 자본주의 시장 이론은 붕괴될 것이며 새로운 형태의 노동가치 이론의 등장 가능성을 조심스럽게 타진할 것입니다.

이러한 분석들을 통해서 우리가 미래 사회에 좀 더 잘 적응해 나갈 수 있고 세계를 바라보는 눈이 조금 더 열리게 된다면 저는 이 글을 성공적으로 마무리한 셈이 될 것입니다.

문제는 생각보다는 어렵고 재미가 없을 것이라는 점입니다. 그러나 미래는 우리들이 살아가야 할 시간과 공간적 터전이기도 하기 때문에 미래의 방향을 아는 것은 매우 중요한 일이기도 합니다. 저는 쉬운 내용은 아니겠지만 최대한 쉽게 풀이해서 쓰도록 노력할 것입니다.

저는 다만 미래를 보는 이론적 틀을 제공하려는 것이 목적입니다. 그래서 곧 바뀌어 버릴 구체적인 수치를 여러분들께 제공하기보다는 '생각의 방법'들을 제공하는 데 주력할 것입니다. 그래야 글이 오래 갑니다. 지나치게 현실과 상황에 집착하여 분석하다 보면 정말로 큰 것을 놓치는 경우가 많지요.

자, 이제 다시 한 번 길을 떠나봅시다. 디지털 시대 한국인들이 살아가는 방향에 조금이라도 도움이 되기를 바라는 마음이 간절합니다.

2013년 6월

김운회 드림

Capitalism

제1부

마르크스, 절반의 성공 VS 철학의 빈곤으로 변성하는 자본주의

제1장 역사의 종언

:: 돈 없는 사랑은 사랑이 아니죠

최근에 중국을 대표하는 유명 배우와 차기 중국 지도자감으로 지목되던 전도유망한 정치가의 스캔들이 크게 보도되어 사람들의 입에 오르내렸습니다. 보도에 따르면, 이 여배우는 하룻밤 잠자리 대가가 최대 1000만 위안(한화 약 18억 원)이라는 것입니다. 그런데 이런 일이 10여 차례 이상 있었다고 하니 웬만한 기업보다도 많은 수익을 올렸겠습니다. 또, 이 여배우는 평소 대여섯 명 이상의 거물급 재벌 인사와 스캔들이 있었다고도 합니다. 우리나라의 경우에도 이런 정도는 아니지만 간간히 들려오는 이야기이기도 합니다.

그렇지만 이것은 사랑이 아니겠죠? 비즈니스라면 비즈니스겠지만, 이것은 인간 사회의 불합리성을 단적으로 보여줍니다.

반대의 경우를 생각해 봅시다. 어떤 부자가 여자를 돈으로 유혹하여 애인으로 삼았는데, 늘 "나는 당신을 사랑해. 진심으로 사랑해. 나만 사랑하고 기다려주면, 아내가 되게 해줄게."라고 하면서도 제대로 살 만큼 돈을 주지 않고 립서비스(lip service)만 한다고 해봅시다. 이 여자가 과연 남자의 말만 믿고 그대로 있어야만 할까요? 가끔 심술이 나서 한 번씩 관계를 공개할라치면 또 다가와 사랑의 밀어(蜜語)를 늘어놓으면서, "조금만 참아라."고 한다면, 어느 정도는 견디겠지만 오래가기는 어렵지요. 그런데 만약 이 부자가 부동산 투기를 잘못하고 주식 투자에서 큰 손실이 나서 살림이 거덜이 났다면 어떻게 될까요?

오늘날 선진국과 후진국의 관계가 이런 것은 아닐까요? 다행히 한국은 어떻게 잘 벗어났습니다만, 대부분의 후진국들은 거덜난 살림에 돈이 나올 구석은 없는 참담한 시절을 맞게 될지도 모릅니다. 저는 고교 시절만 해도 필리핀이나 태국을 '따뜻한 남쪽 나라'로 부러워했습니다. 세계 최악의 극빈(極貧)의 나라이며 수많은 사람들이 서울역 앞에서 미군 부대의 음식 쓰레기로 만든 '꿀꿀이 죽'으로 아침을 때우는 나라였으니 오죽이나 했겠습니까? 이런 음식들이 요즘 한국에서 유명한 '부대찌개'의 원조가 될지 또 누가 알았겠습니까?

(1) 역사의 종언 — 그 스승에 그 제자

한때 미국은 『역사의 종언(*The End of History*)』(1992)이라는 책으로 떠들썩했던 적이 있습니다. 개인적으로 별로 대수롭지 않은 책으로 보고 있습니다만, 일단 패러다임에 대해 언급을 하고 있으니 간단히 검토는 하고 넘어가야 할 것 같습니다.(저는 일반적으로 알려진 대로 패러다임을 어떤 한 시대 사람들의 견해나 사고를 지배하고 있는 이론적 틀이나 개념의 집합체라는 의미로 사용할 것입니다.)

미국의 정치학자 프랜시스 후쿠야마(Francis Fukuyama)는 『역사의 종언』에서 자유민주주의의 승리로 역사는 이제 종언(終焉)을 고하였다고 주장합니다. 역사가 끝이 났다는 말이지요? 좀 이상하죠? 역사가 끝이 났다니? 여기서 말하는 역사는 기독교에서 말하는 '말세(末世)'나 '종말론(終末論)' 또는 '지구의 종말'을 말하는 것이 아닙니다.

후쿠야마가 말하는 역사란 과거 그리스 시대 이후 인류가 추구해 온 보편적인 역사를 말합니다. 즉 인간의 역사는 끊임없이 자체적인 모순을 해결하려 하고 그 내재적인 모순을 없애는 일을 지속적으로 반복하다 보면 근원적인 모순이 없어지고 인간이 바라던 최종 목적에 도달할 수 있으며 바로 이 상태가 '역사의 끝'이라는 것입니다. 이러한 사고는 유럽 사회에 오랫동안 전통적으로 내려온 생각들로, 독일의 철학자 칸트(Immanuel Kant, 1724~1804)나 헤겔(Georg Wilhelm Friedrich Hegel, 1770 ~1831)의 견해를 바탕으로 하는 것입니다.

칸트는 『세계 공민적(公民的) 견지에서의 구상』(1789)에서 "역사는 반드시 종점이 있을 것이다."라고 말한 바 있습니다. 여기서 말하는 '종점'이란 인간의 최종 목표이며 인간 자유의 실현(realization of human freedom)을 의미한다고 합니다.

우리의 인식과 실재의 관계에 대해 이원론(二元論: dualism)적 고민을 했던 칸트와는 달리, 헤겔은 "세계 밖에 절대가 있는 것이 아니라 세계 그 자체가 절대"라고 하여 일원론(一元論: monism)적 설명 원리로서의 관념론(idealism)을 집대성합니다.[3)]

헤겔은 "개인이 역사의 주체가 아니라 세계정신(Weltgeist)이 개인을 도구화하는 것이며 역사란 객관적 정신의 자기 전개"일 뿐이라고 고집합니다. 그는 프랑스 혁명과 나폴레옹 전쟁들을 바라보면서 "역사는 끝없는 갈등 속에서 체계 내에서 스스로 모순 때문에 충돌하고 산산이 부서져 모순이 보다 적은 새로운 체계가 등장하고 그 체계도 또 다른 형태의 모순을 잉태해 간다. 결국 이 과정들을 되풀이하다 보면 '근원적인 모순'이 없어진 상태에 도달하고 이것이야말로 '역사의 종언'"이라고 한 것입니다.

나아가 헤겔은 역사상의 제과정은 필연적인 것이고, 이성적인 것은 현실적이요 현실적인 것은 이성적임을 주장하여, 열광적인 천재 숭배의 그 시대에 급기야 도덕적 관념이 왕성한 국가는 다른 열등한 국가를 병합해도 무방하다고 하여, 사회경제적으로는 제국주의(Imperialism)가 극성할 수 있는 철학적인 근거를 제공합니다. 그는 "역사란 우월한 국가가 항상 그 이상을 실현하기 위하여 열등한 국가들을 합병한 자취이며, 인류의 역사에 나타나는 수많은 전쟁은 우수한 사상과 열등한 사상의 전쟁일 뿐"이라는 지나친 생각으로 나아가, 외적으로는 '힘은 강자의 정의'라는 논리로 비약합니다. 그 덕분에 수많은 제국주의자들의 열렬한 환영을 받더니, 결국 히틀러(Adolf Hitler, 1889~1945)에게 객관적 정신의 실체에 대한 메시아적 관념을 이식하여 역시 신의 아들로 자처하던 다윗(David)의 후손들과 내적인 혈통 싸움을 전개, 세계사를 온통 피로 물들입니다.[4)]

아이러니하고 무서운 말이지만 헤겔은 후일 진보의 대명사인 마르크스주의자(Marxist)나 희대의 극우주의자인 파시스트(Fascist)들의 큰 스승이었습니다. 달리 말하면 근대 유럽의 제국주의 정신의 선구자라고나 할까요? 그를 통해서 사회주의 제국주의자[5)]와 자본주의 제국주의자들이 양산된 것이죠.

헤겔의 제자 가운데 한 사람인 포이어바흐(Ludwig Feuerbach, 1804~1872)는 헤겔을 인정하는 것은 신학(神學)을 인정하는 것이라고 비판하면서, '사유(思惟)'가 변증법의 토대라고 하는 그의 스승과 절연하고 '실재(實在)'가 변증법의 주체이며 토대임을 주장하였고, 마르크스는 헤겔 철학을 바탕으로 모든 사회 및 자연현상에 대한 설명 원리로서 변증법적 유물론(dialectical materialism)을 집대성합니다.

전통적인 마르크스주의자들은 자본주의라고 하는 하나의 테제(these)는 자기모순성으로 말미암아 사회주의라는 안티테제(antithese)를 형성하게 되고, 이 사회주의 체제는 자본주의가 그 모체이므로 자본주의 체제가 가진 그 필요한 내용(가령 고도의 공업 생산력)은 보존(bewahren)하고 인간 소외(alienation)의 원인인 그 형태는 파괴(beseitigen)함으로써 이전의 체제가 가진 모순들을 확연히 인식하는 대자적(für sich) 단계로 이행하고, 이러한 자기모순의 통찰로부터 사회적 모순들을 지양함으로써 새로운 테제(합)를 형성하는 단계(synthese) 즉 공산주의 사회로 진입하게 된다고 합니다. 이러한 단계는 인류가 이룩할 수 있는 가장 이상적인 발전단계이며, 부정의 부정 단계를 거친 즉자대자적(卽自對自的: an und für sich)인 단계로 변증법적 역사의 전개의 막이 내리는 것이지요. 바로 역사의 종언입니다.

그러나 이러한 사고 자체에 대해 현대의 지성 사르트르(Jean Paul Sartre, 1905~1980)는 헛된 꿈이자 정열로 일축합니다.[6] 그런데 이상하게도 후쿠야마의 『역사의 종언』은 헤겔 철학의 잘 가공된 미국식 버전(American version)이라는 생각이 듭니다.

후쿠야마가 말하는 결론은 사회주의나 공산주의가 자유주의나 민주주의 앞에 굴복한 오늘날이야말로 '역사의 종언'의 때라는 것입니다. 프랜시스 후쿠야마의 『역사의 종언』은 역사의 진보가 멈추는 것을 예견하고 있습니다. 가만히 보면 칸트, 헤겔 이후의 여러 생각들이 이리저리 중첩되고 가공된 느낌이죠. 다만 그 시대정신이 자유민주주의로 대체되어 있는 것입니다.

그러나 칸트, 헤겔, 마르크스 할 것 없이 '역사의 종언'을 논하는 자체가 사고의 미숙성(未熟性)을 의미합니다. 무의식적으로 기독교의 종말론을 벗어나지 못한 유아적(幼兒的)인 사고방식입니다. 근대 유럽의 열강들이 기독교의 전파를 명분으로 교회를 제국주의의 도구로 이용했다는 사실을 세계인들은 잊으면 안 됩니다.

> "백인들이 처음으로 아프리카에 들어왔을 때 우리는 땅을 가지고 있었고, 그들은 성경을 들고 있었다. 백인들이 우리에게 눈을 감고 기도하는 법을 가르쳐 주었다. 우리가 눈을 뜨고 보니 백인들은 땅을 차지했고 우리는 성경을 들고 있었다."

라고 조모 케냐타(Jomo Kenyatta, 1894~1978)는 개탄했습니다.

이상하리만큼 유럽인들의 사고에는 종말론과 선악의 이분법(二分法, dichotomy)이 강합니다. 기독교의 틀을 온전히 벗어나지를 못합니다. 세상에 선악의 절대적 기준이 도대체 어디에 있습니까? 이런 사고를 가진 사람들이 세계를 지배하다 보니 세상이 이 지경이 된 것입니다. 차라리 '너와 내가 결국은 하나'라는 불이적(不二的)이고 원융적(圓融的)인 철학에 기반하는 불교적(佛教的)인 사고를 하는 사람들이 세계를 지배했더라면 세상은 훨씬 더 평화로웠을 것입니다. 제가 볼 때는 이 불이적이고 원융적인 패러다임만이 미래의 파국을 막을 수 있습니다. 문제는 그러한 패러다임을 과연 현대 사회가 수용해 낼 수 있는가 하는 것이지요.

인간은 그저 무한의 우주와 대지 위에 서 있는 존재입니다. 이들이 앞으로 어떻게 갈지는 아무도 모릅니다. 다만 앞으로 있을 단기적인 변화만을 예측할 수 있을 뿐이죠.

(2) 미국, 아름다운 나라

후쿠야마가 말하는 역사의 종언에는 다음과 같은 의미가 포함되어 있습니다.

첫째, 미국의 자유민주주의가 절대적 가치를 지니고 있다는 것입니다. 후쿠야마는 1990년대 초 사회주의의 몰락과 제3세계의 민주화 등을 통해 세계는 드디어 자유민주주의의 시대에 진입했다고 보고 있지요.

둘째, 자본주의는 그 어떤 시스템보다도 견고하게 미래의 패러다임으로 자리를 잡을 것이라는 점입니다. 즉 1990년대 초반 소비에트러시아와 동유럽의 사회주의 국가들이 모두 붕괴될 시기와 거의 동시에 이 책이 나왔다는 점에서 후쿠야마는 자본주의가 사회주의에 대하여 최종적인 승리를 거둔 것으로 생각한 듯합니다. 간단히 얘기하면 후쿠야마는 자본주의가 사회주의에 승리함으로써 역사가 일단락되었다는 것입니다. 그렇다면 사회주의는 시간낭비만 한 셈이 됩니다. 결국 간단히 자유주의 또는 자본주의로 돌아오면 되는 길을 사회주의라는 긴 시기를 거쳐야 했으니까요.

셋째, 후쿠야마가 말하는 것은 전 세계가 필연적으로 자유민주주의로 이행하게 되어 있다는 것입니다. 후쿠야마는 단순히 사회주의의 붕괴 현상을 보고서 이렇게 주장하는 것만은 아닙니다. 그 근거로 근대화가 자유민주주의와 매우 밀접한 관계가 있다는 점 등을 들고 있습니다.

사회주의의 갑작스러운 몰락은 역사의 변화에 큰 분기점이 된 것은 물론 분명합니다. 왜냐하면 사회주의의 몰락으로 인류는 당분간 다른 대안(alternative)을 찾기가 어려워졌기 때문이죠. 즉 사회주의의 몰락으로 세계는 정치적으로는 자유주의와 민주주의를, 경제적으로는 자본주의와 시장 경제를 선택할 수밖에 없게 된 것이죠.

여기에는 두 가지 원인이 더 있습니다. 첫째는 미국과 서유럽의 세력이 크게 강화된 것도 원인이죠. 즉 미국과 서유럽이 세계의 헤게모니를 장악하는 유일한 세력이 되었기 때문입니다. 둘째는 IT 혁명으로 인류가 다른 곳에 신경을 쓸 정신적 여유가 없기 때문에 대부분의 국가들은 이 같은 세계적인 경향에 따라가기도 바쁜 상황입니다.

어쨌든 후쿠야마의 견해는 일단은 다른 대안 없이 당분간은 자유민주주의와 자본주의가 전 세계적인 패러다임의 구실을 할 것이라는 점을 좀 과장스럽게 표현한 것 정도로 이해하면 되겠습니다.

후쿠야마의 견해는 미국인의 입장에서 보면 나무랄 데가 없는 논리입니다. 결과적으로 보면, 미국 정부의 입장을 크게 지지한 것이기도 하고 미국의 아름다움을 만천하에 과시할 수 있게 합니다.

(3) 돈 없는 사랑은 사랑이 아닙니다

그러나 후쿠야마가 간과하고 있는 것은 현재 미국과 서유럽이 향유하고 있는 자유민주주의라는 것은 그동안 자행된 제국주의의 침략과 구조화된 국제 분업(international division of labor)으로 말미암아 가난에서 좀처럼 헤어나올 수 없는 저개발 국가들의 존재에 기반하고 있다는 것입니다.

도대체 자유민주주의와 자본주의 세계시장에 편입된다고 해서 저개발 국가가 빈곤의 늪을 탈출할 수 있습니까? 제가 보기에 저개발 국가들은 오히려 상품과 자원시장의 기능 이상을 하기가 어려운 경우가 대부분입니다.

지난 경제개발의 역사를 면밀히 검토해 보면 빈곤(poverty)의 탈출은 '개발독재(developmental dictatorship)'에서 비롯되었다는 것을 쉽게 알 수 있습니다. 대표적인 예가 타이완(Taiwan), 싱가포르(Singapore), 한국(Korea), 현대 중국(China)입니다. 이들을 제외하고는 저개발 상황을 탈피한 예가 거의 없습니다. 이것은 당연한 일입니다. 후발 자본주의 국가들은 경제개발에 필요한 자본이 축적되어 있지 않기 때문에 빈약한 자원을 가장 효율적으로 운용하지 않으면 안 되기 때문입니다. 또한 세계시장에 대한 경험도 없기 때문에 국가 주도로 엘리트가 중심이 되어 세계 시장에 진출하지 않으면 안 되지요. 물론 제가 드리는 말씀은 개발의 명분으로 독재를 옹호하자는 말이 아닙니다. 실제 상황이 그렇다는 것이지요.

그렇다면 후진국들이 후쿠야마가 말하는 식으로 자유민주주의와 자본주의로 완전무장을 하게 되면, 오히려 선진국들의 밥이 될 수 있는 상황입니다. 왜냐하면 야생의 자유라는 것은 사자나 호랑이에게는 유쾌한 일이지만 산양이나 얼룩말, 토끼 등에게는 치명적인 공간이 될 수 있기 때문입니다. 치타나 하이에나는 그래도 나은 편이겠죠. 한국은 아마 치타 정도는 될 겁니다.

바그와티(Jagdish Natwarlal Bhagwati)는 이 점을 날카롭게 지적합니다.[7] 가령 스리랑카(Sri Lanka)의 경우를 봅시다. 스리랑카는 제국주의 시대의 잘못된 자본주의 국제 분업 구조로 말미암아 강제적으로 차(tea) 생산에 사실상 특화(特化: specialization)됩니다. 따라서 차 생산을 많이 하는 것이 경제성장(economic growth)입니다. 그래서 전 국민이 열심히 일해서 차 생산량을 2배로 늘렸다고 가정합시다. 그런데 이 차를 주로 소비하는 영국인들이 평소의 2배로 차를 마시는 것이 아닙니다. 누가 배탈이 나려고 그렇게 많이 마십니까? 이런 종류의 상품들은 대개는 기호품들입니다. 그래서 만약 영국의 차 소비가 지난해와 똑같다고 하면 어찌 됩니까? 가격만 반값으로 폭락합니다. 그러면 2배의 일을 해서 2배의 생산을 하고도 찻값은 반값으로 폭락하여 소득 변화는 없지만 2배의 노동으로 인한 엄청난 사회적 비용(social cost)이 발생하여 결국 소득은 이전보다도 감소하게 됩니다. 더 열심히 일하니 오히려 더 가난해지는 이상한 현상이지요. 이것이 바로 바그와티의 궁핍화 성장(窮乏化成長: immiserizing growth) 이론입니다. 커피, 바나나, 카카오 등 후진국 대부분의 작물들이 같은 꼴입니다. 결국 아프리카, 라틴 아메리카의 운명도 이와 다르지 않지요.

한국은 정말 운이 좋았습니다. 1960~1970년대 한국의 기적도 그저 한국인들이 부지런하고 똑똑해서 만들어낸 것이라고 생각하면 곤란합니다. 한국의 성공은 ① 토지개혁(다소 미흡한 측면이 있었지만 효과가 있었음), ② 미국의 대규모 지원(미국의 대륙 규모의 한국 지원), ③ 수출 드라이브 정책(당시 상당수의 국가들은 수입 대체 공업화), ④ 정부 주도의 체계적인 자원관리 및 경제개발 정책 시행(후기엔 개발독재가 심화됨), ⑤

국제적인 저금리, ⑥ 계급 전쟁으로 인한 봉건 세력의 사실상 소멸, ⑦ 사회주의 산업 국가들이 세계 시장에서 배제됨으로써 경쟁국이 적은 환경, ⑧ 정부의 강제적인 자본 축적(인플레이션 정책으로 대기업 육성, 정경유착의 심화) 등 매우 복합적이고 다양합니다.

그러니까 한 나라의 경제가 제대로 굴러가려면 이렇게 험난한 과정을 다 겪어야 합니다. 경제는 정치와는 달리 혁명이 없거든요. 값이 싸고 풍부한 노동력은 물론 경제를 잘 이끌고 갈 만한 정부, 자본과 기술, 나아가 잘 훈련된 노동력과 국제적인 시장 경험의 축적과 금융 시장의 정비 등이 제대로 되어야만 다음 단계로 넘어가는 것이지요. 그런데 지금은 과거 사회주의 국가들까지 대거 세계 시장으로 진입해 버려 한국과 같은 행운아가 다시 나타나기란 불가능합니다.

결국 자유민주주의가 막연히 확산된다는 것은 미국과 서유럽(일본, 호주, 캐나다 등도 포함) 등의 활동 무대만 세계로 확장되고 또 다른 형태의 식민주의(植民地主義: Colonialism)가 강화될 수밖에 없다는 얘기입니다. 도대체 후쿠야마가 보는 세계는 무슨 세계인지가 궁금합니다.

미국과 유럽은 틈만 나면 이슬람권이나 제3세계의 비민주적인 나라들을 민주화(democratization)시키려고 노력한다고 떠듭니다. 그런데도 미국과 유럽의 인종차별(racial discrimination)은 어느 나라들보다 심합니다. 사실 이들 나라는 당장의 민주화보다는 자국 자원의 효율적 사용과 경제적 개발 및 광범위한 교육 투자가 더 필요한 시점입니다. 가난한 민주화는 민주화가 아니죠. 한때 한국의 지식인들이 동경하던 인디아(India)를 보세요. 지금 도무지 해답이 없는 나라가 되어버렸지 않습니까? 그래서 갈브레이스(John Kenneth Galbraith, 1908~2006)는 "경제 발전을 위한 핵심적 요소로서 아프리카에서는 교육이, 아시아에서는 자본 축적이, 라틴 아메리카에서는 혁명이 필요하다."고 말하였습니다.

과거 공산주의도 예외는 아닙니다. 공산주의가 애당초 '이념 그 자체를 위한 이념'이 아니라는 것, 다시 말해, "공산주의는 높은 의식과 완전히 평등한 사람들이 빈 접시를 놓고 앉아 있는 식탁이 아니다. 이것을 공산주의라고 부르는 것은 사람을 초대해서 송곳으로 밀크를 마시라는 것과도 같다."[8]는 흐루시초프의 개탄을 확실히 이해해야 합니다.

생각해 봅시다. 돈 없는 사랑은 사랑이 아니죠. 돈 많은 백인(white)이 가난하고 순진한 인디오(Indio) 여인을 꼬드겨 돈 한 푼 안 주고서 입으로만 "나는 당신을 진심으로 사랑해, 우린 함께 가야 해."라고 하면서 현지처(現地妻: mistress)로 삼고 하녀처럼 부리면 안 되죠. 만약 그런 남자가 있으면 그것은 여자의 몸만 유린하려는 것밖에 안 됩니다.

후쿠야마의 논리는 이 "말로만 사랑하는" 돈 많은 백인 남자와 흡사합니다. 후쿠야마의 책은 미국과 유럽이 패권주의로 세계를 좌지우지하려는데 전위대 역할을 하는 것에 불과합니다.[9]

사실 인간이 지구에서 살아가는 한, 인간의 역사에 종말이 어디 있겠습니까? 끝없는 시작이 있을 뿐이지요. 제가 보기엔 이제 제대로 된 패러다임의 논의를 시작해야 한다고 봅니다. 왜냐하면 현재의 세계는 미국과 서유럽, 일본을 제외하고는 정치 · 경제 구조의 왜곡과 저개발이 심각한 상태이기 때문입니다. 원래부터 라틴 아메리카, 아프리카는 좋지 않은 상황인데 여기에 동유럽과 러시아가 다시 합류하게 된 것입니다. 지금은 새로운 형태의 유토피어니즘(Utopianism)을 지향하는 패러다임이 나와야 할 시점으로 보입니다.

그 이유는 라틴 아메리카나 인도양의 국가들과 아프리카는 말할 것도 없고 과거 공산권의 국가들이 한국, 타이완 등과 같이 세계 시장을 제대로 주도할 가능성이 희박하기 때문입니다. 특히 과거 사회주의 국가들의 국민들은 산업이 절망적인 상태에서 실업률은 급등하고 있고 조직 범죄가 극성한 상황입니다. 대부분의 산업 시설과 자원은 미국과 유럽 혹은 조직 범죄꾼들에게 넘어갔거나 문을 닫은 상황입니다. 이것은 결국 경기 침체로 이어지고 대량 실업과 불안정 고용이 증가함에 따라 사회 불안이 증대하게 되죠. 그래서 이민과 돈 세탁을 통해서 국민경제에서 자본이 이탈하는 악순환이 지속적으로 나타나고 있습니다. 특히 사회주의 종주국이었던 러시아가 심각합니다. 이렇게 짧은 시간에 사회주의 종주국이었던 초강대국 러시아가 철저하게 분해되고 있습니다.[10)]

시간이 흐를수록 이들 국가들의 사회적 불안은 더욱 심화될 것입니다. 그러면 이들 국가는 과거로의 회귀를 선택할지도 모릅니다. 이들이 회귀하는 과거는 마르크스-레닌주의(Marx-Leninism)는 아니겠지요. 아마도 새로운 패러다임이겠지요.

그래서 제가 보기에 21세기는 역사의 종언이기보다는 새로운 의미의 유토피어니즘 지향의 패러다임이 태동하는 시기라고 해야 할 것입니다.

제2장 마르크스, 절반의 성공

:: 괴테의 시, 칸트의 철학 그리고 고전 경제학

제가 젊은 날 숨어서 본 글들 가운데 가장 인상 깊었던 글이 『공산당 선언(*Manifesto of the Communist Party*)』이었습니다. 이 글은 역사상 가장 위대한 명문 가운데 하나라고 해도 손색이 없을 정도였습니다. 이것은 선언문이라기보다는 하나의 시였습니다. 그리고 마치 도도한 역사의 흐름을 유려하고 군더더기가 없이 묘사해 내면서도 철학적 깊이가 심오한 문장이었습니다. 사람들이 왜 마르크스에 열광하는지를 알 것도 같았습니다. 그래서 저도 언젠가는 그런 명문을 남길 수가 있기를 기원하기도 했습니다.

『공산당 선언』은 요즘 여러분들이 쉽게 접할 수 있기 때문에 새삼 번역해 드린다는 것이 별 의미는 없는 듯합니다. 그러나 당시 제 가슴을 땅땅 때렸던 문장들 가운데 몇 가지만 소개해 보겠습니다.

"부르주아(bourgeois)는 자신들이 힘을 가진 어떤 곳에서든지 봉건적, 가부장적, 목가적(牧歌的)인 관계를 파괴하였다. 부르주아는 생득적(生得的) 지배자들에게 묶여 있던 온갖 봉건적 질곡(桎梏)을 가차없이 잘라버림으로써 이제 사람과 사람 사이에서는 오직 노골적인 자기 이해관계만이 남게 되었다. 부르주아들은 속물적인 감상주의와 기사도적 열광 및 종교적인 열정의 가장 신성한 환희를 이기적인 타산이라는 차가운 물에 익사시켰다."

이 구절만을 본다면 마르크스나 엥겔스는 구시대의 기사적 · 낭만적인 열정과 그 순수성이 사라져 가는 것에 대해서 안타까워했는지도 모르겠군요.

"현대의 부르주아 사회는 자기가 주문으로 불러낸 지옥의 세계의 힘을 더 이상 통제할 수가 없는 마법사와 같다."

바로 이 구절이 자본주의의 문제점을 가장 정확하게 지적한 부분입니다. 패러다임의 가는 길이 얼마나 험한지를 단적으로 보여주는 중요한 대목입니다.

(1) 욕망이라는 이름의 전차

우리가 살고 있는 이 시대를 자본주의 사회라고 합니다. 자본가들의 사회이라는 의미이죠. 자본(capital)이라는 것은 종잣돈을 말하는데 그 종잣돈을 가진 사람들이 이끌어가는 사회라는 말이 되겠습니다. 마치

[그림 ①] 마르크스와 엥겔스, 『공산당 선언』(1948) 표지
사진 아래는 1848년 당시 영국 런던의 정치 모임

조선시대를 사대부의 나라라고 하듯이 현대 세계는 자본가들의 나라인 셈입니다.

문제가 되는 것은, 이 자본주의라는 사회는 매우 부도덕하다는 점입니다. 돈을 벌 수만 있다면 온갖 비리들이 횡행합니다. 돈이 없어 고급 상품이나 서비스를 구매할 수 없는 사람은 대접받기가 어렵습니다. 반면에 돈만 있으면 과거의 왕족이나 귀족들의 생활과 다름이 없는 것이지요. 나아가 돈만 되면 불륜도 상품화할 수 있는 것이 자본주의입니다. 아프리카, 동남아시아, 중국, 라틴 아메리카 할 것 없이 납치와 인신매매가 산업화된 지 오래되었습니다. 유럽과 미국, 한국도 예외는 아닙니다. "욕망(desire)이라는 이름의 전차"가 도대체 어디로 가고 있는지 답답합니다.

자본주의가 가진 문제들에 대해서 클라크(W. Clark)는 말합니다.

> "현실과 이상은 이미 가까이 있지 않다. 그리고 자본주의를 변호하는 지저분한 임무를 맡든가 그렇지 않으면 사회주의 혁명이라는 위험한 명분을 옹호하든가 하는 양자택일의 결정에 직면하여 근대 경제학자 다수는 이 문제를 회피하기로 결정하였다."

1980년대 제가 대학에 다닐 때는 자본주의가 반드시 멸망한다는 이야기가 상식에 가까웠던 때가 있습니다. 당시에 들은 이야기로, 세계 공산주의 운동을 주도하던 벨기에의 한 교수는 수업 시간마다 늘 "자본주의는 내일 망한다."라고 했다고 합니다. 다음날 학생이 와서 "자본주의가 망하지 않았잖아요?"라고 따지면, 그 교수의 말이 걸작이었답니다. "내일 망한다고 했잖아."

그나저나 그 교수가 옹호하던 사회주의는 다 몰락해 버리고 자본주의는 아직도 건재합니다. 이 교수는 후일 범죄에 대한 연구를 하게 됩니다. 이 교수의 이름은 에르네스트 만델(Ernest Ezra Mandel, 1923~1995)입니다.

만델은 범죄가 개인에서 조직으로 조직에서 사회 국가로 확대되며, 구체적으로는 단순 범죄에서 익명화된 범죄로, 다시 살인 자체가 목적이 되는 순수한 살인(살인 자체를 즐기는 형식)이라는 양상이 나타나는데 주목합니다. 이것은 자본주의의 특성과도 밀접한 관련이 있다는 것이지요. 만델은 자본주의 사회는 기본적으로 범죄에 몰두한 사회라고 합니다. 문학이라는 것은 그 시대 사회의 현실을 반영하는 것이기 때문에 범죄의 유형이 보다 발전(?)하는 것 또한 자본주의 사회의 변화를 볼 수 있는 중요한 척도일 수 있다는 말입니다. 만델은 1940년대 제국주의적 독점 자본주의에서 다국적 자본주의로 이행된다고 주장합니다.

사실 요즘의 범죄를 보면 상상을 초월합니다. 제가 어릴 때와는 비교할 수 없지요. 문제는 자본주의가 끊임없이 범죄를 키우고 있다는 것입니다. 자본주의는 개인의 욕망을 최대한 자극함으로써 생존할 수밖에 없는 구조를 가지고 있기 때문이지요. 범죄는 끝없는 욕망(desire)과 탐욕(covet)이 원인입니다. 개인의 행복 추구를 과도하게 강조함으로써 전체의 행복을 도외시하기 때문에 나타나는 현상이지요. 그래서 투철한 마르크스주의자가 자본주의 범죄를 비판하는 것은 당연한 일이기도 합니다. 사회가 빈익빈부익부로 양극화될수록 범죄는 더욱더 산업화되어 갈 것입니다.

이데올로기적으로 본다면 공산주의(communism)는 자본주의의 부도덕성과 타락을 극복하는 대안으로 제시된 개념입니다. 즉 자본주의의 문제는 사유재산(private ownership)에 있으며 그 사유재산으로 인하여 사회적 비효율이 증가하므로 사유재산을 없애고 생산력(production force)을 해방시켜 고도의 인간적이고 도덕적인 유토피아를 건설해야 한다는 것이 공산주의의 핵심적인 생각입니다. 이 내용은 매우 어렵고 많은 설명을 해야 하니 일단 이 정도로 넘어갑시다.

1970년대까지만 해도 공산주의 또는 사회주의자가 아닌 사람은 지식인 대접을 받지도 못했습니다. 우리가 아는 수많은 철학자나 학자들은 대부분 사회주의자라고 해도 과언이 아닐 정도지요. 물론 미국의 풍토는 많이 달랐습니다. 미국은 전반적으로 공산주의를 극도로 혐오하는 역사적 · 사회적 배경을 가지고 있었기 때문에 미국에서 공부한 사람들은 대체로 사회주의나 공산주의가 무언지 제대로 모르는 사람들이 많습니다. 미국인들은 대체로 철학이나 형이상학이 빈곤한 환경에서 살고 있습니다. 그래서 미국인들이 복잡한 동양사상을 이해하기란 쉽지가 않지요. 그러나 유럽은 오히려 사상이 과잉된 상태라고 봐야겠지요.

그런데 공산주의는 그 이념이 애초에 가졌던 도덕성에도 불구하고 오히려 타락한 자본주의보다도 더욱 타락한데다 생산력의 해방은 고사하고 생산력의 질곡 상태에 깊이 빠져 있다가 결국 몰락하고 말았습니다. 자본주의와의 경쟁에서 패배한 것이죠.

앞서 말했듯이, 미국의 프랜시스 후쿠야마는 사회주의가 몰락한 이후 자유민주주의와 자본주의의 최종 승리를 선언하면서 이를 '역사의 종언'이라고 불렀습니다. 공산주의나 사회주의를 지나치게 단순히 해석한 것이지요. 물론 사회주의를 표방한 물리적 형태의 국가는 사라졌겠지요. 그러나 꽃잎이 졌다고 그 씨[種]가 사라집니까? 환경은 끊임없이 새로운 형태의 유토피어니즘을 요구하는데 약발이 떨어진 마르크스주의가 사라졌다고 해서 유토피어니즘 자체가 사라졌다고 생각하면 큰 오산이지요. 제가 보기엔 새로운 형태의 유토피어니즘의 패러다임이 자라나고 있을 뿐이지요. 이제 그 싹이 도대체 어떤 것인지(what it is) 그리고 그 싹은 어떻게 자라야(what it ought to be) 하는지를 추적해 가는 것이 이 글의 목적이기도 합니다.

대개 미국에서 나온 이론들은 이렇게 단선적이고 깊이가 없습니다. 이것은 미국 건국 이래의 전통이기도 합니다. 복잡한 논리나 철학보다는 실용성을 중시하는 풍토 때문입니다. 그러다 보니 사물을 깊이 있게 이해 못하고 외형적으로 나타나는 현상에만 치우쳐 분석하고 있습니다.

생각해 봅시다. 세계적으로 빈익빈부익부 현상이 더욱 심각해지고 자본주의의 발전은 정체되어 가고 있으며 그 부도덕성 또한 과거에 비해서 별로 달라진 것도 없습니다. 아랍과 미국의 대립이 헌팅턴(Samuel Huntington, 1927~2008)의 지적처럼 '문명 간의 충돌(Clash of Civilization)'입니까? 만약 그것을 문명 간의 충돌로만 보는 사람이 있다면 그를 교수라면 모를까 지식인으로 보기엔 문제가 있습니다. 미국과 서유럽 문명권을 제외하고 전 세계가 그들의 중상주의(mercantilism)와 제국주의로 인하여 얼마나 많이 파괴되고 사라져 갔습니까? 모든 갈등의 원인은 그 내부를 침잠해 보면 결국은 경제적 · 정치적 불평등이 있기 때문입니다. 만약 정치 · 경제적 불평등이 제거된다면 문명 간의 갈등, 민족 간의 갈등, 지역 간의 갈등은 약화될 수밖에 없지요.

지식을 가진 사람들이 어떤 이익을 대변하는 것을 궁극적으로 말리기는 어렵지만 일단 학문을 하는 자세는 중립적인 태도를 견지하도록 노력해야 합니다. 그러기 위해서는 현상을 전체적으로 이해하는 시각을 가져야 합니다.

어쨌든 이제 공식적으로는 자본주의의 천적(天敵)이 사라졌습니다. 자본주의는 마치 아무런 장애도 없는 번영의 꿈을 꾸는 듯도 합니다. 한편으로는 매우 걱정스러운 환경이 아닐 수 없지요. 세상이 약육강식의 무대가 되고 있기 때문입니다. 여기에 우리들에게 다가온 디지털 사회는 빈곤한 나라들에게는 따라갈 엄두조차 낼 수 없는 환경이 되고 있어서 국제적으로 빈익빈부익부 상황은 더욱 심각하리라고 봅니다. 다행스럽게 한국은 디지털 시대를 일부 선도하고 있기도 합니다.

제가 보기에 자본주의의 천적은 잠시 고개를 숙이고 있는 것뿐입니다. 왜냐하면 현재의 자본주의는 그 내부에 천적을 키우는 악순환을 거듭하고 있기 때문입니다. 그 원인은 아무래도 인간의 내면에 자리한 이기적 속성이라고 봐야 할 것입니다. 공동체 전체를 보기보다는 자기 이해에 충실하기 때문입니다. 미국과 서유럽의 백인 중산층 사회가 자기들만 잘 산다고 세상의 문제가 없다는 식으로 논리를 전개한다면 그것은 설득력이 없죠. 물론 그들은 모든 형태의 매스미디어를 장악하고 있기 때문에 어둠의 소리를 듣기가 어렵겠지요. 그러면서 눈과 귀가 막히게 되는 것입니다. 세상이 어떻게 변할 것인지 이들이 알 리가 없지요.

그러면 여러분은 물으실 것입니다. "그럼, 당신은 그것을 알아?" 글쎄요. 그럴 수도 있고 아닐 수도 있습니다. 저는 지금 우리가 사는 이 자본주의라는 구조와 틀이 어떻게 변해가고 있는지를 한번 여러분들과 함께 논의하고 싶은 생각을 가지고 있습니다. 그리고 궁극적으로 세계는 어떤 방향으로 가고 있는지를 좀 더 체계적으로 살펴볼 생각을 하고 있습니다.

(2) 푸른 생명의 나무: 몰락의 전조

마르크스주의 이론을 현실적으로 구현했던 대표적 혁명가 레닌(Lenin)은 자본주의적 성숙이 이루어지지 못한 상태에서의 러시아를 공산주의 국가로 만들기 위해서 유명한 말을 인용합니다.

"여보게, 모든 이론은 회색이고, 영원한 것은 저 푸른 생명의 나무라네"

(Grau, teurer Freund, ist alle Theorie und grün des Lebens goldener Baum)

이 말은 괴테의 『파우스트(*Faust*)』(1831)에 나오는 말입니다. 레닌은 당대의 이론가들의 반대를 무릅쓰면서 오직 사회주의 국가를 건설하기 위해 이 말로 많은 혁명가들을 설득했다고 합니다.

그런데 이 말을 제가 다시 인용하게 되었습니다. 왜냐하면 공산주의가 사멸했다는 여러 학자들의 분석과는 달리 저는 이제 새로운 형태의 패러다임이 나와야 한다고 보기 때문입니다. 그 이유는 너무 뻔합니다.

지금 우리가 살고 있는 자본주의는 지나치게 부도덕하고 제3세계의 빈곤은 너무 심각해지고 있고 자원과 환경은 더욱 파괴되고 있기 때문입니다. 우리가 사는 사회는 마치 '당나귀 홍당무' 현상 속에 있는 듯합니다. 즉 나무 막대에 끈을 달고 그 끈에 홍당무를 매어단 후 당나귀를 타면 당나귀는 그 홍당무를 먹기 위해서 질주합니다. 그러다가 결국은 지쳐서 쓰러지게 되지요. 그러면 사람도 다치고 당나귀도 죽게 됩니다.

지금 한국은 선진국과 후진국의 중간 지점에 있습니다. 아니면 이제 막 선진국에 진입한 상태입니다. 그래서 오히려 객관적으로 사태를 볼 수도 있을 것 같습니다. 한편으로는 선진국들의 거부와 반발이 있고 다른 한편으로는 후진국들의 거센 도전에 직면해 있습니다. 저 개인적으로는 세계인이기보다는 한국인입니다. 그래서 유럽의 지성들처럼 세계의 고민을 마음 편하게 할 수가 없는 처지입니다. 그리고 한국은 도무지 예측이 안 되는 '이상한 왕국'과 대치하고 있는 상황이기도 합니다.

제가 보기에 마르크스의 실패는 크게 두 가지가 있습니다. 하나는 근본적으로 인간에 대한 이해가 부족했기 때문이고 다른 하나는 개방경제(open economy)에 대한 인식이 부족했기 때문입니다. 만약 한 나라의 자본주의 경제가 다른 외부 요인이 없는 상태라면 마르크스의 이론은 타당할 수 있습니다. 그러나 자본주의는 국내의 위기를 해외 부문을 이용해서 쉽게 돌파하는 특성을 가지고 있습니다. 그런데 그 해외 부문의 한계 상황에 다다르면 기술 혁신(innovation)이라든가 다른 변동 요인으로 이를 또 타결해 나갑니다. 자본주의가 가진 끈질긴 생명력이지요. 이것도 저것도 안 되면 전쟁을 일으킵니다.

공산주의 이론은 이에 대해 적절히 대처하지 못하고 마르크스의 원전(原典)만 맴돌다가 끝이 나고 말았습니다. 이런 점에서 마르크스주의가 가진 교조성(教條性)도 몰락의 원인이기도 합니다.

사람들은 마르크스가 제창한 것을 종교적으로 받아들이지 않고 하나의 생명력으로, 그리고 그 생명력은 결국 시대의 산물이니만큼 시대에 따라 잘 변형하여 적용하는 것이 중요하다는 점을 망각했습니다.

이 점을 먼저 간단히 살펴보고 넘어갑시다. 아직까지도 마르크스에 대한 많은 오해가 있습니다. 대표적인 것 가운데 하나가 마르크스를 과격한 혁명 이론가라고 보는 것입니다. 그러나 그게 아닙니다. 이 점을 오해하면 안 됩니다. 한마디로 마르크스는 중도적이었으며 자본주의의 타락과 비인간적인 속성에 대하여 이전의 사상과는 달리 감정을 배제하고 보다 과학적으로 보고 문제해결을 시도했던 사상가였습니다.

실제로 마르크스가 활동할 당시에는 매우 과격한 사상이 범람하였습니다. 대표적으로는 바뵈프(Gracchus Babeuf, 1760~1797), 호지스킨(Hodgeskin, 1787~1869), 프루동(Proudhon, 1809~1865), 바쿠닌(Bakunin, 1814~1876) 등이 있었습니다. 그들은 매우 과격한 사회운동가이자 이론가들로서 그들 눈에 마르크스는 기회주의적이었을 뿐만 아니라 모호한 사상가이기도 했습니다. 마르크스는 이같이 범람하는 과격하고 공상적인 사회주의를 지양하고 보다 과학적이고 실현 가능한 방법으로 자본

[그림 ②] 바뵈프, 프루동, 바쿠닌

주의를 분석하고 대안을 찾아야 할 것을 주장한 사람입니다.[11]

마르크스에 대한 또 다른 오해 중의 하나는 마르크스가 자신의 '순수한 이론'으로 세상을 바람직하게 변모시켜야 할 것을 주장한 사람이라는 것인데, 그것은 아닙니다. 마르크스는 당대의 '시대정신(Weltgeist)'를 종합한 사람으로 당대 최고의 지적 전통(intellectual tradition)을 종합한 이론가였습니다. 마르크스는 영국의 경제학, 프랑스의 유물론, 독일의 철학을 하나의 패러다임으로 통합하였던 것입니다. 그리고 무엇보다 중요한 것은 마르크스가 살았던 시기는 '과학과 이성 그리고 혁명'의 시기였으며 이 시기에는 인간의 이성과 합리성에 대한 신뢰가 그 어느 때보다도 높았고, 지식인들은 현실 안주적인 것을 가장 철저히 거부했던 시대였다는 점도 감안해야 합니다.

마르크스주의는 레닌주의(Leninism)로 인하여 극적인 변형이 일어납니다. 만약 마르크스의 제자들이 좀 더 유연하고 원래의 마르크스주의의 본질에 좀 더 접근했더라면 오늘날의 사회는 좀 더 달라졌을 수도 있습니다. 레닌과 그의 계승자인 스탈린(Stalin)은 좀 더 빨리 공산주의 사회를 건설하기 위해 무리하고 과격한 방법을 동원하는데 그것이 많은 지식인들로 하여금 마르크스주의에 등을 돌리게 한 원인이 되었습니다.

마르크스의 사상은 생산력(production force)의 발전 즉 기술의 발전이 결국 사회의 상부구조를 변화시키는 원동력이라고 했습니다. 즉 사회의 생산력 발전이 고도화되면서 새로운 생산양식(production mode)이 나타나고 그에 따라 사회의 전반적 이데올로기도 바뀐다는 것이죠. 마르크스는 노동에 대한 착취(exploitation)에 대해서도 강하게 비판했지만 그뿐만 아니라 관료주의(bureaucracy)의 병폐에 대해서도 심각할 정도의 비판을 했습니다.

아이러니한 말이지만 마르크스가 저주했던 그 자본주의는 심각한 노동의 착취, 노동의 소외(alienation)로 병들고, 사회주의는 관료주의로 자멸해 갔습니다. 사실 마르크스주의를 제대로 이해하고 그의 신념을 실천하려는 사람이라면 무정부주의자(Anarchist)가 될 수밖에 없습니다. 그러나 그런 사회는 실제로 존재할 수가 없지요. 에레훤(Erehwon)입니다.[12] 모든 유토피아를 지향하는 패러다임의 근본적인 한계이기도 합니다.

가령 학교 교실을 생각해 봅시다. 교실의 학생들 그 자체는 평등 사회이며 어떤 의미에서 무정부 사회입니다. 그런데 어떻습니까? 이들 사회에서도 끊임없이 성적 차이로 우열을 만들거나 짱(주먹대장)이 생기고, 왕따를 만들고 세금(?)도 거두고 하여 결국은 하나의 왕조 사회나 국

[그림 ③] 마르크스, 엥겔스, 레닌

가의 형태를 띠게 됩니다. 학생 자살(체제의 피해자)도 끊이지 않습니다. 한국의 학교는 다른 어떤 사회보다 자살율이 높습니다. 강력한 정부 부처가 존재하고 철저히 관리한다고 하는데도 이 모양이니 외부 간섭이 없다면 이 아이들의 사회는 결국 『파리 대왕(*Lord of the Flies*)』[13]의 모습이 될지도 모릅니다.

그런데 레닌은 경제적인 문제에 있어서는 마르크스를 받아들이지만, 그 구체적인 방법론은 러시아의 사상가 트카체프(Peter Nikitich Tkachev, 1844~1885)의 이론을 받아들입니다. 엥겔스(Engels, 1820~1895)는 이 트카체프에 대하여 "폭동주의일 뿐만 아니라 자본주의를 대체하는 또 하나의 독재 체제를 수립하려는 사람"이라고 비판합니다.[14]

그러나 레닌은 서유럽은 민주적이고 근대적, 진보적이므로 그곳에서의 사회주의 노동운동은 합법적인 길을 밟을 수 있을지 몰라도, 러시아는 아시아적이고 후진적, 야만적이며 전제 암흑과 헌병이 판치는 사회에서는 광범위한 민주적 노동운동 따위로 사회주의 혁명을 달성할 수 없는 것이라고 봅니다. 그래서 혁명은 강철 같은 조직과 이를 지도하는 엘리트 당원들에 의해 이끌어져야 한다고 본 것이죠.

이 같은 생각은 관료주의가 심각할 정도로 나타날 수 있다는 것을 간과한 것이기도 합니다. 젊은 날의 마르크스는 이 관료주의야말로 "서로가 서로를 속이며 내적으로는 계급 제도이며 대외적으로는 폐쇄적이며 비밀에 의해 유지되는 국가의 정신주의"라고 비판합니다.[15] 이런 면에서 보면 분명 마르크스는 무정부주의자입니다. 어떤 경우라도 정부나 조직이 있으면 그 조직이라는 것은 조직 보전의 자기 운동성을 가지기 때문에 자기에게 유리한 방향으로 일을 진행시키면서 권력을 독점하려는 경향이 나타나지요. 마치 위대한 철학자 사르트르(Jean Paul Sartre,

1905~1980)가 노벨상의 수상을 거부하면서, "나는 어떠한 권위주의적인 단체의 행사에도 참여하질 않는다. 시민적 자각에 의해 자발적으로 일어난 진보 단체가 아닌 한 나는 참가해 본 적이 없다."라고 했듯이 그 어떤 조직이나 단체도 자기 목적을 관철하기 위해서 존재하는 것일 뿐이기 때문입니다.

강철 같은 혁명적 조직의 엘리트 정당으로 혁명을 완수한다는 레닌의 생각은 한편으로는 타당하고 또 다른 한편으로는 타당하지 않은 측면이 있습니다. 일단 소비에트(soviet)의 기지를 러시아(Russia)에 세움으로써 전 세계 공산주의 운동을 효과적으로 지도했다는 측면에서는 긍정적일 수도 있지만, 수단과 방법을 가리지 않고, 마르크스주의를 지나치게 혁명 운동에만 경도시킴으로써 오히려 자본주의 진영의 부도덕성을 논의하기가 어려워졌다는 것입니다. 왜냐하면 공산화되는 과정에서 많은 부작용이 나타났기 때문에 만국의 노동자가 단결한 것이 아니라 만국의 자본가가 단결하는 계기가 되고 말았습니다.

구체적으로 보면, 레닌의 지도하에 스탈린은 이른바 "혁명을 위해", 많은 반사회적인 범죄들을 자행하여 당시의 수많은 지식인들을 경악시킵니다. 그리고 많은 인명이 살상되어 혁명에 대한 회의론이 나타나 지식인들을 이반시키게 됩니다. 그리고 인명의 살상은 반대로 전 세계적인 범주에서 사회주의에 대한 대대적인 탄압으로 나타납니다.

결과론적인 말이지만 레닌주의에 기반한 사회주의권의 몰락은 마르크스주의의 원래의 의미까지 퇴색하게 만들어 진보주의 운동을 좌초시켰습니다. 레닌은 특히 ① 마르크스 레닌주의가 낡았고, 사회 발전에 대한 의미를 상실했다고 주장하는 수정주의와 ② 광범위한 근로 대중을 공산당과 이간시키는 종파주의 및 ③ 낡은 테제에 대한 무비판적 추종 세력인 교조주의에 대해 투쟁하는 것을 공산당원의 의무로 규정합니다(레닌, 『무엇을 할 것인가(*What is to be done*)』). 문제는 이 종파주의, 교조주의, 수정주의가 객관적일 수가 없다는 것입니다. 아직도 북한에서는 이런 해괴한 언어로 사람들을 죽이고 있지 않습니까?

그리고 이들 러시아 공산주의자들은 혁명의 방법론에 대해 자국의 경험을 지나치게 강조한 나머지 다른 공산주의자들과 많은 갈등을 빚게 되었고 한국과 같은 약소국의 백성들에 대해서도 돌이킬 수 없는 많은 상처를 남겼습니다. 자유시(Svobodny) 사변[16]이나 연해주 한국인들의 중앙아시아 강제 이주는 대표적인 예입니다. 제가 보기에 이 사건들은 용서받을 수 없는 범죄인데도 불구하고 이에 대해서 제대로 비판하는 한국의 좌파 지식인을 보지 못했습니다.

레닌을 계승했던 스탈린은 마르크스주의가 무서운 이데올로기라는 점을 확실히 부각시킵니다. 많은 사람들이 죽었습니다. 스탈린 치하에서는 당의 최고위 정치국원들도 성하게 목숨을 부지하기 어려운 상황이었습니다. 레닌은 임종하면서 "스탈린은 너무 거칠어서 누군가 참을성이 있고 예의바르고 덜 변덕스러운 사람"을 자기의 후계자로 임명하라고 하지만 스탈린은 이 유언장조차도 가로채고 맙니다.[17] 메드베데프(Roy A. Medvedev)는 다음과 같이 말합니다.

"1937년과 1938년 모스크바에서만 1천여 명에 달하는 사람이 총살되던 날도 있었다. …… 과거 어떤 폭군이나 전제 군주도 이렇게 많은 수의 자기 동포를 박해하고 파멸시키지 않았다는 단순한 진실만은 말해 두어야겠다."[18]

그래서 버트란트 러셀(Bertrand Russell, 1872~1970)은 다음과 같이

[그림 ④] 러시아 공산주의 이론가들(트카체프, 레닌, 스탈린)

토로합니다.

> "나는 두 가지 이유 때문에 볼셰비즘을 거부하게 된다. 하나는 볼셰비키의 방법으로 공산주의에 도달하기 위해 인류가 치러야 할 대가는 너무 무서운 것이며, 다른 하나는 그 대가를 치른 뒤에조차도 나는 볼셰비키가 이루고 싶다고 말하는 그 결과를 얻을 수 있다고 믿지 않기 때문이다."[19)]

오히려 아시아의 대표적 공산주의자인 마오쩌둥(毛澤東)은 상당히 유연하게 공산주의를 해석합니다. 마오쩌둥은 공산 혁명이 성공할 때까지 해외에 나간 일도 없으며 러시아 공산당에 의해서 많이 시달린 사람입니다. 마오쩌둥은 다음과 같이 말합니다.

> "사회주의 역시 없어질 것이다. …… 공산주의 사회도 일단 만들어지고 나면 언젠가는 또 다른 사회로 변하게 된다. 그것이 어떤 사회로 바뀔지는 모르나, 바뀌는 것이 틀림없다. 왜냐하면 만물이 죽으면 태어나고 다시 죽는 음양의 법칙처럼 공산

주의도 언젠가는 없어져야 하는 음양의 조화를 벗어날 수 없는 가변적인 것이기 때문이다."[20]

레닌이나 스탈린의 눈에는 아시아 공산주의자들이 야만적이고 뭔가를 모르는 사람일지도 모르지만 제가 보기엔 훨씬 유연(flexible)합니다. 마오쩌둥은 스탈린 이후 소련과 극심한 사상투쟁을 벌이면서 소련의 지도부를 수정주의자로 공격합니다. 그러면서 미국과 가까워집니다. 아이러니지요. 하지만 마오쩌둥은 문화혁명(文化革命)이라는 전대미문의 극좌 운동으로 중국을 파탄시키기도 했습니다. 이후 겨우 살아남은 덩샤오핑(鄧小平)은 더욱더 유연하게 중국을 개방화하고 세계 자본주의 구조 속에 성공적으로 편입합니다. 결국 소비에트러시아는 사멸하고 중국은 자본주의의 길을 가게 됩니다.

사실 러시아 혁명 이후 나타나는 패러다임의 변화 모습을 보면 한 나라의 패러다임의 변화는 결국 그 나라의 역사와 문화를 기반으로 한다는 것을 알게 됩니다. 그리고 "경제는 비약이 없다."는 말을 새삼스럽게 깨닫게 됩니다. 한 나라의 경제 발전이라는 것은 혁명에 의해서 많은 변화가 오는 것은 사실이지만 그것은 하나의 가능성에 불과하다는 말입니다. 필리핀이나 라틴 아메리카, 인디아 등과 같이 토지에서부터 제대로 개혁이 안 되는 상황에서 "가난한 민주주의"라는 것은 사실상 약육강식의 경연장에 불과할 뿐이기 때문입니다.

이런 점에서 한국은 남으로 또는 북으로 극심한 계급혁명을 겪었고, 충분하지는 않지만 토지개혁이 있었던 것도 경제 발전에 선순환의 구조를 형성하게 된 것이기도 합니다.

그러나 구제도(ancient regime)를 청산하는 것만으로 마르크스주의를 이해할 수는 없는 일입니다. 마르크스주의에서 말하는 구제도의 청산은 다만 유토피아로 나아가는 아주 작은 시작에 불과하니까요.

(3) 마르크스, 절반의 성공

마르크스주의의 이론은 매우 심오하고 방대하기 때문에 우리가 이를 분야별로 일일이 검토한다는 것은 매우 어렵습니다. 그래서 "마르크스주의는 그의 절친한 패거리를 위하여 '사회학'이라고 불리는 서랍을 열어놓아도 결코 조용히 머물러 있지 못하고 서랍을 뛰쳐나와 다른 서랍으로 들어갈 것이다. 경제학, 철학, 역사, 법, 국가학, 이들 그 어느 것도 마르크스주의를 그 안에 묶어둘 수가 없다."는 것입니다.[21)]

그래서 주로 경제적인 문제에 초점을 맞추어 아주 간단하게 살펴보고 넘어갑시다.

자본주의 사회는 임금 노동자가 있어야 합니다. 이들이 봉건적 구속에서 벗어나 도시로 몰리면서 공장의 노동자 즉 프롤레타리아(proletariat)가 됩니다. 자본가들은 이들의 노동을 착취하여 그들에게는 근근이 생존만 하게 하는 정도로 임금(wage)을 주면서 부(wealth)를 축적합니다. 그런데 국민 경제(national economy) 하에서 해외 부문(foreign sector)이 없다면 어떻게 될까요? (이하는 마르크스의 『자본론(資本論: *Das Kapital*)』의 내용을 누구나 알기 쉽도록 요약한 것입니다.)

가령 TV를 생산하는 돈 많은 자본가 이정구(李鄭具)라는 사람과 이정구 씨의 회사에서 일하는 수천 명의 노동자(프롤레타리아)가 있다고 합시다. 이정구 씨는 최소의 비용으로 최대의 효과를 가져야 하기 때문에(경영 합리화죠), 최저 임금을 주고 TV를 생산한다고 하죠. 사회는 TV라는 상품만 있다고 합시다. 그런데 이 회사의 많은 노동자들은 먹고살기에 바빠, TV를 살 만한 여력이 없을 경우에는 어떻게 됩니까? TV를 팔아야 이정구 씨가 돈을 버는데 이를 사줄 사람이 없으면 문제가 심각합니다. 정 안 되면 이정구 씨가 자기가 만든 TV를 사서라도 그 돈이 회사 쪽으로 유입되게 해야 합니다. 그러나 그것도 한계에 봉착합니다. 한 사람이 도대체 얼마나 많은 TV를 사겠습니까?

이 경우 만약 이정구 씨가 자기가 가진 돈을 여러 사람들에게 나눠주면 TV를 살 수 있을지도 모릅니다. 그러면 TV를 산 비용들이 회사로 유입되니 공장은 다시 돌릴 수 있고 사람들은 보고 싶은 TV를 맘대로 볼 수도 있겠지요. 그러나 이정구 씨가 다른 사람들에게 돈을 나눠줄 하등의 이유는 없습니다. 그는 오히려 더 많은 노동 착취를 통하여 TV 가격을 떨어뜨리려 할 것입니다. 다른 한편으로는 각종 설비 투자로 장기적으로 단위당 가격을 떨어뜨림으로써 시장을 장악하려 할 것입니다. 그러면 어떻게 될까요? 시설 설비 투자가 많아지면서 그나마도 노동 임금은 더 줄어들지요? 즉 고정 자본은 점점 증가하므로 생산 능력은 점점 커지지만 임금은 떨어지지요. 잘못하면 상품만 산처럼 쌓여 공황의 위험이 상존하게 됩니다.

이정구 씨의 입장에서 보면 TV를 너무 완벽하게 만들어도 문제입니다. 왜냐하면 너무 완벽한 제품들은 고장이 안 나므로 더 이상 물건을 팔기가 어렵죠. 그러니 적당하게 고장이 좀 나도록 만들어야 합니다. 아니면 하루라도 빨리 좀 더 싸고 새로운 제품을 만들어 새롭게 팔아야 합니다.

이 과정에서 노동자들의 삶은 더욱 어려워지고 생산 설비는 더욱 늘어나는 기현상이 나타납니다. 사회적으로 실업은 만연하면서 정부는 오직 자본가들의 눈치만 보고 있습니다. 그나마도 자본가들이 노동자들을 고용해 주니 자기들 정권도 유지하는 게 아니겠습니까? 그러니 기업의 눈치를 보는 것도 당연합니다. 정치가들은 기본적으로 생산 계층이 아니므로 돈이 없습니다. 그러다 보니 돈줄이라도 하나씩 잡지 않으면 안 됩니다. 그러지 않고서 선거를 치를 수가 없지요. 마르크스는 자본가들을 돈주머니(money bag)라고 부르기도 했습니다.

따라서 자본주의는 발전하면 할수록 실업자들이 자꾸 늘어나고 노동 착취는 더욱 강화되는 악순환이 일어납니다. 이런 실업자들을 마르크스는 산업예비군들의 주검으로 표현하기도 합니다. 더 이상 이 상태가 견디기 힘들게 되면 필연적으로 혁명(Revolution)이 일어나게 됩니다.

여기에서 또 한 가지, 완벽한 제품보다는 고장이 좀 나는 제품을 생산하거나 아니면 이전 상품을 완전히 대체할 신제품을 개발해야 하는 것이 또 문제입니다. 이것은 이정구 씨가 생산수단(기업)을 소유하기 때문에 나타난 현상이지요. 만약 생산수단을 국가가 가지게 되면 국가는 좀 더 완벽한 TV를 생산하고 남는 자원으로 다른 생필품 공급에 나서면 됩니다. 자원 낭비가 없지요. 그러면 국민들은 더 많은 경제적 혜택을 누리면서도 좀 더 평등한 사회로 진입하게 된다는 것입니다. 그러니 제도도 바뀌게 됩니다.

이것이 마르크스 이론의 골자입니다. 만약 국가가 폐쇄 경제(closed economy) 상태라면 이 분석은 타당할 수 있습니다. 문제는 자본가 이정구 씨가 국내에서는 노동을 극도로 착취해서 국내뿐만 아니라 해외에도 이 TV를 팔게 되면 큰 이익을 취할 수도 있다는 것입니다. 또 말씽

많은 한국에서는 임금을 최저생계비 수준에서 일정하게 인상시키면서 저개발 국가에도 공장을 세워 형편없는 저임금으로 TV를 생산하면 엄청난 폭리가 생기는 것이지요. 그렇게 해서 많은 돈을 벌면 이정구 씨는 힘들게 TV를 생산할 필요도 없이 돈놀이(금융업)에 몰두할 수 있습니다. 굳이 공장을 세워 노동자들과 얼굴을 붉히면서 싸울 일도 없고요.

그러니까 만약 경제가 닫혀 있으면 혁명이 저절로 생겨나겠지만, 해외 부문이 있음으로 하여 지속적으로 지연되게 되는 것이지요. 이 과정에서 자본가들은 자기 나라의 노동자들에게는 어느 정도 임금을 인상시켜 사회적인 위험요소를 제거하면서 저개발 국가에서는 저임금을 주더라도 그 나라의 다른 노동자들에 비하여는 상대적으로 고임금이니 존경을 받고 칭찬을 듣게 됩니다. 그야말로 '꿩 먹고 알 먹고'지요. 바로 이런 점을 마르크스는 보지 못한 것입니다.

마르크스주의 경제학에서 가장 약한 부분이 바로 국제 무역(international trade)입니다. 마르크스의 『자본론』에서도 무역 이론에 대해서는 리카도(David Ricardo, 1772~1823)의 분석을 그대로 따르고 있으며 자기의 노동가치 이론이 무역 이론으로 확장될 수 있는지에 대해 깊이 숙고를 하지 않았습니다. 그래서 선진국 노동자와 후진국(저개발국) 노동자가 서로 다른 이해관계에 있다는 것을 간과한 것이지요.

실제로 보면 선진국 노동자들은 후진국 노동자들과는 적대적(敵對的)일 수밖에 없는 구조로 되어 있습니다. 많은 복잡한 경우는 차치하고 간단한 두 가지 예만 들어봅시다. 선진국의 자본가 개더골드(Gathergold) 씨가 임금이 싼 후진국으로 자기의 공장을 이전하면 당장 선진국의 공장 노동자들의 일자리가 없어집니다. 그리고 한국의 포항제철(POSCO) 때문에 수많은 미국의 제철소가 문 닫았습니다. 미국 철강 노동자들에게 한국의 포항제철의 노동자들은 원수입니다. 그래서 애초에 국제 공산당 운동이라는 것은 제대로 굴러갈 수가 없는 일입니다.[22)]

그런 상태에서 마르크스가 말하는 식으로 만국(萬國)의 노동자들이 어찌 단결하겠습니까? 오히려 자본가들은 자국의 산업과 노동자들을 보호하는 기수(旗手)처럼 보이고 저개발 국가에서는 자비심 많은 투자가로 보일 뿐이지요.

자본가들은 세계화(globalization)를 통하여 한편으로는 자국의 경제적 모순을 해외 부문(foreign sector)으로 전가시키고 국내적으로는 계급갈등(class conflict)을 완화시키는 중요한 계기를 가지게 된 것이지요. 그러니 자본가들이 국제연합(UN)이나 세계무역기구(WTO)를 이용하여 세계화에 열을 올리는 것을 진보적인 학자나 사회운동가들이 반대하는 것도 같은 맥락으로 이해할 수 있습니다. 여기에 노동 집약적인 산업에서 지식 집약적인 산업인 IT(또는 ICT) 산업이 국가 산업을 선도하고 다른 한편으로는 서비스 산업(service industries)의 광범위한 발전으로 말미암아 프롤레타리아의 성격이 매우 다양하게 변모함으로써 계급갈등의 성격이 모호해진 것도 마르크스주의의 쇠퇴를 부채질했습니다.

쉽게 말해서 마르크스주의는 대규모의 생산 체제 즉 앞으로 말씀드릴 포디즘(Fordism) 하에서 번성할 수 있는 특성을 가진 것이었습니다. 즉 대량 생산 체제 하에서 단일 사업장에 많은 노동자들이 고용되어 있어 노동자들의 성격이 보다 단일하게(homogeneous) 됨으로써 그 정치적 영향력이 강화될 수 있었던 것입니다. 그러나 현대의 기업들은 자꾸 슬림(slim)화되고 있습니다. 이른바 "작은 것이 아름답다(small is beautiful)."는 것입니다. 현대 기업들은 고용 인력이 비대해서는 살아남을 수가 없습니다. IT 산업은 이를 더욱 강화하고 있죠. 그래서 자본주의의 성격이 지속적으로 모호하게 되고 있습니다.

그리고 더욱 심각한 문제는 후진국의 경우에도 공장의 노동자와 같은 프롤레타리아가 문제가 아니라 광범위하게 존재하는 도시 빈민들과, 비교우위를 상실하고 있는 농어촌 빈민들과, 각계각층의 루저(loser)들입니다. 현재의 한국과 마찬가지로 대개의 후진국에서는 "취직이라도 제대로 되어 있는" 노동자들이 문제가 아니라 하루하루 끼니를 걱정해야 하는 빈민들이 문제입니다. 이 문제는 특히 라틴 아메리카, 아프리카, 동남아시아, 동유럽, 남부아시아 등이 심각한 상태입니다. 이렇게 말하고 보니, 서유럽, 일본 등 몇 개국을 제외하고는 나머지 세계 전체이군요.

충분하지는 않지만 이상의 내용으로 마르크스주의의 본질적인 요소를 볼 수는 있을 것입니다. 그동안 마르크스주의에 대해서는 워낙 많은 분석과 저술이 있었기 때문에 일단은 이 정도로 넘어가고 경우에 따라서 필요한 부분이 있으면 그 부분을 깊이 있게 살펴보도록 합시다.

패러다임의 관점에서 보면, 마르크스주의는 절반의 성공을 거둔 셈입니다. 그러나 마르크스는 제자들에게 국제 부문(국제주의)이라는 엄청난 이론적 부담을 남기고 말았습니다. 그래서 마르크스 이후 국제 부문에 대해서는 거의 이론의 춘추전국시대라고 할 만큼 많은 이론들이 봇물처럼 쏟아집니다. 이들이 우왕좌왕하는 사이 자본주의 선진국들은 신속하게 자유민주주의, 자유무역 이론의 우아함과 아름다움을 철저히 프로파간다(propaganda)하면서 세계 전체를 장악해 간 것입니다. 제가 보기엔 반자본주의적 지식인들이 마르크스주의에 경도되어 정신없이 "안 되는 이론 개발"에 몰두하지 않고 차라리 철저한 토지개혁(봉건 유제 타파)-신중상주의적 모델(국내 산업 보호와 자본 축적)-리스트의 유치 산업 보호론(경쟁 가능 산업 육성)-수출 지향(노동 집약에서 시작하여 자본 집약적으로 확장) 등을 적절히 배합하여 후진국들의 경제 개발 모델을 만들고 선진국들의 자본 침탈이나 경제 침략에 대응하였더라면 세상은 지금보다는 훨씬 더 나아졌을지도 모릅니다.

제3장 철학의 빈곤으로 번영하는 자본주의

:: 머리가 제일 긴 공주가 여왕이 될 거야

엘리너 파전(Eleanor Farjeon)의 『일곱 번째 공주(*The Seventh Princess*)』를 읽으신 적이 있습니까? 못 보신 분을 위해 여기에 소개해 드리겠습니다.

아득한 옛날, 한 임금이 살고 있었습니다. 그 임금은 아름다운 집시 여자를 왕비로 맞이했습니다. 임금은 왕비를 어찌나 사랑했던지, 이 세상을 다 준다 해도 바꾸지 않을 정도였습니다. 왕비는 울타리 너머로 보이는 바깥 세상을 바라보며 마음을 달래곤 했습니다. 왕비는 공주만 일곱 명을 낳았습니다.

어느 날, 왕비가 임금에게 말했습니다.

"임금님, 어느 공주를 이 자리에 앉히시렵니까?"

임금이 대답을 망설이고 있는데, 마침 그때 사냥꾼들이 잡아온 하얀 몸에 긴 털을 가진 아름다운 백조가 갑자기 눈에 들어와 말했습니다.

"가장 긴 머리털을 지닌 공주를 그 자리에 앉히겠소. 그리고 나의 뒤를 이을 여왕으로 삼겠소."

왕비는 여섯 명의 유모에게 임금의 말을 전했습니다. 그리고 막내는 왕비가 맡았습니다. 그날부터, 유모들은 자기가 맡은 공주의 머리털 가꾸기에 정성을 다했습니다. 이들 곁에는 예쁜 백조 여섯 마리가 늘 함께 했습니다. 세월은 흘러 왕비는 먼저 세상을 떠났습니다.

그러던 어느 날, 세계의 왕자가 와서 이 나라 여왕과 결혼하고 싶다고 하였습니다. 드디어 머리 길이를 잴 날이 온 것이죠. 그런데 일이 난처하게 되고 말았습니다. 여섯 명의 공주의 머리털 길이가 모두 똑같았기 때문입니다. 더욱 가관인 것은 막내 공주의 머리털은 아예 사내아이처럼 짧은 머리였습니다. 결국 아무도 여왕이 되지 못했고, 결혼도 하지 못했습니다. 그 뒤에도, 여섯 명의 공주들은 유모들의 시중을 받으며 머리털을 가꾸는 것으로 일생을 보냈습니다. 결국 공주들의 머리털은 그들을 따르던 여섯 마리의 백조처럼 하얗게 되고 말았습니다.

저는 요즘의 세계, 특히 한국 사회를 보면 이 이야기가 생각납니다. 갑자기 무슨 바람이 불었는지 '얼짱', '몸짱'의 이야기로 날을 지샙니다. '몸짱'을 만들려고 무리하다가 죽지를 않나, '얼짱'을 만들려다가 풍선처럼 된 얼굴로 세상과 담을 쌓고 사는 사람도 있습니다. 유명한 모 여배우는 몸 하나가 재산이니 거의 하루 종일 헬스클럽(fitness center)에서 산다고 자랑합니다. 대부분의 유명 연예인들이 정도 차이는 있지만 거의 유사합니다. 물론 몸 가꾸기를 잘해야 그 직업에 도움이 된다면 어찌 하겠습니까마는 인생의 대부분을 헬스클럽에서 보낸다니 기가 막힙니다. 그런데 이런 류의 사회적 꼬임(social propaganda)에 사람들이 열광

하며 이리저리 끌려다니는 모습은 더욱 가관입니다. 거리를 걷다 보면 마치 나병 환자들이나 붕대귀신처럼 얼굴을 가리고 다니는 많은 여자들의 모습을 봅니다. 피부를 아름답게 가꾸기 위해서라고 합니다.

TV를 보다 보면, 때로 충격에 빠집니다. 루이뷔통(Louisvuitton) 가방에 구치(Gucci) 선글라스에 피부는 백옥같고, 앵두빛 입술에 허리는 조비연(趙飛燕)도 무색한, 마치 하늘에서 내려온 선녀 같은 여자의 입에서 나온 말이 "파우스트(Faust)가 스파게티(Spaghetti)의 한 종류입니까?"라는 식이니 말입니다. 한국 사람들은 흔히 여자가 아름다우면 다 용서된다고 합니다. 뿐만 아니라 우리는 미인이면 다른 모든 일들도 다 잘할 것으로 착각하는 경우가 많습니다. 형형색색 최고 명품으로 몸을 휘감은 마네킹(mannequin)을 보는 듯합니다. 저는 가끔 자본주의가 꼭 이 머리가 텅 빈 마네킹이 아닌가 하는 생각이 듭니다.

(1) 패러다임

패러다임(paradigm)이라는 말이 많이 쓰이고 있습니다. 제가 여러분께 드리고자 하는 말씀도 이 패러다임에 관한 내용입니다. 정의하기가 쉽지는 않은 말인데 토마스 쿤(Thomas Kuhn)이 자신의 주저인 『과학혁명의 구조(*The Structure of Scientific Revolutions*)』(1962)에서 사용함으로써 세계적으로 유명한 말이 되었습니다.

이 말을 우선 무슨 뜻인지 대충 알아나 보고 우리의 논의를 시작합시다. 그러기 위해서 토마스 쿤의 말을 직접 들어보기로 하죠.

"'정상과학(normal science)'이란 과거의 과학적인 업적 가운데 하나 이상의 것에 확고한 기반을 둔 연구 활동을 말한다. 여기서 업적이라는 것은 어떤 특정한 과학 사회가 얼마 동안 과학이 보다 나은 실제를 위한 기초를 제공하는 것이라고 인정한 것을 말한다. …… 아리스토텔레스의 『자연학』, 뉴튼의 『프린키피아(*Principia*)』, 라부아지에의 『화학』 등은 한때는 연구자들 대대로 내려오면서 연구 분야에서 정통의 문제와 방법론을 은연중에 정의하는 역할을 맡았다. 이 책들은 ① 많은 지지자들을 끌어 모으기에 충분함과 동시에 ② 모든 유형의 문제를 다시 개편하여 연구자들로 하여금 해결하도록 남겨놓은 융통성이 있는 업적인데 이런 두 가지 특성을 띠는 업적을 나는 이제부터 '패러다임(paradigm)'이라고 부르기로 하는데 이 말은 정상과학과 밀접하게 연관되어 있다."[23]

토마스 쿤의 말은 패러다임이라는 말이 과학 사회(scientific community)의 구성원들이 그 시기에 공유할 수 있는 이데올로기(ideology) 또는 믿음(belief), 가치(value) 등을 말한다고 볼 수 있겠군요. 물론 토마스 쿤이 사용하는 패러다임이라는 말은 난해하기 때문에 단순한 정의(simple definition)를 내리기란 쉽지 않습니다.

패러다임이라는 말은 원래 언어학(linguistics) 용어로 많이 쓰인 말로 어원적으로 동사의 어형 변화(inflection)라든가, 계열체(系列體), 모델(model), 틀(frame) 등의 말이었다고 하는데, 제가 앞으로 사용할 패러다임은 이보다는 포괄적으로 사용할 것입니다. 즉 이데올로기를 결합하여 보다 포괄적이고 거시적으로 사용

[그림 ①] 토마스 쿤과 『과학혁명의 구조』

하겠다는 말입니다. 그래서 패러다임이라는 말은 동시대에 일반적으로 통용되는 지배적 이데올로기(predominant ideology)라고 해도 크게 틀린 말은 아니겠지요.

그래서 저는 일반적으로 알려진 대로 패러다임을 어떤 한 시대 사람들의 견해나 사고를 지배하고 있는 이론적 틀이나 개념의 집합체라는 의미로 사용할 것입니다. 즉 개별적으로 사람들의 생각은 다를 수도 있지만 대개의 경우 대부분의 사회 구성원이 찬성하는 어떤 삶의 태도, 가치관, 인식 방법 등이 있기 마련입니다. 그렇지 않고서야 사회를 구성, 유지하기가 어렵죠. 그러나 이 패러다임은 가만히 있는 것이 아닙니다. 왜냐하면 사회는 여러 분야에 걸쳐서 끊임없이 발전하고 있기 때문에 새로운 관점들이 나타날 수밖에 없는 특성이 있습니다. 그래서 우리는 "패러다임이 바뀌었다."라는 말을 하기도 하는데 이 말은 사회 구성원들이 이전의 패러다임에 동의하지 않고 새로운 형태의 패러다임에 동의하고 있다는 말입니다.

예를 들면, 제가 어릴 때만 해도 어떤 사람에 대하여 "섹시(sexy)하다."고 말하면, 그것은 "헤프다." 또는 "행실이 바르지 못하다."는 식으로 받아들였기 때문에 그것은 욕설에 가까운 말이었습니다. 그런데 2010년대 초반인 지금, 이 말을 해주면 "더할 수 없는 칭찬"의 말에 가깝습니다. 사랑하는 연인이 이 말을 안 해주면 상당히 섭섭한 일이 되었습니다. 분명 패러다임이 바뀐 것이죠.

패러다임의 힘은 우리를 장님으로 만들어 새로운 현실을 보지 못하도록 할 뿐 아니라, 우리가 새로운 것을 그 자체로 파악하기보다는 기존 패러다임의 유지에 유리하게 재구성하도록 만든다는 것입니다.

세상을 살다 보니 사고를 혁명적으로 한다는 것이 매우 어렵다는 생각이 듭니다. 특히 아시아권에서는 모든 것이 집체적으로 이루어지는 경우가 많아서 남과 다른 사고를 하면 이내 세찬 시련에 봉착하는 경우가 많습니다. 사회주의만 해도 너무 견고하게 패러다임이 굳어져 있기 때문에 사회주의의 몰락 이후 심리적인 아노미(anomie) 현상이 만연한 듯 느껴지기도 합니다. 마르크스 레닌주의는 그동안 지나치게 견고하게 굳어져서 마치 유토피어니즘의 유일무이한 패러다임처럼 생각된 듯합니다. 이제 그것을 과감히 부수고 새로운 형태의 유토피어니즘 논쟁에 불을 붙일 시기라고 생각합니다.

(2) 철학이 없어 번영하는 자본주의

어떤 시대든지 그 사회의 지배적인 이데올로기가 있습니다. 지배적 이데올로기는 그 사회를 유지하는 역할을 합니다. 그래서 사회의 지배적 이데올로기는 사회 구성원들로 하여금 어떠한 사물이나 현상을 바라보는 공통적인 관점을 제시하고 때로는 강요합니다.

제가 대학을 다닐 때 사회주의 계열은 무조건 진보(進步, progress)라고 하는 것을 듣고는 의아한 적이 있습니다. 사회주의적 관점이라니, 그러면 볼셰비즘(Bolshevism) 또는 스탈린주의(Stalinism)가 과연 진보적인 패러다임인가 하는 생각을 하였습니다. 과연 인간에게 있어서 진보가 무엇인가 하는 점들을 생각하게 되었습니다. 사회주의권이 모두 몰락한 지금, 그러면 진보의 축은 어디에 있을까? 이 모든 것은 결국 패러다임의 다른 모습들에 불과한 것은 아닐까 하는 생각을 하게 되었습니다.

패러다임은 개인적인 가치관이나 인식의 방법 등을 넘어서 시대성을 띠고 있습니다. 그래서 사회가 유지되기 위해서는 사회 구성원들이 그 시대를 통괄하고 있는 사고의 방식을 공유할 필요가 있습니다. 그리고 사회는 끊임없이 그처럼 공유할 수 있는 생각들을 공급하는데 그 생각들은 사회 구성원들이 어떤 사물이나 현상을 이해하는 사고의 틀을 제공하게 되는 것이지요.

그런데 재미있는 것은 이렇게 끊임없이 사고의 틀을 제공하는 과정에서 여러 가지 부작용(harmful aftereffect)이 나타난다는 것이지요. 모든 이론이라는 것이 지나치게 정교해지고 치밀해지면서 오히려 허점과 오류가 나타나는 특성을 가지는 것이지요. 이 점에서 마르크스의 『자본론』은 큰 실수를 한 셈입니다. 지나치게 과학적이고 정밀한 것은 자연과학이면 몰라도 사회과학에서는 이내 오류로 전환될 가능성이 있거든요. 간단히 말해서 마르크스주의는 허약한 틀을 가지고 지나치게 정교하게 분석을 시도한데다, 제시된 데이터(data)들이 이내 검정되면서 이론적 허점이 드러나고 말았다는 것이지요.

오늘날 자본주의가 아직도 건재한 이유 중에 하나는 그 철학적 기반이 형편없기 때문입니다. 자본주의 패러다임의 하드코어(hardcore)에 들어가 보면 철학이라고 할 수도 없는 상식적인 생각에 기초를 두고 있습니다. 대표적인 이론가가 벤담(Jeremy Bentham, 1748~1832)이지요. 제가 경제학을 처음 공부할 때 가장 실망한 것 가운데 하나가 벤담의 엉성한 공리주의(功利主義, utilitarianism) 이론을 기반으로 자본주의 이론이 형성되었다는 것입니다. 지식을 열망하는 사람들이 젊은 시절에 유난히 마르크스에 빠지는 이유도 바로 이 점이라고 할 수 있습니다. 당시 가장 선진적이었던 칸트(Kant)와 헤겔(Hegel) 철학을 기반으로 하는 마르크스주의의 경제학과 엉성하고 이론적 깊이도 없는 자본주의 경제학과는 비교할 수 없지요.

그러면 여러분 가운데서는 "당신 말이 지나치지 않아? 그렇게 허약한 학문이 어떻게 수백 년을 견뎠지?"라고 하실 분도 있습니다. 제 말이 바로 그 말입니다. 바로 그렇게 허약했기 때문에 수백 년을 견딘 것이죠. 그만큼 뛰어난 적응력을 가질 수 있었다는 말입니다. 사실 부품이 지나치게 정교하게 만든 제품들은 고장 나기가 쉽습니다. 그래서 작은 나사 하나가 빠져버려도 기계는 못 쓰는 경우가 많지요.

경제학 공부를 하지 못했던 분을 위하여 벤담의 견해를 간단히 소개하고 넘어갑시다. 그러면 제가 왜 이런 말씀을 드리는지 이해하실 테니 말입니다.

벤담은 사람에게는 고통을 피하고 쾌락을 추구하는 본성이 있는데 이것이 인간 행위의 근본적인 동기라고 합니다. 인간에 있어서 쾌락은 선(善)이요, 고통은 불행(不幸)인데 이것은 증명할 필요가 없는 공리(公理, axiom)임을 역설합니다. 벤담은 모든 시대 모든 장소에서 인간의 동기는 하나의 원칙 즉 자신의 만족도를 극대화하려는 욕구로 환원될 수 있으며 각 개인은 자신의 쾌락에 대한 유일한 판단자라고 역설합니다.[24] 즉 개인이 느끼는 쾌락은 지극히 개별적이기 때문에 쾌락의 양이 같다면 소크라테스(Socrates)나 마를린 먼로(Marilyn Monroe)가 같은 가치를 지닌다는 말입니다.

바로 이 같은 철학적 기반으로 형성된 것이 자본주의 경제학입니다. 어떤가요? 너무 내용이 없지 않습니까? 그리고 이것이 수백 년간 유지되어 온 자본주의 패러다임(Paradigm of Capitalism)의 근간이라고 하니 한심한 일이기도 합니다.

자본주의 경제학은 벤담의 쾌락 이론을 바탕으로 효용 이론(utility

[그림 ②] 제러미 벤담

theory)이 만들어지고 정교화됩니다. 원래부터 벤담은 쾌락을 수량화(數量化)할 수 있다고 생각을 했는데 자본주의 경제학자들은 근사하게 그것을 수량화하여 효용 이론을 만들었습니다. 그런데 그 효용 이론이라는 것이 사실 말장난에 불과합니다. 쾌락을 수치화하는 과정에서 기수적 효용(Cardinal Numeral utility: 절대적 수량의 차이에 따른 만족도)이 아니라 서수적 효용(Ordinary Numeral utility: 순서의 차이에 따른 만족도 차이)이라고는 하지만 그것으로 소비자 이론(consumption theory)을 만든다는 자체가 잘못된 것이지요. 왜냐하면 쾌락을 수량화한다고 하면서 다만 순서의 차이가 있다고 하는데 그 순서의 차이를 보는 것을 수치화할 수가 있는가 말입니다. 인간의 욕망은 개인에 따라 천차만별이고 그것을 종합하여 일반 균형화한다는 것은, 낙타가 바늘구멍 속으로 들어가면, 가능할 것입니다.

어쨌든 이런 철학적 기반 하에서 효용함수(utility function)가 만들어지고 한계효용(marginal utility), 한계효용 체감의 법칙(law of diminishing marginal utility, 限界效用遞減法則)이 만들어진 것입니다. 효용이란 만족도(degree of satisfaction), 즉 어떤 상품이나 서비스를 소비할 때 느끼는 만족도입니다. 한계효용 체감이란, 과자를 자꾸 먹으면 그 과자가 물리듯이 상품이나 서비스를 더 많이 소비하면 할수록 그 만족도가 떨어지는 것을 말합니다. 내용도 없는데 말만 복잡하여 경제학자들의 밥벌이에 적당한 학문이기도 합니다.

이런 단순하고 상식적인 이론을 바탕으로 자본주의라는 거대한 패러다임이 구축되어 있다는 것이 아슬아슬한 일이기도 합니다. 마치 아름다운 최고의 산, 금강산 꼭대기를 죽을 힘을 다하여 올라가 보니 아무것도 없이 쓰레기 봉지만 나뒹굴고 있는 것과도 같습니다. 그러나 오히려 그 때문에 집착할 이데올로기도 없는 것이죠. 그래서 어떤 환경의 변화에도 살아남은 것이 자본주의입니다.

그러나 문제는 머리가 텅 빈 마네킹과 같이 자본주의가 정처도 없이 나아가고 있다는 것입니다. 놀라운 일이죠. 어디로 가는지도 모르고 목숨의 길이도 모르고 그러면서도 이렇게 태평할 수 있는지가 말입니다. 그 와중에서 끊임없이 인간의 욕망만 부추깁니다.

자본주의를 이끌어 가는 원초적 질료(質料)인 효용의 실체는 결국 개인의 욕망 충족입니다. 결국 자본주의 사회는 허무주의(虛無主義), 끝을 모르는 쾌락주의(快樂主義), 물신숭배(物神崇拜)가 판을 치게 됩니다. 자본주의 사회는 현실적으로 최고효용이 비도덕적이고 인간의 핵(core)을 파괴하는 것일지라도 효용가치라고 하는 상부구조의 원형질이 존속하는 한, 음으로 양으로 번성할 수밖에 없죠. 이것은 더러운 부엌 자체를 청결히 하지 않고서 바퀴벌레 약만 친다고 해서 바퀴벌레의 번식을 막을 수 없는 것과 같은 이치입니다.

나아가 자신의 쾌락을 위하여 타인을 그 도구로 사용하려는 수요가 존재하게 될 때 그 목적을 위한 각종 비즈니스들이 당연히 나타납니다. 오늘날 자본주의 사회라고 한다면 어느 국가에 있어서나 중세의 페스트처럼 만연해 있는 '섹스 산업'들이 그 실체들입니다. 각종 성풍속 산업은 물론 심각한 인신매매와 납치까지도 산업화되어 있습니다.

그리하여 태고 이래로 해방을 위해 몸부림쳐 왔던 이브(Eve)의 딸들을 감언이설로 꼬여 놓고서 여러 저명한 카사노바들을 초빙한 후에 어느 여자가 가장 큰 효용(만족)을 줄 것인가를 심사하는 각종 미인대회가 등장하여 인간의 상품화를 위한 판촉(promotion)을 강화합니다. 한편으로는, 오랜 관성(慣性, inertia)으로 말미암아서 노예 근성에서 탈피하지 못한 허영기 많은 참가자들은 자신이 가장 큰 성적인 만족을 준다고 호소하고 선정이 되면 도마 위의 생선처럼 팔딱팔딱 뛰며 기뻐 어쩔줄 모릅니다. 그리고 한계주의(marginalism)의 원리에 입각하여 현지 촬영 비용을 절감하고 유명세를 지불할 필요도 없이 열악한 조명장치와 싸구려 호텔 방 한 칸이면 촬영이 가능한, 다시 말해서 "최소의 비용으로 최대의 효과(이윤)"를 누릴 수 있는 각종 포르노 영화(음란 영화)가 시대를 선도하게 됩니다.

후쿠야마의 말대로 세계가 자본주의로 정리되고 있는 요즘, 어느 나라나 할 것 없이 성범죄 때문에 골머리를 앓습니다. 그리고 성범죄자들을 잡는다고 난리가 아니지요.

말이 안 되지요. 인터넷을 열면 단 몇 초 만에 볼 수 있는 수만 톤의 포르노그래피(pornography)가 쌓여 있습니다. 포르노그래피 산업이 가장 발달한 미국의 경우 1970년에는 포르노그래피의 연간 판매량이 1000만 달러, 1985년 약 10억 달러, 2003년에는 연간 80억~100억 달러, 2006년 86억 달러를 넘어섰습니다.[25] 이것은 미국 내 3대 네트워크 방송사인 NBC, ABC, CBS의 연간매출액을 넘어서는 규모로 미국 내에서 포르노 산업이 얼마나 발달했는지 알 수 있게 합니다.[26]

그리고 시대는 점점 더 섹시(sexy)한 여인이 '이상적 미인'이라고 사회적으로 프로파간다하면서 치마는 자꾸만 올라가 사람의 성적 욕망을 있는 대로 자극해 놓고서, 성범죄를 마치 악마의 행위처럼 묘사합니다.

중국의 어떤 배우는 하룻밤의 화대가 18억 원이라는 말도 들립니다. 대체로 부자들은 이런 류의 쾌락을 음으로 양으로 다 누릴 수 있는 사람들입니다. 그런데 가난한 일반인들에게는 무슨 부처나 예수도 아니고 엄격한 성윤리를 강요합니다. 이것은 마치 더러운 오물로 가득 찬 끈적끈적한 부엌을 청소도 하지 않고, 그곳에 사는 바퀴벌레만 나무라는 꼴입니다. 오해하지는 맙시다. 성범죄자들이 옳다는 말이 아닙니다. 사회 구조가 애당초 잘못 가고 있는데 그 부산물만 탓하는 것은 문제가 있다는 말을 하는 것이죠.

2012년을 기준으로 자본주의의 대표 국가인 미국의 경우, FBI의 『범죄 보고서』에 따르면, 지난 10년간 미국 내에서 강간(forcible rape) 사건이 6.2분마다 1건씩 발생했다고 합니다(《뉴스타운》, 2012. 1. 8). 또 다른 통계에 따르면 미국에서는 1초마다 24명의 사람들이 강간을 당하거나 스토킹, 물리적 폭력에 시달리는 것으로 나타났습니다. 구체적으로 미국 국립질병통제예방센터(CDC) 자료에 의하면, 여성들은 100만 명 이상이 강간을 당하고 있으며 미국 여성들 5명 가운데 1명은 살아가면서 어떤 특정 시점에 강간을 당할지도 모르는 것으로 나타났습니다. 나아가 80%의 여성들이 25세 이전에 강간을 당하고 있으며 남성의 25%는 10세 이전에 여성에게 강간을 당했으며 19명 중 1명은 생애 어떤 시기에 스토킹을 당했다고 합니다.[27)]

한국도 통계는 이보다 낮게 나와도 이에 못지않습니다. 미국과 달리 한국은 성범죄를 철저히 은폐하는 나라이기 때문입니다. 한국의 대부분의 회사나 조직에서 성희롱(性戲弄, sexual harassment)이 만연해 있고, 언제 어느 곳에 서 있든지 그곳에서 "수킬로미터 안에서 매춘(賣春, prostitution)이 가능한 나라"라고 합니다. 2011년 미국 국무부는 연례

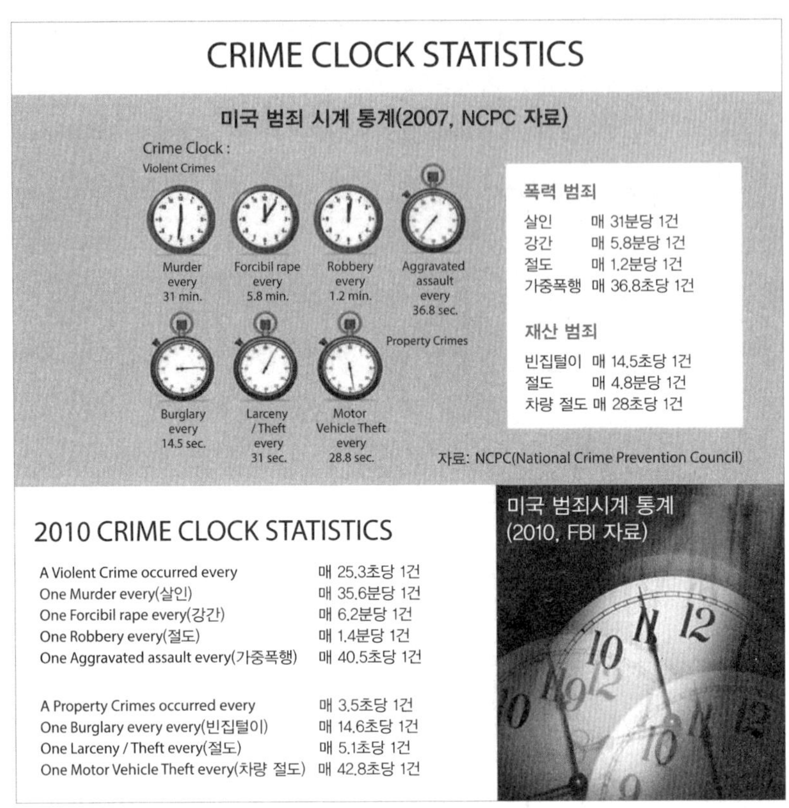

[그림 ③] 2007년과 2010년 미국의 범죄 시계 통계(NCPC 및 FBI Report 재구성)

『인신매매실태 보고서』를 통해 한국을 "인신매매와 매춘의 천국"으로 규정했습니다. 미 국무부는 조사 대상 국가들을 1등급, 2등급, 3등급으로 각각 분류하고 있는데 한국은 10년째 1등급으로 분류되었습니다. 이 보고서는 서두에서 한국은 강제 매춘 여성의 공급국이자 경유국이며 최종 도착국이라고 규정했습니다(《스포츠경향》, 2011. 6. 28).

한국의 한 보고서에 따르면, 한국 여성 10명 중 3명이 성매매로 살아간다고 합니다. 이 보고서는 한국 전체 성매매 여성이 189만 명에 달한다고 추정하면서 20~35세 여성 가운데 3분의 1(30%)가량이 성매매에 관련된 일을 하고 있다며 구체적인 수치를 제시하기도 했습니다(《코리아헤럴드》, 2011. 12. 9). 그리고 최근 한 유명 피임기구 제조업체가 세계 주요 36개국의 남녀 29,000여 명을 대상으로 벌인 설문조사에서는 한국 남자들의 외도율(外道率, the rate of sexual infidelity)이 세계 2위로 나타났습니다. 1위의 영예(?)는 태국(Thailand)이 가져갔습니다(경제는 세계에서 가장 빨리 압축 성장을 이룩하였는데 아쉽게도 이 분야는 태국에게 빼앗기고 말았습니다). 반면 여성 외도율은 나이지리아가 1위, 태국이 4위, 싱가포르는 5위를 차지했고 다행히 한국 여성은 상위 5위권에 들지 않았습니다(《나우뉴스》, 2011. 12. 7).

한국 남자의 외도율은 1위이지만 한국 여자는 5위에도 속하지 않는데 성매매 관련 여성은 30%에 육박하고 있습니다. 한국은 가히 섹스 천국(Sex Paradise)이라고 할 수 있겠습니다.

이 모든 사실들은 무엇을 의미합니까? 그것은 묵시적으로 현재의 가장 커다란 효용 가치가 '섹스'임을 말해 주는 것 이외에는 아무것도 아닙니다. 그리고 이러한 가치 관념이 확산될 때, 더욱 위험한 것은 인간의 동물적 속성을 부추김으로써, 현실적으로 존재하는 개인과 사회적인 문제들에 대한 주체적 해결 의지를 방기(放棄)하게 만들게 된다는 점이죠.

물론 사람이 동물적인 속성을 본질의 일부로 가진 까닭에, 쾌락을 추구하는 것은 본질적 관행일지라도 자본주의는 아무래도 지나칩니다. 정말 자본주의는 끝없이 그리고 모질게도 인간을 시험에 들게 합니다. 뿐만 아닙니다. 인간의 통제되지 않는 욕망으로 인해 각종 범죄들과 공동체의 파탄이 일어납니다. 이것이 자본주의가 가진 가장 무서운 속성 중의 하나입니다.

(3) 밀물의 속도

다시 패러다임의 문제로 돌아갑시다. 토마스 쿤은 패러다임의 변화를 매우 강력하고 적절하게 설명했습니다.

대부분의 과학자들은 과학은 점진적으로 발전하는 것이라고 보았습니다. 그러나 토마스 쿤은 과학은 점진적으로 발전하는 것이 아니라 갑자기 어떤 계기를 통하여 급격하게 바뀐다고 지적하였습니다. 예를 들어 자연현상을 설명하는 기존의 패러다임이 있는데, 그 이론으로 설명되지 않는 새로운 사례가 나타나면 기존의 패러다임은 위기(crisis)에 봉착합니다. 즉 기존의 이론 틀로는 설명이 안 되는 상황이 나타난 것이죠. 이것을 토마스 쿤은 어노멀리(anomaly) 즉 이상(異常)이라고 표현합니다. 그런데 이 어노멀리를 설명하는 패러다임이 형성되기 시작하면서 새로운 패러다임이 형성되고 이 새로운 패러다임은 다시 정상과학(normal science)이 되고 다시 거대한 패러다임을 형성하기 시작하는 것이죠. 패러다임의 변화는 결국 이런 식으로 되풀이된다는 말입니다.

사회과학의 측면에서만 본다면, 토마스 쿤의 설명은 느낌은 색다르지만 결국 헤겔(Hegel)의 변증법이나 변증법적 유물론의 양질전화(量質轉化),[28] 혁명(revolution) 등의 사회주의 철학 이론을 일부 그대로 답습했다는 생각이 듭니다. 다만 사회주의 철학에서는 공산주의나 무계급 사회의 실현으로 패러다임의 위기가 다시 오지 않는다는 점이 다른 것이죠.

패러다임을 변화시키는 어노멀리는 중심부(center)에서보다는 주변부(periphery)에서부터 변화가 나타나기 쉽습니다. 패러다임이 견고하게 자리 잡고 있는 중심부에서 나타나기는 어려운 것이죠. 정치적인 혁명도 마찬가지입니다. 사회적 모순이 격화되면 가장 피해를 보는 집단이 주변부에 있는 사람들이고 이들이 사회적 소요를 일으킴으로써 사람들이 사회적 모순을 첨예하게 느끼게 됩니다. 그러면서 그 정치적 소요가 파급되기 시작하면서 그 힘이 주변부에서부터 중심부로 이전되기 시작하고 그 파급 정도나 정합성(整合性)에 따라 패러다임의 중심부의 지도계층에서도 균열이 발생하고 이것이 전 사회적으로 확산되는 경우가 많지요. 제가 방금 드린 말씀은 마르크스의 혁명 이론과도 거의 동일합니다.

이런 의문이 들 수도 있습니다. 진리(truth)를 찾고 그것을 밝혀내면 될 일이지 무슨 패러다임의 변화니 하는 걸까? 패러다임이나 이데올로기는 인식의 틀을 말하는 것입니다. 따라서 이것은 주관적일 수가 있다는 것이지요. 그래서 지배적인 이데올로기나 패러다임이 되기 위해서는 이데올로그(사상가, idealogue)들 사이에 대대적인 투쟁이 있는 것입니다. 즉 지배적 이데올로기가 되는 조건 가운데 가장 중요한 요소가 바로 정치 또는 경제적 권력을 장악하여 헤게모니(hegemony)를 가져야 한다는 것입니다.

그저 외부에서 보면 학자들 사이의 논쟁에 불과할 뿐이라고 생각하겠지만 그 내부에는 엄청난 헤게모니 쟁탈전이 있는 것이지요. 그러니 마르크스적으로 표현하자면 새로운 패러다임은 헤게모니를 장악함으로써 상부구조(上部構造, super structure)가 될 수 있는 것이지요.

그러면 왜 이렇게 복잡한 패러다임의 논의를 제가 본격적으로 하려는 걸까요? 그것은 제가 보기엔 지금이 패러다임이 요동치고 있는 시기이기 때문입니다. 앞으로도 보시겠지만 우리가 사는 현대는 디지털 시대에 진입하고 있어서 기존의 패러다임으로는 설명할 수 없는 현상이 너무 많이 생겨났습니다. 이에 비해 제대로 된 패러다임 논의가 진행되는 것 같지가 않다는 생각이 들기 때문입니다.

말은 무성하지만 자본주의라는 거대한 패러다임에 대한 보다 전문적인 논의가 제대로 시작되지 않으니 '문명의 충돌'이니 '역사의 종언'이니 하는 말이 나오고 있죠.

디지털 시대를 생각해 보면 과거의 산업사회를 기반으로 한 사고방식이나 패러다임으로 접근하는 것은 때로 위험하다는 생각을 하게 됩니다. 앞으로 이 디지털 시대의 패러다임에 대한 이야기는 지겨울 정도로 논의할 것이지만 한 가지만 먼저 말씀드리고 싶네요.

우리의 미래는 단순히 과거의 연장선상에서만 해석해서는 안 된다는 것입니다. 과거 없이 현재가 존재하는 것은 아니지만 단순한 과거의 반복이 현재나 미래는 아니기 때문입니다. 그래서 저는 '밀물의 속도(velocity of flow)'라는 말을 사용합니다. 밀물의 속도는 매우 느린 듯 느껴지지만, 그것을 무시하고 갯벌에서 낮잠이라도 자게 되면 이내 익사하고 맙니다. 밀물의 속도는 3살짜리 아기가 걸음마 하는 수준이라고 합니다. 지금의 디지털 기술의 변화도 약간은 느리게 느껴질 때도 있지만 기나긴 자본주의나 인간의 역사를 돌이켜 보면 그 속도는 엄청나게 빠르다는 것을 압니다.

저는 사회과학을 하는 사람이라 사회과학 논문을 보면 그 적용되는 정도가 어떤 것은 6개월도 제대로 구실을 못하는 경우를 많이 보았습니다. 제게는 그런 논문들이 종이와 시간 낭비에 불과합니다. 지금 이 시간에도 세상에는 대학의 이름으로 수많은 논문들이 양산(量産)되고 있습니다. 차라리 통계회사에 입도선매(立稻先賣)하여 맡겨버리면 될, 헤아릴 수 없이 많은 논문들이 학문이라는 이름으로 양산됩니다. 현대의 논문은 진리를 논하고 패러다임에 대한 진정한 논의를 하는 것이 아니라 통계 기술자를 흉내 내는 것이 대부분입니다.

그리고 우리 주변의 학문을 보면 인식의 틀 속에 갇혀 있는 경우가 대부분입니다. 저는 그것을 '유리(羑里)'라고 불러왔습니다. 새로운 어떤 존재(존재양식, existence mode)가 있으면 사람들은 그 존재를 인식하기 위해서 끊임없이 인식의 틀(표현양식, expression mode)을 만듭니다. 그래서 인식의 틀이 어느 정도 존재를 인식할 수 있는 수준이 되면 그 울타리 안에서 안주하게 됩니다. 깨어 있지를 못하는 것이죠. 그리고 그 인식의 틀(표현양식)을 그 존재(존재양식)의 참모습(entity)라고 착각합니다. 문제는 존재가 끊임없이 변화를 그 본질적 특성으로 하고 있다는 것이지요. 생각해 보면 변증법의 반(反) 개념이나 어노멀리(anomaly)라는 것이 발생하는 이유가 바로 여기에 있지요. 그래서 존재 그 자체를 존재로 인식하려고 하면 실존 그 자체에 머물지 않으면 안 되는 부담이 있고 그것은 결국 인식의 틀을 원천적으로 구성할 수 없다는 한계에 봉착하게 됩니다. 고대 사상가 노자(老子)는 이런 인식의 모순을 "도(道)라고 말하면, 이미 그것은 도가 아니다(道可道非常道)."라고 했지요.

그래서 그저 '변화(change)' 자체를 패러다임의 불변적 구성 요소로 둘 필요가 있는 것이지요. 그러면 어쩌면 한 차원 높은 패러다임을 구성할 수 있을지도 모를 테니까요.

제4장 죽은 표현양식이 산 존재양식을 구속하다

:: 원숭이가 보는 세계

한 마리의 원숭이가 주위의 자연과 일체가 되어 나무 사이를 뛰어다니다가 문득 주위의 나무들이 감옥의 벽으로 변한 것을 알게 됩니다. 마치 아름답고 역동적인 호수가 갑자기 얼어붙은 듯 말이에요. 이 시점에서 시간은 과거, 현재, 미래로 나타나는 것처럼 보이지요. 사물의 흐름이 시간의 고정된 형, 즉 시간이라는 고정관념이 되어버린 거예요. 원숭이는 권태롭고 불안해서 벽이 얼마나 두터운가를 봅니다. 그 두려움을 확인했을 때 원숭이는 감옥 안의 공간에 집착하게 되지요.

그리고 자기의 체험, 자기만이 이해하고 있는 그 공간을 소유하고자 하게 되지요. 아니면 폐쇄공포증에 사로잡혀 욕구불만이 생겨 자기를 둘러싼 모든 것을 증오하고 벽을 뚫고 나가려고 하게 돼요. 또는 감옥에 있다는 것을 무시하고 모든 것을 잊기 위해 감정을 다 포기하고 무관심, 무감각해지지요. 하여튼 이 원숭이는 주로 욕망, 증오, 어리석음이라는 세 가지 중 어느 하나의 방향으로 발전해 나가지요. 그 방향으로 가면서 자기가 있는 집에 명칭을 붙이기 시작합니다. 이것은 창이다, 여기는 기분이 좋다, 저 벽은 나쁘다, 그것을 좋아하느냐 싫어하느냐 혹은 무관심하냐에 따라 자기 집이나 세계에 이름을 붙여 분류평가하기 위한 개념적 골조를 만들어냅니다. 이러한 개념에서 원숭이는 꿈같은 공상을 낳고 사물을 있는 그대로 보지 않고 자기가 원하는 형태로 보려고 합니다.

—민희식, 『법화경과 신약성서』(불일출판사, 1986), 227쪽.

(1) 파라오의 꿈

우리는 항상 현재에 살고 있습니다. 현재라고 말하는 순간 그것은 과거가 되어버리니 과거도 현재의 지나온 과정이며 미래 역시 현재가 진행되어서 도달할 수 있는 것이지요.

우리는 항상 영원(eternity)의 꿈을 꿉니다. 진시황이나 칭기즈칸도 영원한 삶을 꿈꾸었습니다. 이집트의 수많은 파라오들이 영생(永生)의 꿈을 꾸어 자신의 신체를 미라(mummy)로 만들기도 했습니다.

그런데 저는 이들의 미라를 보면서 한없이 처량한 생각이 듭니다. 이 말라비틀어지고 색깔도 검게 변한 육신을 보관하기 위해 저 엄청난 피라미드(Pyramid)를 건설했다는 사실이 말입니다. 피라미드를 건설하는 과정에서 얼마나 많은 사람들이 죽었을까요? 그리고 얼마나 많은 자원을 탕진했을까요. 어쩌면 이집트 지역이 사막화되는데도 이 피라미드의 건설이 한몫을 하지 않았을까요? 왜냐하면 피라미드의 건설에 필요한 돌을 나르는 데는 대규모의 벌채가 필요했을 테니까요.

파라오는 그 많은 사람의 눈물과 고통은 아마 안중에도 없었을 듯합니다. 수만 명의 국민보다는 자기 한 몸을 건사하는 것이 더 소중했을 테니까요. 자기가 살고 있는 궁전과 정원을 꾸미는 것은 그래도 봐줄 만한데 자신의 주검까지 이런 식으로 건사하게 했다는 사실이 우리를 처량하게 하는 것이지요. 이것은 우리 인간의 역사가 가진 비극이자 부조리, 불합리의 원형쯤이 되겠습니다.

제가 만약 파라오라면 저는 미라가 된 2000년 뒤의 제 육신을 보지 않겠습니다. 썩은 명태도 아니고 불합리한 권력이 만들어낸 인간 역사의 쓸모없는 부산물을 보아서 무얼 하겠습니까?

파라오는 영생의 꿈을 꾸었겠지만 그는 생명이 없는 어두운 피라미드라는 감옥 속에서 그 긴 세월을 갇혀 있었다고 해야겠지요. 저라면 죽음이 우리 육신을 가볍고 편하게 해준다면 땅속이나 무덤 속에 있을 필요가 없다고 봅니다. 훨훨 날아서 우주와 우리 '존재의 끝(the end of existence)'으로 끝없이 한번 날아가 보겠습니다.

(2) 존재양식과 표현양식

사물(事物)은 존재양식(existence mode)과 표현양식(expression mode)으로 나눌 수 있습니다. 존재양식이란 사물의 "있는 그대로의 모습(what it is)"이라고 해야 하겠지요. 어려운 말로 존재 그 자체(the existence itself)라고나 할까요. 좀 더 어렵게 칸트(Kant)식으로 말하면 '물 자체(物自體, thing itself)'가 되겠지요.

그런데 우리는 이 존재양식 그 자체를 인식하기는 어렵습니다. 왜냐하면 우리가 가진 감각기관과 학문은 완벽하지 못하기 때문이지요. 우리는 우리 인식의 한계 속에서 사물을 바라보게 됩니다.

사람들은 세상 사물을 이해하고 그것을 표현하지 않으면 안 됩니다. 그래야만 세상을 살아갈 수 있지요. 즉 씨[種]라는 것이 그대로 있어 꽃[花]이 피고 열매[實]를 맺어본들 무슨 의미가 있습니까? 사람이 그것을 이해하고 제대로 알아야만 해마다 열매를 거두어 먹을 수 있지 않습니까? 인간이 문명 세계를 만든 것도 다 이런 표현할 수 있는 능력 때문입니다. 이것을 '표현양식'이라고 합니다.

표현양식이란 사물의 존재양식을 인간의 생각 속으로 끌어들여서 인간이 이해할 수 있도록 표현하는 방법입니다. 인간은 이 표현양식이 있음으로써 미래를 헤쳐갈 수 있는 힘을 얻게 되고 미래로 들어가는 비용을 최소화할 수 있습니다. 물론 잘못된 표현양식이 사회 전체 패러다임을 구성하고 있으면, 미래에 대한 패러다임 비용을 엄청나게 치러야 하는 경우도 있을 수 있습니다. 조선시대 후기의 말폐화(末幣化)된 성리학(性理學)이나 북한의 주체사상(主體思想)이 대표적인 경우지요.

그런데 이 표현양식은 '죽은 표현양식(dead expression mode)'과 '산 표현양식(living expression mode)'으로 다시 나눌 수가 있습니다. '죽은 표현양식'이란 표현양식으로서의 기능을 하지 못하는 것을 말하고 '산 표현양식'이란 표현양식의 일부 또는 전부가 현재에 표현양식으로서의 기능을 할 수 있는 것을 말합니다. 대부분의 표현양식들은 일부가 살아 있는 경우가 많겠지만 자연과학의 경우에는 완전히 죽은 표현양식도 많습니다. 예를 들면 천동설(天動說, geocentric theory)은 죽은 표현양식이겠지요.

사회과학적인 영역에만 국한시킨다고 해도, 우리가 눈으로 보고 귀로 듣는데도 왜 제대로 된 표현양식이 없을까요? 여기에는 두 가지의 원인이 있습니다. 하나는 인간이 가진 인식의 한계 때문에 존재양식에 대해 제대로 분석하고 접근하기가 어렵다는 것이고, 다른 하나는 존재양식은 가만히 있질 않고 계속 변화(ever-changing)하고 있기 때문입니다.

존재양식은 시간이 지남에 따라 끊임없이 바뀌어 가는 것이다 보니 어느 한 시대에 아무리 탁월한 표현양식이 존재한다 해도 세월이 흐름에 따라 약발(effect)이 떨어지고 죽은 표현양식으로 사람들의 기억 속에서 멀어져 가게 되는 것이지요. 대표적인 예가 마르크스주의라고 볼 수 있습니다. 마르크스주의라는 표현양식은 워낙 탁월해서 오히려 사멸할 운명을 맞았다고 해야 합니다.

왜 그럴까요? 과거의 어떤 종교단체가 지구의 종말이 온다고 해서 세상을 뒤집어놓은 경우가 있었습니다. 그들은 종말이 오는 날을 구체적으로 연월일시(年月日時)까지 정해 두었습니다. 이것은 한편으로는 많은 신도를 단기에 모으는 효과가 있었지만 종말이 오지 않으니 그 많은 신도들도 사라졌죠. 참가했던 수많은 사람들도 경제적으로는 사실상 종말을 맞이하고 말았습니다. 종말을 이야기하는 종교는 많습니다. 기독교 계열의 종교는 다 그렇지요. 그러나 그들은 이렇게 섣불리 종말의 날을 지정해 두지는 않습니다. 오히려 그럼으로써 종교는 생존할 수가 있는 것이지요. 마치 "내일 자본주의가 망한다."는 식으로 말입니다.

(3) 죽은 표현양식이 산 존재양식을 구속하다

어느 한 시대에 탁월한 표현양식이 등장하면서 나타나는 가장 무서운 현상이 존재양식과 표현양식을 혼동한다는 것입니다. 즉 그것은 특정의 존재양식에 대한 한 가지 표형양식일 뿐인데 사람들은 그 표현양식이 바로 존재양식이라고 착각하기 때문입니다. 서유럽의 마르크스주의나 조선 후기의 성리학이 대표적인 경우라고 할 수 있습니다.

마르크스주의 덕분에 우리는 세계의 역사를 고대 노예 사회—중세 봉건 사회—근대 자본주의 사회 등으로 바라보는 패러다임을 가지게 되었습니다. 그렇지만 마르크스가 말하는 이 같은 전형적인 경우는 극히 일부 나라에서 발생한 데 불과하지요. 이 점을 좀 더 구체적으로 봅시다.

실증적인 연구에 따르면, 원래 마르크스가 봉건제도(feudalism)의 물적 토대로 상정하였던 고전 장원(古典莊園, classical manor)은 유럽 사회에서도 거의 발견되지 않으며 13세기 영국의 경우 비장원 촌락이 전체의 40%에 달했다고 합니다.[29] 대부분의 장원은 장원의 전체 토지가 한 촌락에 존재하지만 다른 장원에 속하는 토지도 병존할 수 있는 형태이거나, 장원 토지가 2,3개 주변 촌락에 존재하고 거기에는 다른 장원의 토지도 존재할 수 있는 형태를 띠었다고 합니다.[30] 영국에서조차도 이와 같은데 이것을 일반 이론화하여 적용하는 것은 매우 위험한 일입니다. 그리고 봉건제의 개념도 마르크스에 의해 지나치게 과장되었다는 점도 지적해야만 할 것입니다. 또한 마르크스가 상정했었던 생산양식 단계론에 나타난 각 시대별 생산양식이 그 시대에 있어서 가장 선진적이었는가 하는 데도 문제가 있습니다. 만약 마르크스가 1400년대 초 세계 교역의 중심지였던 원나라의 수도인 대도[大都, 현재의 베이징(北京)]에 태어났더라면 전혀 다른 이론을 제시하였을 것입니다.

우리가 세계 역사를 보는 틀이 이렇게 고정된 것도 마르크스주의를 포함한 일부 사회경제사학자들 때문일 것입니다. 다른 경로를 찾아보면 얼마든지 설명력이 강한 표현양식을 개발할 수 있을지도 모르는데 말이죠.

한 가지 예를 들어봅시다. 마르크스주의의 패러다임이 왜 동양사(특히 한국의 역사)에 적용이 안 되는지 말입니다.

첫째, 마르크스주의의 발원지인 서유럽과는 달리 동양 특히 조선 사회는 매우 강력한 상부구조(上部構造, super structure)가 있었습니다. 그래서 하부구조(下部構造, substructure)의 변화에 따른 상부구조의 변혁이라는 식의 패러다임이 잘 성립이 안 됩니다. 동양 사회는 오히려 상부구조가 하부구조를 억압 지배함으로써 하부구조를 왜곡시키는 구조에 가까웠다고 볼 수도 있습니다.

대표적인 경우가 조선 왕조입니다. 조선은 중국의 송(宋: 960~1279)을 '이상국(ideal state)' 즉 모델(model)로 삼아 요순(堯舜) 이래로 유교의 최고 통치 형태인 '문치(文治)'를 이룩하려고 하였습니다. 따라서 통치의 주체는 성리학을 하는 학자들로서 그들은 치인(治人)에 앞서 학문과 자기수양이 반드시 갖추어져야만 하였습니다. 특히 16세기 말 선조 이후 성리학은 한국적 토착화 과정을 밟게 되고, 명나라의 멸망(1644) 이후에는 조선이 세계의 중심이라는 소위 '소중화(小中華)' 의식으로 확대 발전됩니다. 지구상에는 그동안 수많은 왕조가 명멸하여 갔지만 '조선 왕조'처럼 학문을 숭상하고 학자들을 우대한 왕조는 없었고 방만하기 쉬운 환경 속에서도 이러한 사회적 요구가 매우 거세었으므로 학자적 군주들이 다수 배출됩니다(대표적으로는 세종, 성종, 선조, 정조). 중종(中宗) 때의 '조광조(趙光祖)'는 자신의 목숨을 걸고 현세에서 '지치(至治)'를 이룩하고자 하였는데, 그가 생각한 이상적 군주는 학문을 숭상하고 하늘의 이치를 밝혀서 인심을 바르게 하며 그 행동거지가 성현과 다름이 없는 '철인군주(哲人君主)'였습니다. 물론 이것이 옳다 그르다고 하는 말이 아니라 마르크스의 이론이 적용되기가 어렵다는 것을 말씀드리는 것입니다.

둘째, 서유럽의 봉건제와는 달리 조선 시대에서는 왕조의 변화와 그에 따른 계층 이동이 서유럽보다도 활발했습니다. 예를 들어 조선의 경우 건국 초에는 양반 · 천민 2원 체제가 구성되어 있어서 천민(賤民)이 아닐 경우에는 계층 이동이 비교적 자유로운 환경이었습니다. 이 점을 좀 더 구체적으로 봅시다.

조선은 전국을 8도로 나누고 도에는 관찰사(감사)가 임명되어 각 수령을 통할하고 감시하였습니다. 지방관은 행정, 사법 등의 광범위한 권한을 위임받고 있었으나 그들의 임기는 관찰사가 360일(약 1년), 수령이 1,800일(약 5년)로 제한되어 있었고 자신의 출신지에는 임명될 수가 없었습니다. 그리고 이들의 성분은 학자적 관료로서 철저히 '과거(科擧)'를 통하여 등용되었고 원칙적으로는 천민이 아니면 그 누구라도 응시할 수 있는 자격이 주어졌습니다. 과거시험은 영달할 수 있는 유일한 길이었고(문음제는 2품 이상 관리의 아들에게만 한하지만 그것은 명예로운 일로서 인식되지 않았죠), 과거를 통해서 등용된다는 것은 한 가문의 명예로서 매우 중요한 의미를 가졌습니다. 양반가에서 3대에 걸쳐 '문과'에 급제하지 못할 경우에는 '백두(白頭)'라 하여 양반 신분이 가질 수 있는 여러 가지 특권으로부터 제외되었습니다. 따라서 여타의 신분 사회에서 보여지는 과도한 혈연적 편향성이 적어도 세도정치 이전까지는 나타나고 있지 않는 것이죠.

셋째, 동양사 특히 조선의 경우 왕토사상(王土思想)에 입각하여 국유제(國有制)를 원칙으로 하는 '국가적 토지소유'가 그 근본 골격을 이루

[그림 ①] 조광조와 정약용

고 있었습니다. 이것은 서유럽적 중세 봉건제도와는 거리가 멀지요. 그리고 근대 서유럽과는 달리 농업을 중시하고 상업을 억제하였는데 그것은 "군자의 도리는 이익을 배척하고 재물을 가볍게 여겨야 하며 취렴하는 신하는 도적보다 못하다."라는 사상에 입각한 것이었고(정약용, 『경세유표(經世遺表)』, 『정전의일』), 대개의 성리학자들은 "이익의 진흥을 말하는 사람은 모두 소인배"라고 확신하였습니다.

여기에 여말 선초에 중국의 강제적 압력을 근원적으로 차단하기 위해서 금은 채굴 등 광산업의 발전을 극히 제한합니다. 왜냐하면 "중국이 조선의 광물 채굴 사실을 안다면 한정 없이 요구할 뿐만 아니라, 무뢰배들이 법에 어긋난 짓을 하기 때문."이라고 합니다(정약용, 앞의 책). 이러한 생각들은 극히 소수 학자들(북학파)을 제외하고서는 거의 한 번도 부정된 적이 없는 강력한 상부구조 체계로 형성되어 있었습니다.

넷째, 서유럽과는 달리 동양 사회는 군주의 자의적(恣意的) 통치를 조직적으로 차단할 수 있는 관료 및 행정 시스템이 이미 최소 2000년 전에 정착되어 있었다는 점입니다. 이것은 유럽의 봉건제에서 보여지는 것과 같이 상부구조의 허약성과는 근본적으로 다릅니다. 철저히 관리된 시스템을 운영하고 있었던 것입니다. 따라서 부역이 금납화하면서 장원이 붕괴되고 도시가 발전하는 역동성을 찾아보기가 어렵지요. 사실 "군주는 여우의 간교함과 사자의 용맹을 동시에 가져야 된다."는

16세기의 마키아벨리(N. Machiavelli, 1469~1527)식의 논리는 동양 사회에서는 BC 3세기의 한(漢)나라 이전에 이미 정치학의 주요 이데올로기로 정착된 지 오래입니다. 이것은 결국 국가 시스템의 유지를 위한 것이었지요.

이런 관료 제도와 행정 제도가 제대로 있었기 때문에 대규모의 토목 공사가 가능했습니다. 예를 들면, 조선의 통치 제도의 골격은 3정승을 중심으로 하는 '의정부'와 담당 정무를 왕에게 '직계'할 수 있는 6조 및 이들 행정기관을 철저히 견제하는 3사(홍문관, 사헌부, 사간원)로 구성되어 마치 오늘날의 '삼권분립'과 유사합니다. 따라서 연산군(1495~1506)을 제외한 그 어느 임금도 '자의적인 통치'를 하기가 어려운 환경이었습니다.

결국 동양 사회는 사회 시스템(social system)을 철저히 관리함으로써 안정된 정치 및 경제 질서의 구축이라는 국가적 이데올로기를 한 번도 포기한 적이 없었습니다. 서유럽과 같이 무질서가 난무한 지역이 아니었습니다. 동양인들의 시각에서 보면, 서유럽은 이른바 천년이 넘는 '춘추전국시대'에 불과했을 것입니다.

그럼에도 불구하고 한국의 역사를 마르크스주의적 시각에서 고착화시키려 한데는 일본 제국주의자들과 그들에 부화뇌동했던 지식인들, 그리고 한국의 좌파 지식인들의 책임이 큽니다.

당시 일본 제국주의자들은 식민통치의 필요에 따라서 고려시대까지의 개관은 『동사강목(東史綱目)』에서 빌려오고 조선 시대사는 당쟁기록(黨爭記錄)으로 메우고, 이전의 삼국시대 초기에다 허무맹랑한 일본의 남한 경영설을 갖다 붙이고, 아래로 한말 관계의 부분은 청일 · 러일 관계 기록을 정리하여 식민사관(植民史觀)을 형성합니다.[31)]

일본 제국주의자들은 한국인들에 의해 자생적으로 형성된 '민족사학(民族史學)'이 항일독립운동의 정신적 원동력으로 제공되고 있음에 대하여 같은 한국인들로 하여금 근대 사학의 이론을 도입하게 하여 민족사학에 대한 비판을 강화시킵니다(물론 민족사학이 이론적으로 문제가 없다는 것은 아닙니다). 이렇게 하여 도입된 것이 '실증주의 사학'과 마르크스의 사적 유물론에 근거한 '사회경제사학'이었습니다.

당시 학문적 허영에 들뜬 일부 한국인들은 앞을 다투어 이를 수용하고 이들이 학계를 점령합니다. 이들 대부분은 친일 관료, 친일 지주, 매국노들의 친척과 자제들이거나 혹은 일본에 유학할 형편이 되었던 돈푼께나 있는 지주나 상인들의 자제들이었습니다. '실증성'은 비단 역사학뿐만 아니라 모든 과학적 지식의 가장 기본적인 범주임에도 불구하고 우파 지식인으로 대별되는 실증사학은 한국의 역사를 정태적인 사실의 나열에 그쳐 '민족의 주체성과 역동성'을 상실하는 데 결정적 역할을 합니다. 그리고 좌파 지식인들은 일제의 식민주의 역사학이 한국사의 보편적 발전을 부정하고 타율성과 정체성을 강조하는 데 맞서서, 한국사 역시 세계사적 역사 발전 법칙에 의해 보편적 발전 과정을 거쳐왔다고 주장했지만 근본적으로 한국적 토양에 맞지도 않는 영주제, 서유럽적 봉건제도, 농노 개념, 영주적 토지소유 등의 개념들을 가지고 한국 사회를 해석하려고 부단히 노력합니다. 바로 그 보편성이 문제지요.

이것이 후일 한국 자본주의 맹아 논쟁(萌芽論爭)이니 1980년대 해괴한 사회구성체(社會構成體, social formation) 논쟁이니 하여 계승되는 것이죠. 사회구성체 논쟁의 이론들은 자본주의 자체를 성찰하고 분석한 것이 아니고, 단지 한국의 사회주의 혁명 사업에 도움이 되는 방향을 모색하는 데 불과했습니다. 북한(DPRK)은 이에 대한 중요한 협조자인 것은 물론입니다. 당연히 그 승리자는 주사파(주체사상을 추종하는 집단)였습니다(놀랍고 한편으로는 무서운 일이지만 이 민주 투사들은 북한 체제에 대해서는 일체 비판을 하지 않았습니다). 한심한 것은 이들의 논리가 마치 100년도 더 지난 동학혁명(1894)의 구호를 연상시키기도 했다는 것이죠. 경제에 대한 제대로 된 지식도 없이 한국 경제를 함부로 재단하면서(이들은 분명 경제를 이야기하는데, 경제가 아니었습니다), '묻지마 혁명 이론'만 늘어놓은 것입니다. 혁명은 반드시 필요한지 아닌지 검증을 해야 합니다. 혁명은 워낙 많은 사람들의 희생과 엄청난 사회적 비용이 들기 때문에 피할 수 있다면 피해 가야 하는 것인데, "무조건 혁명", 이것이 이들의 생각이었습니다.[32] 그러나 그들이 그토록 저주하면서 곧 망할 것이라던 한국 자본주의는 20년도 지나지 않아 세계 10대 경제 강국이 되었습니다.

이들의 사고에는 두 가지의 근본적인 문제가 있었습니다. 하나는 사회과학의 성공이 이론과 실천의 변증법이라는 생각(이것을 '돈키호테식'이라고 합니다)과 나머지 하나는 정치혁명이 일어나면 경제는 절로 발전할 것이라는 착각입니다.

분명히 말씀 드리지만, 사회과학의 성공은 이론과 실천의 변증법적 성공에 있는 것이 아니라 이론과 현실의 변증법적 성공에 있는 것이고, 경제에는 결코 혁명이 없다는 사실입니다. 한국의 1980년대는 차라리 그람시(Antonio Gramsci, 1891~1937)가 그리운 시절이었습니다.

좌파나 우파나 한국의 학문적 패러다임의 왜곡이 어제 오늘이 아닌 것을 알 수 있습니다.

이상의 논의들로 보면, 마르크스주의의 사회경제사 또는 서유럽에서 일방적으로 발달해 온 역사 패러다임이 동양사에 적용되기는 많은

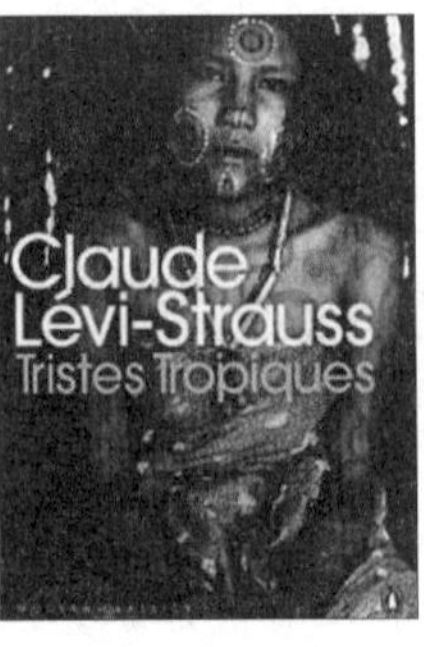

[그림 ②] 레비스트로스와 『슬픈 열대』

무리가 있다는 것을 알 수가 있습니다. 그래서 저는 세계 역사를 전체적으로 다시 볼 수 있는 새로운 패러다임이 나오는 것이 좋지 않겠는가 하는 생각도 듭니다. 물론 그런 시도는 인류학과 같은 분야에서 이미 진행되고 있기는 합니다. 레비스트로스(Cloude Levi-Strauss, 1908~2009)의 구조주의(構造主義, Structuralism)가 대표적인 경우입니다.

근대 자본주의 사회 이후 동양 사회는 학문적인 열등감에 젖어 있었습니다. 마르크스주의자들은 더욱 그러했죠. 그러다 보니 동양 사회도 사회주의 국가를 만들긴 해야 하는데 마르크스의 이론에 따르면 중세 봉건제가 있고 자본주의의 싹이 틀 만한 무슨 근거가 있어야 했기 때문에 그 씨[種]를 찾으려고 동양사의 온갖 쓰레기통을 다 뒤지는 촌극을 빚기도 했습니다. 물론 사람이 사는 세상이니 일반성과 보편성을 당연히 가지고 있겠지만 그 풍토나 내용은 많이 다를 수밖에 없습니다. 한국과 일본만 해도 얼마나 다릅니까? 차라리 천황권(天皇權)이 유명무실화된 이후의 일본의 역사는 서유럽의 역사와 비슷한 요소가 많이 있습니다. 지금도 그렇지만 당시 대부분 서양 사람들은 한국과 중국의 차이를 거의 알지 못합니다. 사실 그 당시 서유럽의 학자들이 동양에 대해서 무엇을 제대로 알았겠습니까? 마르크스는 동양학을 한번도 체계적으로 배운 적도 없었고 주로 상인들에게 귀동냥을 통해서 동양의 사회를 이해한 사람일 뿐입니다. 마르크스는 죽을 때가 다 되어서 동양어(東洋語)

에 대한 관심을 가집니다. 놀랍게도 그가 임종 시 보고 있었던 책은 '터키어' 책이었죠.

마르크스주의가 다른 일반 이데올로기보다도 아시아에서 위험한 이유는 마르크스주의가 너무 서유럽의 특정한 경제 상황에 집착하여 이론을 전개하였고 이를 아시아 공산주의자들이 맹목적으로 추종했다는 것입니다.

이런 식의 사고와는 달리 서유럽의 정신사에서는 오히려 동양의 영향도 무시할 수 없었습니다. 유럽의 많은 사상가들이 공자(孔子) 사상에 매우 많은 영향을 받은 것으로 알려져 있습니다. 일부에서는 18세기 서유럽의 계몽주의(啓蒙主義, Enlightenment)가 공자의 영향 아래 이루어졌다고 주장하기도 합니다. 그래서 "17세기 말에 스피노자 등 서너 명이 기독교 신학과 그리스 철학의 중압 속에서 공맹 철학의 '일부분'을 '훔쳐 쓴' 것과는 대조적으로, 18세기에는 유럽의 거의 모든 철학자들이 기독교 신학과 그리스 철학을 뒤로 밀어내고 공자를 '공공연하게' 찬양하며 공자 철학과 중국 문화 '전반'을 유럽화하고 공자를 '수호성인(the patron saint)'으로 삼아 동서 패치워크(patchwork) 철학 운동으로서의 계몽주의 사상 운동을 일으켰던 것."이라고 합니다. 18세기에 번성했던 영국의 경험론(empiricism)이나 유럽의 합리론(rationalism)은 모두 공자 철학(Confucianism)의 세례를 받았다는 것이죠.[33] 특히 볼테르(Voltaire, 1694~1778)는 공자를 숭배하여 공자의 화상을 자신의 연구실에 모셔놓기도 하고 지구상에서 가장 행복한 시기, 가장 존경할 만한 시대는 공자가 제시한 법을 따르는 시기였다고 했다고 합니다.[34]

서유럽의 패러다임을 일반적으로 적용하려는 사람들이나 유아독존식으로 특수성만 집착하거나 하는 사람들의 공통점은 표현양식과 존재양식을 구분하지 못한다는 것입니다. 좀 어려운 말로 한다면 대자성(對自性, für sich sein)이 부족한 것이지요. 그래서 저는 그동안 각 문화나 문명의 관계사(relational history)적인 측면을 제시해 오고 있습니다.

그러면 항구적으로 살아 있는 표현양식을 구성할 수는 없을까요? 제가 보기에 이것은 불가능할 것으로 생각됩니다. 그러나 그런 표현양식의 구성 조건은 제시할 수가 있습니다.

즉 항구적으로 살아 있는 표현양식은 ① 존재양식의 변화를 항상 변수(variable)로서 구성할 수 있는 시스템적 구조를 가지고(시스템에 대해서는 다시 논의합시다), ② 현재의 문제해결 능력의 기능이 탁월하면서도 현재에 지나치게 함몰된 요소들을 배제해야 하고, ③ 인간의 삶과 인식 체계를 기준으로 형성되어야 하며, ④ 표현양식을 구성하는 기본 가정들이 유연(flexible)하면서도 구성원들의 충성도도 높아야 하며 ⑤ 과거 · 현재 · 미래를 관통해 낼 수 있는 일반적인 경향성을 잘 포착할 수 있어야 한다는 것입니다.

즉 인간의 인식 체계를 바탕으로 하되, 변화 그 자체가 표현양식의 일부로 수용이 되어 현재의 변화가 패러다임에 반영되는 구조를 가지면서도 보편적인 성격을 가져야 한다는 말입니다. 이 모든 조건을 충족시킬 수 있는 표현양식은 없다 할지라도 가능한 한 많은 조건들이 충족되도록 패러다임은 설계되어야 합니다. 컴퓨터 공학 등을 이용하면 일정 부분은 가능할 수도 있을 것입니다.

표현양식은 패러다임의 외적 형식입니다. 표현양식에 내재한 패러다임의 속성이라는 것이 일반적으로 적용 가능성이 높아서 그 패러다임의 추종자들에게는 동일한 비전(vision)과 이해 방법, 그리고 문제해결 방법을 제시합니다. 따라서 그 패러다임의 추종자들은 자신이 신뢰하는 패러다임이 사물들을 올바르게 이해하는 데 필수불가결하다고 믿습니다. 그러나 이 같은 절대적인 신뢰는 오히려 패러다임의 유연성을 마비시킵니다. 특히 오늘날과 같은 혼란기에는 체제를 혁신하려면 기존의 패러다임을 버리고 보다 유연한 자세로 새로운 패러다임을 찾아 나서야 합니다. 인간은 자유의지(free will)가 매우 강한 존재이며, 생득적으로 한 가지 방식만으로 세상을 인식할 수 있도록 만들어지지는 않았기 때문에 하나 이상의 패러다임이 있을 수 있습니다. 쉽게 말해서 인간은 다양한 방식으로 자기가 사는 세상을 이해하는 속성을 가지고 있습니다. 따라서 기존의 패러다임의 구속에서 해방될 수 있는 사람이 디지털 시대의 새로운 패러다임을 찾아갈 수 있을지도 모릅니다.

당연한 말일 수도 있지만 혼란기에 경제학(Economics)의 새로운 패러다임을 구성한 사람들은 대부분이 아웃사이더(outsider)이거나 다른 분야에서 진입한 사람 또는 통합학문적인 속성을 가진 사람들이었습니다. 왜냐하면 이들은 기존의 패러다임을 잘 알지도 못할 뿐만 아니라 반드시 그것을 유지하고 보호해야 할 이유도 없기 때문입니다.

경제학의 새로운 지평을 열어간 사람들은 경제학자들이 아니었습니다. 경제 위기나 혼란기 때마다 이런 사람이 나타나 경제학의 새 지평을 열었습니다. 도덕철학자인 아담 스미스(Adam Smith, 1723~1790)가 『국부론(*An Inquiry into the Nature and Causes of the Wealth of Nations*)』을 쓴 것은 자신의 무료함을 달래기 위한 것이었죠. 잘 아시다시피 이 책은 고전 경제학의 원조가 되었습니다. 아담 스미스는 프랑스어를 못하는 상태에서 청년 공작 바클루의 개인교사로서 프랑스 여행(1764~1766)에 동행하였는데 이것이 계기였던 것이죠. 소위 '자본주의 경제학'을 처음으로 집대성한 알프레드 마셜(Alfred Marshall, 1842~1924)도 철학자였지요. 마셜은 경제학도 제대로 모르는 사람으로 편잔을 들을 정도였습니다. 케인즈(John Maynard Keynes, 1883~1946)도 마찬가지입니다. 그의 전공은 수학이었고 확률과 통계의 전문가였습니다.

나아가 '지동설(地動說)'을 제창한 코페르니쿠스(Nicolaus Copernicus, 1473~1543)도 신부(神父)였습니다. 코페르니쿠스가 이단자로 몰려 화형(火刑)에 처해지는 것을 피해 유언(遺言)처럼 발표한 것이 바로 '지동설'이었죠. 이 시기를 감안하면 신부가 학문을 할 수 있는 중심 계층이기도 했겠지만 신부가 기독교 교리와 정면으로 위배되는 지동설을 주창했다는 점에서 '아웃사이더'라는 말입니다.[35]

이와 같이 아웃사이더나 다른 분야에서 진입한 사람들이나 통합학문적인 사람들은 기존의 패러다임에 대해 잘 모르고 그 패러다임에 대한 충성도가 매우 낮습니다. 그래서 현실적인 패러다임의 문제가 발생했을 때 자신이 이미 가지고 있는 다른 많은 지식을 가지고 해결책을 모색하기 때문에 엄청난 시너지 효과(synergy effect)가 발생할 수 있습니다.[36] 그래서 경제학도 마르크스 경제학이나 근대 자본주의 경제학에만 경도되어서는 현재 자본주의 위기를 해결할 수 없다는 것입니다.

사상사적인 측면에서 보면, 마르크스의 패러다임은 이른바 '이성의 시대', '혁명의 시대'의 산물이었습니다. 실제로 마르크스가 말하는 과학적 사회주의(scientific socialism)라고 할 때, 이 과학이란 19세기의 자연과학적인 방

[그림 ③] 스피노자와 볼테르

법론에 입각한 과학의 개념이었습니다. 마르크스는 자신의 패러다임의 전제로, "인간 사회는 수학과 물리학의 언어로 묘사되고 분석 표현될 수 있다."고 보고, 따라서 "인간의 역사는 자연 역사의 연장이며 또한 부분"이라고 한 것입니다.[37] 현대적 시각에서 이 사고는 매우 위험한 것입니다. 인간 사회를 설명하는 패러다임은 매우 다양한 변수를 가지고 있기 때문에 설령 그것을 모두 고려하기는 어렵다 할지라도 자연과학적인 몰인문사회적(沒人文社會的) 지적 토대는 더 위험한 결과를 초래합니다.

어떤 의미에서 마르크스는 변화무쌍한 사회과학의 영역에서 절대 진리를 추구한 이론가였습니다. 실제로 나타나는 변화들을 제대로 수용할 수 있는 구조가 아닙니다. 변화의 수용과 유연성이 결여된 구조입니다. 결국 죽은 표현양식이죠. 사람들은 이 죽은 표현양식을 마치 살아있는 존재양식처럼 인식하여 수많은 부작용이 일어났습니다.

결국 마르크스 패러다임의 경직성은 사회주의의 확산 과정에서 공산주의 국가 전역에서는 '강요된 마르크스 레닌주의'와 토착 공산당의 사투(死鬪)가 일반화되고 말았고 "(러시아 혁명은) 아기를 씻은 물이 더러워 그 물을 버린다는 것이 그 아기마저 버리고 말았다."는 프랑스 공산주의자 앙드레 지드(Andre Gide, 1869~1951: 『좁은 문』의 저자)의 표현처럼 너무 많은 인명을 빼앗아 갔습니다. 아무리 패러다임이 훌륭하다 해도 이렇게 많은 사람들을 죽여야 실현할 수 있다면, 그것은 패러다임으로서 가치가 없습니다. 아무리 남이지만, 인간의 생명을 함부로 유린하고 재단하는 패러다임은 용서받을 수 없는 범죄이기 때문입니다.

급기야 마르크스 · 레닌의 유골을 뒤집어 쓴 붉은 역신(疫神)이 넓고도 넓은 캄보디아 벌판에 엄습하여 자기 민족의 절반을 죽인 후 그 피비

[그림 ④] 폴 포트와 폴 포트 정권의 희생자들

린내 나는 유령의 벌판에서 남은 절반의 공포증 환자들에게 마르크스의 그 위대한 이상을 실현하려 하다가 이웃의 공산당 형제 국가(베트남)에 의해 열대 밀림 깊이 쫓겨가기도 했습니다.[38)]

붉은 역신 폴 포트(Pol Pot, 1925~1998) 정권 당시, 캄보디아 사람들은 말했습니다. "모두 죽는다! 도망가야 한다!" 그러나 도망가지 못한 사람들은 어린 전사들에 의해 총알도 아까워 비닐 봉지에 덮어씌워져 살해당하고 말았습니다.

마르크스주의자들은 "혁명은 피바다에 떠오르는 태양"이라고 하면서 피의 혁명을 정당화합니다. 그러나 피를 너무 많이 흘린다는 것은 그만큼 억지스럽고 경직되었다는 것의 다른 표현일 수도 있습니다. 우리가 만약 이 같은 범죄 행위를 용납한다면, 히틀러(Adolf Hitler, 1889~1945)에 의해 자행된 홀로코스트(holocost, 유태인 대학살)에도 면죄부를 줘야 합니다.

정확하게 말하면, 1,2차 세계대전은 자본주의가 가진 모순이 폭발한 것입니다. 엄밀한 의미에서 히틀러의 도발은 세계 시장 분할을 위한 것이었고 그 책임은 독일의 세계 시장 진입을 철저히 봉쇄한 영국과 프랑스에 있는 것입니다. 그렇다면 히틀러의 문제는 유태인 대학살에 있는 것인데 이 부분도 문제입니다. 히틀러가 유럽 전역에 흩어져 있던 그 많은 유태인을 수용소로 모으고 독가스실(Gas Chamber)에 보낸 것은 유럽 전체의 협조가 없이는 불가능한 일입니다. 설령 유태인이 각국 경제에 저해되는 고리대금업에 종사했다거나 러시아 볼셰비키(Bolsheviki) 군대의 침공에 내응(內應)할지도 모른다거나 '유럽의 골칫덩어리'라는 등의 유태인 내부의 문제뿐만 아니라, 로마 교황청을 비롯한 카톨릭 세력과 기독교 세력들의 유태인에 대한 뿌리 깊은 편견과 이에 호응했던 전체 유럽인들이 모두 책임을 져야 할 문제입니다.

실제로 유태인들은 민족 전체가 사멸의 운명을 맞았는데도 제대로 된 반항도 한 번 못해 봅니다. 누구라도 호응이 있어야 반항도 가능한 것이 아닙니까? 당시 유럽에는 유태인이 전체 유럽인들의 공동의 적이라는 인식이 팽배했기 때문에 아무도 유태인의 운명에 관심이 없었던 것이죠. 유럽인들은 오히려 유태인 대학살에 박수를 치고 있었을 것입니다. 참으로 광기(狂氣)의 시대였던 것이죠. 그럼에도 불구하고 이 모든 책임을 히틀러 혼자에게만 덮어씌운 것은 자기기만입니다. 마치 조선의 멸망을 이완용(李完用, 1858~1926)에게만 덮어씌우고 많은 매국노들과 조선의 멸망에 호응했던 계층들이 면죄부를 받으려 하는 것과 다르지 않습니다. 한 나라가 멸망하는 것은 전체 시스템(system)이 붕괴되어 나타나는 현상입니다. 그것을 한 개인에게만 책임을 묻는 것은 분명히 문제가 있습니다.

소비에트러시아, 중국의 문화혁명, 캄보디아의 대학살 등의 참혹했던 경험들과 비교해 보면, 오히려 현대 자본주의의 패러다임은 관대하기 그지없습니다. 자유민주주의를 표방하는 현대의 자본주의처럼 그 어떤 반대자들도 철저히 죽이지 않고 공존했던 사회적 이데올로기가 인류 역사상 한 번도 없었기 때문이죠(슘페터는 오히려 이 때문에 자본주의는 결국 망할 것이라고 했습니다. 뒤에 다시 설명해 드릴 것입니다). 사실 마르크스도 엥겔스의 도움을 받아 영국에서 자신의 사상을 완성했으며, 레닌도 런던과 제네바에서 활동한 사람입니다. 마오쩌둥을 제외한 중국 혁명의 지도자들이나 폴 포트 정권의 대부분 사람들은 프랑스에서 공산주의 혁명 교육을 받은 사람이었죠.

지금까지 우리는 사물의 두 가지 차원 즉 존재양식과 표현양식에 대하여 살펴보았습니다. 그리고 죽은 표현양식이 끊임없이 살아 있는 존재양식을 구속하는 실체들을 살펴보았습니다. 앞으로 우리가 가야 할 '패러다임에로의 기나긴 여행(A long journey to paradigm)'을 위해서 반드시 알아두어야 할 중요한 생각의 도구입니다.

그러므로 우리가 존재양식을 좀 더 제대로 알기 위해서는 과거의 잘 알려진 표현양식의 구속으로부터 해방될 필요가 있습니다. 죽은 표현양식들이 존재양식을 구속하는 상황을 탈피하지 못하면 우리는 결코 제대로 된 패러다임에 도달할 수 없는 것이지요.

제5장 골프의 경제학

:: 골프를 쳐야 사람 대접을 받지

요즘 한국에서는 골프(golf)를 치는 것이 유행입니다. 그래서 골프를 치지 못하거나 관심도 없는 저 같은 사람들은 사람 축에 제대로 끼지도 못합니다. 한국에서 골프는 유명인이나 상류 계층의 사람이 되는 하나의 신고식과도 같습니다. 그래도 퇴폐적인 룸살롱에서 정치나 협상을 하는 것보다는 골프가 건전한 편이라고 생각은 합니다.

골프는 공기 좋고 물 맑은 대자연 속에서 잔디밭을 거닐면서 운동도 하고 담소도 하기 좋은 고급 스포츠일 수도 있습니다.

그런데 가만히 생각해 보면 골프가 과연 좋은 운동인가가 의심스럽습니다. 적어도 한국에서는 말입니다. 골프장을 흔히 CC(컨트리 클럽)라고 하는데 넓은 평원이 없는 한국에서는 골프장을 만드는 일이 예사롭지 않습니다. 국토의 70%가 산이요 나머지는 겨우 입에 풀칠하기도 어려운 농토 정도가 있는데 그나마 골프장을 만든다고 난리를 치니 더욱 문제지요.

미국, 호주, 뉴질랜드와 같이 사람도 별로 살지 않고 땅은 넓고 끝없이 펼쳐진 벌판이 있는 나라는 골프를 국민 산업으로도 키울 필요가 있습니다. 그 큰 땅을 놀릴 필요가 없기 때문이지요. 그러나 한국과 같이 인구밀도도 높고 벌판이라고는 눈을 씻고 봐도 찾기 어려운 곳에서 골프장을 만든다니 참 한심스러운 일입니다.

골프장을 만들려고 하면 일단 야산에서 나무를 베어야 하지요. 그러니 홍수나 산사태의 위험이 상존합니다. 그리고 잔디구장을 조성해야 하니 지하수를 무제한적으로 끌어올려야 합니다. 여기에 잔디를 가꾸기 위해서는 농약을 마구 뿌려대니 수질이 오염됩니다.

제가 보기에 한국에서 골프를 즐긴다는 것은 아무래도 바람직하지는 못한 듯합니다. 물론 "그것은 취미의 문제잖아?"라고 하신다면 할 말이 없겠습니다. "나는 돈도 많아서 다른 사람들이 노는 것처럼 놀 수가 없잖아? 당신은 무명의 인사이니 아무 곳에 가도 되지만 나는 어디를 가겠어?"

물론 옳은 말씀입니다. 그러나 아무리 몸에 좋은 운동이 있다 하더라도 그것은 나라의 사정을 같이 고려해야 될 문제입니다. 골프를 치면서 심장사(心腸死) 하는 경우도 많다고 하니 골프는 대자연을 즐기면서 하는 운동만은 아닌 듯도 합니다.

이런 저런 사정을 봐도 골프는 우리에게 적당한 운동이 아니라는 것을 알 수 있습니다. 그런데 왜 조금이라도 지위를 가진 사람들이 골프를 친다고 이 난리를 치는지 의아합니다. 국가의 지도급 인사가 국가적 재해가 발생했는데도 골프장에 있어서 말썽이 된 적도 있지요. 이 물음에 대해서 가장 확실한 대답을 하는 사람이 있습니다. 바로 베블렌(Thorstein Veblen, 1857~1929)입니다.

(1) 된장녀와 명품족: 천민 자본주의의 대표 주자, 한국

요즘 한국이나 일본의 젊은이들이 명품을 사기에 열을 올려 수많은 신용불량자를 양산하고 있습니다. 분수에 맞지 않게 수백만 원짜리 옷이나 핸드백, 보석을 사서 가계에 주름을 지우지를 않나 그 빚을 갚으려고 매춘(賣春)에 나서는 등 심각한 사회문제가 되고 있습니다. 한국의 명품 시장은 2010년을 기준으로 무려 5조 원대라고 합니다.[39] 도대체 한국의 자동차와 TV 등 전자 제품을 얼마나 팔아야 이를 충당해 낼 수가 있겠습니까? 그리고 이런 류의 제품들은 우리 생활에 반드시 있어야 할 상품도 아닙니다.

제가 보기에 한국 사회를 병들게 하는 것 가운데 하나가 바로 이런 과시 소비입니다. 한국의 젊은이들이 많은 부채를 지고 있는데 주로 학자금(학비)과 이런 류의 과시 소비가 그 원인입니다. 도대체 왜 이런 일들이 벌어지는지 안타깝습니다.

[그림 ①] 소스타인 베블렌

아마도 한국 사회는 집단주의(collectivism)가 워낙 강하고, 베네딕트(Ruth Fulton Benedict, 1887~1948)가 제기한 '수치(shame)의 문화'가 전통적으로 내려왔고, '타인의 눈'과 전체 조직의 눈이 모든 가치판단의 기준이 되기 때

[그림 ②] 루스 베네딕트와 그녀에 대한 기념 우표

문에 나타나는 현상일 것입니다.[40] 그래서 집은 월세를 살아도 남의 눈을 의식하여 고급 차를 타고 다니고, 임시직으로 살면서도 명품 가방을 들고 다닙니다. 그뿐만 아닙니다. 청소 일을 하면서도 명품 패션으로 갈아입고 퇴근합니다. 그렇게 해야 사람 대접을 받는다고 믿는 것이 한국 사회입니다. 골프장에 가도, 호텔에 가도 타고 온 차가 시원찮으면, 고객 대접 받기도 어려운 사회가 한국입니다.

특히 명품은 워낙 고가(高價)이기 때문에 일반인들이 탐할 수 있는 대상이 아닙니다. 그럼에도 불구하고 명품으로 치장할 수밖에 없는 어떤 환경을 전통적 집단주의와 결합한 한국 자본주의가 키우고 있는 것이죠.

원래 부자들의 과시적 소비 즉 자신의 부(富)를 과시하기 위해서 고가품이나 명품 소비에 몰두하는 것에 대해 신랄하게 비판한 사람은 베블렌입니다. 사실 얼마나 자랑할 것이 없으면 돈 자랑을 하겠습니까? 이것은 베블렌이 자본주의 상류층 사회에 대한 각성을 촉구하는 의미에서 제기한 것인데, 한국의 경우는 확실히 이상합니다. 왜냐하면 이 같은 과시적 소비가 만연해 있다는 것입니다.

물론 과시적 소비는 처음에는 일부 부자들을 중심으로 시작되며, 다른 사람들도 이를 흉내 내면서 점차 확산되는데, 이를 모방 효과(bandwagon effect)라고 합니다. 그런데 한국에서는 그 속도가 너무 빠르다는 것이 문제지요. 이렇게 모방 속도가 빠른 사회에서는 부자들은 또 다른 방향으로 나아갑니다. 다른 사람들이 흉내를 못 내도록 옷도 한 벌만 제작하거나 아예 일반인들이 구매하기 힘든 상품들로 다시 뽐내기 시작합니다. 이를 스놉 효과(snob effect)라고 합니다.[41] 한국은 이 세 가지 효과가 만연한 사회입니다.

이 같은 현상들을 설명할 수 있는 이론이 베블렌 효과(veblen effect)입니다. 한국 사회에 만연한 이른바 '명품족'이나 '된장녀'를 설명할 수 있죠.[42] 일반적으로 상품의 가격이 오르면, 수요가 줄어들게 마련입니다. 그런데 가격이 올라도 수요의 변화가 나타나지 않는 경우가 있습니다. 나아가 경기는 불황으로 치닫고 있는데 고가품이나 명품의 소비는 줄어들지 않는 현상이 나타납니다. 바로 이런 현상을 말하죠. 사태가 이 지경이 되니, 많은 대기업들이 명품 시장을 유치하거나 아니면 그 유통에 직접 개입하여 최대한 이익을 얻으려 합니다. 악순환이 지속됩니다.

뿐만 아닙니다. 건실하게 공부하고 노력하여 자신의 자질이나 능력을 통해 사회적 성공으로 가려 하지 않고 오로지 얼굴과 피부를 가꾸며 육신을 불살라(?) 돈 많은 사람과 결혼하려고 드는 수많은 청춘 남녀가 있습니다. 한국에 연예인이 되고 싶다는 아이들이 절반을 넘는다고 합니다. 무서운 일입니다. 요즘 유명 코미디언의 말로 "그러면 도대체 소는 누가 키웁니까?"[43]

사회 전반에 만연한 된장녀와 명품족은 장기적으로 한국 자본주의의 위기를 부채질할 가능성이 있습니다. 왜냐하면 경제의 주체들이 부채에 시달리는 상황에서 올바른 창의력과 산업 경쟁력, 생산력이 나올 리가 만무하기 때문입니다.

제가 보기에 젊은이들이 하는 행동들은 사회의 가치관이 만든 것이라고 생각됩니다. 집단주의적인 전통과 결합된 한국의 자본주의는 그래서 근원적으로 천민성(賤民性, vulgarity)을 가지고 있습니다. 한국 사회에서는 싸구려 신발을 신은 아이들이나 임대 아파트 사는 아이들, 저층 아파트 아이들과는 놀지 말라는 이야기가 무슨 생활의 지혜나 원칙처럼 준수됩니다.

물론 이 같은 현상이 한국만의 모습은 아닙니다. 대부분 자본주의 국가들에는 정도의 차이가 있지만 거의 유사한 형태가 나타나고 있습니다. 이것은 인간 내부에 어떤 불합리하고 부조리한 요소가 있기 때문일 것입니다. 자연계의 수많은 동물들 가운데 신(神)을 가진 유일한 존재는 인간일 것입니다. 그것은 어떤 카리스마가 없으면 인간 사회를 통치하기가 어려울 수도 있음을 보여줍니다.

인간의 역사를 돌이켜 보면 인간을 가장 괴롭힌 것은 바로 인간이었습니다. 베링 해(Bering Sea) 가까운 곳 극한의 오지(娛地)에도 사람이 삽니다. 그들이 그 지역으로 이동해 간 것은 아마도 다른 인간이 자신들을 노예화(enslavement)하는 것을 두려워했기 때문일 것입니다. 사람은 서로 협력을 하지 않으면 살 수가 없는 존재이면서도 사람과 사람 사이에는 끊임없이 다른 존재를 계급화(classification)시킴으로써 사회를 유지하려는 모순을 가지고 있습니다. 사람이 사람들로부터 구별 지우려 하는 방법은 여러 가지가 있겠습니다. 더 좋은 의식주 생활이 가장 일반적이겠지요. 여기에서 한 걸음 더 나아가 그들이 즐기는 오락도 타인과 구별 지우는 것일 수 있습니다.

베블렌은 자신의 역저 『유한계급론(*Leisure Class*)』에서 이 문제를 파헤치고 있습니다. 베블렌에 의하면, 인간의 역사는 사회 제도 진화의 역사라고 합니다. 베블렌은 인간을 제작 정신(생산)의 본능이 주가 되는 그룹과 약탈 본능(착취)이 주가 되는 그룹으로 나눕니다. 무계급 사회는 제작 정신의 본능이 사회를 지배하며 계급 사회는 약탈 본능이 제작 본능을 지배하는 사회라고 합니다. 베블렌은 인간의 역사와 사회를 보는 관점을 약탈 정신과 제작 정신의 대립(사회심리학적 관점), 영업과 산업의 대립(경제적 관점), 유한계급과 일반 시민(사회학적 관점) 등의 대립적 이분법으로 보았습니다.

베블렌에 있어서는 결혼조차도 약탈 본능이 지배하는 계급 사회의 산물이라는 것입니다. 계급 사회의 본질인 약탈 본능(instinct of predatory exploit)의 지배 체제는 제작 본능(instinct of workmanship)이 재출현하여 약탈 정신을 지배할 때만이 해결된다는 것입니다.

(2) 약탈 본능의 시대: 영업은 이윤을 위해 산업을 사보타지한다

베블렌은 유한계급(leisure class)의 출현은 소유(private ownership)의 시작과 일치한다고 보았습니다. 유한계급이란 주로 영업자 그룹으로, 이른바 일하지 않고 놀고 먹는 그룹들을 말합니다. 일하는 신데렐라

(Cinderella)는 천시받는 사회입니다. 부잣집 여자들이 일반 부인들이 하는 가사일이나 산업적 노동을 하는 것은 당치도 않습니다. 남들이 하는 일을 다 하면 안 될 일이죠. 이들은 일반 시민들과 구별하기 위해 각종 소비를 합니다. 하룻밤을 자도 수십만 원 하는 호텔에 들며 남들이 감히 넘볼 수 없는 명품으로 몸을 치장하거나 일반인들이 즐기기 어려운 레포츠(leports, leisure sports)를 함으로써 끊임없이 자기들은 다르다고 강변합니다. 그래서 옷이 좀 시원찮다거나 값비싼 가구를 사들이지 못하거나 돈이 많이 드는 레포츠를 즐기지 못하는 사람들을 경멸합니다.

이런 사회에서 여성들은 열심히 일하기보다는 몸매를 잘 가꾸고 꾸며서 부자와 결혼하는 것이 가장 중요한 인생의 목표가 되어버립니다. 그래서 자본주의가 고도로 발달한 사회일수록 〈백만장자와 결혼하기〉, 〈억만장자와 친구 되기〉 등의 프로그램이 빅히트를 치게 됩니다. 공부를 잘하거나 일을 잘하는 것보다는 쌍꺼풀 수술이나 때로는 생명을 담보해야 하는 위험한 양악수술(兩顎手術, maxillofacial surgery) 등과 같은 성형수술을 해서 외모를 뜯어고치는 일이 더욱 중요하게 됩니다. 얼굴을 고치고 난 후에도 몸이 돋보이도록 가급적 명품으로 몸을 감싸야 합니다.

그러다 보니 철없는 아이들도 명품 타령을 합니다. 분수에 맞지 않게 돈을 탕진하는 경우도 비일비재합니다. 여기서 소비지상주의(consumerism)가 형성되어 모방적 소비를 끝없이 부추깁니다. 이것은 결국 자원의 탕진을 초래합니다. 예를 들어 겨울에 밍크코트를 입지 않은 여자를 경멸하는 풍토가 조성되니 어찌 되었습니까? 밍크가 거의 멸종하다시피 하지 않습니까?

영업자들은 약탈 본능-영업자-영업 정치-유한계급(leisure class) 등

[그림 ③] 1차 대전 당시 신병 모집 전쟁 포스터.
왼쪽은 영국(누가 오지 않았지? 그게 바로 자네인가?)
오른쪽은 미국(미국은 그대를 원하고 있어)

에 이르는 일련의 고리 속에서 존재하면서 제작 본능-산업자-일반 시민(common people)들을 억압하는 것이지요. 그러면서도 이들은 애국심(patriotism)을 부추깁니다. 이들의 원래 목적은 초과이윤을 얻으려고 해외를 침략하는데도 엉뚱하게도 애국심을 부추겨서 위대한 국기(國旗) 아래 목숨을 걸고 죽지 않으면 책임기피자에 비겁자라고 매도합니다.

경제 문제에 있어서 베블렌은 경제 활동에 종사하는 사람들 중에 일반적인 노동자들과 분리하여 영업자라는 말을 사용합니다. 노동자들의 생활 습관은 창조적이고 건설적인 데 반하여, 영업자들은 자기 이윤을 위해서 수단과 방법을 가리지 않는 사람들로 그들의 생활 습관은 파괴적입니다. 이들은 정부와 재판소를 자기편으로 가질 뿐만 아니라 치명적인 폭력을 소유하고 있습니다.

[그림 ④] 약탈 본능의 종합선물세트, 전쟁.
(1917년 오스트리아 군대가 포로로 잡힌 세르비아인들을 처형하고 있다. 세르비아는 전쟁 전의 인구의 25%에 해당하는 8만 5천 명이 살해당했다)

베블렌은 두말할 필요도 없이 근대 자본주의의 정치를 영업 정치(business politics)라고 합니다. 영업이라는 것은 약탈 정신의 경제적 표현이죠. 정부는 이들 영업자들의 대표평의회(Soviet of Business Men's Delegates)에 불과하다는 것입니다. 그래서 진정으로 산업을 발전시키기보다는 이윤이 되면 어떤 짓이라도 서슴지 않기 때문에 산업발전을 오히려 저해하는 요소가 되기도 합니다. 이것을 두고 베블렌은 "영업은 이윤을 위해 산업을 사보타지한다."는 재미있는 표현을 사용했습니다.(베블렌의 견해는 다른 학자들의 견해와 비교해 볼 때 매우 예리하고 타당합니다만, 영업과 산업이 생각보다 쉽게 분리하기가 어려운 측면이 있습니다. 그리고 오늘날의 시각에서 보면 자본가들에 대해 지나친 견해이기도 합니다. 현대 경제에서 돈놀이가 아닌 실물 생산에 주력하는 자본가들은 사실상 사회

의 가장 중요한 제작 정신의 소유자로 볼 수도 있기 때문입니다)

베블렌의 견해는 다소 일방적이고 근대 자본주의에 대한 지나친 편견을 가진 것임에는 분명하지만 일부 내용들은 크게 틀린 말이 아니죠. 베블렌이 비판했던 영업자(business men)들이란 자본주의에 광범위하게 존재하는 악질적인 돈놀이꾼들이 바로 그 실체입니다. 이들은 국제금융(international finance)이니 글로벌 금융(global banking) 하는 거창한 말을 사용하지만, 그들이 세계 금융시장을 마음대로 움직이면서 경제적 약자들에게는 치명적인 결과들을 초래하고 있습니다. 이들에게는 산업의 발전은 애초에 안중에도 없는 일입니다. 이들에게 중요한 것은 가만히 앉아서 돈을 버는 일밖에는 없지요. 그러다 보니 세계 전체가 투기장(arena)으로 되어버린 것이지요. 물론 이 상황을 바로 잡을 수 있는 방법은 현재로는 찾기가 어렵습니다. 오히려 그들이 여기저기 아무렇게나 싸질러 놓은 분뇨(糞尿)들을 치워야 할 상황입니다. 그리고 이것을 다 치우자면 아마 세계 경제가 파탄나고 말 지경입니다.(이 부분은 다음 장에서 좀 더 상세히 분석해 드립니다)

국제 금융이니 세계 금융이니 헤지펀드(hedge fund), 선물거래 등등 온갖 미사여구에도 불구하고 현재의 국제 금융시장이라는 것은 결국 악질적인 약탈주의적 중상주의적(重商主義的) 중금주의(重金主義)에 불과합니다. 이런 성격을 가진 대표주자가 과거 스페인이었습니다.

스페인이 세계를 제패하던 시기에, 스페인 정부는 각종 건달들 이른바 콘퀘스터도르(Conquistador)들을 총동원하여 라틴 아메리카 등 전 세계를 돌아다니면서 금은(金銀)을 약탈합니다. 이 시기에는 이른바 엘도라도(El Dorado: 남아메리카의 아마존 강변에 있다고 상상되었던 황금의 나라)의 전설도 팽배했던 시기입니다. 이 시기에 라틴 아메리카에 번성했던 문명들이 대부분 파괴되고 금은보화들이 스페인으로 갑니다. 금과 은은 다른 재화와는 달리 바로 화폐의 구실을 하는 것입니다. 그런데 이 금은보화는 실물 생산이 없을 때 이내 물가로 나타나게 됩니다. 즉 금은의 유입은 이내 인플레이션(inflation)이 되고 맙니다. 그러면 물가고로 인하여 경제가 파탄이 됩니다. 이것이 유럽 경제를 마비시킨 가격 혁명(價格革命, price revolution)입니다. 이것은 결국 고정 수입을 가졌던 봉건 지주를 몰락시키고 상공업자들이 세계를 장악하는 새로운 계기로 작용을 합니다. 자기 꾀에 자기가 넘어가 헤게모니를 상실하게 됩니다.

금융과 관련해서 유의할 점은, 화폐의 유입은 반드시 실물 생산(실제 상품 생산)이 그만큼 성장하지 않으면 안 된다는 것입니다. 그런데 실물 생산은 동일한데 만약 화폐만 많아지거나 아니면 화폐로 인한 수익이 증대했다면 그것은 경제의 어떤 부분에서 반드시 사달이 나게 되어 있습니다. 폐쇄 경제(closed economy)일 경우에는 화폐로 인하여 인플레이션이 심해질 것이고, 만약 오늘날과 같이 개방 경제(open economy)일 경우에는 무역적자가 증가하고 돈 가치가 떨어져서 구매력은 지속적으로 감소합니다. 결국 그 화폐 이익이라는 것은 오래가지 않아서 상쇄될 것입니다.

이 점을 아주 간단한 경제 수식을 통해 알아봅시다. 국민소득(Y)은 여러 가지 형태로 표현할 수 있는데 가장 간단하게는 다음과 같이 표현할 수도 있습니다.(화폐와 실물과의 관계를 이해하는 데 이만큼 쉽고 간단한 수식도 없습니다)

Y = PQ (P는 가격, Q는 생산된 재화나 서비스의 총량) ·························· ①

즉 국민소득은 그 나라의 총생산물(Q)을 시장가격(P)으로 나타낸 것입니다. 그런데 만약 재화나 서비스의 생산량에는 변화가 없는데 시장가격(P)만 증가한다고 해봅시다. 그러면 결국 국민소득(Y)은 감소할 수밖에 없습니다. 시장가격(P)이 늘어나면 명목소득(名目所得, nominal income: 화폐 액수로만 측정한 국민소득)은 늘어나는 것처럼 보여도 실제 소비할 수 있는 실물은 변화가 없으니 결국은 소득이 감소한 것이지요(실물의 가격만 올린 셈이지요). 실질소득(實質所得, real income)은 결국 감소하게 됩니다. 너무 어려우시면 이해를 못하셔도 상관없습니다. 어쨌든 실물 생산이 변화가 없을 때, 화폐량이 증가하면 그만큼 실질 국민소득은 감소하게 된다는 것입니다.

가장 큰 문제는 기업들이 돈놀이에 맛을 들이면, 다시 실물 생산과 같은 힘 드는 일에는 관심이 없어진다는 것입니다. 그런데 만에 하나 돈놀이가 잘못되었을 경우에는 기업이나 경제가 소생하기가 매우 힘들어집니다. 이런 현상이 현재 자본주의의 위기를 촉발한 것이기도 합니다.

최근의 국제 금융 문제와 관련하여 본다면, 이른바 주주자본주의(shareholder capitalism: 주주의 이익만을 극대화하기 위해 기업을 경영함)가 팽배하여 기업들은 실물의 제조와 생산보다는 금융 투자 수익에만 몰두하고 있습니다. 재화나 서비스를 생산하고 유통하는 실물 경제의 영역을 '구경제(舊經濟, old economy)'라고 하여 몰아내고 금융 시장의 불확실성을 이용해 돈놀이에만 몰두하고 이를 아예 '신경제(新經濟, new economy)'라고 부릅니다. 대표적인 예가 에너지 개발 업체인 엔론(Enron)과 세계 최대 자동차 메이커인 제네럴모터스(GM)였습니다. 결국 이들은 모두 파산했습니다. 특히 제네럴모터스는 자동차 생산을 등한시하고 돈놀이(할부 금융)에만 몰두하더니 한때 수익의 절반 이상을 금융업에서 얻어서 아예 금융회사로 변신하기도 했지만 단기 수익 올리기에만 집중하여 각종 금융파생상품에 손대다가 결국 파산하고 말았습니다.(2009) 엔론의 경우 유명 경제 잡지인《포춘(*Fortune*)》으로부터 수년간 "미국에서 가장 혁신적인 기업"이라고 극찬을 받았고, 2000년에는 '일하기 좋은 100대 회사'에 꼽히기도 했던 기업입니다. 엔론은 각종 특허 · 영업권과 에너지 자원을 기초자산으로 복잡한 파생상품을 만들어 영업을 하다가 막대한 손실을 입었지만 이것을 교묘하게 회계 처리로 감추다가 결국 파산(2001)했습니다.

국제 금융의 대명사인 헤지펀드나 각종 금융파생상품(돈놀이 상품)이 오늘날처럼 번성한다는 것은 전체 세계 경제로 봐서는 매우 심각한 파탄을 예고하는 것이기도 합니다. 왜냐하면 그만큼 실물 생산이 펑크가 나고 있기 때문에 일종의 '모래 위에 성 쌓기'가 될 수밖에 없고 그 규모가 전 세계적으로 확대되면 결국 전 세계 경제가 파탄이 나는 것이죠.

세계 경제가 살아나려면 베블렌의 말대로 영업이 이윤을 위해 산업을 사보타지할 수 없는 환경과 패러다임을 강력히 구축해야 합니다.

베블렌의 견해는 자본주의가 가진 위험한 속성을 가장 알기 쉬운 말로 표현한 대표적인 것이라고 할 수 있습니다. 다른 이론가들의 저작과는 분명 다르게 느껴집니다. 유한계급론이나 산업의 발전을 사보타지(sabotage)하는 영업의 존재라는 것보다 더 적확하게 자본주의를 표현할 수 있는 말이 있을까요?

분명한 것은 세상에 놀고 먹는 사람보다는 일하는 사람이 주가 되어야 한다는 사실입니다. 놀고 먹는 산업이 만연하면 결국은 그 사회를 지탱하고 있는 하드웨어(hardware) 즉 하부구조가 붕괴되고 맙니다. 실제로 경제 위기가 오면 레포츠나, 실생활에 당장 필요가 없는 많은 산업들이 붕괴됩니다. 따라서 패러다임도 이 유한계급을 옹호하는 형태로 구성이 되면 장기적으로 그 사회는 매우 위험한 사회가 됩니다. 바로 한국이 그렇습니다. 한국 사회는 일 잘하는 사람보다는 "화합을 잘하는 사람", 부지런한 여성보다는 화장 잘하고 성형에 목숨을 건 여성을 회사나 조직이 선호합니다.

나아가 영업적인 생각이 사회적으로 팽배하게 되면 시장 구조(market structure)도 왜곡됩니다. 현재 대부분의 선진국들도 이 같은 상태입니다. 경제가 어려워지면 임금이 떨어지는 것이 당연합니다. 임금이 떨어지면 이전의 화이트 칼라(white collar)들도 블루 칼라(blue collar)의 일이나 3D 업종의 일을 해야 합니다. 그러다 보면 그 분야의 생산성도 향상되고, 다시 임금이 올라가서 시장이 제자리를 찾게 됩니다. 그러면 블루 칼라의 일을 하던 사람들도 다시 화이트 칼라의 일로 회귀할 수도 있습니다. 그러나 사회 전반적인 분위기가 차라리 "돈을 빌려 주식 투기나 한 건 해야지.", "그렇게 일해서, 언제 차도 사고 집도 사겠어." 라고 하면서 조금이라도 어려운 일을 기피하고 "놀더라도 생산 공장에는 안 간다."라든가, "취업 자리가 없어도 지방에는 안 간다."든가, "노숙(homeless)을 해도 서울(Seoul)에 있어야지."라는 식이 되면 시장이 경직화(rigidity)됩니다. 지방에는 일자리가 없지도 않는데 "지방에 가느니, 차라리 서울에서 아르바이트(part time job)나 해야지."라는 식의 88만 원 세대가 등장합니다.[44)]

실업은 만연한데 지방의 기업들은 구인란(求人難)에 허덕입니다. 그러면 그 자리를 불법 체류의 외국인 노동자들이 메우게 됩니다. 꼭 한국의 상황만 그런 것처럼 느껴지시죠? 아닙니다. 대부분의 선진국들도 거의 같은 상황입니다. 그러면 시장이 파편화되고 서로 단절됩니다. 한 국가 안에 시장이 서로 떨어져 이중 삼중 구조를 가지면서 시장의 유기성(organic relationship)이 떨어집니다. 그러면 경제 정책(economic policy)도 제대로 작동을 못합니다(사실 자본주의 경제학에서 말하는 보이지 않는 손(invisible hand)은 이제 노동 시장에서는 찾아보기 어렵죠). 관련 부분의 제조업의 파탄을 막기 위해 안간힘을 쓰는 정부도 이를 묵인합니다. 그러다 보니 한국처럼 외국인 노동자 100만 시대가 되는 것이죠. 경제가 이렇게 꼬이면서 독일 등 유럽의 여러 국가들처럼 외국인에 대한 혐오시대가 열립니다. 이른바 신나치주의(neo-Nazism)가 만연합니다. 애초에 그 3D 업종을 포기한 사람들도 그 국민들인데 이제는 공연히 외국인들 때문에 직장이 없다고 난리입니다.

그러므로 미래의 패러다임은, 베블렌의 표현을 빌려서 말해 보면, 제작 정신이 주체로서 역할을 할 수 있는 형태로 구성되지 않으면 안 됩니다. 일하는 사람이 많아야 그 사회가 건실해지고 일하는 사람이 우대받는 사회경제적 환경이 사회 전체적인 이데올로기로 형성이 될 때 그 사회는 번영하게 되는 것입니다.

(3) 정학유착(政學癒着)

지금까지 인간의 역사를 돌이켜보면 학문이 진정으로 인간에 봉사한 것이 과연 얼마나 될까 의심이 듭니다. 인간의 기나긴 역사 가운데 불과 100년 전까지만 해도 일부 지역을 제외한다면 대부분은 인간이 인간을 노예(slave)로 부리는 사회였다는 것이 답답합니다. 인간이 인간을 괴롭히는 것이 어쩌면 인간이 가진 근본적인 한계는 아닐까요?

요즘은 그런 게 어디 있어, 하실 분도 계실 것입니다. 그러나 제가 보기엔 다른 형태로 많은 변용이 일어나 있을 뿐이지 인간이 인간을 괴롭히는 많은 요소들이 그대로 상존하고 있습니다.

수많은 지식인의 옹호와 찬사 속에서 나타난 사회주의는 이 점을 많이 완화한 것은 사실이지만 그 지도층은 건강성을 상실하고 과거의 봉건 왕조나 다름없이 사회를 통치했습니다. 그래서 오히려 사회주의에 대한 희망을 없애버리고 말았습니다.

한편으로 자본주의는 전 세계인들이 굶지 않고 각자가 골고루 산업을 발전시켜 세계 평화에 기여하는 것 따위는 애초에 안중에도 없습니다. 영업자들은 황제의 권력과 부를 가지는 데만 관심을 가집니다. 또 그것을 위해서는 수단과 방법을 가리지 않고 정경유착(政經癒着)은 기본이고 정학유착(政學癒着)을 도모하여 사회 전체의 자기 정화(自己淨化) 기능을 상실하게 만들기도 합니다.

부도덕한 사회적 구조를 가진 곳에서는 학문과 언론이 자기 정화에 몰두하지 않으면 안 됩니다. 그러나 지금까지의 학문이라는 것은 많은 요소들이 결국 사회의 특정 세력에 봉사하는 경우가 많았습니다. 마치 공자의 유학이 수천 년간 봉건 권력에 봉사했듯이 말입니다. 그러면서도 공맹지도(孔孟之道)를 모르면 사람 대접을 못 받는 사회적 환경을 수천 년간 견고히 만들어두었습니다. 마찬가지로 유럽의 중세 사회도 오직 교회와 이에 영합하는 정치 권력에 봉사하지 않는 어떤 학문도 이단으로 몰아서 씨를 말리는 일을 천년 이상 했습니다. 오늘날 경제학도 어이없는 일을 많이 합니다. 경세제민(經世濟民)이 아니라 국민 경제 전체를 왜곡하기도 하는 각종 투기업의 모사꾼 양성학, 기업을 위한 탈세 전문가, 악질적인 돈놀이 전문가들을 양성하고 있기도 합니다. 세계적 금융 위기 바로 얼마 전까지만 해도 미국의 명문 대학들의 천재들이 월스트리트(Wall Street)로 몰려갔습니다.

학문은 기본적으로 물리력을 가지지 못하므로 설령 진리를 발견했다고 한들 그것이 당시의 사회적 환경 속에서 살아남기는 어렵습니다. 그러나 오늘날에는 조금 다를 수도 있습니다. 사회의 문제를 직시하고 종합적인 해결책을 모색해야 합니다. 좀 어려운 말로 진실과 진리에 즉자적(卽自的, An sich sein)일 필요가 있습니다. 만약 자본주의를 구성하는 패러다임이 잘못되었으면 이제는 좀 더 적극적으로 무엇이 잘못되었고 어떻게 고쳐나가야 하는지, 또는 새로운 패러다임을 만드는 노력을 해야 하는 중요한 시점입니다.

그런데 세상의 진보적이라고 자처하던 지식인들은 마르크스주의 몰락 이후 거의 망연자실(茫然自失)한 상태로 십수 년의 세월을 보내고 있습니다. 승리한 자본주의는 그 승리를 경축하기에 너무 문제가 많습니다. 단적으로 본다면, 가장 큰 문제가 라틴 아메리카와 아프리카입니다. 이 지역은 여러 가지 복잡한 사정으로 말미암아 빈곤의 해결 기미가 보이지 않습니다. 이슬람 지역은 나름대로 견고한 블록이 형성되어 있기 때문에 아무래도 미국과 서유럽 등의 영업자들로부터 일정한 정도는 스스로를 보호할 수 있을 것으로 봅니다.

라틴 아메리카는 해가 갈수록 모순이 심화되고 보다 더 많은 사람들이 고통을 당하고 있습니다. 이런 곳은 마약과 납치가 산업화된 대표적인 경우입니다. 가령 멕시코에서는 2006년에 실시된 마약 전쟁 이후 5만 5000명 이상이 살해되었다고 합니다. 미래가 없는 것이지요. 그러다 보니 '저개발의 개발(Development of Underdevelopment)'이라는 말이 나온 것이지요.[45] 이 말은 사회의 저개발을 자꾸 개발한다는 의미입니다. 즉 가난을 점점 더 확산시킨다는 것이지요. 이것이 중남미를 중심으로 나타난 종속 이론(Dependency Theory)의 기본 내용입니다.

자본주의는 부도덕하지만 그것이 워낙 강하게 움직이고 있으므로 현재로서는 막아낼 방도가 없는 형편입니다. 대부분의 학자라는 사람들도 이 본질을 탐구하는 것이 아니라 일단 존재하는 모든 것을 인정하고 "어떻게 하면 우리는 살아남을까?"라는 문제에 골몰하고 있는 형편이지요. 현재 한국의 처지만을 생각한다면 나쁜 것이라고만 할 수 없지요.

그러는 가운데 패러다임은 바뀌고 있습니다. 현재 전 세계적으로 나타나는 광범위한 패러다임의 변화는 향후 더욱 심각한 불평등을 예고하기도 합니다. IT 산업이라는 것은 이 같은 불평등을 심화시키는 특징을 가지고 있습니다. 정보 부문과 관련해서 이런 현상을 '디지털 디바이드(digital divide: 정보의 불균등한 배분 현상)'라고 합니다.

제가 지금부터 드릴 말씀은 자본주의 패러다임에 대한 전반적인 분석을 위한 기본 지식들이라고 볼 수 있습니다. 그리고 그것을 넘어선 또 다른 형태의 패러다임을 구축할 수 있도록 지적인 기반을 제공하는 것입니다.

제6장 돈으로 일어난 자 돈으로 망하나니

:: 금물고기 이야기

옛날 어느 바닷가에 어부 할아버지와 할머니가 살았습니다. 어느 날 그물에 금빛이 번쩍이는 금물고기가 잡혔습니다. 할아버지는 너무 기분이 좋았습니다. 그런데 놀랍게도 금물고기가 눈물을 글썽이며 말을 합니다.

"할아버지, 할아버지, 저를 살려주세요. 그러면 할아버지가 원하는 건 무엇이든지 다 들어드릴게요. 저는 용왕의 아들이랍니다."

할아버지는 마음이 아파 그 금물고기를 놓아주고 빈손으로 집에 왔습니다. 다 쓰러져 초가삼간의 깨진 독 옆에 앉아 할아버지를 기다리던 할머니가 이 이야기를 듣자마자 바가지를 긁어댔습니다.

"이 멍청한 영감태기야. 고기를 못 잡으면 당장 끼니를 굶게 되는데 쌀 한 말만이라도 달라고 할 것이지."

할아버지는 바닷가로 나가 금물고기를 불러 쌀을 좀 달라고 부탁합니다. 그러고

난 후 할아버지가 집에 와보니 쌀가마가 산더미처럼 쌓여 있었습니다. 할머니는 이번에는 빨래 통이 다 망가졌으니 새로 하나 얻어 달라 하라고 하였습니다. 할아버지는 또 바닷가로 나가서 금물고기를 불렀습니다. 빨래 통도 하나 새것으로 얻게 되었습니다. 얼마 있지 않아 할머니의 욕심은 점점 더 커졌습니다.

"이번에는 집 한 채 지어달라고 하세요."

할아버지는 발걸음이 내키지 않았지만 또 금물고기에게 이야기했습니다. 그리고 집에 와보니 멋진 기와집 한 채가 지어져 있습니다.

며칠 지나지 않아 할머니가 또 할아버지를 들볶기 시작합니다.

"나도 이제 떵떵거리며 살아야겠어요. 나를 장군의 마나님이 되게 해주세요. 어서 바닷가로 나가서 금물고기에게 말하세요."

바닷가로 나간 할아버지는 금물고기를 불러서 하소연했습니다.

"얘야, 나 할머니가 이번에는 장군의 마님이 되고 싶다고 하는데 어쩌지?"

이 말을 들은 금물고기가 할아버지를 위로했습니다.

"걱정하지 마세요. 집에 가보세요."

집으로 돌아와보니 집이 완전히 바뀌었습니다. 수십 간이 되는 날아갈 듯 높고 큰 집에 할머니가 비단옷을 입고 앉아 있었습니다. 할머니는 초라한 할아버지를 마구간으로 쫓아 보내고 말았습니다. 할아버지는 마구간에서 살았습니다.

세월이 흘렀습니다. 좀이 쑤신 할머니가 할아버지를 불러냈습니다. 여왕이 되고 싶다는 것이었습니다. 할아버지는 할 수 없이 바닷가로 나와 금물고기에게 다시 부탁하여 할머니는 여왕이 되었습니다. 또 시간이 지나자 할머니는 이제 용왕도 되고 싶었습니다. 할아버지는 바닷가에 가서 금물고기를 불러냈습니다.

"금물고기야, 금물고기야. 할머니가 이제는 용왕이 되고 싶어 하는구나."

하였습니다. 그러자 금물고기는 아무 말 없이 물속으로 사라졌습니다.

할아버지가 집으로 돌아와 보니 대궐, 그 많던 하인들이 온데간데없이 사라지고 쓰러져가는 오막살이에 누더기를 걸친 한 늙은 할머니가 깨진 독 옆에 쪼그리고 앉아 있습니다.

이 이야기는 러시아의 민화를 각색한 것입니다. 인간의 욕망이 끝이 없음을 보여주고 그것이 초래하는 결과가 얼마나 참담한지를 보여줍니다. 무엇이든지 가지고 나면 무덤덤해집니다. 화장실을 갈 때 마음과 올 때의 마음이 다르지요. 이것을 경제학에서는 '한계효용 체감의 법칙'이라고 합니다.

오늘날 우리가 사는 자본주의가 마치 이 할아버지 할머니의 모습과 다르지 않아 보입니다. 돈놀이의 맛을 알게 되니 일하기 싫어지고 일하는 사람이 한심해 보이죠. 그래서 일꾼이 마구간으로 쫓겨나지요. 결국 두 사람 모두 파탄이 나고 맙니다.

(1) 빠름, 빠름의 위험한 속성

자본주의 경제는 매우 효율적입니다. 사회주의 경제와의 경쟁에서 이긴 것도 바로 이 효율성입니다. 왜 자본주의 경제는 효율적일까요? 이것은 자본주의의 금융 제도와 밀접한 관련이 있습니다. 일반인들이 현대의 자본주의 국제 금융을 이해하기란 매우 어렵습니다. 저는 경제학을 전공했는데도 현대의 각종 금융공학(financial engineering)이나 파생상품(派生商品, derivative securities)은 너무 복잡하고 매우 어려워 이해가 안 되는 경우도 많이 있습니다. 그 분야의 전문가가 아니면 알기 어렵습니다. 이 분야는 어쩌면 수학 귀신이나 천재들의 영역일지도 모릅니다. 안타까운 일은 그 하바드(Harvard)나 MIT, 서울대 · 연고대, 도쿄대 등의 천재들이 주물러 놓은 국제 금융시장은 한 마디로 난장판(mess)이라는 것입니다.

그래서 이번에는 자본주의 금융 제도를 알기 쉽게 접근해 봅시다.

자본주의 경제가 효율적이라는 것은 무엇보다도 자본주의는 신용창조(credit creation, 信用創造)라는 위대한 도구를 가지고 있기 때문입니다. 간단히 요약하자면, 신용창조는 예금창조라고도 하는데 은행이 처음 받아들인 예금의 몇 배를 다시 (대출) 예금으로 만들어 내는 기능을 말합니다. 쉽게 말해서 재활용 '뻥튀기 기술'입니다.

가령 당신을 포함하여 여러 사람들이 100만 달러를 개더골드(Gathergold) 은행에 예금을 했다면, 은행은 이 돈을 여러 사람에게 빌려줄 수 있습니다. 은행은 예대(預貸) 마진(margin) 즉 예금 이자와 대출 이자의 차익을 수익으로 하기 때문에 이 돈을 반드시 대출해야 합니다. 그런데 이 돈을 A씨에게 대출한다고 하더라도 A씨는 결국 그 돈을 또 은행에 그대로 두면서 자신의 필요에 따라 그때그때 사용하게 됩니다. 그러니 은행의 입장에서는 A씨가 혹시 달라고 요구할지 모를 돈만 남기고 대출이나 투자를 하게 됩니다. 이렇게 대출자들이 언제 요구할지 모르는 돈을 비축해 두는 것을 지급준비율(支給準備率, cash reserve ratio)이라고 합니다.

만약 지급준비율이 20%(0.2)라고 하면 80만 달러가 남습니다.(지급준비율이 왜 이렇게 적은가라고 말씀하시겠지만 은행에는 많은 돈들이 유입되어 있기 때문에 일시적으로 그 많은 고객들이 대출을 요구하지 않는 한 큰 문제가 없습니다) 그래서 은행은 또 이 돈을 B씨에게 빌려줄 수가 있습니다. 즉 80만 달러 가운데 20%(16만 달러)만 남기고 64만 달러를 대출할 수 있죠. 그리고 같은 방식으로 지불준비금을 남기고 또 이 돈을 C씨에게 대출합니다. 이렇게 무한히 대출을 할 수가 있습니다. 그러면 결국 100만 달러의 돈은 400만 달러까지 대출이 가능하고 수도 없이 많은 사람들이 자신의 필요에 따라 이 돈을 사용할 수 있습니다.[46] 그러니까 A씨는 이 돈으로 다리를 만들고, B씨는 공장을 돌리고, C씨는 아파트를 짓는 등 동시에 많은 일들이 진행되니 사회주의 경제가 따라갈 리가 만무합니다.

그렇지만 이 구조는 때로 매우 위험할 수 있습니다. 왜냐하면 이 가운데 한두 군데라도 문제가 심각하게 발생하면 관련된 사람들 모두가 피해를 보기 때문입니다. 모두 다 건실한 기업가라면 문제가 없지만 세상에는 별의별 사람들이 다 있기 때문이죠. 특히 자본주의 국가에는 사기꾼이 많습니다. 오늘날 많은 금융 사태가 온 것도 바로 이런 자본주의 구조의 문제 때문입니다.

위의 구조에서 몇 가지 경우를 봅시다.

첫째 경우를 봅시다. 100만 달러를 예금으로 받은 롱텀(LT) 은행이 이들로부터 매년 돈 이자를 받은 것이 대충 50만 달러라고 합시다(신용창조 덕분으로 이 이상도 벌 수 있습니다). 롱텀 은행도 이 돈을 그대로 둘 수는 없지요. 그래서 이것으로 러시아 국채(government bond)를 샀다고 가정합시다(경우에 따라서는 다른 금융 기관에 막대한 자금을 빌려서 투자할 수도 있죠). 그런데 러시아 경제를 지탱하던 석유 가격이 폭락하여 50만 달러를 고스란히 날렸고 이것이 뉴스에 크게 보도되고 말았다면 어떻게 될까요?

이 은행에 돈을 맡긴 사람들은 큰일이 났죠. 롱텀 은행에게 맡긴 돈을 못 받을지도 모르니까 대거 몰려가서 그동안 예금한 돈을 모두 돌려달라고 할 것입니다. 뿐만 아니라 롱텀 은행에 대출을 받은 사람들도 당장 자기가 하던 사업들이 진행이 안 되니까, 대출금 모두를 인출해 가려할 것입니다. 그런데 실제로 이 은행이 가진 돈은 최대로 잡아야 이들이 요구하는 돈의 20%도 가지고 있지 않습니다. 바로 파산이죠. 정부가 돕지 않으면 파산이 됩니다. 은행이 파산이 되면 예금자는 물론 대출자들도 모두 파산하게 됩니다.

그런데 큰 은행의 파산은 경제에 심각한 문제가 생기기 때문에 정부가 그대로 둘 수도 없습니다. 그러면 결국 국민의 세금으로 이를 메워야 합니다. 재정적자도 심해지겠고 국민들의 피 같은 세금으로 잘못된 경영자의 뒤치다꺼리를 해야 하는 상황이 오고 맙니다. 국민들은 세금을 더 많이 내야 하니 소비지출을 줄일 수밖에 없지요. 그러면 기업 쪽으로 돈이 유입되지 않으니 결국 기업도 도산할 수밖에 없습니다. 사회 전반적으로 불경기가 확산되겠지요. 정부는 정부대로 재정 적자가 심해지니 사회복지니 교육 투자니 하는 예산들을 삭감해야 합니다.

이 경우가 바로 미국과 세계 경제를 뒤흔든 유명한 롱텀캐피털 매니저먼트(LTCM) 사태(1998)입니다. LTCM은 1994년 증권사 사장인 월스트리트 총아 존 메리웨더(John Meriwether)와 노벨 경제학상에 빛나는 '옵션 가격 결정 모형'을 만든 숄즈(M. Scholes)가 설립한 투자회사입니다. 이들의 투자 방식은 이른바 '무위험 거래'를 지향하는 최첨단 금융공학인 차익거래입니다. 이른바 헤지펀드(Hedge Fund)입니다. 쉽게 말해서 최첨단 금융수학을 이용하여 '마치 어떤 위험 요소로부터 울타리를 치듯이', "절대로 손해 보지 않는" 투자를 한다는 것입니다.

숄즈에 따르면, 하나의 금융상품이 있으면 이 상품과 연계된 다른

[그림 ①] 노벨 경제학상 수상자, 숄즈 교수

금융상품들은 이와 연계된 어떤 유기적 공식이 있다는 것입니다. 그런데 이 공식에서 나타나는 가격보다 심하게 오르거나 내리면 이 상품은 어차피 곧 균형 상태로 돌아가니 그 사이에 가격이 높은 것을 팔고, 가격이 낮은 것을 사면 높은 것에서는 수익을 챙기고 낮은 것도 곧 균형 가격을 회복하니 이내 수익이 될 거라는 말입니다. 참으로 '꿩 먹고 알 먹고'이군요. 그러나 안전한 만큼 수익도 적지요. 그러니 사람들은 큰 재미를 보지 못한다고 투덜대니 엄청난 자금을 은행에서 빌려 다시 투자하기 시작합니다. 이를 어려운 말로 레버리지 효과(leverage effect)라고 합니다.

LTCM은 기본 자산보다도 무려 수백 배를 빌립니다. 즉 LTCM의 운용자산은 800억 달러 정도였으나 레버리지 효과를 이용, 금융시장에서 1조 2,000억 달러를 굴렸습니다. 이 돈으로 LTCM은 러시아의 국채가 매우 싼 것을 발견하고 그것을 대량으로 사들이고 그 대신 상대적으로 비싼 미국 국채를 파는 식으로 차익거래를 하기 시작합니다. 그런데 그 시점에서 러시아가 모라토리엄(Moratorium, 국가 부도)을 선언하고 맙니다. "국채는 절대적으로 안전하다."고 판단하고 엄청난 돈을 빌려 러시아 국채를 사들였던 LTCM은 하루 아침에 파산합니다. 한때 세계를 지배했던 러시아에 대해 과대평가한 것이죠.

당시 러시아는 막 자본주의로 전환되는 시기였는데 산업은 해체되고 기업이 사유화되면서 당 간부들과 마피아들이 대거 개입하여 각종 문제들이 발생합니다. 이에 대해 당시 보리스 옐친(Boris Nikolayevich

Yeltsin, 1931~2007) 정부는 제대로 대처하지 못해 러시아 국민들의 실망은 이만저만이 아니었죠. 여기에 체첸(Chechen) 반군과의 전쟁 등으로 경제적 여력은 없는데 체면상 과도한 군비(軍費)를 유지해야 했고 외환 보유고도 턱없이 부족한 상황이었습니다. 엎친 데 덮친 격으로 이 시기에 아시아의 금융 위기가 터집니다. 여러 나라에서 구매력이 떨어지자 러시아 경제를 지탱하던 석유 가격이 하락합니다. 이런저런 사정으로 러시아는 모라토리엄을 선언하고 만 것이죠. LTCM의 예상과는 달리 미국 채권은 더 오르고 러시아 채권은 더 떨어져 버립니다. 결국 LTCM은 파산(1998)하고 맙니다.

이 사건은 여러 면에서 중요합니다. 노벨 경제학상을 수상한 인물이 월스트리트의 총아와 만든 투자회사가 알거지가 되면서 연쇄부도(cascade of bankruptcies)가 되었으니 말입니다. 경제학이 도대체 무얼 하는 학문인가를 회의하게 만든 사건이기도 합니다. 천재들이 오로지 돈놀이에만 몰두하다 돈놀이로 망한 대표적인 사건이죠.

둘째 경우를 봅시다. 100만 달러의 예금을 받은 개더골드 은행이 대출을 합니다. 대출을 해야 먹고 살 수 있는 것이 은행이니 당연한 일입니다. 어느 나라 할 것 없이 사람들은 주택을 담보로 하여 대출을 받으려고 합니다. 그런데 정부는 가급적 이자율을 낮추어 투자를 활성화하여야 하므로 저금리가 상당 기간 계속된다고 합시다. 마침 정치권이 대통령 선거를 해야 하는데 부자나 빈자가 다 한 표를 행사하니 표를 더 얻기 위해 빈자들도 대출을 받기 쉽도록 정부가 압력을 가하고 있습니다.

개더골드 은행은 정치권 눈치도 봐야 하니 주택을 담보로 하여 1000채씩 묶어서 하나의 증권(CDO: 자산담보부 증권)이나 채권으로 만들어 이것을 다른 증권회사나 투자회사에 팔았습니다(특히 미국인들은 경제적 가치만 있으면 모두 증권화할 수 있는 놀라운 제도와 능력을 가지고 있습니다. 이것을 일부에서는 미국의 금융 혁명이라고도 합니다). 저금리 하에서 다른 곳에 투자할 만한 데는 없고 하니 부동산으로 돈이 몰리기 시작했고 부동산에 돈이 몰려 주택 가격도 올라가니 대형 투자회사도 개더골드 은행으로부터 증권들을 기분 좋게 매입했습니다.

개더골드 은행의 입장에서는 담보대출을 해준 주택들은 상당수가 자산가치도 없고 가난한 사람들이 많아 돈 받기도 어려운데 잘 된 일입니다. 그리고 이것이 정부의 정책과도 관련이 있으므로 가난하든 말든 자산가치가 있든 말든 무조건 많이 대출을 해주어야 자기 수익도 올라갑니다. 마구잡이로 계약 건수를 늘리는 것이 바로 개더골드 은행의 수입이죠.

개더골드 은행에서는 이 대출이 건전한지 여부를 전혀 신경 쓸 필요가 없지요. 한 달 내에 각종 투자은행에 그것을 팔면 끝날 일이니까 말입니다. 사정이 이렇게 된데다 주택 가격도 높게 유지되고 있으니 뭐가 걱정입니까? 이것을 받은 대형 투자은행들이 이것을 기초 자산으로 하여 금융파생상품들을 만들어 전 세계로 팔기 시작하면서 사태는 걷잡을 수 없게 됩니다. 실물 자산가치가 없는 것을 담보로 했으니 이 사태는 뻔한 일입니다. 저금리가 다시 고금리가 되어 돈들이 부동산에서 다른 국채나 주식 투자로 전환이 된다거나 투자자들이 부동산 시장이 지나치게 과열되었다고 보고 매입을 중단하고 팔기 시작하거나 해서 부동산 가격이 떨어지면, 바로 이와 관계된 각종 투자은행들도 파산하게 됩니다. 끝없는 연쇄 부도가 시작되는 것이죠.

바로 이 경우가 세계 경제를 위기로 몰고 간 2007년 서브프라임 모기지 사태(subprime mortgage crisis, 비우량주택담보대출)입니다. 여기에 개입된 대규모의 투자은행이 바로 리먼 브러더스(Lehman Brothers Holdings)입니다. 이 사건은 연이어 2008년 9월 15일 미국 투자은행 리먼 브러더스의 파산으로 연결되었고 이로써 글로벌 금융 위기가 시작됩니다. 세계 체제의 위기가 온 것이죠. 리먼 브러더스 파산은 미국 역사상 최대 규모의 기업 파산으로, 파산 보호를 신청할 당시 자산 규모가 6390억 달러였다고 합니다. 리먼 브러더스 파산으로 가뜩이나 위태로운 세계 경제가 더욱 휘청대기 시작합니다. 리먼 브러더스 사태는, 악성 부실 자산과 부동산 가격 하락으로 가치가 떨어지고 있는 금융상품에 과도하게 차입하여 발생한 것입니다. 이것은 자본주의 금융 제도가 가지고 있는 근본적인 문제점들이 모두 한꺼번에 터진 것이라고 볼 수 있지요. 이 점을 좀 더 구체적으로 봅시다.

리먼 브러더스 사태는 미국의 톱(TOP) 10에 드는 초대형 모기지론(mortgage loan) 대부 업체(리먼 브러더스)가 파산하면서 시작되어 세계 금융시장에 큰 위기를 몰고 온 경제 위기를 말합니다. 세계 자본주의가 본격적으로 휘청거리기 시작한 것입니다.

원래 서브프라임 모기지론(subprime mortgage loan)은 신용 조건이 가장 낮은 사람들을 상대로 집 시세의 거의 100% 수준으로 대출을 해주는 대신 금리가 높은 미국의 주택담보대출입니다. 왜냐하면 투자 위험이 큰 상품은 상대적으로 많은 이자를 받아야 하기 때문이죠.

1980년대 쌍둥이 적자(twin deficits, 이중 적자: 무역 적자, 재정 적자)로 신음하던 미국은 1990년대 사회주의권의 몰락 이후 인터넷을 기반으로 하는 정보통신(ICT) 산업의 발흥으로 크게 국력을 회복합니다. 그러나 2000년대에 들어오면서 지나치게 과열된 정보통신 산업에 몰린 자본들

[그림 ②] 파산 전의 리먼 브러더스사

이 빠져나오면서 거품이 빠지기 시작합니다. 여기에 네오콘(Neo-Con)이라는 다소 종교 편향적이고 극우적인 공화당 세력들이 정권을 장악하면서,[47] 9 · 11 테러가 발생하고 연이어 아프간/이라크 전쟁 등으로 미국의 경기가 악화됩니다. 이때 미국 정부는 경기 부양책으로 초저금리 정책을 펼칩니다. 저금리를 해야 투자(I)가 활성화되고 투자가 활성화되면 일자리도 늘어나기 때문이죠. 이에 따라 주택융자 금리가 인하되어 집 사기가 쉬워지니 부동산 가격이 오르기 시작합니다. 이상하리만큼 이 시기의 미국의 분위기는 주택 가격은 계속 오르고 이자율은 오르지 않을 것이라는 분위기가 팽배합니다.

그런데 초저금리(super low interest rates) 상태는 항상 위태로운 것입니다. 이것은 시장을 크게 왜곡하는 것이지요. 초저금리 상태라면 누가 은행에 돈을 맡기겠습니까? 따라서 초저금리는 위험한 상태로 이자율이 곧 오를 것이고 부동산 가격이 떨어지는 것은 시간 문제죠. 그리고 금리가 너무 낮으니까 투자할 곳도 마땅치가 않았기 때문인지 주택담보대출이라서 손해 볼 것이 없다는 생각이 팽배합니다. 만약 이 부동산들이 자산가치가 별로 없거나 실제보다 과대평가되었다면 어쩔 것인지에 대한 생각보다도 설령 대출 이자를 못 받더라도 그 담보로 설정된 주택을 가지면 되니 무엇이 걱정인가 하는 식이었습니다. 오히려 증권화된 서브프라임 모기지론은 높은 수익률이 보장되며 신용등급이 높은 상품으로 알려져 거래량이 증폭했으며 이것이 또 세계 금융시장으로 퍼져갑니다. 재미있는 것은 불량 주택도 여러 사람들의 손을 거쳐 거래 빈도가 많아지면 인기 있는 상품으로 착각하여 우량 상품이 되는 경우도 있답니다.

결국 2004년 미국이 저금리 정책을 종료하면서 미국 부동산 거품(bubble)이 꺼지기 시작했고 저소득층 대출자들은 원리금을 제대로 갚지 못하게 됩니다. 증권화되어 거래된 서브프라임 모기지론을 구매한 금융 기관들은 대출금 회수 불능 사태에 빠져 파산하고 연쇄적으로 관련된 여러 기업들이 부실화, 파산 등으로 이어집니다.

이런 종류의 사태는 대부분의 자본주의 국가에 상존하고 있습니다. 이른바 일본의 복합 불황(combined depression, 複合不況)이나 남유럽의 금융 위기도 이와 크게 다를 바 없지요.

(2) 부동산과 복합 불황: 일본, 남유럽 그리고 코리아

복합 불황은 1990년 일본이 겪었던 불황으로 경제 전체가 장기적으로 불황 사태를 맞게 되는 것입니다. 간단히 살펴봅시다.

경기가 좋을 때는 부동산(不動産, real estate) 가격이 하늘 높은 줄 모르고 치솟습니다. 이 상태에서 기업들은 실제보다 고평가된 부동산 가격으로 담보대출을 받아 경영 자금으로 사용합니다. 그러나 금리 변동이나 여타의 국내외적인 사정으로 이자율이 오르거나 경기침체가 나타나면 부동산 가격이 이내 떨어지게 됩니다. 그렇게 되면 은행으로부터 돈을 빌려 쓴 기업들이 계속해서 도산하고 부실채권이 급증한 금융 기관은 재무 구조가 건실한 우량 기업을 제외하고는 기업 대출을 억제하게 됩니다. 기업들은 할 수 없이 보유한 부동산을 매각함으로써 부동산 가격이 폭락하고, 부동산을 담보로 대출해 준 금융 기관은 늘어나는 부실채권을 견디지 못하고 파산하게 되는 악순환(vicious circle) 구조가 됩니다.

특히 이 악순환 구조는 선순환 구조보다도 더 빠져나오기가 힘듭니다. 즉 부동산 가격의 하락 → 부실채권의 급증 → 금융 기관 부실화 및 파산 → 기업 자금난 → 기업 도산 → 부동산 매각 → 부동산 가격 하락 → 국민소득 감소 → 소비 지출 감소 → 경기침체 가속화 → 기업 도산 등의 일련의 사태가 지속적으로 발생하는 것이죠. 이렇게 되면 갈수록 소비자들은 지갑을 닫아버립니다. 심리적으로 더욱 돈을 절약해야 미래에 살 수가 있다고 사람들이 느끼기 때문이죠. 따라서 경제는 이 악순환 구조를 헤어나기 힘들게 됩니다. 여기에 대부분의 선진국들은 제조업(製造業, manufacturing industry)이 거의 파탄 상태에 있어서 고용 자체가 살아나지 않은 상태에서 경기침체를 맞으니 속수무책이 되는 것이죠. 제조업은 대규모 인력을 흡수하므로 고용 증가에 큰 몫을 하면서 경기를 유지하는 역할을 하는데 대부분의 선진국들은 고임금(high wage) 상태이기 때문에 대부분의 주요 제조업들이 해외로 이탈해 버린 상태가 됩니다. 한국도 이 점은 예외가 아닙니다.[48]

최근의 남유럽의 금융 위기도 이와 크게 다르지 않습니다. 스페인을 취재한 한 언론의 보도에 "마드리드 국제공항에서 도심을 향하는 도로 옆으로 '유럽풍'과 어울리지 않는 새로 건설한 붉은색 대규모 아파트 단지들이 눈에 띄었다. 외국 돈을 끌어들여 마구잡이로 지은, 최근 위기의 근원이 된 '2008년 부동산 거품 붕괴'의 상징처럼 보였다."라고 합니다.[49]

스페인은 과거 중상주의 시대에 세계 제국을 건설한 나라로 유럽의 4대 경제 대국입니다. 스페인 사람들은 자기들은 그리스와 달리 돈을 함부로 펑펑 쓴 적이 없고, 단지 외국인들이 스페인에 꾸어준 돈을 갑자기 빼가는 바람에 위기가 닥친 것이라고 강변합니다. 스페인의 사태는 빚에 의존해 쌓아올린 '부채 자본주의'의 바벨탑이 무너지고 있음을 보여주는 사건입니다. 이들이 간과하고 있는 것은 외국에서 빌려온 돈이라는 것은 언제나 시한폭탄으로 바뀔 수 있다는 사실입니다.

일찍이 넉시(Ragna Nukse)는 "외국 자본은 누구나 빌릴 수 있지만 그것은 마치 비가 오면 바로 돌려줘야 하는 우산과 같다."라고 했습니다. 방만한 재정 운영으로 적자 재정이 심각한데도 해외 자본을 빌려서 '빚으로 경제를 운영하다가' 경기침체가 계속되어, 어느 날 갑자기 해외 자본이 돈줄을 끊어버리면(sudden stop), 그 경제는 그대로 주저앉게 되는 것이죠. 물론 미국의 달러($)와 같이 국제 기축통화(key currency)는 일부 예외일 수 있습니다. 안 되면 달러를 찍어내면 되지 않습니까? 그러나 일반적인 나라가 자국 화폐가 아니라 달러로 빚을 지고 있다면 이것은 언제든지 심각한 문제가 터질 수 있는 상황입니다.[50)]

문제는 유럽연합(EU)이라는 마음만 앞선 경제 통합과 자본주의 국제금융 제도가 주범이었습니다.(물론 유럽연합은 상대적으로 긴 시간 동안 철저히 준비된 것임은 분명하지만 정치경제를 완벽히 통합하려는 것은 망상입니다. 경제와 기술 수준이 비슷한 나라들의 통합도 어려운 일인데, 언어도 화폐도 다르고 경제와 기술 수준도 다 다른데 어떻게 제대로 통합이 됩니까? 대구 사람이 광주에 가도 사업하기가 힘듭니다. 그 반대도 마찬가집니다. 그런데 언어와 문화도 다른 곳에서 국경만 없어진다고 해결이 될 일입니까?) 1999년 스페인이 유로존(Euro-Zone)에 가입한 후 값싼 외국 자금이 밀려오자, 사람들은 앞을 다퉈 은행 대출을 받아 주택을 구입했고 이것이 부동산 붐으로 이어졌지만, 2008년 미국발 금융 위기가 터지고 주택 가격이 25% 이상 폭락하면서 모래성처럼 무너져 내리고 말았다는 것이죠.[51)]

이와 같이 현재의 세계 경제 위기에는 부동산 문제가 깊이 개입되어 있습니다. 특히 한국의 주택 임대제도인 전세(傳貰) 제도는 문제를 더욱 복잡하게 만듭니다. 전세 제도는 다른 나라에서는 찾아보기 힘든 이상한 제도이기도 합니다. 전세 제도는 집 주인이 임대자로부터 집을 담보로 돈을 무이자로 빌리는 것 이상도 이하도 아니기 때문입니다. 이 제도는 경제개발 초기 단계에서 많은 이농(離農)과 인구의 도시 집중 과정에서 절대적인 주택 부족 상황이 빚어낸 특이한 현상입니다.

전세 제도가 제대로 성립하려면 주택 가격이 지속적으로 오른다는 전제가 있어야 합니다. 그렇게 되려면, 경제가 활성화되고 장기적으로 지속적인 높은 성장률이 보장되어야 합니다. 한국의 경제개발 초기 단계는 정부가 자본의 원시적 축적(primitive accumulation of capital)의 필요로 인플레이션 정책(inflation policy)을 시행했고 고도의 경제 성장이 있었으니 별 문제가 없었습니다. 그런데 요즘과 같이 저성장 시기에는 주택 가격이 정체되면 주택의 주인은 특별한 사정이 없는 한 외국과 같이 월세로 전환할 수밖에 없는 것이지요.

그리고 오늘날 대부분 국가들은 대통령 중심제나 의원내각제를 하고 있는데 이 정치 체제들은 임기가 일정하기 때문에 대부분의 정책들이 단기적인 처방에 머무를 수밖에 없습니다. 따라서 정책들이 단기적인 부양책(business encouragement policy)을 위주로 추진되게 됩니다. 설령 장기적인 대책이 있다 하더라도 그것을 사용하면 다음 정권이 그 혜택을 보기 때문에 더 좋은 대안이 있다 해도 사용하기를 꺼립니다. 따라서 대부분의 정부는 단기적인 경기 부양책들을 추진하는데 이때 재개발이나 신도시 건설 등의 정책들을 사용하게 됩니다.

그러다 보니, 각종 경영 기법들이 무분별하게 정부 정책에 많이 도입되면서 '봉이 김선달식 개발 전략'이 많이 나타납니다. 특히 정부 입장에서는 재개발(再開發)이 매력적입니다. 왜냐하면 재개발 비용은 기본적으로 그 혜택을 받는 사람들이 모두 부담해야 합니다. 그러면서 재개발을 허가하는 조건으로 공원이나 도로, 일부 공공기관 등을 기부체납(contributed acceptance, 寄附採納)의 형식으로 정부가 착취해 가기 때문에 정부는 나랏돈을 하나도 안 들이고 도시를 개조할 수 있고, 외형적으로 보면 모두 정부의 업적이 되므로 정말로 이만큼 '꿩 먹고 알 먹고'가 없습니다.

그런데 문제는 이 모든 요소들을 충족하려면 재개발된 집값이 하늘 모르게 올라가는 수밖에 없다는 것입니다. 왜냐하면 이 모든 비용을 감당하고도 이익이 남아야 건설 회사들이 달려들어 재개발을 할 수 있기 때문이죠. 그 과정에서 그 재개발 부담금은 지속적으로 상승하여 원래 주택의 소유자들은 소외되고 투기꾼들이 몰려들게 됩니다.

특히 한국의 경우 그동안 혁신도시,[52] 신도시, 2차 신도시, 미니 신도시, 뉴타운,[53] 재개발,[54] 재건축 등등 도대체 사업명도 제대로 구별하기 힘들 정도로 정부가 적극 나서서 투기를 조장하기 시작합니다. 물론 수도권의 집값을 떨어뜨리기 위해 일정한 정도의 주택 공급이 필요하지만 이것이 제대로 된 계획과 신중한 대비 없이 이루어지면 부동산이 요동치게 되는 것입니다.[55] 애초에 원래의 서민 생활 향상이라는 목표에 충실하여, 서울 수도권 지역의 집값이 너무 올라 있기 때문에 집값만 떨어뜨리는 정도로 철저히 계산된 정책을 시행했어야 했습니다. 그런데 이것이 다른 정치적 목표와 결합하면서 이상한 방향으로 가고 말았습니다. 그러니 걷잡을 수 없는 사태가 벌어졌습니다. 특히 2002년부터 2008년까지 전국적으로 신도시가 건설됩니다. 서울, 인천은 말할 것도 없고 김포, 아산, 용인, 광명, 천안, 경산, 영종도, 하남, 남양주, 동두천, 시흥, 부천, 안산 등등 전국 각지에서 신도시 개발 계획이 추진됩니다. 이렇게 되면 토지 값 보상을 받은 원래의 지주들도 또 다른 지역에 땅을 사야 하니 주변 지역의 땅값이 또 오르게 됩니다. 이들은 땅으로 재미를 본 사람이니 또 부동산 투기에 열을 올리는 것이 당연합니다.

이로 인하여 전국적인 부동산 가격이 급등하게 되니 사람들의 마음도 바빠집니다. 특히 부동산 가격의 정점에 있는 수도권 사람들은 주택 값이 하루가 다르게 오르니 하루라도 빨리 돈을 빌려서라도 집을 사야겠다는 생각에 사로잡힙니다. 그래서 집집마다 대출을 받으니 빚이 엄청 늘어나게 됩니다. 한국의 경우 가계 부채가 늘어나는 것은 주택 관련

[표 ①] 한국 가계 부채의 변화

자료: 기획재정부, 〈경제정책 방향과 과제〉, 2010. 12. 14

	'00 말	'03 말	'05 말	'07 말	'08 말	'09 말	'10 말
개인 금융 부채	352.4	521.1	670.3	744.2	802.3	854.8	896(1/3)
(연간 증가율)	20.5	4.8	10.8	10.9	7.8	6.5	7.2
가계 신용	266.9	420.9	581.9	630.7	688.2	733.7	795.4
(연간 증가율)	24.7	1.9	9.9	8.4	9.1	6.6	8.4

- 개인 금융 부채는 자금 순환표상 개인 부문의 이자부 금융 부채(대출금 정부 융자).
  - 국민 계정 통계 작성 기준(SNA94)에 따라 작성되므로 국제 비교 시 활용.
- 가계 신용은 가계 부문의 신용 공급 상황(가계 대출+판매 신용) 파악을 위해 '97년부터 한국은행이 별도로 통계를 편제.
  - 자금 순환의 조사 대상과 달리 개인사업자가 제외되고, 종금사 · 증권사 · 대부사업자 등 일부 금융기관이 제외되나, 판매 신용을 포함함.

비용과 교육 관련 비용[56]이 주요 원인입니다. 한국의 가계 부채의 증가율은 주로 2000년대 초반에서 2008년까지 정점을 이룹니다. 1990년대 말과 2000년대 초는 금융 위기의 국면에서 나타난 부채의 증가라고 봐야 합니다. 그러나 2005년과 2007년 당시 부채의 증가는 전국적인 부동산 가격의 상승과 관련이 있습니다. 이 점을 좀 더 구체적으로 봅시다.

참여연대의 자료에 따르면, 2000년 이후 가계 부채가 급증한 이유는 저금리 기조 하에서 주택 가격이 상승하여 주택담보대출이 급증하면서 빠르게 증가한 데에 그 원인이 있습니다.[57]

이것을 다시 2005년부터 가계 부채의 증가를 알기 쉽게 표시하면 위의 표와 같습니다.

그리고 시기별로 역대 대통령 재임 기간과 전국 집값 변동률의 추이를 살펴보면, 이 점이 더욱 확연해집니다. 즉 집값의 변동이 앞서 본 각종 난개

[표 ②] 2005년 이후 한국 가계 부채의 변화(연말 기준, 2011년은 3월 기준)
자료: 한국은행, Newsmaker(2012. 7. 3)

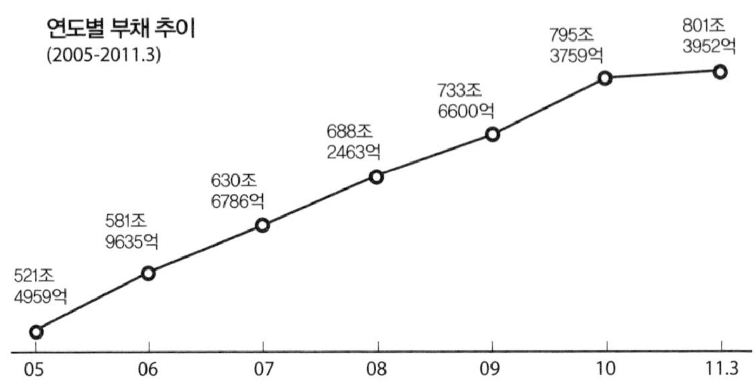

발과 직접적인 관련이 있으며 이것이 전 국민으로 하여금 주택 구입을 위한 대출의 증가를 크게 초래한 원인이었다는 것을 쉽게 알 수가 있죠.

문제는 그 다음입니다. 이렇게 엄청난 돈을 은행으로부터 빌려서 집을 샀는데 이제는 집값이 한꺼번에 떨어지기 시작합니다.

재개발은 여러 규제에도 불구하고 여러 군데서 동시에 진행되고 있고, 혁신도시니 신도시니 뉴타운이니 하면서 각종 사업들이 우후죽순처럼 생겨나자 시간이 흐르면서 주택 공급 물량이 점점 과다하게 되면서 집값은 떨어집니다. 집값이 지속적으로 오를 당시 오른 시세로 주택담보대출을 받았던 사람들도 집값이 떨어지고 금리도 인상되면 이자를 감당하기가 어려워집니다. 그러면서 여러 사람들이 집을 팔려고 내놓으면서 집값은 또 떨어지는 악순환이 심화됩니다.

이제 봅시다. 홍길동 씨가 원래 1억 5천에 전세로 살고 있던 2억 정도의 집이 4억을 호가하여, 다급해진 홍길동 씨는 2억을 은행에서 급히 빌

[표 ③] 역대 대통령 재임 기간과 전국 집값 변동률

자료: 《조선일보》(2011. 9. 28), 국민은행

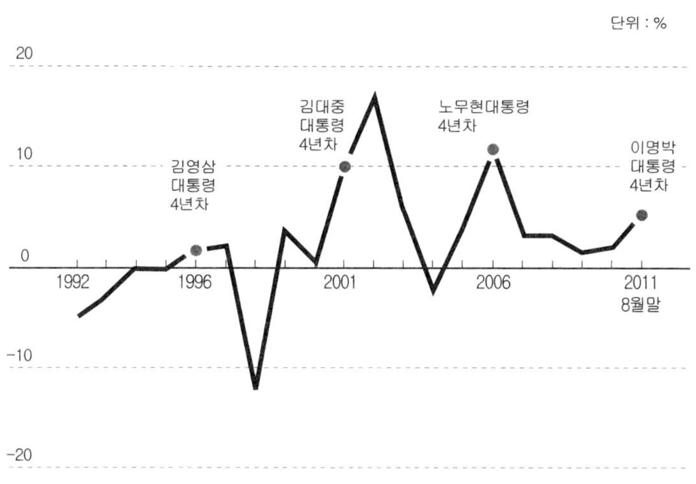

리고 현금 자산 5천을 보태 이 집을 샀다고 합시다. 그리고 홍길동 씨가 보기엔 앞으로 1년에 1억은 더 오를 것이니 만약 은행에서 빌린 돈을 감당하지 못하면 집을 팔면 되니까 문제 될 것도 없었던 것이죠. 그런데 1년이 지나니 이 집값이 다시 2억이 되어버리면 어떻게 됩니까? 빚만 2억이 남게 됩니다. 1년 동안 갚은 이잣돈이 1천만 원이라면 이 돈도 빚에 포함되어야 합니다. 이전 같으면 홍길동 씨의 예상같이 1년 후 집값이 곧 5억이 되니 1억에 대한 이자가 1년에 500만 원이라고 하면 9500만 원이 남을 것이니 큰돈을 벌었다고 생각할 터인데 오히려 2억의 빚이 지게 된 것이죠. 그리고 주택 물량이 쏟아져 나오니 집값은 바닥을 모르고 추락합니다. 이제 미래에 대한 비전이 없는 것이죠. 그러면서 대출금 상환을 포기하게 됩니다. 그런데 이 집이 시세대로 대출을 받았다면, 은행

도 피해자입니다. 과거에 집값이 4억일 때의 시세로 2억을 대출해 주었는데 이제는 집값이 2억도 안 되니 그만큼 부실채권이 발생합니다. 이제 은행도 위기를 맞게 됩니다(위의 경우는 그래도 나은 편입니다. 상당수의 가계가 아예 대출금으로 집을 구입하기도 합니다). 이것이 만연하면 은행 전반이 부도의 위기에 몰립니다. 이런 종류의 상황을 반영하는 언론 보도를 한번 보고 넘어갑시다.

> 2012년 8월 은행권의 가계 부실채권 비율이 6년 만에 최고치를 기록하고 있고 하반기에는 더 높아질 것으로 보여 대출 시장의 위축도 우려된다. 부동산 침체가 이어지면서 집단 대출관련 소송 건수는 4대 은행에서만 27건이다. 이 같은 영향으로 집단 대출 가운데 사실상 받기 힘든 돈, 즉 부실채권 비율이 지난 2분기에 전체의 1.37%에 이르러 2010년 조사를 시작한 이후 가장 높다. 이에 따라 주택담보대출 등 가계 대출의 부실채권 비율도 높아져 지난 2006년 이후 최고치를 기록했다. 문제는 더욱 심각하다. 경기 악화로 은행들이 부실채권을 정리할 수 있는 능력이 갈수록 떨어질 수밖에 없기 때문이다.(KBS 뉴스, 2012.08.15)

상황이 이렇게 되니 이번에는 사람들이 아예 집을 사려 하지 않습니다. 부동산 가격이 치솟는 것을 막으려고 그동안 정부는 백방으로 노력하여 무주택자에게는 각종 세제 혜택, 건강보험, 무상보육과 '반값 아파트' 1순위 등등으로 정책을 시행하니 강남(한국 최고의 중심지)에서 7억 전세에 살면서 무주택자의 혜택을 다 누리려고 하는 얌체족들이 우후죽순 나타나 전세값이 올라갑니다. 서민들은 더욱 힘겨워지는 것이죠. 집을 사지 않는 분위기가 팽배하니 집값은 또 떨어집니다. 이 정책도 안 되고 저 정책도 안 되는 것이 부동산입니다. 이런 일들을 경험하면서 사람들의 불안 심리가 더욱 커지게 됩니다. '사도 탈, 사지 않아도 탈'인 상태가 되는 것이죠. 이런 종류의 사태가 대부분 자본주의 국가에 만연해 있습니다.

물론 주택 가격(집값)은 이렇게 등락을 반복하면서 균형점(균형가격)을 찾아갈 것이니 큰 문제가 될 것도 없다고 말할 수도 있지만, 그 등락의 과정에서 수많은 도산자가 속출한다는 것이 문제지요. 주택 가격(집값)을 포함하여 부동산 시장의 등락을 이해하기 위해서는 농산물의 가격 변동을 해석하는 거미집 모형(cobweb model)을 생각해 보면 이해가 쉽습니다. 농산물의 가격 파동은 항상 초과수요(excess demand)와 초과공급(excess supply)을 반복하기 때문에 나타나는데 이것이 부동산의 파동과도 유사하기 때문이죠.

즉 올해 고추 농사가 흉년이어서 고추 값이 폭등하면 농부들은 다음해에 고추 농사에 몰리게 됩니다. 만약 사회주의 국가라면 수급량을 조절하면 되지만 자본주의는 그렇게 하기가 어렵죠. 일일이 농부들의 의사를 다 물어볼 수도 없죠. 그러니 다음해에는 초과공급이 발생합니다. 너무 많이 생산한 것이죠. 실컷 고생하고 수입은 또 줄어들지요. 고추 값이 폭락하면 여기저기 망한 농부들이 속출하여 다시 고추 농사를 하지 않죠. 그러면 다음해에는 고추가 공급이 안 되어 다시 폭등합니다. 이와 같이 가격이 올라가고 내려가기를 반복합니다. 그러면서 농부들도 이제는 눈치를 봐가면서 고추 농사의 양을 결정합니다. 올해 가격과 작년도 가격을 비교해 봐서 올해가 많이 올랐으면 내년에는 고추 농사를 줄인다거나 하는 방식을 택하면서 서서히 안정을 찾아갑니다. 이 점은 부동산의 경우도 마찬가지입니다. 결국 일반적으로는 다음과 같은 [그림 ③]의 형태가 될 수 있습니다(복잡한 수식이나 내용은 모르셔도 됩

[그림 ③] 거미집 모형(cobweb model)

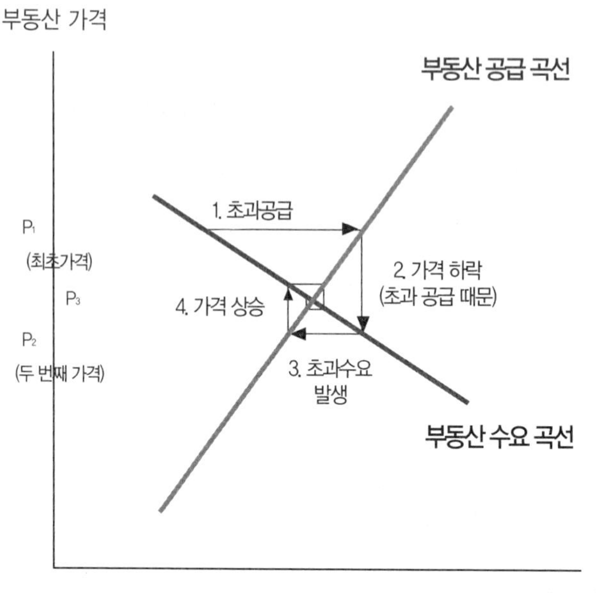

니다. 다만 그 원리만 이해하고 넘어갑시다).

주어진 부동산 수요와 공급 곡선에서 처음에 P_1의 가격으로 부동산이 나타났다면 물량이 너무 많아 초과공급이 됩니다. 초과공급이 되면 이내 가격은 하락하여 P_2가 됩니다. 이제 부동산 가격이 너무 싸기 때문에 서로 사려고 아우성입니다. 그러면 다시 가격이 P_3로 올라갑니다. 이런 일들이 지속적으로 반복됩니다. 문제는 이 한 바퀴, 한 바퀴를 돌 때마다 파산자들이 속출하게 된다는 것입니다.

부동산 시장에서 이런 현상이 나타나는 것은 수요와 공급의 시간적

갭(gap)이 존재하기 때문입니다. 부동산이나 농산물이나 그것을 공급하는 데 일정한 시간이 걸립니다. 일반적인 가전제품들처럼 수요가 있다고 즉각적으로 공급되는 것이 아니죠. 물론 농산물은 필요에 따라 제한적으로 외국 상품을 들여오면 되지만 부동산은 그럴 수가 없지요. 건축 기간이 상당히 걸립니다. 그러다 보니 부동산 가격이 단기적으로 급등하게 되면, 사람들은 여기저기서 건물을 지을 것입니다. 그런데 막상 이 건물들을 소비자들에게 내놓을 때쯤이면 물량 공급이 너무 많아서(공급 초과) 다시 건물 가격이 떨어지게 되는 것입니다. 이런 과정들이 반복됩니다. 아무리 조절해도 개인의 자유의사에 따라 생산과 소비를 결정되는 자본주의에서는 한계가 있습니다. 특히 부동산은 개인의 재산에 직접 관련이 있기 때문에 오히려 사람들이 더욱 우왕좌왕합니다.

(3) 사람은 서울로, 말도 서울로

부동산 문제는 앞으로도 끊임없이 세계 경제의 발목을 잡을 것입니다. 한국은 더 심각할 수도 있습니다. 한국은 전통적으로 "말은 제주도로, 사람은 서울로"라는 식으로 수도권 인구 집중이 심한 나라입니다. 인구 집중이 심하니 부동산 가격이 천정부지가 되고 또 경기 변화에 쉽게 영향을 받게 됩니다. 전문가의 연구에 따르면, 1991년도에 이미 한국의 지가(地價)는 공시 지가를 기준으로 세계 최고의 수준이면서 지가는 GNP의 10배가 넘으며, 우리의 94배의 면적을 가진 미국의 지가 총액과 거의 비슷하였습니다.[58)]

그 가운데서 서울은 또 정점에 있습니다. 그래서 서울 강남구의 땅

[표 ④] 전국 공시 지가 상위 10개의 지방자치단체
자료 : 한나라당 안홍준 의원

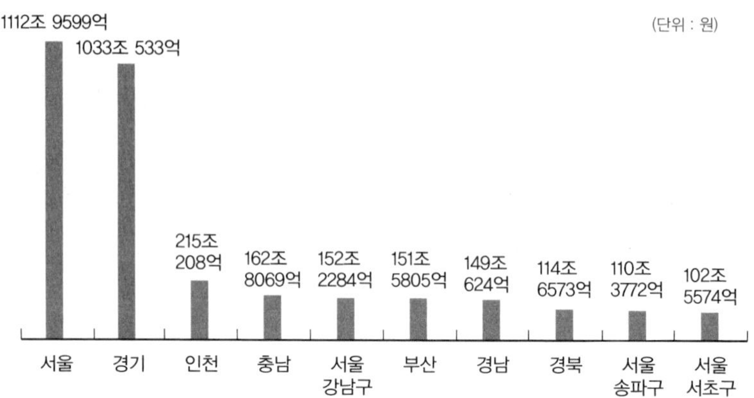

만 팔아도 부산시를 사고도 남는다고 합니다. 수도권과 지방의 땅값 격차는 지난 10년 동안 10배 확대되었습니다.[59] 지방에도 일거리가 적지 않은데도 노숙(homeless)을 해도 서울에 있으려고 하니 문제지요. 서울 사람들은 서울을 떠나면 죽는 줄 압니다.

2011년을 기준으로 수도권 인구가 전체 인구의 절반(49.1%)이 되었습니다.[60] 수도권의 인구 집중도는 세계 최고 수준입니다. 서울의 인구는 1918년 25만 명에서 1997년 1,079만 명으로 무려 43배가 증가했으며 서울의 인구 증가는 매해 평균적으로 인구가 6~7만여 명 증가하여 2년이면 중소도시 1개가 생기는 꼴입니다. 2011년 정부는 서울 인구가 감소했다고 하지만 수도권 인구 집중 현상은 더욱 심화되었습니다. 즉 서울 인구는 줄었지만 경기와 인천을 중심으로 큰 폭의 증가세를 보였습니다(《아주경제》, 2011. 5. 30).

인구만이 아니죠. 돈도 서울로 집중되어 심각한 경제적 불균형이

[표 ⑤] 한국의 지역별 인구증가율

자료:《충청일보》, 2011. 5. 30

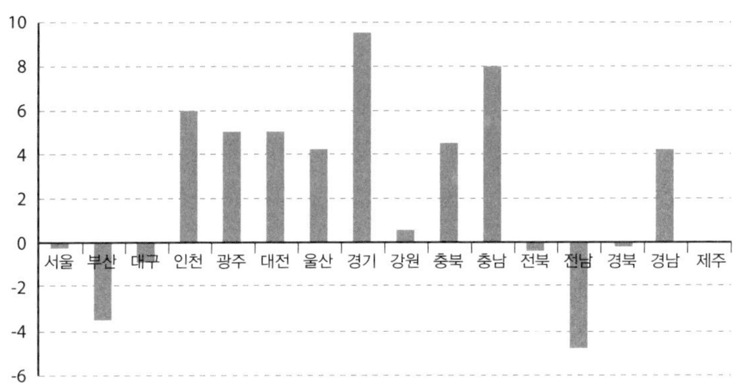

발생합니다. 돈의 흐름과 관련해서 보면, 서울은 오아시스요 나머지는 사막이 되고 있습니다. 2011년 현재 은행 예금의 '서울 쏠림'은 사상 최고치였습니다. 한국 전체 예금의 53.7%가 서울에 몰려 있습니다.[61]

좁디좁은 국토에 인구의 절반에 가까운 사람들이 한강 주변에 모여 살다 보니, 각종 경제 사회 문제가 발생하여, 서울은 물리적 · 미학적 한계도시이면서 도시 문제의 백화점입니다. 서울은 교통 지옥에 주차 지옥입니다. 주차 문제로 살인 사건까지 나는 곳이 서울입니다. 사람들을 무차별 살상하는 '묻지마 범죄'는 이미 언론에서 너무 많이 거론이 되었으니 여기서는 생략하도록 하겠습니다.

워낙 많은 인구가 모여 살다 보니 당연히 생기는 문제들입니다. 언젠가 더 큰 재앙으로 우리 곁에 다가올 것입니다. 최근에 장마로 산이 무너져 내린 우면산 사태(2011. 9. 15)는 작은 시작에 불과할지도 모릅니다. 만약 전쟁이나 기타의 자연재해가 발생하면 그 많은 인구가 도대체 어떻게 될지 걱정이죠. 제2의 홀로코스트가 되겠죠. 북한 정권의 '서울 불바다론'은 이미 그들의 전가(傳家)의 보도(寶刀)가 된 지 오랩니다. 북한 장사정포는 1시간에 1만 발로 서울을 쑥대밭으로 만들 수도 있습니다.[62]

서울은 이제 성장의 핵(核)이 아니라 암(癌)입니다. 수도권에서 1Km의 길을 만드는 비용이 지방 중심도시 10Km를 건설할 수 있는 비용 이상이고, 우리나라 평균 100Km 이상 건설이 가능한 비용이라고 합니다.[63] 한국은 서울에서 부산을 가는 시간보다 서울역에서 서울대학교(서울시 관악구)에 가는 시간이 더 걸릴 수 있는 나라입니다.

수도권의 젖줄인 팔당댐의 물은 수도권 인구의 4일분 정도밖에 되지 않습니다. 수도권 집중 현상이 빚어내는 것 가운데 가장 위험한 것으로는 대기오염과 수질오염이 있습니다. 대기오염으로 죽는 사람들이 교통사고로 죽는 사람보다 더 많다는 연구 결과도 있습니다.[64] 수질오염도 심각하고 앞으로 더욱 심각해질 것입니다.[65] 전력난도 갈수록 심화될 것입니다.

제가 보기엔 한국 경제의 장래를 위해서라도 주요 기관과 대기업들은 하루라도 빨리 자발적으로 서울을 떠나 지역으로 이동하는 것도 필요합니다. 한국은 그리 큰 나라가 아니고 도로망의 발달도 세계 최고 수준이니 굳이 서울에 있을 필요가 무어 있습니까?

지금까지 우리는 세계 금융 위기의 본질과 그 속에 내재된 부동산 문제들을 살펴보았습니다. 특히 부동산 문제는 경제 문제의 가장 중요한 요소일 뿐만 아니라 환경 문제, 도시 문제와도 직접적인 관련이 있습니다. 그리고 특히 압축 성장을 이룩한 한국 자본주의 전체를 위협할 수 있는 심각한 변수이기도 합니다. 한국인들의 가계부채 증가의 직접적인 원인이기 때문입니다.

부동산 문제는 당장 해결할 수도 없고 어떤 해결책도 위험할 수 있는 상황입니다. 이미 서울의 부동산 문제는 마치 '칼 맞은 무사'와 같습니다. 그를 살린다고 급하게 칼을 뽑으면 바로 죽을 수도 있기 때문에 신중하게 대처할 필요가 있습니다. 다만 분명한 것은 헛된 공상이나 눈먼 돈이 내 곁으로 쏟아져 들어올 것이라는 망상을 가지는 사회적 환경을 만들어서는 안 된다는 것입니다.

이미 헛된 욕망으로 빌렸던 진주 목걸이(pearl necklace)는 잃어버렸고, 이제는 돈 갚을 일만 남았습니다. 진주 목걸이 파티의 주인도 사라지고 거리엔 어둠이 내리고 있습니다.

이제 다시 실물 부문에 관심을 가지고 진정으로 허리띠를 졸라맬 필요가 있습니다. 그저 정권만을 잡으려고 허황된 꿈만 늘어놓는 정치꾼들의 농간에 더 이상 놀아나면 안 됩니다. 그것은 문제를 더 키워서 나중에는 감당할 수 없는 참담한 파국으로 몰고 갈 것입니다. 만약 다시 진주 목걸이 파티를 열어주겠다든지 아직도 눈먼 돈들이 있어 돈을 대신 청산해 준다거나 하는 식으로 감언이설(甘言利說)을 늘어놓는 그런 정치꾼이 있다면 그는 '사기꾼'이거나 아니면 '무식꾼'입니다. 지금 우리는 화폐는 뒤로 물리고 보다 실물적인 사고를 해야만 합니다.

세계적인 금융 컨설턴트인 다스(Satyajit Das)는 "현재의 경제 위기는 30년 이상 갈 것이다."고 합니다. 그는, "최근 30년 동안 세계 경제 성장의 상당 부분은 '폰지 사기(Ponzi Scheme, 일종의 다단계 금융 사기)'이다. 부채를 이용해 외형상 고성장을 이뤘을 뿐이다. 2008년 미국은 평균 4~5달러의 빚을 내서 1달러 정도 성장했다. 중국은 미국에 돈을 빌려주고 물건을 팔았지만 미국은 그만큼 돈을 벌거나 갚을 능력이 없었다. 이런 시스템은 더 이상 지속될 수 없다. 이제 남은 것은 저축해서 빚 갚는 일뿐"이라고 합니다. 그리고 "이제 우리의 삶도 '낭비의 삶'에서 '검약의 삶'으로 방식을 바꾸어야 한다. 앞으로 우리의 삶의 질이 낮아질 수 있다는 점도 감내해야 한다."고 말합니다. 참으로 현대 자본주의의 문제가 무엇인지를 확실히 보여주는 지당한 지적입니다.[66]

현대에는 금융의 세계화로 인하여 경제파탄이 일어나는 것이 너무 일반화되어 있습니다. 멕시코(1994), 베네수엘라(1995), 브라질(1998), 태국(1997), 한국(1997), 러시아(1998), 아르헨티나(2001), 터키(2001), 인디아(2008), 그리스, 스페인 등 수많은 나라에서 이미 겪었거나 겪고 있는 일인데도 정신을 못 차립니다. "외국 자본은 누구나 빌릴 수 있지만 그것은 마치 비가 오면 바로 돌려줘야 하는 우산과 같다."라는 넉시의 말을 다시금 상기하게 됩니다.

지금까지의 모든 논의를 보면, 자본주의의 금융 제도는 매우 효율적이지만 매우 위험한 요소를 동시에 가지고 있는 일종의 시한폭탄을 지닌 셈입니다. 다단계 사기와 더불어 통제하지 않으면 우리 모두가 공도동망(共倒同亡)할 핵폭탄이나 다를 바 없습니다. 쓰나미(Tsunami)만 사람들을 몰살시키는 것이 아니지요. 미래의 패러다임은 이 제도를 근본적으로 통제하는 국제적 합의가 필요합니다.

그런데 이만큼이나 위험한 것이 자본주의에 또 있다는 것이지요. 그것이 바로 자본주의 전체에 만연한 도박판입니다. 이 도박판을 이끄는 것이 바로 주식 아닙니까? 그럼 이제 이 주식을 통해서 자본주의의 문제를 알아갑시다.

제7장 주정뱅이와 카사노바

:: 사라진 돈

1964년 미국의 헥터(Hecht) 씨 부인은 자신이 그동안 거래해 온 증권회사인 해리스 업햄(Harris Upham & Co)를 법정에 고발하였습니다. 1957년 53만 달러에 달하던 그녀의 재산이 불과 6년 만에 25만 달러로 격감했기 때문이었습니다.

헥터 씨 부인은 원래 매력적인 영국 아가씨로 영국에서 미국으로 이민와서 헥터 씨의 가정부로 일했습니다. 그녀는 젊고 아름다웠기 때문에 주인의 마음을 사로잡아 결혼에 성공했고 1955년 남편의 사망으로 거액의 유산을 물려받았습니다. 그녀는 평소에도 이재에 밝았지만 더 많은 돈을 벌려고 이 유산을 증권회사에 맡겼습니다. 그런데 그 돈이 증권회사의 손아귀에 들어간 후 수익은 고사하고 원금조차도 반감해 버린 데 대한 분노로 고발했던 것입니다.

[그림 ①] 세계 자본 시장의 중심지 뉴욕 월스트리트의 모습
(1867년 초기, 1929년 대공황 당시의 모습)

알고 보니 6년 10개월이라는 짧은 기간 동안 이 증권회사는 헥터 씨 부인의 계정을 통해 9,000건의 상품 거래와 1,300회의 주식 거래를 발생시켰던 것입니다. 이 과정에서 헥터 씨 부인은 무려 1만 건이 넘는 수수료를 지불해야 했기 때문에 나타난 현상이었습니다. 결국 증권회사는 헥터 씨 부인의 계정으로 증권회사 직원들을 먹여 살린 셈이기도 합니다. 수수료로 살아가야 하는 증권회사로서는 불가피한 일이었겠지요.

(1) 블러 경제

그동안 우리 경제나 세계 경제를 이끌어 오는 데 경제학은 중요한 역할을 했습니다. 그러나 세계의 경제 무대가 금융자본들의 투기장으로 전락한 지가 오래기 때문에 가난한 나라 또는 저개발 국가들은 많은 피해를 볼 수밖에 없었습니다. 그뿐만 아니라 선진국 사이에서도 경제 이론은 제 구실을 하기가 쉽지 않은 상황이 되었습니다. 그 이유는 무엇일까요?

무엇보다도 기술 변화가 너무 빨리 진행되기 때문에 경제 예측을 한다는 것은 큰 부담이 되고 있기 때문입니다. 대부분 미래 경제를 예측하기 위해서는 현재의 경제 지표나 정보를 바탕으로 하는데 그것들이 미래를 예측하기는 부실하다는 말입니다. 왜 그럴까요?

이것을 명쾌하게 알기 위해서는 '블러 경제(Blur Economy)' 개념을 이해할 필요가 있습니다. 블러 경제란 스탠리 데이비스(Stanley M. Davis)가 주장한 것입니다.

블러(blur)란 사진 촬영과 관련된 용어라고 합니다. 우리가 사진을 찍다 보면 화면이 흐려서 사물이 정확히 나타나지 않는 경우가 있습니다. 카메라가 좋지 못한 것이라면 좋은 카메라로 바꾸면 됩니다. 그러나 만약 움직이고 있는 대상을 찍을 경우에는 좋은 카메라라도 한계가 있습니다.

즉 빨리 움직이고 있는 대상을 사진으로 잡으려면 영상이 흐릿하게 나와서 물체의 경계를 구별하기 힘든 경우가 많습니다. 이 같은 현상이 바로 '블러'입니다. 우리가 움직이는 물체를 사진 찍을 때 그 물체의 경계가 명료하게 드러나지 않는 블러 현상을 없애려고 하면, 그 대상물(피사체)과 동일한 속도로 움직여야 합니다. 아니면 고속촬영과 같은 방식으로 대상을 카메라에 담으면 됩니다. 그런데 현대의 경제학이라는 것이 과거의 카메라와 같은 수준이라는 것입니다. 그러니까 항상 희미하게 대상물이 찍힐 수밖에 없는 것이지요.

데이비스가 말하는 것은 현대의 경제가 바로 '블러 경제'라는 것입니다. 즉 데이비스는 기술 · 노동 · 자본이 지배하던 과거와는 달리 신경제가 지배하는 현대는 속도(speed), 연결성(connectivity), 무형적 가치(intangible)가 지배한다고 말합니다. 변화의 속도가 증대하면 고객에게 끊임없이 제품을 업그레이드해야 하고 이로 인해 생산자가 고객과 보다 밀접하게 연계가 되고 그 결과 브랜드의 신뢰성, 감정적 만족도 등의 무형적 가치가 실제 상품보다 더욱 중요한 가치가 된다는 것이지요.[67]

문제는 현대의 경제학이 고속 카메라처럼 경제지표를 반영하면서 바로바로 움직여서 현실의 경제를 제대로 포착할 수 있는가 하는 점입니다. 더 심각한 문제는 설령 그 정확한 실체를 포착한다고 해도 장기적인 변화를 예측할 수 있는가 하는 점입니다. 이것은 엄밀한 의미에서 경제학의 문제이기도 하지만 자본주의 자체가 가진 문제이기도 합니다.

(2) 주정뱅이의 경제학

현대의 기업은 금융 시장(financial market)을 통해서 자본(capital)을 조달하고 이를 바탕으로 새로운 투자(investment)를 모색합니다. 따라서 기업은 어느 때보다도 빨리 자본을 모을 수가 있고 이를 토대로 기업의 성장을 구가할 수 있게 된 것이죠. 그러나 오히려 이 때문에 기업이 투기장 속으로 내몰린 결과를 초래하기도 합니다.

여기서 자본 시장에 관해서 간단히 짚어봅시다.

자본 시장에 대한 학문적 연구가 뿌리를 내리기 시작한 것은 1950년대에 들어서면서부터입니다. 일반적으로 자본 시장 이론이 독자적인 영역으로 자리 잡고 본격적으로 개발되기 시작한 것은 모디글리아니(Modigliani)와 밀러(James Grier Miller) 교수(이하 MM이라 함)의 논문과 마코위츠(H. Markowitz)의 포트폴리오에 관한 논문들이 출판되고 난 뒤부터입니다. MM 이론은 투자와 자금 조달 행위에 대한 본질적인 접근 틀을 제공했고, 마코위츠는 현대 포트폴리오 이론을 기초했습니다. 이후부터 자본 시장에 대한 이론들이 본격적으로 자리 잡기 시작했습니다. 이어 샤프(W. Sharpe)는 마코위츠의 포트폴리오 모형(portfolio model)을 확장하여 더욱 발전시켜 자본자산 가격 결정 모형(CAPM: Capital Asset Pricing Model)을 만듭니다. 그리고 앞 장에서 본 숄즈(M. Scholes)는 옵션 가격 결정 모형(Option Pricing Model)을 제시하여 노벨상을 수상합니다.

그리고 무엇보다도 중요한 사람은 자본 시장 이론의 성립 이전에 주가의 움직임을 분석하여 투자에 대한 본질적인 접근방식에 많은 시사를 준 바쉬리에(Louis Bachelier, 1870~1946)의 '갈지자(Random Walk) 이론'이 있습니다.

위의 이론들은 매우 복잡하여 여기에 다 소개할 순 없고, 우리 같은 일반인들에게 가장 큰 영향을 주는 '갈지(之)자 이론'에 대해서 좀 살펴보면서 자본주의의 문제점을 살펴보도록 합시다.

사실 주가(株價)의 변동만큼 사회 전체에 영향을 주는 것도 많지는 않을 듯합니다. 그런데 이 주식의 가격은 어떻게 변화할까요? 만약 귀신이 발행하는 내일신문이 있다면, 재벌이 되는 것은 쉬운 일일 듯한데요. 경제학 교수들이 투자를 한다고 해서 성공 확률이 높은 것도 아닙니다. 흔히 경제학 교수들은 "내가 만일 내일의 주가를 예측할 수 있다면 나는 지금까지 한 권의 책도 쓰지 못했을 것이다. 왜냐하면 책을 써서 돈을 버는 것보다 주식에 투자해서 돈을 버는 것이 훨씬 좋기 때문이다."라고 합니다.

케인즈(John Maynard Keynes, 1883~1946)는 농담처럼 그의 아내가 시키는 대로 주식 투자를 한다고 말했습니다만, 이 말은 어떤 의미에서 타당한 주식 투자일지도 모릅니다. 주부들은 어울려 다니면서 여러 가지 정보를 다 듣고 살기 때문이기도 하겠지요.

내일의 주식 가격을 오늘 알 수만 있다면야 누구인들 부자가 되지 않겠습니까? 이만큼 주식 시장에서는 정보가 중요하다는 말이기도 합니다.[68)]

주가 움직임에 관한 첫 학문적 연구는 바쉬리에(Louis Bachelier)의 박사학위 논문에 의해 이루어졌는데 그는 주가가 무작위적으로 움직인다는 사실을 밝혀냅니다. 그래서 이를 술 취한 사람(주정뱅이)의 발걸음에 비유하여 '갈지(之)자 운동(random walk)'이라고 하기도 합니다.

좀 더 구체적으로 보면, 바쉬리에는 자신의 박사 논문인 「투기 이론(Théorie de la spéculation)」(1900)에서 금융 시장의 가격변동을 브라운 운동(brownian motion)으로 모형화했습니다. 여기서 브라운 운동이란 스코틀랜드의 식물학자 로버트 브라운(Robert Brown, 1773~1858)의 실험(1827)에서 물에 띄운 꽃가루 입자가 물 위를 끊임없이 불규칙적으로 지그재그로 돌아다니는 것을 관찰한 데서 나온 말이죠. 당시 브라운은 식물의 수정과 교배에 대한 연구를 하고 있었기 때문에 처음에는 꽃가루 입자가 살아서 움직이는 것으로 판단했으나 담뱃재 입자들도 동일한 방법으로 움직이는 것을 확인하게 되어 센세이션(sensation)이 일어납니다.

바쉬리에는 자신의 박사 논문에서 만약 주식의 가격이 시장에 관한 모든 합리적 정보와 예측을 반영한다면, 아이러니하지만 주식의 가격은 예측 불가능할 수밖에 없고 결국 주식 가격은 '갈지(之)자 운동'을 따른다고 주장했습니다. 그렇지만 이 논문은 학계에서 주목받지 못했고, 바쉬리에도 평범한 학자로 일생을 마칩니다. 그러다가 1953년 켄달(Kendall)이 '갈지(之)자 운동론'을 재확인하는 논문을 발표한 이후 맬킬(Malkiel) 등 많은 학자들이 여러 가지 형태로 증명했고 결정적으로 미국을 대표하는 경제학자인 사무엘슨(Paul Samuelson, 1915~2009)에 의해서 바쉬리에는 크게 재평가되었습니다. 사무엘슨은 바쉬리에의 이론을 대부

[그림 ②] 루이 바쉬리에와 폴 사무엘슨

분 수용하고 일부만 수정하여 주가의 변동을 설명하게 됩니다.

갈지(之)자 이론의 중요성은 여러 면에서 나타납니다. 이 이론은 무엇이든지 일정한 규칙성(regularity)을 요구하는 기존의 학문적 패러다임에 대한 도전입니다. 그래서 사람들의 환영을 받을 수가 없었던 것입니다. 어떤 이론이든지 사람들의 환영을 받으려면, 엉터리라도 깔끔한 어떤 규칙성을 보여줌으로써 사람들에게 작은 희망이라도 주어야 하기 때문이죠.

이 이론은 일반적으로 "주가(stock price)의 움직임은 과거의 유형을 반복한다."는 기술적 분석 방법에 대한 중대한 도전으로 "주가는 오직 주가만이 안다."는 것입니다. 주가의 변동에 시계열 규칙성(時系列 規則性, Time Series Regularity)은 존재하지 않고 주가 변동도 현재 또는 미래의 주가 변동과는 관계없으며 따라서 장래의 주가 예측에도 도움이 전혀 안 된다는 것입니다.

즉 시간이 가거나 말거나 주식 가격 변동의 규칙성을 알 수가 없다는 말입니다. 쉽게 말하면, 과거의 주가의 동향을 가지고 미래의 주가를 예측하는 것은 술 취한 사람(주정뱅이)이 지금까지 어느 방향으로 발을 내딛었나를 보고 앞으로 내디딜 한 발의 방향을 예측하는 것과 같다는 것입니다. 상상해 보세요. 술 취한 사람이 오른발을 내디딜지 왼발을 내디딜지 그것을 어떻게 알겠습니까? 달리 말하면, 주가를 예측하는 것은 아들을 낳는 확률을 계산하는 것과도 다를 바 없다고도 합니다. 즉 아들을 낳기를 고대하는 어떤 딸부자 집에서 벌써 다섯 명의 딸만 연이어 낳았다고 해도 다시 아들을 낳을 확률은 여전히 50퍼센트라는 것입니다.

결국 주가는 마치 술 취한 사람이 비틀비틀 걷는 것처럼 제멋대로 변한다는 것입니다. 사실 이 이론이 제대로 일반 대중에게 인식되었더라면, 그 많은 사람들이 주식 투자로 패가망신(敗家亡身)하지는 않았을 것입니다.

여기서 우리는 심각한 사태에 직면하게 됩니다. 주가(stock price)나 환율(exchange rate)은 현대 자본주의 경제의 가장 중요한 경제 변수인데 그것의 변화를 제대로 예측하기 어렵기 때문이죠. 주가와 환율은 과거의 변화나 패턴에 제약을 받지 않고 독립적으로 움직이므로 오늘의 주가나 환율이 내일의 주가나 환율을 예측하는 데 아무런 도움이 되지 않기 때문에 금융이 주도하는 자본주의 경제는 전 사회가 투기장으로 전락할 수밖에 없지요.

그러면 여러분들은 이렇게 항변하실 수도 있습니다. 요즘은 금융수학, 계량경제학이나 통계학 등이 워낙 발달하고 정교하게 프로그램화되어 "무엇이든지 프로그램으로 돌리면 주가뿐만 아니라 지구 종말의 날도 예측할 수 있을 텐데 뭐가 걱정이에요?"라고 말입니다. 과연 그럴까요?

경제학에서 흔히 사용하는 모델들, 예를 들면 다음과 같은 소비(C)와 소득(y)에 관한 모델(수식의 형태로 경제 현상을 설명하는 것)이 있다고 합시다.(매우 쉬운 수식이니 어려워하시지 말고 가벼운 마음으로 따라오세요. 과정은 모르셔도 결론만 아시면 됩니다)

$y = aC - b$ ·· ①

여기서 y를 소득(yield)이라고 하고 C를 소비(Consumption)라고 한다면 ①식은 일반적으로 소득(y)이 증가하면 소비(C)도 증가할 것이라는 뜻이 됩니다. 그리고 여기서 a라는 것은 소비의 변동 폭이 되겠고 b는 상수(constant)가 되겠지요. 그런데 그동안 『경제학 원론』이 별로 관심을 두지 않았던 이 a, b라는 것에 집중해 봅시다. 이들은 당연하게도 과거의 소비(C) 패턴에서 추론한 수치일 것입니다.

문제는 여기에 있습니다. 이 a, b라는 것이 미래에도 과연 상수(constant)로 존재할 수 있는가 하는 점입니다. 이것이 상수의 형태가 된 것은 자료를 충분히 모아서 과거의 소득과 소비 관계를 평균적으로 정리하여 만든 것일 것입니다.

그런데 만약 요즘과 같이 공과금 인상이 예상된다거나 세제(taxation system) 변동이 예측된다거나 부동산 가격이 하락한다거나 불경기가 심화되어 다음 해에 소득이 떨어질 것으로 사람들이 예상한다면 이 상수 자체가 변하게 됩니다.

즉 내년도에 경기침체가 되면 사람들은 당장 먹고 사는 데 필요하지 않은 외식이나 여행, 태권도, 에어로빅, 헬스 등 각종 취미 활동과 관련된 부분들을 예산 항목에서 제거하겠지요. 그런데 이 제거되는 방식 또한 일정한 기준이 있겠지요. 아무리 돈이 없어도 반드시 할 것은 해야지요. 그래서 이 소비의 변동 폭이 일정한 방식으로 변하게 됩니다. 즉 상수가 변수화(變數化)되어 버린다는 것이지요. 그러면 어떻게 됩니까? ①식 자체가 의미가 없어지게 됩니다. 그러면 다시 바뀌게 됩니다.

$$C = a[f(y)] - b[g(y)] \quad \cdots\cdots ②$$

그렇지만 이 f(y)나 g(y)에서도 또 많은 상수들이 있을 것이고[예를 들면 $C = a(my + n) - b(ky + l)$], 그것 또한 과거의 데이터를 가지고 예측하는 수밖에는 없겠지요. 그러면 또 상수가 나타나는데 결국 이 과정이 끝없이 반복되어 버립니다.

그러면 결국 ①식은 아무런 의미가 없게 되어버립니다. 이렇게 불확실하고 미래를 예측하기 힘든 도구로 경제를 운영한다는 것은 현대 경제가 가진 매우 암울한 속성입니다.

앞의 수식들을 이해 못하셔도 상관이 없습니다. 다만 우리가 미래를 예측할 때 과거 정보를 토대로 분석할 수밖에 없는데 그것을 결코 과신해서는 안 된다는 말씀을 드리는 것입니다. 문제는 이런 허술한 방식으로 자본주의 금융 시장이 운영된다는 것이죠.

좀 어려운 전문용어로 요약하자면, 자본주의 금융 시장은 외삽법(外挿法, extrapolation method)을 사용해서 예측하기는 어렵다는 것입니다. 왜냐하면 현대 사회는 워낙 복잡한 변수들이 많아서 하나의 방향으로 움직인다고 판단하기도 어렵고 더구나 한정된 차원의 수식으로 판단하기는 불가능하기 때문입니다. 사실 n차원의 분석이 현실적으로 가능할 수가 있겠습니까? 여기서 말하는 이 외삽법은 번역이 좀 잘못된 말인 듯도 한데, 그 뜻은 과거의 추세가 미래에도 그대로 지속되리라는 전제 하에 과거의 추세선(趨勢線)을 연장해 미래 일정 시점에서의 상황을 예측하는 미래 예측 기법을 말합니다. 외삽법은 투사법(projection)이라고도 합니다.

내일의 주가를 안다는 것은 주가를 예측한다기보다는 주가에 영향을 미칠 수 있는 결정적 요소들을 예측할 수 있는 능력이 있다는 것입니다. 그런데 문제는 이 결정적인 요소들이라는 것이 너무 다양하고 광범위하다는 데 있습니다. 경제 전문가들은 주로 경제적인 변수들을 예측하고 분석하겠지만 실제로 영향을 미치는 것은 정치적, 사회적인 문제도 만만치가 않습니다. 뿐만 아니라 어떤 정치적 사건이 발생했을 경우 그것이 전문가들이 볼 때는 주가가 떨어질 사안인데도 오히려 주가가 오르는 경우도 있고 또 정반대의 경우도 나타납니다.

예를 들면 과거 북한의 김일성(金日成) 주석이 사망(1994)했을 때도 주가가 급등했습니다. 이것도 이해하기 어렵죠. 김일성의 사망으로 남북 관계가 호전될 것이므로 경제가 활성화된다고 일반인들은 생각했을지 모르지만 당시의 상황으로 본다면 오히려 김일성이 생존했을 경우 남북 관계가 호전될 가능성이 더 있었습니다. 남북 양측이 모두 정치적으로 관계 개선이 필요한 상태였고, 당시 미국이나 한국 정부의 물밑 접촉도 상당했기 때문이죠.

이와 같이 현대의 자본 시장이라는 것은 도무지 종잡을 수가 없는 것입니다. 현대는 전문가의 시대라고 하지만 가장 중요한 근간이 되는 경제를 지탱하는 자본 시장이 사실은 안개 속에 있는 것이지요. 그래서 설령 김일성 사망이라는 정보를 하루 전에 알았다 하더라도 주식을 팔아서 돈을 벌지 주식을 사서 돈을 벌지를 결정하는 것은 매우 어려운 일입니다. 그래서 아내의 말대로 주식을 사고 판다는 케인즈의 농담도 달리 본다면 일반적인 사람들의 일반적인 사고방식을 잘 알아야 주식 투자에 성공할 수 있다는 말이겠지요.

달리 말하면 펀드매니저(fund manager)의 입장은 점쟁이(fortune-teller)나 다를 바 없는 것입니다. 그저 눈치로 때려잡는 점쟁이보다 나을 것이 없죠. 그래서 미국《월스트리트저널(*Wall Street Journal*)》에서 재미있는 실험을 했다고 합니다. 10개월 동안 원숭이(monkey)와 금융 전문가인 펀드매니저 4명이 주식 모의투자 수익률 게임을 했습니다. 원숭이는 주식 종목이 적힌 다트(dart)에 화살을 던져 맞힌 종목을 사고, 펀드매니저들은 자기가 가진 모든 지식과 경험을 총동원해 투자를 했습니다.[69)]

10개월이 지난 후 원숭이는 -2.7%의 손실을 기록했는데 투자 전문가들의 성적은 -13.4%를 기록하였다고 합니다. 원숭이에게 진 것이죠. 이런 것이 주식이라는 것입니다.[70] 도박과 같이 둘 다 딴 사람은 없고 모두 돈을 잃었지만 펀드매니저가 더 많이 잃고 만 것이죠. 마치 "노름판에서 노름꾼들은 모두 돈을 잃었는데 하우스 주인(노름판을 열어준 사람)만 돈 벌었네."라고 하듯이 말입니다. 그러니 일반 사람들은 함부로 주식 투자를 하지 않는 것이 상책입니다. 주식을 하는 것이나 도박을 하는 것이나 다르지 않습니다.

자본주의에서 이 같은 주가의 갈지자 특성보다도 더 큰 문제는 전 국민이 도박장으로 내몰리고 있다는 점일 것입니다. 쉽게 말해서 자본주의는 구조적으로 전 국민이 노름판(gambling house)으로 가게끔 유도한다는 것입니다. 물론 이것이 자본주의 시장 경제가 가지는 역동성의 원천이기는 합니다만 자본주의가 가진 본질적인 문제라는 것은 분명합니다. 그래서 자본주의가 발달한 국가일수록 "열심히 일하면 성공한다."는 것은 옛말이 된 지 오랩니다.

(3) 카사노바의 시대

케인즈는 주식 투자를 미인대회(beauty contest)에서 우승자를 뽑는 것과 같다는 말을 합니다. 이 표현은 매우 중요합니다. 미인대회 우승자를 잘 선택하는 것이 주식 투자의 성공이라고 한다면 그 미인에 대해 상세히 아는 것 이상으로 중요한 것은 심사위원들의 성향입니다. 다시 말해서 심사위원들이 어떤 판단을 하는가에 성공이 달려 있고 심사위원

[그림 ③] 케인즈

들의 움직임을 관찰하는 것이 더욱 중요한 것이라는 말입니다. 그러면 어떤 절대적인 기준이라는 것이 존재하기가 어렵습니다.

케인즈는 직관적으로 주식 시장은 미인대회와 같다는 농담을 했을 수도 있지만 어떤 의미에서 자본주의의 문제를 그 스스로 제대로 인정한 셈입니다. 사실 미(beauty)의 기준이라는 것은 절대적이지는 않죠. 결국 세계의 미인이라는 것은 당대 패권 국가나 민족에 의해 좌우되는 것입니다. 그리고 세계 최고 미인의 결정은 그 미인대회 심사위원들의 몫인데 그 심사위원들은 주로 당대 패권국가 사람들입니다. 나아가 대부분의 심사위원들도 당대의 카사노바(Casanova)들일 수도 있습니다. 또 그런 사람들을 뽑아야 미인대회가 성공할 수 있을 것입니다.

만약 우리가 누가 세계 최고의 미녀인가를 알고 싶다면, 이 카사노바들의 특성을 제대로 알지 않으면 안 된다는 것입니다. 그런데 그 정보를 가진 사람들은 극히 한정될 수밖에 없습니다. 그리고 누군가가 이들을 매수하여 특정인을 최고 미녀로 둔갑시킬 수도 있다는 것입니다.

지금 저는 미인대회 이야기를 하고 있습니다만 이 이야기가 여러분들에게는 마치 주식 시장의 동향을 말하는 듯이 들릴 수도 있습니다. 제 말이 그 말입니다.

주식 시장에도 보면, 흔히 말하는 기관투자가(institutional investor)라든가 각종 투자은행과 투기성 단기 자본(hot money)들, 큰손들이 따로 있습니다. 저나 여러분 같은 개미 투자가(ant investor, retail investor)들이 이길 수 있는 대상이 아닙니다. 그들은 막강한 정보력과 탄탄한 인맥을 바탕으로 주식 시장에서 여러 가지 형태로 주가를 조작할 수 있는 힘과 유력 인사들을 매수할 수 있는 돈을 가지고 있습니다. 그러다가 재수가 없으면 잡히기도 하지만 말입니다.

참으로 한심한 일입니다. 이 거대한 자본주의를 운영 유지해야 하는 자본 시장의 움직임이 주정뱅이의 걸음걸이 같다거나 미인대회의 우승자를 뽑는 식이라는 것이 말입니다.

우리가 아무 생각 없이 사회를 보면 매우 견고하고 안정된 것처럼 보입니다. 그러나 그 거죽들을 한 겹이라도 벗기게 되면 우리는 소스라치게 놀랍니다. 이 거대한 사회가 이렇게 허술하고 위험한 토대 위에 서 있는가 해서 말입니다. 경제학이나 경영학을 모르는 사람들은 이 사실을 제대로 알지 못합니다. 대부분 사람들은 우리가 사는 이 사회는 견고하며 우리가 아는 학문도 본질적이며 안정적일 것이라고 착각합니다. 그러나 우리가 맞닥뜨린 현실은 우리가 그동안 학문이라는 이름으로 구성해 왔던 많은 이론이나 사고의 체계를 붕괴시키고 맙니다. 이 상황을 보게 되면 사람들은 말할 것입니다.

"야, 이것이 학문이었어?"라고 말입니다.

주식 시장이나 미인대회는 현대 자본주의의 문제점이 모두 농축된 종합선물세트입니다. 주식 시장이 도박처럼 돈으로 돈을 버는 형태라면, 미인대회도 이에 못지않습니다. 기능은 다른 듯하지만 본질은 같다는 말입니다.

자본주의에 만연한 미인대회라는 것은 섹스 산업의 또 다른 전위대로서 자본주의의 어두운 단면을 보여줍니다. 이것은 인간 상품화의 가장 기본적인 요소이자 인간을 하나의 상품으로 소외(alienation)시키는 구체적 도구이기도 합니다. 이 과정에서 많은 여성들이 일을 열심히 하기보다는 몸을 가꾸고 치장하는 데 몰입하는 사회적 분위기가 형성이 되고 사람의 능력보다는 죽은 세포조직(피부)의 아름다움에만 몰두하는 일이 일상화됩니다. 여기서 인간 사회의 가치는 왜곡되기 시작합니다. 사람들이 건전한 근로 의욕을 강화하여 사회적인 불평등(social inequality)의 해소를 통한 유토피아의 건설로 나아가는 것이 아니라 눈먼 돈이나 공짜 점심(free lunch)에 정신이 팔려 사회의 구심점이 사라지게 되는 것이죠.

그러다 보면 아름다움조차도 왜곡되게 됩니다. 우리 아이들이 읽는 이야기책도 하나같이 '미인＝착한 사람'의 등식이 성립되고 동기나 수단이 어떠하든 '부자＝좋은 사람'이라는 공식이 성립되게 됩니다. 이것은 인간 사회를 더욱 불확실하게 그리고 더 큰 불행으로 몰고 갑니다.

지금까지 우리는 자본주의를 지탱하는 주식 시장이 가진 문제와 그것이 자본주의를 관통하는 매우 위험한 본질이라는 점을 미인대회라는 예를 들어 간단히 살펴보았습니다. 많은 학문적 지식들이 주식 시장이나 자본 시장의 분석에만 몰두하고 그 운동 원리에만 관심을 쏟는 사이 우리 사회는 더욱 왜곡된 상황으로 가고 있다는 점을 알 수 있게 됩니다.

경제학은 말 그대로 경세제민(經世濟民)의 학문입니다. 그런데 이 경제학이 미국판 경영학과 결합하더니, 노름꾼들의 전략을 만들어주고 투기꾼들의 손발이 되어주고 있으니 딱한 일입니다. 구체적으로 보면, 1970년대 이후 금융 부문은 엄청난 성장을 하였습니다. 다른 어떤 산업과 비교할 수가 없습니다. 가령 미국 기업들이 거둬들이는 총수익에서 금융 서비스 산업이 차지하는 비율은 1980년대에는 10%에 불과했지만, 2007년에는 40%까지 치솟았습니다.[71] 그만큼 실물 생산은 감소한 셈이겠지요. 실물 생산은 없는 상태에서 오로지 돈만 긁어모으려는 짓을 해온 것입니다. 이것이 오늘날 근대 자본주의 경제학과 경영학의 현실입니다. 물론 때로 학문은 현실을 그대로 반영하기도 해야 하지만 보다 나은 미래, 보다 행복한 미래를 향한 방향을 제시하여야 합니다.

세상에 미인은 극소수입니다. 우리는 미인이 없어도 살 수 있지만 우리의 식탁을 풍성하게 하는 농민이나 우리가 사용하는 생필품들을 생산하는 많은 노동자들과 이들을 제대로 이끌어가는 건실한 자본가가 없이는 살아갈 수가 없습니다.

그런데 이 절대 다수의 사람들이 헛된 공짜 점심이나 눈먼 돈에 현혹되어 그나마도 있던 생존의 기반을 잃어버리고, 도마 위의 생선 같은 미인이라는 헛된 가치에 몰두하여 인생을 낭비하고 있다면, 앞으로 우리는 어떻게 될까요? 또 설령 우리가 이것을 자각한다고 한들 그것이 현대 자본주의의 암울한 현실에 얼마나 영향을 줄 수가 있겠습니까? 뿐만 아니라 하나의 나라에서 이를 극복하는 새로운 운동을 시도한다고 해도 전쟁터나 다름없는 국제 금융 시장에서 어떻게 버텨나갈 수 있겠습니까? 그것이 문제지요.

Capitalism

제2부

카멜레온의 노래: 끝없이 변화하는 자본주의

제1장 공중분해되는 자본주의

:: 그대, 아직도 에덴을 꿈꾸는가?

『성경』의 창세기에는 에덴(Eden)이 나옵니다. 에덴이 어디에 있는지 알 길이 없지만 위치는 대체로 현재 이라크(Iraq) 인근으로 추정됩니다. 에덴은 '기쁨(pleasure)' 그 자체로 그곳에는 고통도 싸움도 없고, 아담과 이브에게는 항상 보기에 아름답고 먹기에 좋은 나무가 넘쳐나 마음대로 과일을 따 먹을 수 있는 곳이었다고 합니다. 하나님은 이곳에 아담과 이브를 만들어 영원히 행복하게 살기를 바랐습니다. 그러나 아담과 이브는 선악을 알게 하는 나무의 열매를 따 먹지 말라는 하나님의 단 한 가지 명령을 어겼습니다. 교활한 뱀의 유혹을 받아 그들은 그 열매를 먹었던 것이죠. 그 징벌로 그들은 아무 걱정 없이 벌거벗은 채로 살았던 낙원에서 쫓겨났고 에덴의 문은 불칼을 든 천사가 막고 있어 다시 돌아갈 수 없었습니다.

[그림 ①] 에덴에서의 추방(미켈란젤로 그림)

서양에서 말하는 인류 최초의 세계인 이 에덴은 처절한 삶의 투쟁도 없고 아름다움과 풍성한 과일로 넘쳐나는 정말 신나는 곳이라고 합니다. 어쩌면 우리 모두가 꿈꾸는 세상이겠지요. 그러나 제가 보기엔 설령 그런 곳이 우리에게 주어진다 해도 우리의 욕망을 그대로 두고서는 유지가 될 것 같지 않습니다.

최근에 토드 부크홀츠(Todd G. Buchholz)의 『러쉬(*Rush*)』가 한국에 출판되었습니다.[72] 이 책에서 저자는 "에덴은 어디에도 없다. …… 태초부터 경쟁이 있었을 뿐."이라고 강변합니다. 그래서 일반적으로 말하는 "무한경쟁이 멈춰야 행복해질 수 있다."는 식의 달콤한 위로는 신기루라고 말합니다.

에덴주의자들은 '미친 무한경쟁을 중단하고 자연으로 돌아가라.'고 하면서, 현대인을 '쾌락의 러닝머신' 위에서 끝없이 질주하는 신세라 동정하고, 경쟁이야말로 우리 영혼을 갉아먹는 암적 존재라 질타합니다.

그러나 저자는 이들 에덴주의자의 생각들이 모두 낭만적인 허구이며, 그동안의 연구들을 보면, 야생은 비참했고 인류는 처절한 땅에서 인정사정없는 포식자들로부터 살아남기 위해 투쟁해 왔다고 합니다. 자연의 출발점은 가난이었고 경쟁은 삶의 숙명이자 조건이었다고 강변합니다. 에덴주의자들은 경쟁이 불평등을 낳았다고 하지만 경쟁 시대 이후에야 생필품 값은 사상 최저로 내려갔고 평균 수명은 지난 150년 사이 2배 이상 늘었다고 합니다.

저자에 따르면, 오히려 팽팽한 경쟁과 긴장감이 우리를 행복하게 하는데, 사랑과 새로운 지식, 부 등을 맹렬히 추구할 때 도파민(dopamine, 쾌락신경전달물질)이 분비된다고 합니다. 새로운 일에 대한 야심이 없으면 뇌세포도 시들해진다고 합니다.

그렇다면 이 창세기의 이야기는 어떤 상징일 수가 있겠지요. 아담과 이브가 먹은 '선악과(善惡果)'는 과연 무엇이었을까요?

이것을 알기 위해서는 아담과 이브가 그 선악과를 먹기 전후의 사정들을 알아봐야겠죠. 이들이 선악과를 먹은 후에 나타난 드라마틱한 변화를 살펴봅시다.

아담과 이브는 무엇보다도 부끄러움을 알게 됩니다. 이브는 잉태하는 고통을 느끼게 되고 엄청난 고통 속에서 자식을 낳아야 하고, 자신이 남편의 종이 된 것을 알게 됩니다. 아담은 땅의 저주를 받고 가시덤불과 엉겅퀴가 가득한 땅을 종신토록 힘들게 경작하여야 먹고살 수 있다는 것을 깨닫게 됩니다.

아마도 이전에는 이보다 더 힘든 삶을 살았을지도 모릅니다. 지금도 소나 돼지, 닭 등도 사람이라면 도저히 살 수 없는 환경이어도 잘도 살아가지 않습니까? 만약 그들이 현재의 상황을 직시하여 스스로 단결하고 집단으로 자살을 감행하거나 인간을 공격하기 시작하는 날이 오면 그야말로 세상의 종말이 올지도 모릅니다. 그런데 다행히도 이들은 그러지를 못합니다. 바로 자아 관념(自我觀念, the sense of self)이 없기 때문이죠. 자기 자신을 철저히 하나의 객체(客體) 또는 대상(對象)으로 인식하지 못한다는 말입니다.

그래서 에덴에서 추방된 것은 인간이 자아 관념을 가지게 된 것을 상징적으로 표현한 것으로 보입니다. 인간은 자아 의식이 있기 때문에 자살(suicide)을 할 수 있습니다. 그러니까 자아 의식의 유무를 판단하는 가장 쉬운 척도는 본능이 아닌 '자신의 의지(will)에 따라 자살할 수 있는가'에 달려 있을 수도 있습니다.

문제는 이 자아 관념을 왜 기독교에서는 죄라고 하는가 하는 점입니다. 기독교에서 말하는 요지는 이 자아 관념이 이기심과 욕망을 극대화하기 때문에 강력히 규제하지 않으면 안 된다는 것입니다. 물론 타당한 말이기도 합니다. 종교는 개인적인 삶을 도덕적으로 영위하게 하는 데 큰 역할을 합니다. 그래서 이슬람 국가인 어느 나라에서는 "남자가 40이 넘었는데도 종교가 없으면 위험한 사람이니 가까이 하지 말라."고도 한답니다. 남자가 40이면 돈도 많을 것이고 온갖 쾌락도 알 만한 나이이니, 규제받지 않으면 그만큼 타락하기가 쉽다는 말이겠지요. 그러나 만약 인간이 가진 이 자아 의식이 지나치게 규제된다면, 중세의 유럽과 같이 오히려 더 심각한 문제가 생길 수도 있습니다. 이래도 탈 저래도 탈이지요.

(1) 대변혁

자본주의를 이해하기 위해서는 공산주의의 많은 이론가들을 이야기해야 하지만 그 사상들은 이미 1980년대에 한국에서도 충분히 거론되었고 사회주의 국가군도 몰락했기 때문에 이제는 보다 자유로운 통찰력을 가진 저술가들의 견해를 중심으로 살펴보도록 합시다.

먼저 자본주의(capitalism)라는 말의 기원을 간단히 살펴보고 넘어갑시다. 자본(capital)이라는 말은 현대에서는 종잣돈 즉 '돈놀이를 해서 돈을 벌게 해주는 돈(money making money)'이라는 의미로 사용되지만, 원래는 라틴어의 카피탈레(capitale)라는 말에서 나왔다고 합니다. 이 말의 원래 의미는 머리(head)를 뜻하는 프로토 인도유럽어(proto-Indo-European)인 카풋(caput)에서 나온 것이라고 합니다. 우리가 말하는 가축(cattle)이나 들고 다닐 수 있는 소유물(chattel) 등의 말도 이 말에서 나온 것이라고 합니다. 재미있는 것은 원래 소나 가축 또는 노예 등을 의미하는 말이 현대에 와서는 오로지 돈(money)의 의미만으로 사용되고 있다는 점입니다. 13세기 이후부터 자본이라는 말이 많이 사용되었고, 17세기에는 자본가(capitalist)라는 말이 등장하였지만, 자본주의라는 말 자체가 쓰인 최초의 책은 영국의 대문호 새커리(William Makepeace Thackeray)가 쓴 『뉴컴 일가(*The Newcomes*)』(1854)로 알려져 있습니다. 이 시기는 『공산당 선언』이 출간된 바로 직후이기 때문에 1850년대를 기점으로 자본주의라는 말이 크게 확산되었다고 보면 무리가 없겠습니다.

결국 자본주의란 돈, 특히 돈놀이를 위한 돈, 즉 금융(finance)이 지배하는 사회라는 의미일 것입니다. 현대 자본주의를 구성하는 금융 시스템은 영국에서 시작하여 미국에서 크게 발달하여 세계로 확산된 시스템입니다.

16세기경 당시 금세공업자들은 금을 휴대하기 편리하도록 금화로 만들어주었는데 이 금화들을 안전하게 보호하기 위해 금화보관증을 발행하였습니다. 이 금화보관증이 금화 대신에 통용되면서 화폐 역할을 하기 시작합니다. 그런데 금화를 보관하는 고객들이 한꺼번에 모든 금화를 찾으러 오지 않고 대체로 10% 정도가 찾으러 오는 것을 포착한 금세공업자들은 고객들의 금화를 다른 사람들에게 빌려주고 그 대출 이자로 큰돈을 벌게 됩니다. 그러다가 점점 간(肝)이 커져서 이제는 있지도 않은 금화가 금고에 있다고 하면서 돈을 빌려주기 시작합니다. 결국은 금고에 보관된 금보다도 10배 많은 보관증을 발행합니다.[73](이것이 오늘날 10% 지급준비율의 토대가 된 것이라고 합니다. 물론 현재의 지급준비율은 중앙은행이 결정하는데 한국의 경우 3.5% 정도입니다).

문제는 때로 이들 세공업자들이 대출을 잘못했다거나 엉뚱한 사업에 잘못 개입한다거나 해서 큰돈을 잃었다는 소문이 나면 고객들이 한꺼번에 금화를 찾으러 오는 사태(Bankrun)가 올 수도 있지만 들키지만 않으면 이만한 봉이 김선달식 돈벌이가 없지요. 이것이 은행업의 시작이요, 자본주의의 시작입니다. 자본주의는 바로 이 엉터리 '금화 뻥튀기 기술'과 함께 시작한 것이죠.

폴라니(Karl Polany, 1886~1964)는 자신의 주저인 『대변혁(*The Great Transformation*)』에서 자본주의를 '시장(market)'과 '사회(society)'라는 독특한 개념으로 분석합니다.

폴라니는 자본주의 경제가 국민 국가에서 요구되는 사회복지(social welfare)와는 근본적으로 함께 하기 어려운 속성을 가졌다고 합니다. 폴라니는 자유주의적 자본주의의 절대 명제인 '시장의 마술(the magic of the market)'은 근본적으로 잘못된 것이고 인간의 역사에서 완전히 자유방임적인 자본주의는 역사에서 흔히 나타나는 보편적인 것이 아니라 오히려 특수한 경우(historically unique)라고 지적하였습니다. 그리고 자

[그림 ②] 독일의 파시즘(나치스 정치 집회 광경)

기 조절이 안 되는 자본주의란 결국 파시즘(Fascism)으로 갈 수밖에 없다고 주장했습니다. 그러니까 자본주의가 전혀 통제되지 않으면 파시즘으로 가게 된다는 말입니다.

마치 『공산당 선언』에 보이는 "현대의 부르주아 사회는 자기가 주문으로 불러낸 지옥의 세계의 힘을 더 이상 통제할 수가 없는 마법사와 같다."라는 문장을 적극적으로 해석한 것도 같습니다.

폴라니 이론은 매우 어렵지만 간단하게 그의 이론을 요약해 봅시다.

우리가 일반적인 자본주의의 특성으로 치부하는 시장(market)은 원래 '사회(society)' 조직의 일부에 불과한 것이었습니다. 그러나 자본주의가 등장하면서 시장이 사회로부터 분리돼 나오더니 사회와 대립하며 결국 사회를 집어삼켜서 사회를 시장의 일부로 편입시키고 말았습니다. 즉 사회의 조직의 일부로서 기능해야 할 시장이 사회 조직으로부터 떨어져 나와 오히려 사회를 지배하는 현상이 바로 자본주의라는 것입니다.

폴라니의 말은 결국 시장이 사회를 지배하게 되는 과정에서 자기 조절의 기능을 상실하여 제국주의가 나타나고 이것은 세계대전으로 귀결되었다는 말입니다. 자본주의에서 제국주의에 이르는 '시장 사회(market society)'는 의회민주주의에 대한 중대하고 심각한 도전이라는 말입니다.

폴라니는 시장이 항시 자기 조절적 기능을 다 하고 있다는 생각 자체가 착각이라는 것입니다. 그 상태는 오히려 역사적으로 특수한 것이라고 합니다. 이 말은 자본주의 경제학 전체를 뒤흔드는 생각입니다. 왜냐하면 자본주의의 우아함이 바로 아담 스미스의 '보이지 않는 손(invisible hand)'에 있기 때문입니다. 결국 폴라니는 사회 내부의 조직으로 존재하던 시장(the existence of markets in society)이 사회에서 떨어져 나와서 오히려 사회를 지배하는 시장 사회(the existence of market society)가 되어버린 것이 자본주의 패러다임의 근본적인 문제임을 지적하였습니다.

폴라니의 생각은 자본주의의 이데올로그(ideologue)인 애덤 스미스와도 다르고 반자본주의 패러다임의 기수인 마르크스와도 다른 독특하고 대담한 이론이었습니다. 마르크스주의자들이나 소위 근대 경제학자들은 모두 외면했지만 폴라니의 견해는 앞으로 자본주의의 향방을 알게 하는 주요한 암시들을 하고 있습니다.

폴라니는 마르크스주의자들과는 달리 세계 시장의 붕괴가 제국주의, 파시즘, 세계대전을 초래하는 데서 보듯이 '시장 사회'가 초래할 수 있는 '재앙'이 경제적 착취보다도 더 위험한 것이라고 지적하였습니다. 폴라니는 전통적인 마르크스주의의 개념인 '생산력'과 생산관계' 를 거부하고 경제(economy)를 사회적 관계(social relationship)에 굴복시키는 인간의 역사적 능력을 중시하였습니다. 즉 인간이 지향하는 바람직한 사회라는 것은 자유방임의 시장 논리보다는 사회의 전체적 구조 하에서 경제가 제 구실을 해야 한다는 말로 해석됩니다.

그러나 현대에 있어서 국가나 사회가 시장을 통제하기에는 역부족입니다. 설령 한국이 시장을 사회라는 큰 조직 안에 둔다고 해도 다른 나라에서 시장이 독립적으로 활개를 치면 국제화된 환경 속에서 한국의 시장을 운영하는 주체(기업)들이 외국의 기업들을 이기기가 힘든 상황이 됩니다. 이것이 현대 자본주의의 대표적인 딜레마(dilemma)이기도 합니다. 대표적인 예가 포르노그래피 산업들입니다. 국내에서 아무리 규제를 해도 국경이 의미가 없는 인터넷에서는 무용지물입니다. 그러면서 자동차나 선박 반도체, IT 제품들을 수출해서 포르노그래피 시장에 들이붓고 말게 되기도 합니다. 특히 섹스 산업 자체가 원천적으로 금지된 이슬람 국가들은 한국보다 훨씬 열악합니다. 인터넷은 종교를 가리지 않죠.

통제력을 상실한 자본주의가 가는 길은 너무 뻔한 일입니다. 가장 문제가 되는 것은 자원의 낭비입니다. 우리가 가끔씩 보는 밤의 위성사진에는 미국이나 일본, 한국, 유럽 등이 불야성(不夜城)을 이루고 있는데 그만큼 지구의 에너지를 낭비하고 있는 것이죠. 그것이 걸프전(Gulf War)이나 미국의 이라크 침공과도 깊은 관련이 있는 것이지요.

(2) 위대한 사람들이 만든 타락한 국가

마하트마 간디(M. K. Gandhi)는 "자기가 제일 좋아하는 국민은 영국인이고, 가장 싫어하는 국가는 영국."이라고 했다고 합니다.

하긴 영국은 좀 특이한 나라이기도 합니다. 영국은 전통적으로 마을마다 토론 문화가 발달해 있었고 이것이 의회주의의 기반이 되었다고 합니다. 재미있는 것은 종교적 자유와 경제적 향상을 위해 영국을 떠나 미국으로 온 청교도 순례자들(pilgrim fathers, 미국인의 선조 아버지들)도 영국의 위대함에 대해서는 조금도 의심하지 않았다는 것이죠. 그들은 "하나님은 너무나 영국인 같아!(God is so much English!)"[74]라고 생각했습니다. 미국의 독립전쟁(Revolutionary War)이라는 것은 그들 스스로의 지적과 같이 '보다 올바른 영국'을 만들기 위한 것이었습니다. 예컨대 비렉(Peter Viereck)이나 로시터(Rossiter) 등 유명 학자들의 견해를 종합하여,[75] 팝콕(Popcock)은 미국 독립을 위한 전쟁은 "과거를 변화시키려는 것이 아니라 과거 (영국의) 원래의 원칙으로 돌아가기 위한 전쟁"이라는 것입니다.[76]

지금도 마찬가지입니다. 빛나는 의회민주주의(Parliamentary Democracy)의 전통을 가진 영국과 그 사촌인 미국인들은 세계 최초의 공화정(Republic)을 만들어 대통령을 중심으로 하는 민주주의 체제의 굳건한 기초를 닦았습니다. 미국의 건국은 로크(John Locke)의 『시민 정부론(*Two Treatises of Government*)』과 루소(Jean Jacques Rousseau)의 『사회계약론(*Du Contrat social*)』에 입각한 것이었고, 인간의 합리적 이성(reason)에 의해 구성된 자유민주주의의 이론들을 기초로 정치 체제를 구축한 최초의 나라였습니다.

나아가 최초의 근대 경제학 원론인 애덤 스미스의 『국부론』이 출간되던 바로 그해 7월, 미국은 건국됩니다. 이런 점에서 미국은 역사상 최초의 자본주의 국가입니다(우리는 미국을 역사도 200여 년밖에 안 된 신생국처럼 생각하는 경우가 많은데 그것은 아니죠. 적어도 자유민주주의 정치나 자본주의와 관련해서 보면, 미국은 가장 오래된 나라입니다. 그래서 오히려 현대에 맞지 않는 낡은 제도들도 많이 고수하고 있습니다). 당시 미국은 그리 대단한 나라는 아니었지만 세계를 제패하겠다는 원대한 야심을 가졌습니다. 그 당시에도 물론이고 지금도 미국은 노골적으로 말하진 않지만, 위대한 로마 제국의 전통을 이은 국가라는 의식을 매우 강하게 가지고 있습니다. 미국 의회는 마치 로마 제국의 원로원 건물처럼 보입니다. 그래서 상원의원도 로마 시대의 원로원(元老院, senate)의 호칭을 그대로 쓰고 있습니다.

이런 위대한 민족의 나라들이 아편전쟁(Opium War, 1840)을 일으키고, "인류의 양심을 시험하는 전쟁"인 베트남 전쟁(Vietnam War)을 일으켰습니다.

아편전쟁은 있어서는 안 될 전쟁이었습니다. 중국과의 무역 적자가 생기자 마약을 팔아서 무역수지를 개선하려고 했고, 중국이 마약을 금지하자 전쟁을 일으킨다? 이것이 국가의 이름으로 자행된다니 오늘날 라틴 아메리카의 마약 갱들보다도 더 흉악한 일입니다. 베블렌(Veblen)이 말하는 영업정치(Business politics)의 극치를 보여줍니다.

당시 영국의 글래드스턴(William Ewart Gladstone, 1809~1898) 의원은 다음과 같이 연설했습니다.

"그 기원을 놓고 볼 때 이 전쟁만큼 부정한 전쟁, 이것만큼 영국을 불명예로 빠뜨리

[그림 ④] 아편전쟁을 묘사한 그림

게 할 전쟁을 나는 이제껏 보지 못했습니다. …… 우리 국기가 부끄러운 아편 밀무역을 보호하기 위하여 중국 연안에 나부끼고 있습니다. 자랑스런 우리 국기를 볼 때마다 느꼈던 벅찬 감동을 앞으로 다시 느낄 수 없게 될 것을 생각하면 고통스러울 뿐입니다."

이런 반대에도 불구하고 영국 의회에서 9표 차로 전쟁이 결정되었습니다. 이 전쟁은 동양 사회에 유럽 전체에 대한 부정적인 인식이 고착화되는 결정적인 사건이 되고 말았습니다. 서양인들은 자기에게 이익만 되면 어떤 짓이든 할 수 있는 야만인들이었던 것이죠.

당시에 세계를 주도하던 패권 국가가 동양을 무분별하게 도발한 것은 자본주의 자체가 가진 불안정한 성격을 보여주기도 합니다. 적어도

2차 세계대전 이전까지 서유럽과 미국의 자본주의는 생존을 위해서는 그 어떤 행위도 용납이 되는 구조였습니다. 마치 바퀴벌레가 생존의 위기가 오면 서로 잡아먹으면서 버텨내듯이 말입니다. 이런 종류의 야만적 사고방식을 대의와 명분을 중시하는 동양 사회가 도대체 어떻게 이해할 수 있었겠습니까?

이 점에 있어서, 우리는 블락(Fred Block)의 견해에 주목할 필요가 있습니다.

블락은 자신의 주저인 『국제 경제 무질서의 기원(*The origin of inter-national economic disorder*)』에서 세계를 주도하는 국가, 미국은 서유럽 사회에 만연한 국민 자본주의(national capitalism)를 통제하는 것이야말로 미국 외교 정책의 핵심이라고 지적하였습니다.

세계를 주도하는 국가는 물리력이나 경제력이 상대적으로 매우 강하므로 보다 국제화된 환경만이 자국의 경쟁력을 강화할 수 있는 것입니다. 즉 사자나 호랑이의 입장에서 보면 우리에 갇힌 것보다는 풀어주면 훨씬 더 힘이 강하게 되는 것과 같은 이치입니다. 그러니 세계의 경찰 미국은 세계 자본주의 수호 차원에서 자본주의 국가들 간의 협력을 강조한 것입니다. 그런데 이 일이 만만한 일이 아니었습니다.

그런데 블락은 냉전(Cold War) 시대에 미국이 소비에트러시아(Soviet Russia: 소련)을 비롯한 사회주의 국가들의 위협보다는 오히려 서유럽의 자국 중심의 국민 자본주의의 난동(亂動)들을 더욱 고심했다고 지적하고 있습니다.

이 지적은 대단히 중요합니다. 어떤 의미에서 소련을 비롯한 사회주의 국가는 미국의 세계적인 패권의 장악에 오히려 도움이 된다는 말이 됩니다. 미국은 세계 체제, 궁극적으로는 서유럽과 일본의 자본주의 체제를 보호하기 위해 막대한 자원과 인력을 동원하고 있는데, 서유럽과 일본은 자국의 이익 실현에만 혈안이 되어 오히려 자본주의 체제 자체가 위험해질 수도 있는 상황으로 간다는 것이죠. 왜 속담에도 있지 않습니까? 장사를 하다 보면, '친구나 친척이 더 도둑놈'이라고 말입니다.

극단적으로 말하면 미국은 난동을 부리는 이들 형제 자본주의 국가들을 통제하기 위해 소련이나 중국을 이용했다는 것이죠. 다시 말해서 미국은 실제로는 별로 대단하지도 않은 공산주의의 위협을 과장하여 서유럽과 많은 자본주의 국가를 미국의 깃발 아래 단결시키고 많은 제3세계의 국가들을 손쉽게 장악할 수 있는 명분을 가지게 되었다는 말이지요.

사실 1970년대나 1980년대에도 소련은 "ICBM(대륙간 미사일)을 가진 제3세계"라는 말이 지식인들 사이에는 공공연한 비밀이기도 했습니다. 특이한 일이지만, 한국만 제외하고 말입니다.

세계 최초의 사회주의 국가 탄생 70주년이었던 1987년 후반기를 기준으로 보면, 미국과 겨루는 세계 최강의 사회주의 대국 소련의 전화 보급률은 13%(당시 한국은 16%, 미국은 77%)에 불과했고, 경제성장률은 13.1%(1958) → 9.1%(1959~1965) → 8.6%(1966~1970) → 7.4%(1971~1975) → 4.5%(1976~1980) → 3.7%(1981~1985)로 곤두박질치고 있었으며, 고르바초프(Mikhail Gorbachev)의 신경제 정책 이전에도 이미 10만 명이 넘는 나레보(사익을 추구하는 불법 노동자)가 있었고, 소련의 대외 수출품 가운데서 공산품이 차지하는 비율은 2%에 지나지 않았습니다. 반면에 원유, 천연가스 등 1차 산품의 수출은 70% 이상이었습니다.[77] 당시 소련은 만성적인 생산성 저하의 상태로 당시의 한국이나 대만에도 미치지 못하는 낮은 생활 수준의 상태였습니다. 소련의 기업들에게 제품의 질은 전혀 중요한 것이 아니었고 고스플란(Gosplan, 국가계획위원회)이 매년 정해 주는 할당량만 채우면 그뿐이었습니다. 사회 전역에는 무기력과 알코올 중독이 만연하였습니다.

2000년대 초반을 기준으로 보면 과거에 소련이 한 역할을 아프간, 이라크 등을 거쳐 중국이나 북한(DPRK)이 하고 있습니다. 중국은 중화패권주의를 노골적으로 행사하려 하고 있고, 한국인으로서 수치스러운 일이지만, 북한은 극심한 인권탄압으로 그 빌미를 주고 있습니다. 분명한 것은 이 나라들이 세계인들에게 그런 빌미를 제공하는 명분을 미국에게 주고 있다는 것입니다. 마치 늑대나 하이에나가 있음으로써 라이언 킹(Lion King)이 나라를 잘 이끌어 갈 수 있는 명분을 가지는 것과 같은 이치입니다.

(3) 분해되는 자본주의 — 미네르바의 올빼미는 황혼이면 비상한다

일반적으로 자본주의는 노동자와 자본가의 대립 과정을 통해서 계급투쟁이 일어나고 그 변혁의 힘으로 사회의 생산력이 해방되고 사회도 진보하는 것으로 알고 있습니다. 그러나 가만히 들여다보면, 회사 조직이나 구성도 다양해서 자본가도 개념이 모호하고 노동자도 개념이 모호합니다. 사회운동도 정치운동에 국한된 것이 아니라 다양한 형태들이 나타납니다. 각종 서비스업이 크게 늘어나서 노동자 개념 자체도 모호해지고 취업이 힘들어지면서 노동자 자체가 되기 어려운 상황이 되고 있습니다.

한국에서는 무주택자들에 대한 혜택이 많아지자 돈이 있어도 일부러 임대하여 살면서 각종 혜택을 누리려는 사람들도 늘고 있습니다. 한국의 강남에는 10억 원 전세에 살면서 무주택자의 혜택을 누리는 얌체족들이 있는가 하면, 7천만 원 이하의 빌라에 살면서도 각종 세금을 물고 혜택도 없이 살아가는 사람들도 많습니다. 그리고 이른바 하우스 푸어(house poor)도 헤아릴 수 없이 많은 것이 현실입니다.[78] 이와 같이 누가 프롤레타리아(proletariat)인지 분간하기 힘들어지고 있는 수많은 사례들이 있습니다. 또 프롤레타리아가 되고 싶어도 못 되는 것이 현실입니다. 모자동차 회사의 노조와 같이 귀족 프롤레타리아도 많습니다. 그래서 프롤레타리아들의 이해도 이에 만만치 않게 복잡합니다. 마찬가지로 지배계층이라고 하는 사람들의 이해는 더 복잡합니다.

1980년대 후반 래쉬와 우라이(Scott Lash & John Urry)는 주저인 『조직화된 자본주의의 종말(*The end of organized capitalism*)』(1987)에서 자본주의 패러다임의 심각한 균열 현상을 지적합니다.[79] 사회에 만연한 포스트모더니즘(Post modernism)의 상황이 해체되고 있는 자본주의의 또 다른 모습(a reflection of phase of disorganized capitalism)이라고 지적합니다.

포스트모더니즘의 특징들은 ① 견고하고 절대적인 이데올로기의 해체, ② 개인(individuality)의 중요성 강조, ③ 논리의 다양성, ④ 여성운동, 민족운동, 소수민족(minority)에 대한 관심 등으로 나타납니다. 마치 우리가 알던 모든 것을 일단 벗어나서 발가벗은 몸으로 존재에 다시 접근해 보려는 시도라고 할 수 있습니다. 미래에서 과거도 가보고 필연적인 관념에서도 벗어나 보라는 것이죠.

래쉬와 우라이는 포스트모더니즘의 문화들 가운데 ① 예술과 일상이 잘 구별되지 않는 점(refusal of the distinction between art and life), ② 새로운 계급갈등(new class fraction)의 등장, ③ 정체성(正體性)의 다극화

(decentering of identity) 현상 등을 지적하면서 이것은 조직화된 자본주의가 해체되고 있는 것을 보여주는 것이라고 합니다.

상품들은 단순히 그 효용성(utility) 때문이 아니라 개별적인 차이점을 견고히 구축하기 위한 그 상징적인 힘(symbolic power to establish individual distinction)을 위해 소비하게 된다고 합니다. 사회의 지배층들도 중심이 무너지고 다극화된 양상을 띠게 된다는 것입니다. 그러니까 지배층 내부의 이해관계도 복잡화된다는 말이지요. 이것을 피에르 부르디외(Pierre Bourdieu, 1930~2002)는 새로운 프티부르주아(petit bourgeoisie)라고 하기도 합니다.[80)]

지배계급이나 피지배계급의 내부에서 나타나는 이런 형태의 내분(內分)은 새로운 패러다임에 대한 매우 중요한 암시를 하고 있습니다. 정체성의 혼란과 이를 기반으로 내부의 분열이 극심해지면서 새로운 패러다임이 서서히 태동하기 때문이죠. 어떤 의미에서 래쉬와 우라이의 말처럼, 우리들 인생이란 불연속한 사건들의 연속인 상태(the succession of discontinuous event)에 돌입했는지도 모르겠습니다.

지배층의 분열은 변화의 가장 큰 전조(前兆)입니다. 미네르바의 올빼미가 황혼이면 비상하듯이 말이죠. 이것을 『공산당 선언』에서는 다음과 같이 말합니다.

> "결국 계급투쟁이 결정적인 시기가 임박해지면, 지배계급 내부에서 지배계층의 작은 부분들이 스스로 이탈하여 표류하게 되고 이것이 혁명계급 즉 미래가 그들에게 달려 있는 계급과 제휴하는 격렬하고 찬연한 성격을 띠게 된다."

그런데 래쉬와 우라이는 이것이 단순히 지배계층만의 문제가 아니라는 것이죠. 피지배계층 사이에서도 광범위하게 분열이 일어나고 있다는 것입니다. 래쉬와 우라이는 개별 국민 사회들은 '위로부터' 다양한 세계화의 과정을 밟게 되고 다극화되는 과정에서 '아래로부터도' 국민사회를 침식하는 다양한 현상이 나타남을 지적합니다. 즉 국민 국가에 대한 정체성 의식이 전반에 걸쳐서 약화된다는 것이지요(물론 이것은 미국, 영국, 프랑스, 스웨덴, 독일 등을 분석한 것이기는 합니다).

이 과정에서 인구와 산업들이 다극화(decentralization)되고 거대 조직(mass organization)이 쇠퇴하면서 분파적인 이익(sectional interests)을 추구하는 경향이 농후하게 되어 계급의 특이성(the salient of class)이 약화된다고 합니다. 또 이 과정에서 사회 내부에 서비스 계급(service class)의 규모와 영향력이 크게 성장한다고 합니다. 각 계급들에 나타나는 집단갈등(group struggle)도 각 계급들의 계급적 관례들이 유리하게 발휘되도록 하는 데 집중을 하고 소비생활 또한 '생산물(products)'에 의한 것이 아니라 우리와 다른 사회계층을 구분하는 상징(symbols)들에 의해 이루어진다고 합니다.

래쉬와 우라이는 서유럽 사회를 기반으로 하는 자본주의는 ① 자유방임형 자본주의(liberal capitalism) — ② 조직화된 자본주의(organized capitalism) — ③ 조직이 해체된 자본주의(disorganized capitalism) 등의 형태로 나아가고 있다고 합니다. 래쉬와 우라이는 결론적으로 "사회란 위에서, 아래에서 또 내부에서 변형되고 있다. 조직화된 자본주의, 계급, 산업, 도시들, 국가, 민족, 모든 견고한 것들이, 세계조차도 공중으로 분해되고 있다."라고 말합니다.

앞으로의 패러다임을 새롭게 구축함에 있어서 래쉬와 우라이의 견해는 매우 중요한 시사점들을 제시하고 있습니다. 래쉬와 우라이는 자본주의의 중추 산업이 중화학공업으로부터 서비스(service) 산업과 정보(ICT) 산업으로 전이되는 과정에서 이전의 모든 계급 이론들이 적용되지 못하는 사회가 대두하게 되었다는 것입니다. 즉 자본이 효과적으로 분산된 상태(effective decentralization of capital)에서 화이트 칼라(white-collar)와 서비스 계급(service class)의 증대로 인하여 정당의 계급적 성격이 쇠퇴하여 잘 '조직화된 자본주의(organized capitalism)'가 더 이상 생존하기 곤란한 상태가 되었음을 웅변하는 것이지요. 여기에 고정된 문화의 틀에서부터 새로운 문화의 형태가 등장함에 따라 주어진 구조적 틀(structural pattern) 아래에서 잘 조직되고 정비된 형태의 자본주의는 종언을 고한다는 것입니다.

이상의 분석들을 통해서 보면 현대 자본주의는 매우 역동적(dynamic)이고 복합적으로 움직이지만 적어도 우리는 두 가지를 분명히 알 수 있습니다.

하나는 수많은 이론가들이 자본의 논리로만 움직이는 자본주의는 통제 불능의 괴물이 될 수밖에 없다고 지적하고 있는 점, 다른 하나는 우리가 알고 있던 자본주의는 지속적으로 변모하여 기존의 강력한 표현양식들을 무너뜨리고 있다는 점이 그것입니다. 따라서 미래의 패러다임이라는 것은 이 두 가지를 모두 고려하여 구성하지 않으면 안 된다는 것입니다.

그러므로 경제학도 현재의 자본주의 경제학처럼 현상 분석에 머물러서는 안 된다는 것입니다. 오히려 동양의 경제 이론가들이 일관되게 지적하는 경세제민(經世濟民)의 정신으로 돌아가 패러다임을 다시 구성해야 합니다. 그것만이 미래의 파국을 막는 길입니다.

제2장 슘페터와 그람시의 봄, 서울

:: 사랑하기 때문에 헤어진다니

제가 어릴 때 이야기입니다. 당시 유명 연예인 부부가 "사랑하기 때문에 헤어진다."는 말을 하면서 이혼을 했습니다. 언론사들은 이것을 앞다투어 보도했던 기억이 있습니다. 당시 제가 들은 바로는 남편이 큰 빚을 졌기 때문이라고 합니다.

알쏭달쏭한 말이기도 했습니다. 오랜 시간이 흘러 이제는 그 말의 뜻을 알 만한 나이가 된 듯도 한데 아직도 그 말 뜻을 모르겠습니다.

만약 사랑한다면 역경을 같이 극복해야 하는 것이 아닐까요. 그런데 오히려 '사랑'이라는 이름으로 '이혼'을 택하고 있습니다. 남편의 입장에서는 사랑하는 아내가 빚에 쪼들리지 말고 편안히 살게 하고 싶었겠지요. 문제는 그것을 받아들이는 아내의 입장입니다.

아내가 진정으로 그 남편을 사랑한다면 이별(離別)을 택할 수는 없는 일입니다. 만약에 두 사람이 진정으로 사랑했다면 말입니다.

(1) 영원한 변화, 자본주의: 슘페터

슘페터(Joseph A. Schumpeter, 1883~1950)는 여러 면에서 의미 있는 패러다임의 이론가였습니다. 어떤 의미에서는 자본주의를 가장 냉철하게 바라본 이론가였다고 할 수 있습니다. 슘페터 하면 으레 '혁신(innovation)'과 동의어로 사용하고 있을 정도로 유명한 사람이기도 합니다.

슘페터는 기업가의 혁신을 경제의 성장과 변화의 원동력으로 생각했지만, 자본주의의 미래에 대해서는 아주 냉정히 바라보았습니다. 슘페터는 자본주의는 장기적으로 몰락한다고 보았습니다. 일단 슘페터의 생각을 간단히 살펴보고 그의 패러다임을 분석해 보도록 합시다.

자본주의 패러다임에 대한 슘페터의 생각은 그의 주저인 『자본주의 · 사회주의 · 민주주의(*Capitalism, Socialism and Democracy*)』(1942)에 잘 나타나 있습니다.

슘페터는 자본주의는 다른 경제 체제와는 달리 쉴 새 없이 바뀌는 특징을 가지고 있다고 합니다. 즉 다른 경제 체제는 변하지 않고 있을 수가 있지만 자본주의는 결코 그럴 수가 없다는 것이지요.[81)]

[그림 ①] 조지프 슘페터

이것은 자본주의가 주변 환경의 변화에 순응하기 때문에 나타나는 것이기도 하겠지만 그보다 더 중요한 것은 자본주의의 기업이 창조해 내는 새로운 소비재, 새로운 생산방식, 새로운 수송의 방식, 새로운 시장, 새로운 산업조직 등에 의해 자본주의가 변화하게 된다는 것입니다. 슘페터는 이것을 기업가들의 새로운 결합이라고 합니다. 자본주의의 기업가들은 "부단히 낡은 것을 파괴하고 새로운 것을 창조하여 끊임없이 내부에서 경제구조를 새롭게 하는" 행위 즉 창조적 파괴를 통하여 자본주의를 지속적으로 변화시켜 나간다고 슘페터는 지적합니다. 간단히 말해서 자본주의 체제는 늘 기업가들의 창의적 혁신에 의해 항상 변화한다는 것입니다.

슘페터는 이 같은 기업가들의 혁신과 관련하여 경기순환의 과정도 설명하고 있습니다. 즉 어떤 기업가가 혁신을 이루면 다른 기업가들이 이것을 모방하여 경제 전체에 확산되어 경제 발전의 동력이 됩니다. 이러한 순환의 과정이 자본주의 발전의 과정이지요. 슘페터는 혁신이란 부단히 낡은 것을 파괴하고 새로운 것을 창조하여 끊임없이 내부에서 경제 구조를 혁명화하는 과정으로 보고 있습니다. 물론 그 주체는 기업가(entrepreneur)입니다.

슘페터는 기업가들의 혁신이 자본주의 경제 발전과 경기순환의 원동력이 된다고 봅니다. 나아가 기술 혁신으로 새로운 산업 부문이 등장할 수 있고, 새롭게 등장한 산업은 이전의 낡은 산업 부문을 대체해 감으로써 경제를 확장시킵니다. 일부에서는 세계 경제는 과학기술의 변화에 따라 변해 왔으며 대체로 약 50년 주기로 큰 변화(파동: a long wave)를 겪어왔다고 보기도 합니다.

슘페터가 오늘날 새롭게 조망을 받는 이유는 IT(첨단정보) 산업의 대두와 이에 따른 정보화 사회의 형성과 밀접한 관련이 있습니다. 이 IT

분야는 앞으로도 보시겠지만 기술적 천재들의 역할이 매우 중요한 영역입니다. 즉 IT 분야는 기술 혁신이 매우 중요하다는 말입니다. 슘페터가 활약한 시기는 제1차, 제2차 세계대전 전후인 1940년대인데 마치 현대 자본주의의 현상들을 꿰고 있는 듯이 말하고 있습니다. 놀라운 일입니다.

(2) 사랑했기에 헤어질 수밖에 없는?

슘페터는 자본주의는 결국 사회주의화될 것이라고 보았습니다. 그런데 그 과정이 대단히 재미있습니다. 간단히 말하면 자본주의는 눈부신 성공을 이루게 되는데 오히려 그 성공으로 말미암아서 몰락의 길을 밟게 된다는 것입니다. 마치 서로 사랑하기 때문에 헤어진다는 말처럼 들립니다. 도대체 왜 그럴까요?

마르크스는 자본주의가 경제적 실패의 질곡 속에서 스스로 붕괴될 것이라고 했는데, 슘페터는 자본주의는 눈부신 성공을 통해서 오히려 사회주의로 전화된다고 했습니다. 어떤 의미에서는 마르크스와 슘페터는 같은 얘기를 하고 있는 것인지도 모르겠습니다.

슘페터는 자본주의가 몰락하는 이유를 자본주의가 가진 합리적인 성격 때문에 자본주의를 타도하려는 세력들을 자본주의의 체내에서 만들어 키워 이를 감당하지 못하기 때문이라고 합니다. 슘페터는 이들을 '지식인(知識人)'이라는 특수한 집단으로 보고 이들이 합리적으로 자본주의를 공격하게 되면 자본주의는 이들을 방어할 수가 없게 된다고 봅니다. 그래서 사회는 전체적으로 반자본주의적 사회 분위기가 형성되고 자본주의와 자본주의를 주도했던 부르주아(bourgeois) 계급이 해체된다고 보았던 것입니다.

그러면 왜 자본주의는 이들 반자본주의 세력을 이기지 못할까요? 슘페터는 자본주의가 반자본주의 세력들에 대하여 효과적으로 맞서지 못하기 때문이라고 합니다. 즉 자본주의 체제의 지배자이자 주인공인 혁신적 기업가나 경영진은 직접적인 무력을 가지고 있지도 못한 무기력한 존재들인 반면에, 반자본주의자들은 매우 조직적이고 강력하며 대중적 조작과 선전에 매우 능한 상태에서 매스미디어의 등장은 이를 더욱 촉진하게 되기 때문에 자본주의는 유지되기가 어렵지요[같은 시대에 활약한 현대 공산주의의 거인인 그람시(Gramsci, 1891~1937)는 이 같은 다양한 사회주의 전략들을 매우 구체적으로 제시하고 있습니다. 다시 충분히 검토할 것입니다].

특히 자본주의 사회의 주역인 부르주아들은 그들 스스로가 '자유(freedom)'의 가치를 신봉하며 그 속에 안주하고 있기 때문에 반자본주의 세력들이 조직적으로 움직일 때 부르주아들은 속수무책으로 당할 수밖에 없습니다. 즉 부르주아들이 옹호한 바로 그 자유로 인하여 부르주아들은 반자본주의 세력에 비하여 단합하기 어려운 속성을 가질 수밖에 없다는 얘깁니다.

따라서 자본주의의 발전이 낳은 '자유'가 바로 자본주의를 몰락하게 하는 가장 근본적인 사회적 상부구조인 셈입니다. 그러니 자본주의의 발전이 오히려 자본주의를 멸망하게 한다는 것입니다.

복잡하게 들리니, 다시 한 번 간단히 정리하고 넘어갑시다. 마르크스가 자본주의가 가진 구조적인 모순으로 인하여 자본주의는 사회주의로 넘어간다고 본 반면, 슘페터는 자본주의의 성공이 오히려 사회주의

[그림 ②] 최초의 사회주의 혁명인 러시아 혁명(1917) 광경

로 가게 된다고 하였습니다. 즉 자본주의는 그 속성상 자본주의에 대해 적대적인 지식인들을 받아들임으로써 이 세력이 자본주의 하에서 성장하게 되고 이들은 사회보장이나 평등성(equality)을 강조함으로써 반자본주의적 사회적 분위기가 형성되어 결국은 사회주의의 길을 밟게 된다는 것이지요. 이에 대해서 부르주아들은 조직적으로 대응하지 못한다는 것이지요.

그러면 부르주아들은 어떤 과정을 통해서 해체될까요? 이것을 슘페터는 다음과 같이 설명합니다. 즉 대기업이 발달함에 따라서 기업가들의 혁신은 의미가 약화되고 오히려 대기업 내부에서 관료화된 기구들이 이를 대신하게 되어 기업가들의 역할이 갈수록 약화된다고 합니다. 여기에 주식회사 제도의 발전으로 기업에 대한 사유권이 모호해지면서 자본주의를 반드시 수호하려는 의지를 가진 집단이 약화되어 갑니다.

반면에 자본주의를 조직적으로 체계적으로 공격하는 집단의 성격은 강화되고 이들은 각종 매스미디어를 활용하여 자본주의를 공격하면서 평등화와 사회보장, 정부 개입 등의 사회적 분위기를 만든다는 것입니다. 그러니 사회주의화될 수밖에 없겠지요.

(3) 마르크스와 슘페터

슘페터의 생각은 우리를 복잡하게 만듭니다. 여러분들은 사회주의 국가들이 몰락했으니, 슘페터의 예언은 틀렸다고 하실지도 모릅니다. 물론 외형적으로 보면 그렇지요. 그러나 그 내부를 살펴보면 반드시 그렇지도 않습니다. 사회주의 국가들이 몰락했지만 오히려 더욱 견고한 형태의 사회주의적 정당들이 정권을 장악하고 있습니다.

그것이 그럴 수밖에 없습니다. 자본주의는 구조적으로 극소수의 부자와 소수의 중산층, 다수의 하층민으로 구성되어 있습니다. 그러면 대다수의 국민들은 자본주의에 적대적일 수밖에 없는 구조가 됩니다. 사회가 합리성을 강조하다 보니, 국민 한 사람 한 사람이 선거에서 한 표를 행사할 수 있으니 자기 세력을 확장하려는 정치가나 지식인들은 다수의 이익에 충실할 수밖에 없습니다. 그러면 급진적인 사회주의는 아니라 할지라도 복지국가(welfare state)로 갈 수밖에 없는 구조가 됩니다.

사회가 민주화되면 될수록, 언론이 자유화되면 될수록 국가 전체가 사회주의적, 복지국가적 성향으로 가는 것은 막을 수가 없습니다. 다만 문제가 되는 것은 그 과정에서 국가적 경쟁력(competitiveness)이 약화된다는 것이지요. 따라서 선진화된 현대 정부가 해야 할 일은 국민 복지의 증대가 국가 경쟁력의 약화를 초래하지 않도록 최대한 줄타기를 하지 않으면 안 되게 되었습니다.

과거 소비에트러시아가 있을 때에는 "공산당의 위협"이니 하면서 국민들에게 사회주의 사상이 전파되지 않도록 온갖 수단을 다 동원할 수 있었지만 대부분 사회주의 국가가 사라진 지금 그 어떤 명분도 없게 되었습니다. 그러니 사회주의적 정당이 보수적 정당을 이길 수밖에 없습니다. 사실 마르크스나 슘페터가 말하는 것도 이런 상황일 수가 있습니다. 다만 두 사람은 자기의 표현양식대로 말을 한 것인데 사실은 동일한 현상을 분석한 말일 수도 있는 것입니다.

이전의 장들에서 지적했다시피, 마르크스주의는 레닌주의와는 많이 다르다는 점을 분명히 아셔야 합니다. 제가 보기엔 마르크스의 분석이나 슘페터의 분석이 크게 다르지 않습니다. 다만 그 표현양식이 다를 뿐입니다.

이런 각도에서 보면 미국은 정말 특이한 나라입니다. 선진국들 가운데 사회주의 정당이 제 구실을 전혀 하지 못하는 유일한 나라이기도 합니다. 참으로 놀랄 만한 일입니다. 미국은 역사적으로나 구조적으로나 사회주의 정당이 성립할 수 없는 구조로 되어 있습니다.

[그림 ③] 레닌과 스탈린

미국의 공화당이나 민주당은 월러스(George Wallace)의 지적처럼 "한 푼(a dime)의 차이도 없는 정당"입니다. 정당의 이데올로기적인 편향성을 기준으로 본다면 완전히 같은 정당이지요. 미국이 이렇게 된 데에는 많은 역사적 이유가 있습니다. 이 부분은 미국적 예외주의(exceptionalism), 합의 이론(consensus theory), 아메리카니즘(Americanism) 등을 찾아보시면 됩니다.[82)]

패러다임이라는 측면에서 보면 슘페터의 이론은 보다 큰 차원의 분석이라고 할 수 있습니다. 프랜시스 후쿠야마와 같이 사회주의 국가들의 몰락을 보면서 역사의 종언이라고 보는 성급함이 없는 셈이지요.

(4) 슘페터와 그람시

케인즈는 자본주의가 문제는 있지만 설령 그렇다 해도 가장 쓸 만한 패러다임이며 이것을 능가할 만한 체제는 없다고 본 반면, 슘페터는 자본주의는 결국 사회주의로 갈 것이라고 했습니다. 슘페터는 견고한 자본주의가 가진 나약한 본체들을 파악한 것이죠.

마찬가지로 마르크스는 자본주의가 자체의 모순으로 사멸할 운명이라고 굳게 믿은 반면, 자본주의는 매우 견고하며 이를 타도하기 위해서는 근본적으로 다른 접근이 필요하다고 인식한 사회주의 사상가가 또 있었다는 것이죠. 바로 그람시(Antonio Gramsci, 1891~1937)입니다. 마치 마르크스와 케인즈를 각각 공산주의와 자본주의의 수장으로 본다면 슘페터와 한 조가 될 수 있는 사람이 그람시라고 하면 어떨까요?

현대 사회에 접어들면서 이탈리아와 독일 등을 중심으로 마르크스주의가 여러 형태로 발전하고 질적인 변용들이 일어나면서 많은 이론가들이 나타납니다. 이들 이론가들의 사상을 네오마르크스주의(Neo-Marxism)라고 합니다. 1945년 이전 네오마르크스주의에 큰 영향을 미친 사람은 그람시와 루카치(György Lukàcs, 1885~1971)입니다. 제1차 세계대전 후 그람시와 루카치는 같이 이탈리아 공산당에 참가(1918)하였고, 루카치는 『역사와 계급의식(*Class Consciousness*)』에서 마르크스의 후기 저술로부터 '소외(alienation)' 개념을 발견하여 체계화하였습니다. 제가 이 점들은 그동안 마르크스를 해석하면서 많이 사용하였습니다.[83)]

한편 독일의 프랑크푸르트학파(Die Frankfurter Schule)는 변화하는 자본주의 상황에서 마르크스의 이론이 계속적인 타당성을 가질 수 없다고 보았습니다. 마르쿠제(Herbert Marcuse, 1898~1979)나 아도르노(Theodor Adorno, 1903~1969)는 혁명에 대한 희망이 부활하려면, 마르크스에 의해 전개된 내적 모순의 이론 전체가 근본적으로 수정되어야 한다고 믿었습니다.[84)]

아게르(Ben Agger)는 자본주의의 내적 모순들이 첨예화되고 심각한 위기의 시기에는 마르크스주의적 이론은 더욱 과학적이고 결정론적인 성격을 띠는 경향이 있었고, 자본주의 모순들이 무디어진 시대에는 비결정론적인 마르크스주의가 나타났다고 지적하였습니다. 매우 탁월한 지적이죠.[85)]

그람시는 어떤 파벌에도 치우치지 않고 매우 유연한 대표적인 현대 공산주의 이론가였습니다.[86)] 그람시는 마르크스-레닌의 전략 이론을 맹목적으로 추종하지 않았던 독창적 이론가였으며 혁명적 변혁의 창출에 있어서 '의식(意識)'의 역할을 주장한 최초의 마르크스주의자였습니다.[87)] 그는 시민사회를 기반으로 하는 현대 국가의 자본주의가 사멸해 간다고 보지 않았습니다. 그람시는 혁명적 변혁은 단순히 경제적 생산양식이 변해야 성공하는 것이 아니라 인간 존재의 모든 자원을 포괄하여 총체적으로 변혁이 진행되어야 진정한 혁명이 이루어진다고 생각하였다는 점에서 이전의 마르크스주의자들과는 많은 점에서 다릅니다.[88)]

그람시는 서유럽의 자본주의가 매우 견고하다고 인식했습니다. 그 이유는 각종 여론기관을 통하여 지배층(부르주아)들의 힘과 동의가 적절하게 조화를 이루면서 자본주의는 자연스럽게 유지되기 때문이라는 것입니다. 결국 부르주아가 이 같은 문화적인 '헤게모니(hegemony)'와 연대(連帶)를 유지하는 한 프롤레타리아 혁명은 불가능하다고 본 것입니다. 그는 마르크스 레닌주의의 맹목적인 추종보다는 보다 현실에 맞는 전략과 이론의 개발이 필요하고 여러 가지의 다양한 변혁의 시도들도 유기적인 관련성을 가져야 한다고 했습니다. 여기서 그는 경제를 포함하면서 정치, 문화, 사회적 관계, 이데올로기 등을 연결 짓는 '관계의 앙상블(ensemble)'이라는 개념을 사용하였습니다. 그는 정부를 전복시키기에는 레닌주의적인 혁명적 전위대보다는 일상적 사회 현실과 연결된 '대중 정당'이 더 적합하다고 역설합니다. 따라서 이탈리아 현실에 대해서 잘 모르면서 일방적으로 내리는 소련의 지침을 거부하였습니다.[89)]

그람시는 사회주의 계급 혁명은 하나의 사건, 혹은 일련의 사건이 아니라 사회 전체가 변해 가는 하나의 유기적 과정으로 파악하고 사람들의 의식 개혁은 사회의 구조 개혁과는 결코 분리될 수 없는 것이라고 주장하였습니다. 따라서 그람시는 물리적 혁명만큼이나 '이데올로기적 투쟁'을 중시하여 '이데올로기적 헤게모니'라는 말을 사용합니다.

그람시는 교육, 언론, 법, 대중문화 등이 중요한 역할을 하는 선진 자본주의 국가에 있어서 국가 기구에 의한 물리적 강제력을 통해서라기보다는 시민사회 내에서 획득되는 '대중의 동의'를 통해서 계급에 의한 지배가 이루어진다고 보았습니다. 그람시는 자본주의를 전복시키려면, 자본주의 체제를 지탱하는 이념적 헤게모니를 국가로부터 탈취해와야 하고 그러기 위해서는 교육, 언론, 학계, 예술, 문화 등 광범위한 분야에 진지(陣地)를 구축하여 대항 이데올로기를 전파해야 한다고 주장하였습니다. 이것이 유명한 '진지론(陣地論, war of position)'입니다.[90]

[그림 ④] 안토니오 그람시

그람시는 전략론으로 '기동전(機動戰, war of movement)'과 '진지전' 개념을 사용하였습니다. '기동전'이란 1917년 러시아와 같이 피아(彼我)로 구분하는 두 개의 세력이 정면 대결하는 것을 말합니다. 그런데 선진 자본주의 국가에서 '기동전'은 적합하지 않고 이보다는 점진적이고 전면적인 '진지전'이 적합하고[91] '기동전'은 '진지전'의 일부여야 한다고 보았습니다. 그람시는 진지전이야말로 선진 자본주의 국가에서는 유일한 교전 방식이며 기동전은 절대적으로 필요할 때에 한해서 사용될 수 있다고 하였습니다.

이 개념을 위하여 그람시는 '유기적 위기(organic crisis)'라는 개념을 사용합니다. '유기적 위기'란 기존의 지배계급이 장기간 치유가 어려운 구조적 모순에 직면해 있는 경우를 말하는데, 이때는 기동전을 사용할 수도 있다는 것입니다.

그람시가 현대 공산주의 이론가로서 중요한 점은 그의 유연성(柔軟

性)과 개방성(開放性), 과학성(科學性)에 있습니다. 그는 자본주의 창조물이라고 해서 무조건 거부할 필요가 없으며, 마르크스주의자들이 스스로를 닫힌 세계 속에서 고립을 자초하여 대중으로부터 유리되는 것을 경계하였습니다. 그람시의 이론은 유럽 같은 선진국에서의 혁명 이론으로 적합한 것은 극히 당연하며 그의 영향은 모든 유로코뮤니즘의 이론가들에게 결정적 영향을 미치게 됩니다.

이상의 논의를 통해 자본주의의 장래를 매우 비관적으로 본 슘페터와 자본주의를 견고한 체제로 인식했던 그람시의 사상들을 간단하게나마 살펴보았습니다. 스스로 보수적이든 진보적이든 우파(right wing)이든 좌파(left wing)이든 간에 그람시나 슘페터의 생각을 제대로 알 필요가 있습니다.

그람시를 알면 한국 사회가 보입니다. 이른바 한국의 좌파라고 하는 사람들의 행태들은 의식적이든 무의식적이든 그람시의 사상에 바탕을 두고 있는 것이 분명해 보입니다.

그러나 그람시 이론이 한국 좌파 운동의 근간을 이루고 있는 현실이 저로서는 답답합니다. 왜냐하면 한국 사회는 고립된 존재가 아니며 북한(DPRK)이라는 스탈린주의적 국가가 존재하기 때문입니다. 북한은 항시 기동전이 준비된 국가입니다. 그리고 북한은 한국에 대한 정치적 개입을 당연한 의무이자 역사적 사명으로 인식하고 있습니다. 그런데 북한식 체제는 가장 반사회주의적이며 그람시가 가장 경멸하는 형태인 점 또한 분명히 알아야 합니다. 이것이 한국 사회가 가진 딜레마입니다.

현재의 북한 체제는 마르크스적인 관점에서 보면 가장 극렬한 보수 반동입니다. 왜냐하면 북한의 정치 체제는 강한 봉건적 요소와 극심한 관료주의로 인하여 마르크스가 말하는 생산력의 해방 과정이 전혀 나타나지 않으며 북한 경제는 오히려 심화된 저개발 상태에 불과할 뿐이기 때문입니다. 종속 이론에서 말하는 '저개발의 개발(development of underdevelopment)'이 전형적으로 나타나고 있는 경제 구조가 북한의 경제입니다. 북한은 마치 조선 말기처럼 상부구조가 하부의 생산관계와 생산력의 발전을 철저히 왜곡시켰기 때문에 역사의 추가 거꾸로 가고 있는 상태입니다. 경제의 최악 국면에서 원시적인 시장이 등장하고 있는 것도 이 때문입니다. 경제 시스템이 붕괴된 결과 수십만 명이 탈북자로 꽃제비로 떠돌고 있고 또 그만큼의 많은 사람들이 정치범 수용소에서 생존의 한계 상황에 놓여 있습니다. 이것을 외면하면서, 북한식의 정치경제 체제를 진보적이라는 말과 같은 범주에서 이해하려 한다면, 마르크스와 그람시는 지하에서 통곡할 것입니다.

이른바 한국의 좌파가 진정으로 진보의 길로 나아가려 한다면 북한과 같은 반휴머니즘적(anti-humanistic)이고 반사회주의적(anti-socialistic)인 정체(political entity)와는 분명히 단절하지 않으면 안 됩니다. 원래의 마르크스주의는 철저한 휴머니즘(humanism)을 바탕으로 하고 있기 때문입니다. 우리가 앞으로 추구해야 할 패러다임도 휴머니즘을 기반으로 재탄생하지 않으면 안 됩니다.

세계의 대중들이 바보가 아닙니다. 그들 대부분이 북한은 심각한 문제가 있는 사회라고 인식을 하고 있으면 그것은 분명히 문제가 있는 사회입니다. 저는 한국이 만약 외부 변수가 거의 없는 상태라면 그람시의 이론을 의미 있게 생각합니다. 그러나 맹목적으로 북한의 기동전과 결합하기 위해 한국 사회 내에서 진지전을 전개한다면 이것은 한국 사회의 발전에 가장 위험한 책동으로 간주할 수밖에 없습니다.

그람시는 마르크스와는 달리 하부구조의 변화에 따른 상부구조의 변혁보다도 혁명적 의식을 중시했습니다. 그리고 철저히 대중의 동의에 의한 계급적 지배를 강조했습니다. 대중의 동의에 의한 계급적 지배는 현대 서유럽의 사회주의 정당들에 의한 지배와 실질적으로 다를 것도 없습니다.

우리가 가장 경계해야 하는 것은 과거의 바쿠닌(Bakunin, 1814~1876) 주의자와 같은 '혁명 미치광이' 또는 '묻지마 혁명주의자'입니다. 물론 혁명(revolution)이 필요한 사회는 혁명을 해야 합니다. 그러나 진화(evolution)가 필요한 사회는 진화를 하면 됩니다. 수정(modification)이나 개선(improvement)이 필요하면 수정이나 개선을 할 수 있도록 최선의 노력을 해야 합니다. 왜냐하면 혁명은 너무 큰 희생과 비용이 들어가고 돌이킬 수 없는 수많은 결과도 나타나기 때문입니다.

분명한 것은 지금 한국은 혁명이 필요한 사회가 아니라는 점입니다. 바쿠닌은 즐겨 "파괴의 열정은 곧 창조의 열정"이라고 단언하였는데, 한국에서의 파괴의 열정은 그동안 쌓아 올린 공든 탑들을 한꺼번에 붕괴시킬 수도 있습니다. 이데올로기의 충돌로 인한 대리전은 한국전쟁 한번으로 족합니다.

세계 경제사적으로 한국은 지난 200년 자본주의 역사상 가장 성공적으로 압축성장(壓縮成長, compressed economic growth)을 이룩한 거의 유일한 나라입니다. 한국전쟁 후 세계에서 가장 가난한 나라로 시작하여 서유럽이 200년 동안 이룩한 자본주의의 발전을 한국은 불과 30여 년 만에 이루어내었습니다. 한국인의 저력을 세계에 보여준 것입니다. 한국 경제개발 모형은 라틴 아메리카나 북한 등 대부분의 저개발 국가의 경제개발 모형으로 수출할 필요가 있습니다.

한국의 경제개발 모형은 제가 저개발국에 대해 제시하는 새로운 패러다임이기도 합니다. 즉 저개발 국가들은 선진국들의 일방적인 경제 전략이나 세계적 흐름을 따라가서는 안 된다는 것이지요. 저는 이미 저개발 국가들에 대해 토지개혁(봉건 유제 타파) - 신중상주의적 모델(국내 산업 보호와 자본 축적) - 유치 산업의 보호(경쟁 가능 산업 육성) - 제한적 세계 시장 진입 - 수출 지향(노동 집약에서 시작하여 자본 집약적으로 확장) - 철저한 금융 산업 보호 등을 적절히 배합하여 경제개발 모델을 만들고 대외적으로 선진국들의 자본 침탈이나 경제 침략에 대응해야 한다는 점을 역설한 바가 있습니다.

가령 우리에게 가장 문제가 되는 북한을 예로 들어봅시다(물론 이 예시는 여러 가지 사정들을 모두 고려하지 않고 거칠고 간단하게 제시하는 것이지만 큰 범주에서는 저개발 국가 모두에게 해당됩니다).

북한은 먼저 남북한의 신뢰를 회복하고 민족 파멸의 핵 개발을 중단하여(이 핵무기는 서울을 목표로 하는 것이지 도쿄나 워싱턴이 목표가 되는 것이 결코 아니지요) 군비 지출을 대폭 줄이고, 최소한의 자위적 군대를 남기고 군대를 감축하면서 제조업 육성에 필요한 생산적 노동력(productive labor force)을 확보해야 합니다. 사회적으로 비생산적인 개인 우상화의 비용 지출도 중단하고 토지를 유상 분배 또는 무상 분배하거나 개별 기업이나 협동조합의 형태로 전환하여 보다 효율적인 농업 생산구조를 만들어야 합니다. 한국의 많은 경제 관료와 학자들의 지원을 받아 면밀히 생산요소 부존도(production factor endowment)에 대한 철저한 조사를 통해 경제 개방 및 개발 계획을 확립하고 제도 정비에 착수해야 합니다(이 기회에 한국의 경제 관련 부처는 북한의 개방 및 경제개발 계획을 수립해 주어야 합니다).

그 다음에는 국가 주도의 자본 축적(capital accumulation)을 강화하면서 노동 및 자원 집약적인 분야를 집중 육성해야 합니다. 그리고 풍부한 지하자원이나 저렴한 노동력을 바탕으로 동북아의 제조업(manufacturing industry)의 공장으로 다시 탄생해야 합니다. 임금(wage)이 상승하여 중국이 포기한 산업들을 적극적으로 수용하면서 한국의 기업들과 광범위한 협력을 모색해야 합니다. 나아가 경쟁이 가능한 분야에 제한적으로 세계 시장에 적극적으로 진입하여 세계 시장에 대한 적응력을 기르는 한편, 항만과 도로 등 사회간접자본(Social Overhead Capital)들을 확충해야 합니다. 그리고 지식 집약적인(knowledge-intensive) 소프트웨어(S/W) 산업이나 일부 정보통신(IT) 산업에 적극적으로 진입하여 부가가치를 높이는 방안을 찾아내야 합니다. 이 과정에서 세계 시장에 대한 경험과 노하우(know-how)를 한국으로부터 적극적으로 배워야 합니다.

강력한 사회 통제력을 바탕으로 신중상주의적(neo-mercantilistic) 경제 전략을 총동원하여 경제를 운용하고 기업의 경영권을 보호하는 한편, 금융 제도도 정비하여 미래에 대비하여야 합니다. 이 과정에서 교육효과(learning effect)를 극대화하면서 미래 경제 인력을 육성하고 실질적인 경제개발에 필요한 지원을 한국에 요청하여야 합니다.

다음 단계로 한국과 북한은 가장 느슨한 형태의 경제 통합(Economic Integration) 과정인 선별적 자유무역지대(FTA, Free Trade Area)를 형성하여 북한 상품의 관세를 철폐하여(북한에서는 한국의 공산품에 대해서는 관세를 강하게 부과, 나머지 농산물 등 북한에 피해를 주지 않는 상품은 무관세) 생산물의 완전한 이동을 보장하여야 합니다. 이것이 진전이 되면, 북한 경제에 피해를 주는 품목은 선별적으로 제외하고 한국과 관세동맹(CU,

Custom Union)을 맺어 제3국에 대한 동일한 관세 정책을 시행하여 신중상주의 정책을 강화하고 경제 이익을 극대화하여 경제성장률을 제고하여야 합니다. 그 다음은 남북한이 공동 시장(common market)으로 나아가야 합니다. 이 공동 시장은 생산요소(자본과 노동, 기술 등)의 이동이 자유로운 상태로 실질적인 경제 통합의 단계에 해당됩니다. 그리고 이 과정들에서 정치는 철저히 배제되어야 합니다.

지금 이대로 가다가는 북한은 최악의 경제 위기 상황에 최악의 인권 탄압 국가로 전락할 수밖에 없습니다. 그리고 국가의 전면적 붕괴 상황이 올 것입니다. 그러면 2천만 이상의 비숙련 노동(unskilled labor) 인구가 중국으로 한국으로 유입되어 동북아시아는 큰 경제적 재앙을 맞이하게 될 것입니다.

현재 유럽연합(EU)의 경제 위기에서 보듯이 경제 통합은 감정적으로 이루어질 수는 없는 것입니다. 경제 통합이 제대로 되려면 두 나라가 분야별로 비교우위(comparative advantage)가 많이 있는 것이 좋고, 기술과 경제력의 격차는 적어야 합니다. 그래야만 관세 동맹과 공동 시장의 효과도 극대화됩니다. 경제력과 기술 격차가 너무 벌어져 있으면 반드시 실패하거나 막대한 경제적 혼란을 초래하게 됩니다. 그래서 남북 간의 무분별한 통일은 위험한 것입니다.

한국의 시민단체들도 감상적인 이데올로기적 접근이나 '무작정 퍼주기식 지원'은 중단하고 보다 실질적이고 건설적인 경제 개방과 협력의 방안을 모색하는 데 촉매 역할을 해야 합니다. 목표는 동북아 제조업의 공장입니다.

제가 보기엔 다른 저개발 국가보다는 북한이 오히려 나은 점도 있습니다. 왜냐하면 토지개혁은 다른 국가라면 매우 어려운 과제이지만 북한은 상대적으로 쉬울 것입니다. 나아가 신중상주의의 실현, 유치 산업 보호 등의 문제에 있어서도 북한은 다른 자본주의 저개발 국가에 비해 매우 유리한 측면이 있습니다. 북한은 하루라도 빨리 이 정책을 시행하고 한국은 이에 적극적으로 도와야 합니다.

따라서 우리는 한편으로는 북한이 제조업 공장으로 재탄생할 수 있도록 도와서 비교우위에 따른 상호 경제적 이익을 얻고, 나아가 보다 실질적인 경제 통합 방안을 데카르트(Descartes)식으로 치밀하게 준비해야 하고, 다른 한편으로는 좌우 대립, 가계 부채 등의 한국 사회가 가진 모순들을 지속적으로 극복하면서 보다 나은 복지국가(welfare state)의 건설에 매진하면 될 일입니다. 다만 그 과정에서 국제 경쟁력의 상실이라는 부담이나 부작용이 나타나는 것도 최대한 막아야 하는데 이것이 한국인에게 주어진 큰 숙제겠지요.

제3장 히틀러의 우상, 레닌의 영웅—포디즘의 그늘

:: 자동차 왕 포드

세기의 독재자, 학살자 히틀러(Adolf Hitler, 1889~1945)를 잘 아실 것입니다. 이런 세기의 범죄자도 주변 사람들에게는 농담도 잘하고 유머러스하여 인기가 많았던 사람이라고 합니다.

그런데 히틀러에게는 우상이 있었습니다. 알렉산더? 나폴레옹? 칭기즈칸? 모두 아닙니다. 바로 헨리 포드(Henry Ford, 1863~1947)였습니다. 히틀러는 자신의 집무실에 헨리 포드의 실물 크기의 초상화를 걸어두었을 정도입니다. 독일은 후발 자본주의 국가로 생산성이 크게 뒤진 상태에서 포드의 경영 시스템을 도입함으로써 세계 최고 수준의 공업 강국으로 부상하게 됩니다. 1938년 히틀러는 포드에게 외국인에게 줄 수 있는 최고의 훈장을 수여합니다.

소비에트러시아(소련)도 앞을 다투어 포드주의 시스템을 도입하여

[그림 ①] 히틀러와 포드. 오른쪽 훈장 사진은 히틀러가 포드에게 수여한 최고 훈장

초기의 많은 문제들을 해결합니다. 당시 세계 최초의 사회주의 혁명(1917)을 성공했던 소비에트러시아는 여러모로 위태로웠습니다. 사회주의 혁명이 유럽 전역으로 파급될 것을 우려한 유럽의 국가들이 러시아를 봉쇄했고 러시아 내부의 자본가들도 연대하여 반란을 일으킵니다. 레닌은 노동자와 농민의 군대로 결사 항전하여 이를 물리칩니다. 그러나 구국의 전쟁이 끝나자 바로 이들의 불평과 불만이 터져 나옵니다. 당장 먹고사는 일이 급한 일이었지요. 여기저기서 "땅은 우리의 것이지만 빵은 당신들의 것이요, 산림도 우리의 것이지만 목재는 당신들의 것"이라는 등 노동자 농민들의 아우성이 터져 나옵니다. 이에 레닌(Vladimir Ilích Lenin, 1870~1924)은 과감하게 신경제 정책(NEP: New Economic Policy)을 단행합니다.[92]

나아가 레닌은 러시아 이민 미국인의 아들인 아먼드 해머(Armand Hammer, 1898~1990)를 통해 헨리 포드를 끈질기게 설득하여 러시아 최초의 '가제' 브랜드의 자동차를 생산하여 연 10만 대가 넘는 자동차를

생산하게 됩니다. 이것은 러시아 경제의 큰 돌파구가 되었습니다. 레닌은 "전쟁이 끝나고 소련은 거의 시체에 가까웠으나 이제 간신히 지팡이를 짚고 걸을 수 있게 되었다."고 말했다고 합니다. 레닌은 포드의 열광적인 숭배자였고, 그에게 포드는 영웅이었습니다.[93)]

이와 같이 세계의 자동차 왕 헨리 포드는 당대의 대표적인 거물과 영웅들이 모두 존경한 경영의 성자(聖者)였습니다.

포드는 농부의 아들로 태어났지만 농업에는 전혀 뜻이 없었습니다. 포드는 아버지의 농장에 대해서 "오로지 기억나는 것은 사랑하는 어머니뿐"이었다고 말합니다. 포드는 발명 왕 에디슨(Thomas A. Edison, 1847~1931)이 경영하는 회사에서 두각을 나타내어 에디슨의 지원 하에 엔진 개발에 몰두하고 이를 바탕으로 자동차 회사를 설립하여 자동차 왕으로 우뚝 섭니다.

1914년 포드는 생산비를 줄이고 효율성을 극대화하기 위해 자신의 강력한 지도 아래 저 유명한 조립 라인(assembly line)을 도입합니다. 이것은 생산의 동시화(synchronization), 부품의 표준화(standardization)로 이어집니다. 이로써 자동차의 가격이 현저히 떨어집니다. 동시에 포드는 다른 기업의 2배 이상의 임금을 지급함으로써 세상을 놀라게 합니다. 당시 노동자들은 이합집산이 심했는데 높은 임금으로 인하여 노동자들의 이탈이 없어지고 숙련공들이 증가하여 생산성(productivity)이 오히려 크게 향상됩니다. 1918년에 이르러서는 미국 자동차의 절반이 포드 자동차였다고 합니다.

바로 '중산층의 나라', '자동차의 나라' 미국이 탄생한 것입니다. 이것을 이끈 리더가 바로 포드였습니다. 그래서 사람들은 "포드 이전의 미국과 포드 이후의 미국은 서로 상상하기가 어렵다."고들 합니다.

이것이 포드의 성공 이야기입니다. 그러나 이 정도라면 제가 굳이 여기에 소개할 정도는 아닙니다. 포드는 여러분이 아시는 단순히 성공한 경영자가 아니라 테일러(Frederick Winslow Taylor, 1856~1915)보다도 더 위대한 경영의 스승이었고, 사회 사상가였습니다. 세계 그 어느 위대한 사상가도 포드가 행한 만큼 할 수가 없고, 사회주의 자본주의 할 것 없이 그 어떤 사상가의 이론도 포드의 경영 이론만큼 앞을 다투어 도입하려고 했던 사례는 없었습니다.

(1) 사상가 헨리 포드

우리가 말하는 자본주의는 엄밀한 의미에서 포드주의 즉 포디즘(Fordism)을 말하는 것이죠? 이해가 안 되십니까?

포드는 조립 라인으로 대량 생산을 달성합니다. 그리고 이를 통하여 노동 생산성(productivity of labor)을 극대화하여 노동자에게 고임금을 지급함으로써 광범위한 중산층을 만들고 당시 최고가품인 자동차를 값싸게 공급하여 대중화하는 데 성공합니다. 이것이 전후 자본주의의 가공할 만한 성장과 풍요를 가져다 준 것입니다(물론 이후의 자본주의는 자원의 낭비와 수요의 부족이라는 다른 문제가 나타나서 상당한 기간의 조정기를 거치고 있기는 합니다). 이를 보면 확실히 포드주의는 자본주의의 하드웨어(hardware)임이 분명합니다.

쉽게 말해서 자본주의니 자유민주주의니 하는 그 추상적이고 모호한 관념이나 상부구조를 지탱하는 거대한 하부구조는 바로 포드주의라

[그림 ②] 포드의 조립 라인(1913)과 현대의 조립 라인

는 말입니다. 다시 말해서 자유민주주의라는 소프트웨어(S/W)의 근간이 되는 것은 바로 포드주의라는 하드웨어(H/W)라는 말입니다.

그러나 깊이 살펴보면 포드주의는 단순한 하드웨어만은 아닙니다. 포드는 원대한 비전(vision)을 가지고 있었습니다. 그것은 바로 복지자본주의(welfare capitalism)의 건설이라는 것입니다. 포드는 근로 시간을 줄이면서 임금은 다른 회사의 두 배로 올리는 혁명적인 기업 경영을 합니다. 당시는 러시아 혁명이 일어나고 사회주의 세력이 전 세계적으로 활동하던 시기였습니다. 미국도 예외는 아니죠. 그가 월스트리트(Wall Street)의 극심한 비난 속에서도 노동자들에게 고임금을 지급한 것도 바로 복지자본주의 즉 복지국가의 건설의 엔진이 되겠다는 원대한 목표를 가졌기 때문입니다. 대량 생산 체제를 구축하여 이룩한 엄청난 기업 이윤을 노동자들과 함께 나눔으로써(profit-sharing), 그는 미국이 중산층의 나라가 되게 하는 데 결정적인 기여를 하게 됩니다.

그는 스스로 도덕적으로 모범을 보이면서 직원들의 사생활도 건전하게 하기를 요구합니다. 현재의 관점에서 보면 '사생활 침해'의 논란이 불가피하지만, 당시 대부분의 노동자들이 근무 후 음주, 도박 등에 월급을 탕진하여 가정이 파괴되는 것을 포드는 묵과할 수 없었기 때문입니다. 가정의 파괴는 결국 회사의 파괴로 이어지고 그것은 바로 생산성의 파괴로 이어져, 결국 국가 체제의 위기로 귀결됩니다. 포드가 직원들의 사생활에 대해서 개입을 한 것은 그가 단순히 간섭하기를 좋아해서가 아니죠. 자기가 생각할 때, 복지국가로 가기 위한 하나의 방법론이었던 것이죠.

이런 점에서 포드는 노조(Labor Unions)에 대해서 상당히 부정적으로 생각했습니다. 좋은 동기보다는 일부 지도자들의 정치적 욕망에 의

[그림 ③] 에디슨(왼쪽)과 헨리 포드(오른쪽)

해 좌우될 수 있다고 본 것이죠. 물론 이 같은 그의 생각이 다 옳다는 것은 아닙니다. 그러나 분명히 그런 요소가 있는 것도 현실입니다. 포드는 당시의 노조 지도자들이 자신의 권력을 유지하기 위해 마르크스 레닌주의에 경도되어 사회를 위기로 몰고 간다고 확고히 믿었습니다. 그리고 자본주의가 다소 문제가 있더라도 사회주의 혁명이 대안일 수가 없다고 그는 믿었죠.

포드는 현재의 사회를 조금 손질하면 얼마든지 좋은 사회를 만들 수 있는데 굳이 혁명을 노래하는 것은 옳은 행위가 아니라고 본 것입니다. 포드는 전쟁이나 혁명을 시간 낭비라고 생각합니다. 무엇보다도, 포드는 당시 역사적으로 아직은 미성숙한 미국의 이미지를 새롭게 전 세계에 구현해 갑니다. 이 점을 대부분의 경제·경영학자들은 너무 간과하고 있습니다.

당시까지만 해도 영국이나 프랑스의 세상이었죠. 영국적이거나 프랑스적인 것이 '선진화'의 상징이었죠. 당시 미국은 스스로도 세상을 경륜할 만한 능력을 가진 나라라는 인식을 할 수가 없었습니다. 실제로 미국은 1차 대전 이후 쇠락한 영국을 대신할 것을 종용받았지만 그럴 능력이 없다고 스스로 믿었습니다.

그러나 미국 정부를 앞서 '포드주의'가 세계의 생산과 경영 방식을 주도합니다. 자본주의는 물론이고 사회주의자들도 포드주의를 수용하지 않으면 안 된다는 절박감을 가지고 있었기 때문입니다. 그러니까 이후 나타나는 '미국이 주도하는 세계 질서'의 이전에 이미 하드웨어로서 이미 세계를 주도한 것이 포드주의라는 것입니다. 포드주의는 바로 성공적인 아메리카니즘의 본질(the essence of successful Americanism)이라는 말입니다.

이런 점에서 포드는 보다 실질적인 의미에서 자본주의의 수호자(patronus)인 셈입니다. 그러니까 제2차 대전 후 엄청난 풍요를 구가한 자본주의를 기반으로 한 자유민주주의의 위대한 설계자가 바로 포드라는 말입니다. 바로 이 점에서 포드는 위대한 사회사상가입니다.

실제로 미국은 무력으로 세계를 지배하기 이전에 이미 포드에 의해 세계를 지배하고 있었던 셈입니다. 포드는 보다 실질적인 의미에서 자본주의와 자유민주주의의 건설자였던 셈이죠.

나아가 포드는 세계 평화라는 원대한 비전(global vision)을 가지고 있었습니다. 그는 세계 평화의 열쇠는 바로 고도 소비 사회의 건설로 파악한 듯합니다. 바로 이 점에서 그는 자본주의와 자유민주주의의 대표적인 수호자였습니다. 그는 이를 위하여 두 가지 방법을 선택합니다. 하나는 포드의 생산 방식을 전 세계에 수출함으로써 전 세계적인 생산성 향상 및 임금 인상을 달성하는 것입니다. 다른 하나는 국제 교역을 확대하는 것입니다. 포드의 생각은 세계 평화가 국제 교역의 확대를 통해서 달성할 수 있다는 것입니다.

포드의 경영 사상을 흔히 포디즘이라고 합니다. 여러 면에서 포드는 모범적인 사업가이자 경영 혁신가라고 할 수 있습니다. 어떤 의미에서 미국은 이런 기업가들 때문에 기업가들이 사회적으로 존경받는 문화가 형성되었는지도 모릅니다.

포드가 주로 활동한 시기는 세계적으로 계급 갈등이 가장 심했던 1900년대 초반입니다. 그는 기업을 자본가의 영리 추구의 수단으로 보지 않고 사회적 서비스 기관으로 간주합니다. 즉 기업은 사회적 봉사가 원천적인 목적이며 영리 추구는 그 다음이라는 것입니다. 현대 경영학의 아버지인 테일러가 단지 노동자들의 과학적 관리(scientific management)에 관심을 두었다면 그는 총체적인 생산 과정 전반을 재조직화(reorganization)한 사람입니다.

포드는 생산의 표준화(standardization)와 동시 관리 기법(컨베이어벨트 시스템)을 도입하여 생산 효율을 극대화시킵니다. 그는 당시의 극심한 계급 갈등을 표준화 · 동시 관리 → 대량 생산(mass production) → 단위당 가격 하락 → 노동 생산성(productivity of Labor) 증가 → 저렴한 가격의 상품 공급으로 국민 후생(welfare)의 증대 → 기업 이윤(profit)의 증대 → 노동 임금(wage)의 증대 → 계급 갈등의 해소 등 일련의 과정으로 해결하려 했습니다. 그는 모든 미국 가정에 자동차 한 대씩 공급하려는 사명감을 가졌습니다(a car in every home in America). 이 같은 그의 생각은 계급 갈등 해소는 물론이고 국민적인 복리 증진이라는 두 마리 토끼를 동시에 잡는 효과를 가진 것이 분명해 보입니다.

[그림 ④] 경제대공황 당시 실업자들의 행렬(캐나다 토론토, 1930). 피켓에 "우리는 일시체류자가 아니라 시민이 되고 싶다."고 쓰여 있다.

포디즘의 영향으로 자본주의는 큰 성공을 거두는 듯합니다. 그러나 포디즘은 인간을 지나치게 기계화(mechanization)시키고, 한 라인이 멈추면 전체 라인이 중단될 뿐만 아니라, 수요의 변화에 따른 생산 라인의 교체가 힘든 문제점들이 광범위하게 나타났습니다. 더욱 위험한 것은 대량 생산은 가능하게 되었는데 그것을 판매할 시장이 항상 부족한 상태가 되는 문제를 심화시켰습니다. 대량 생산으로 경제는 성장하는 듯이 보이지만 부족한 수요는 언제 폭발할지 모르는 뇌관(雷管, detonator)으로 남아 있게 된 것이죠. 그것이 경제 대공황(Great Depression)으로 이어지게 됩니다.

이 같은 문제를 해결한 이가 바로 케인즈(Keynse, 원 발음은 [킨즈]

인데 한국과 일본에서는 케인즈로 부르고 있어 주의)입니다. 케인즈는, 자본주의는 문제가 많은 것은 분명하지만 공산주의나 다른 어떤 체제보다는 나은 경제 체제라고 확신하면서 정부가 나서서 자본주의를 통제하면 대량 생산 체제가 가진 문제들을 극복할 수 있다고 본 것입니다. 그래서 기존의 포디즘의 바탕 하에서 정부가 정부 지출(government expenditure)을 통하여 경제에 본격적으로 개입하면서 자본주의는 다시 유례 없는 번영을 누리게 됩니다. 적어도 미국이 베트남 전쟁(Vietnam War)을 일으키고 위대한 사회 건설(Great Society Initiative, 존슨 대통령 시대의 미국의 전 국가적인 대규모 복지 프로젝트)로 경제가 곤두박질치기 전까지는 말입니다.

세계를 이끌어 가던 미국은 베트남 전쟁으로 군수공업이 산업을 주도함에 따라 민수(민간) 산업이 약화되어 극심한 무역적자가 발생했고 위대한 사회 건설이라는 야심 찬 사회복지 정책은 엎친 데 덮친 격으로 재정 적자를 가속화하여 미국이 주도하던 세계 경제에 큰 균열을 초래하면서 1980년대 미국은 나락(奈落)으로 빠지게 됩니다. 1990년대 초반 인터넷(Internet)과 IT로 화려하게 부활하기 전까지는 말입니다.

(2) 제2차 산업 분화

케인즈는 포디즘의 문제들을 정부 개입을 통해 해결하였지만 그것이 항구적인 것은 아니었습니다. 어떤 의미에서 현대에 주로 거론되고 있는 케인즈식의 복지국가(welfare state)란 좀 많이 어려운 전문용어로 하면, 부르주아와 프롤레타리아의 극심한 갈등의 교착 상태의 정치적 표현(the political expression of a stalemate between bourgeoisie and the working class)이라고 할 수 있습니다. 이 말은 많이 어렵지만 매우 정확한 표현입니다.

케인즈 혁명이 한계에 도달하자 다시 포디즘의 위기가 나타나고 이것은 곧바로 세계 체제(자본주의)의 위기로 나타납니다. 포디즘은 자동차 생산과 같이 대규모로 표준화된 상품을 생산하는 데는 적합하지만, 막대한 비용의 설치비가 들어가고 일단 설치된 생산 라인은 변경이 매우 어려운 문제를 가지고 있습니다. 한마디로 매우 경직된 생산 라인입니다. 생산 라인의 경직성(硬直性)을 탈피하기 위해서는 마치 과거 근대 초기의 다양한 수공업 체제의 네트워크 구축을 통한 다양한 생산 라인의 확보가 필요합니다. 산업조직의 혁명적인 변화가 필요한 것이죠.

세이블과 피오레(Sable & Piore)는 주저인 『제2차 산업분화(*Second Industrial Divide*)』(1984)에서 현대 자본주의 국가의 특징을 대량 생산[mass production: 포디즘(Fordism)]과 개별 국민 국가(single nation)라고 파악하고, 대량 생산 체제 하에서도 견고하게 존재하는 중소기업의 존재를 보면서 산업적 이원주의(industrial dualism)의 이론을 전개합니다. 그들은 무엇보다도 일본과 독일 등 신흥 강국들의 생산 체제가 포드주의를 기반으로 하는 미국의 생산 체제와 다르다는 것에 주목합니다. 이들 나라들의 생산 체제는 기존 수공업적 생산 방식과 포드주의적 대량 생산 체제를 유기적으로 결합하는 과정에서 제도, 관습, 사회적 규범(norm) 등의 지역적 요소들을 받아들이고 있다는 것입니다.[94] 대량 생산은 수요와 공급의 불일치가 나타날 수밖에 없기 때문에 이것을 조정 보완하는 것으로 현대적인 수공업 생산(modern craft production)이 불가피하다는 인식을 한 것이죠. 이것이 유명한 유연 전문화(flexible specialization) 생산 체제입니다.

세이블과 피오레는 포디즘으로 야기된 자본주의 위기를 극복하는 하나의 방법론으로 유연 전문화에 접근합니다. 그들은 당시 포디즘의 위기는 정부 개입의 축소나 경제 정책을 통한 시장 기능의 회복으로 극복될 수는 없다고 생각한 것이죠. 나아가 그들은 새로운 유연 전문화 생산 체제가 사회의 상부구조도 변화시킬 수 있다고 본 것입니다.

이 시기의 자본주의는 자본가와 노동자의 광범위한 화해를 추구하게 됩니다. 이것을 복지자본주의(welfare capitalism) 또는 복지국가(welfare state)라고 부르기도 합니다. 세이블과 피오레는 여기에는 두 가지의 이유가 있다고 합니다. 하나는 한 산업의 번영은 그 노동자들의 번영과 밀접히 관련되어 있다는 인식이 팽배했다는 것이고, 다른 하나는 생산성이 노동자와 경영자들 사이에 협력을 통해서 증진될 수 있다는 생각들을 경영자들이 하게 되었다는 것이지요.

세이블과 피오레는 케인즈식 자본주의는 문제가 있으며 경제에 있어서 정부의 정치적 개입은 상황을 더욱 악화시킨다고 합니다. 그들은 정부는 개입을 자제하라고 주장합니다. 경제가 파국으로 치닫는 것은 자본주의 경제가 다만 표준화(standardization)에 경도되어 대량 생산을 기초로 한 산업 발전을 모델로 삼은 것의 한계 때문에 나타난 현상이라고 합니다. 여기에 소득의 흐름(the flow of income)과 권력의 분배(distribution of power) 문제를 제대로 해결하지 못함으로써 위기가 더욱 심화되었다는 것입니다. 이 위기는 산업기술의 선택과 관련이 있습니다. 어떤 기술을 선택하는가에 따라서 자본주의의 향방이 달라지는 것이죠.

세이블과 피오레는 첫 번째 산업적 분화는 19세기 미국과 영국을 중심으로 나타났으며 두 번째 산업적 분화는 1980년대를 전후로 나타나고 있다는 것입니다. 이 시기의 발전을 추론해 볼 때, 경제는 기본적으로 대량 생산을 기반으로 하지만, 경제를 조절할 수 있는 각종 기구나 조직들이 광범위하게 확대됩니다. 그리고 선진국과 개발도상국 사이의 관계가 새로이 정립되면서 기존의 확립된 생산 기술로부터 1차 산업 분화의 대상이었던 수공업적인 생산 방식으로 방향을 재조정하는 경향이 나타난다고 합니다. 이것을 세이블과 피오레는 제2차 산업 분화(second industrial divide)라고 부르고 있습니다.

(3) 제3 이탈리아 모델

유연 전문화는 효력을 발휘하여 정부가 지역 기업들과 서로 협동하고 화합하여 변화하는 경제 환경에 대응한다거나 경영자와 노동조합이 경영권을 공유함으로써 시장의 수요 변화에 대응하는 형태가 나타나기도 합니다. 이 시기에 이탈리아의 볼로냐(Bologna) 지역에서 유연 전문화의 성공 모델이 나타납니다.

이 지역은 중세부터 기술력을 가지고 있는 소규모 생산자들의 협동조합이 발달되어 있는 곳이라고 합니다. 그러니까 다수의 능력 있고 특색 있는 작은 기업들이 과거의 지식과 경험들을 축적하고 있는 상태라는 것이죠. 이들 기업들이 협동조합을 구성하여 광범위한 네트워크를 구축하고 이 협동조합은 대기업과의 협상이나 마케팅, 생산 조정 등 여러 업무들을 대행함으로써 변화된 사정에 발 빠르게 대응합니다. 이를 두고 제3 이탈리아 모델(The Third Italy model)이라고 합니다.[95)]

제3 이탈리아 모델은 지역 경제의 대표적인 성공 모델임은 분명해 보이지만 우리가 찾아가는 새로운 패러다임의 전조가 될지는 아직 미지수입니다. 차라리 이 모델은 현대에 나타나는 각종 산업 클러스터(cluster) 모델로 보는 것이 나을 듯합니다.[96] 다만 포디즘을 서서히 지양하면서 다양한 소비자들의 수요를 맞추는 방향으로 산업 기술들이 조정되고 있다는 점을 지적한 것은 매우 타당합니다. 특히 미래 산업인 IT 분야에서 이 같은 경향은 두드러진다는 측면에서 의미 있는 분석이라고 할 수 있습니다. 사실 디지털 시대에 접어들면서 기업은 고도로 슬림(slim)화되면서 커스터미제이션(customization: 개별적인 고객의 수요에 다양하게 대응하는 것) 현상이 많이 나타나고 있는 것을 알 수 있습니다. 디지털 시대에 기업이 크다는 것은 그만큼 운영하기가 어렵다는 것을 의미합니다.

제조업(manufacturing industries)이 산업을 선도하던 시기에는 포디즘 이외의 대안은 없을 것입니다. 제조업은 일반적으로 대량 생산을 위해 많은 설비와 많은 노동력, 그리고 그 노동력을 관리하기 위해 또 많은 전문 인력이 필요하기 때문에 국민 경제 전체로 본다면 고용창출의 효과가 매우 큽니다. 즉 많은 사람들에게 일자리를 쉽게 줄 수가 있다는 것이지요. 그래서 상대적으로 보면 제조업이 건실하면 사회는 안정될 수 있습니다.

그러나 제조업은 노동의 가격 즉 임금(wage)에 따라서 경쟁력이 좌우될 수 있습니다. 세계화와 자유무역의 경향이 강화됨에 따라서 제조업들은 고임금의 압력을 견디지 못하게 됩니다.

기업을 유지하려면 제품의 경쟁력이 있어야 하는데 그 경쟁력은 간단히 말하면 "싸고 품질이 좋아야 한다."는 것입니다. 품질 문제를 일단 제외하면, 문제는 가격이 싸야 한다는 것입니다. 그러나 어느 나라든지 선진국화되면서 임금이 높아지는데 이 임금이 높아지는 압력을 기업들이 견딜 수 없습니다. 그래서 사회가 발달할수록, 노조가 강화될수록 생활 수준이 높아질수록 임금은 상승하게 되고 기업은 더욱 경쟁력이 약화됩니다. 물론 노동자의 입장에서는 기업가들이 자기의 이윤을 포기하고 고임금을 감내하면 되지만 세상은 예수님이나 부처님이 사시는 곳은 아니기 때문에 기업가들의 투자 의지를 급격히 감소시키게 됨으로써 차라리 해외 투자에 눈을 돌리게 되는 것이지요.

이런 과정에서 유연 전문화 생산 체제를 제시한 점은 의미가 있습니다. 한국과 같은 곳에서는 충분히 검토해 볼 만했고 많은 형태가 추진되고 있습니다. 기존의 고용률을 유지하면서 한편으로는 노사간의 화해와 협력을 증진시키는 동시에 다양한 시장 수요를 충족시킬 수도 있기 때문입니다.

그러나 아이러니한 얘기지만 노동자들과 자본가들이 사이가 좋아지려고 하니 그들의 사랑과 밀월(honey moon)이 의미 없는 시대가 오고 있습니다.

사실 저는 자본가와 노동자가 사이좋게 지내든 말든 관심을 끊은 지 오랩니다. 왜냐하면 현대 세계 경제의 문제는 자본가와 노동자의 화해와 협력의 문제가 아니라 취업 자체가 안 되는 광범위한 실업자, 불완전 취업자, 궁핍화 성장의 희생자들, 빈민, 소외 계층들과 각종 루저(loser)들의 존재에 있기 때문이죠.

따라서 세이블과 피오레의 분석은 자본주의 패러다임의 일부의 변화를 날카롭게 지적한 것은 분명하지만 그것을 패러다임의 근본적인 변화로 보기에는 무리가 있습니다. 무엇보다도 포디즘의 그늘에도 명

맥을 유지한 많은 기업들의 존재가 포디즘을 극복하는 하나의 대안(alternative)이라기보다는 오히려 틈새시장에서 숨죽이며 생존했을 가능성이 훨씬 크기 때문입니다.

이제부터는 포디즘 이후의 세계를 다시 좀 더 정교하게 살펴보도록 합시다.

제4장 카오스의 여명—포스트 포디즘과 케인즈의 그늘

:: 자본주의 4.0?

디지털 시대가 도래하자, 사람들은 자본주의를 마치 프로그램의 버전(version)처럼 말하기도 합니다. 그래서 오늘날의 자본주의를 자본주의 4.0이라고도 합니다. 현대의 자본주의는 초기 산업자본주의(자본주의 1.0)를 거쳐 대공황(1929)을 기점으로 케인즈 혁명을 지나 경제적 번영의 길로 들어선 1970년대까지의 수정자본주의(Revised Capitalism: 자본주의 2.0), 이후 만연한 정부의 개입을 줄이고 시장의 기능을 강조하는 이른바 신자유주의를 바탕으로 한 신자본주의(자본주의 3.0) 등을 지나왔습니다. 그런데 시장이나 정부 모두가 방만하고 도덕적 해이(moral hazard)에 젖어 여러 문제들이 발생하였습니다. 사람들의 분노도 폭발하였습니다.

2011년은 세계 금융자본들의 파렴치한 행각과 병적인 탐욕에 대해

[그림 ①] 2012년 새해 "월가를 점령하라" 시위대가 경찰과 대치하고 있다.

서 모두가 분노했던 한 해였습니다. 전 세계적으로 대규모의 시위가 있었습니다. 이른바 '반월가' 시위였습니다. 그들은 1%의 부자에 대항하여 "월가를 점거하라(Occupy Wall Street)"고 외칩니다. 타깃(target)은 주로 투자회사, 금융지주사, 증권사, 은행 들이었습니다. 경제를 시장에만 맡겼을 때 어떤 참담한 결과를 초래할 수 있는지 깨달으면서 자본주의 자체에 대한 새로운 패러다임의 논의가 시작된 것이죠. 이것을 자본주의 4.0이라는 말로 사용하고 있습니다.

지금 우리가 사는 이 시대는 시장 특히 금융 시장(financial market)이 제 기능을 상실한 채 탐욕으로 병들어 더 이상 자본주의를 지탱하기 힘들어 보이는 듯도 합니다. 그래서 자본주의 4.0은 '성장'과 '발전'은 지양(止揚)하고 '공생(共生)'과 '상생(相生)'에 초점을 맞춰 자본주의 패러다임의 변화를 모색해야 한다는 것이 주요 내용입니다. 그래서 중소기업과 대기업, 실물 산업과 금융 산업, 국내 자본과 외국 자본, 상업은행과 투자은행 등 '상생하는 복지(positive-sum welfare)' 구도를 만드는 것이 나아가야 할 방향이라는 것입니다.

그러나 지금까지 보아온 대로 자본주의의 하드코어(hardcore)가 온존하는 상황에서는 동화 같은 이야기일 수밖에 없습니다. 한국의 〈동반성장위원회〉를 이끌었던 정운찬 교수(전 국무총리)는 그동안의 사정을 "전경련은 그들밖에 모른다. 잘 사는 형님이 동생 챙겨 화목한 가정 만들어야 하는데 그들은 그럴 생각 전혀 없다. 동반성장은 한 발짝도 못 떼었다."라고 정리했습니다.[97]

(1) 포스트 포디즘

1970년대의 자본주의는 다시 혼란에 빠집니다. 이른바 포디즘의 위기인 것이죠. 자본주의는 1950~1960년대의 지속적 고성장 시기를 거쳐 1970년대 이후 불안정 저성장에 돌입하고 당시까지 보지 못했던 스태그플레이션 현상(Stagflation)이 나타나기 시작합니다. 즉 이전까지 인플레이션이 되면 실업률은 하락하는데 이 시기에는 실업률과 인플레이션이 동반상승하는 현상이 나타나기 시작한 것이죠. 이것은 매우 심각한 현상으로 무언가 큰 변화가 자본주의 체제 하에서 나타나고 있음을 보여주는 것이기도 합니다. 그래서 이 같은 포디즘의 위기를 극복하기 위한 여러 가지 시도들이 일어납니다. 이러한 다양한 움직임을 두고서 이

[표 ①] 포디즘과 포스트 포디즘의 단순 비교

자료: 이영희, 『포드주의와 포스트포드주의』(한울아카데미, 1995), 45쪽 재구성.

	포디즘(Fordism)	포스트 포디즘(Post Fordism)
상품 생산	소품종 대량 생산	다품종 소량 생산
기계 형태	전용 기계(경직성)	범용 기계(유연성)
기업 조직	집중화	분산화
위계 구조	수직적	수평적
노사 관계	단체 교섭, 대립적	개별 교섭, 협조적
노동 분업	직무 세분화	직무 통합화
노동 인간화 정도	낮다	높다

른바 포스트 포디즘(Post Fordism)이라고 합니다.

포스트 포디즘을 단순한 시각에서 먼저 개괄적으로 살펴보고 우리의 논의를 시작합시다.

위의 표를 보면, 포디즘의 위기에 대응하여 각 기업들은 경직된 소품종 대량 생산 체제를 벗어나기 위해 안간힘을 씁니다. 기업의 조직 면에서도 중앙 집중적인 구조에서 벗어나 분산적 네트워크(network)를 구축하고 의사소통(communication)을 강화하면서, 대립적인 노사 관계도 협조적으로 변화시키려고 많은 시도를 합니다. 노동의 직무들도 세분화보다는 통합함으로써 한편으로는 기계의 부품으로 전락한 이전의 노동과는 달리 생산 전 과정에서 지루하지 않고 능력을 최고조로 발휘할 수 있도록 노동의 인간화를 시도하고 있습니다. 그리하여 상품 생산의 전체 과정을 이해하고 이 이해를 기반으로 아래로부터의 혁신(innovation)과 끝없는 개선(improvement: 예를 들면, 도요타 생산방식)을 모색하는 방향으로 변화하고 있습니다.

[그림 ②] 도요타 전시관

그러나 이 많은 시도들이 오히려 성격이 다른 형태의 포디즘을 강화하고 있다는 비판도 만만치 않습니다. 예컨대 포스트 포디즘의 대명사였던 도요타 생산 방식(TPS: Toyota Production System)으로 인하여 오히려 노동의 극심한 소외(alienation) 현상이 발생하더라는 말입니다. 실제로 도요타 방식이란 인재를 육성하고 지혜의 결집, 인간성 존중을 표방했음에도 불구하고[98] 오히려 '초과밀 노동강도'를 부추겨 과도한 개선에 시달린 노동자가 "자동차 전조등을 켜고 집에 가고 싶다(날 새기 전에 퇴근해 보았으면 좋겠다는 의미: 필자 주석)"라는 말을 남기고 숨지고, 도요타의 이직율(퇴사율)은 상당히 높은 수치를 기록하였습니다. 구체적으로, 1991년 4월에 채용된 젊은 노동자들의 25%가 그해에 이직하였다고 합니다.[99] 특히 조립 라인이 멈추면 끝없이 "장미꽃이 피었습니다."라는 음악이 흘러나와 해당 라인의 근로자는 엄청난 스트레스를 받게 됩니다.[100] 포스트 포디즘이란 어떤 의미에서 보면 하나의 구호에 불과할지도 모른다는 우려를 낳게 합니다.

애쉬 아민(Ash Amin)은 포디즘 이후의 시대 즉 포스트 포디즘을 분석하는 이론적 흐름을 크게 ① 조절 이론(regulation theory) 또는 조정 접근법(regulation approach), ② 신(新)슘페터적 접근법(neo Schumpeterian approach), ③ 유연 전문화 접근법(flexible specialization approach) 등으로 요약합니다.[101)]

여기서 이들 이론들 가운데 이미 검토했던 유연 전문화를 제외하고 나머지를 패러다임의 시각에서 간단히 검토하고 넘어갑시다.

첫째, 조절 이론(regulation theory)이란 주로 프랑스의 이론가들에 의해 제시된 것입니다. 조절 이론의 발상은 항시 위기와 모순이 가득한 자본주의가 어떻게 이를 극복하면서 일정 기간 동안 항상성(homeostasis)을 유지하고 자기 재생산을 할 수 있는가를 탐구해 가는 것입니다. 나아가 어떤 구체적인 자본주의 경제 체제[102)]가 유지되는 것은 그것을 사회적으로 조절하는 '제도적 앙상블(ensemble)[제도적 조절양식]'이 있고 이것의 다양한 양태를 추적함으로써 자본주의의 미래와 운명을 밝히는 것이죠. 말이 너무 어려우니 좀 더 쉽게 이해해 봅시다.

조절 이론가들은 자본주의 자체가 그 내부에 패러다임의 변화가 있는데 이론가들이 그것을 무시하고 자본주의 그 자체를 일반론적으로 이해한다고 주장합니다. 즉 자본주의는 외형적으로 변화가 없는 듯이 보이지만 그 내부에는 끊임없는 변화가 일어나고 있는데 이를 감지하지 못하고 이론을 전개한다는 것입니다. 이 다양한 변화들은 국제적 정치경제 관계, 생산 형태, 금융 관계, 경쟁 방식, 노사 관계 등의 주요 부문들이 어떤 방식으로 맞물려서 돌아가는가에 따라 결정된다는 것입니다. 이것을 조절 이론가들은 '접합(configuration)'이라고 합니다.

가령 노사 관계가 상호 투쟁에서 상호 협력으로 바뀐다든가 정보통신혁명으로 생산 형태가 바뀌면, 자본주의 자체는 달라질 수밖에 없다는 것입니다. 따라서 같은 자본주의라도 이 접합 양식에 따라서 나라별로 다양한 모습이 나올 수 있다는 말이지요.

호베르 브와예(Robert Boyer)는 2차 대전 후 세계 경제의 장기적인 호황은 정부가 외부 자본을 관리하고 고금리를 억제함으로써 투자의 흐름을 원활하게 하였고, 국내 시장의 활성화에 주력하면서 케인즈의 이론에 입각하여 경기를 적절히 조절한 결과였다고 합니다.[103] 그러나 시간이 갈수록 장기적 호황의 결과 나라별로 공급 과잉이 나타나자 수출 압력이 증대하고 임금의 상승으로 인한 국제적인 자본 이동 압박이 세계화로 나타나게 됩니다. 그것이 지금의 체제라는 것입니다.

조절 이론은 자본주의 내부의 미세한 패러다임의 변화를 정제된 시선으로 바라본다는 점에서 의미가 있는 것은 분명합니다. 자본주의의 진행 과정에서 나타나는 시장의 변화에 대해 조절 기구가 불안정하여 제 구실을 못하면 바로 체제의 위기로 나타나게 됩니다. 즉 자본주의적 경제 활동을 구성하는 노동 관계, 상품 소비 관계, 국민 경제의 재생산 구조가 기존의 사회 제도적 장치로 더 이상 조절될 수 없게 되면서 체제 위기가 나타난다는 것이죠. 현대에는 조절 기구들이 제대로 구실하지 못하는 이른바 '탈조절화(deregularization)' 현상이 나타난다는 것입니다.

이와 더불어 세계화, 정보화, 탈산업화, 탈국가화 등이 만연하게 되는 것입니다. 특히 세계화와 더불어 국가의 탈조절화가 나타나는데, 이것은 국가의 조절 역량이 약화되고 있거나 아니면 해체가 되고 있음을 의미합니다. 세계화(globalization)는 세계 전체가 하나의 경제 시스템으로 편성되고 있음을 의미합니다. 즉 상품의 생산-유통-소비 등의 일련의 과정이 전 세계적으로 진행되는 현상이지요.

세계화가 이같이 급격히 진행되면, 그동안 첨예하게 대립했던 각종 이데올로기적인 논쟁은 의미가 없습니다. 왜냐하면 그동안 한 국가 내부에서 진보니 보수니 하는 논쟁들은 근대 국민 국가의 자본주의를 기반으로 하는 것이기 때문입니다. 국적이 모호해진 상황에서 누가 누구를 비판할 것입니까?

조절 이론을 검토하는 과정에서 우리는 매우 중요한 사실을 다시 한 번 알 수 있습니다. 자본주의가 가진 근본적인 패러독스(paradox)를 보다 쉽게 접근할 수 있다는 말입니다.

즉 케인즈 혁명 이후 자본주의는 외형적으로 보면, 경제적 안정성(stability)을 충분히 유지하는 듯이 보이지만, 그 내부에 끊임없이 불안정성(instability)과 위기(crisis)를 발생시키는 자본주의의 내재적 경향성(inherent tendency)이 나타난다는 것입니다. 그리고 자본주의는 이에 대응하여 신속하게 필요한 각종 규율(regulation)과 통제 능력을 강구한다는 것입니다. 그것이 자본주의의 강한 생명력이라는 것입니다.

결국 자본주의는 내부적으로 가진 파괴적 위험 성향과 이를 억제하려는 정부나 각종 제도들이 항구적으로 긴장 상태에 있다는 사실입니다. 여기에 정권 교체가 빈번히 일어나고 단기적인 포퓰리즘(populism)이 만연하는 상황이라면 이 균형은 항시 쉽게 무너질 수밖에 없게 됩니다[조절 이론가들이 사용하는 좀 더 어려운 전문용어로 표현하면, 시장의 안정성을 파괴하는 역동적 성격인 축적 레짐(regime of accumulation)과 불안정성이 높아지는 시장을 조절하려는 조정 모드(mode of regulation) 사이에 끝없는 긴장이 있다는 말이지요].

어떤 의미에서 시장이라는 것은 인간의 역사가 시작된 이래로 매우 견고하게 유지된 것들 가운데 하나라고 할 수 있습니다. 그러나 이 시장 내부에 끊임없이 시장의 안정성을 파괴하려는 속성이 내재하고 있다는 것을 말하는 것이지요. 이것은 마르크스나 슘페터, 폴라니 등 대부분의 이론가들이 지적하는 부분입니다. 다만 그 용어들이 다를 뿐이지요. 가령 자본주의 시장 내부에는 항상 격렬하게 독점하려는 시도가 나타나고 또 그 독점적인 생산력이 야기하는 문제를 통제하려는 것 또한 자본주의의 속성이라는 말입니다.

조절 이론은 자본주의에 대한 정교한 분석에도 불구하고 자본주의의 중심부에 대한 논의에 집중되어 있어 광범위하게 존재하는 대부분의 저개발 국가와 관련한 패러다임의 구성과는 다소 거리가 있습니다. 자본주의에 대한 보다 더 큰 성찰이 결여되었다는 말이지요. 세상은 미국인과 유럽인들만 사는 곳이 아니기 때문이죠.

둘째 신(新)슘페터적 접근법(neo Schumpeterian approach)은 조절 이론과 많은 유사성도 있지만 1980년대 중반의 많은 혁신들에 초점을 맞추고 있습니다. 신슘페터주의자들은 기술 변화가 경제 변동의 원동력이라고 봅니다. 브로델(Fernad Braudel)은 "역사는 기술을 설명하고, 반대로 기술은 역사를 설명한다. …… 세계를 변화시키는 것은 기술이다."라고 요약합니다.[104] 신슘페터주의에서 말하는 기술이란 "실제적 및 이론적 지식, 노하우(know-how), 절차, 경험 및 물적 인적 장비의 집합" 등으로 포괄적으로 규정합니다.[105]

그런데 신슘페터주의자들은 그 기술 변화가 아무런 방향 없이 제멋대로 일어나는 것이 아니라 일정한 범주를 유지한 채, 진화적 단계를 따라 발전하는 속성을 가진다고 봅니다. 이렇게 방향성을 가진 기술 혁신의 과정을 기술 시스템(technological system) 또는 기술 패러다임(technological paradigm)이라고 합니다. 그리고 기술의 발전도 상호 독립적으로 나타나는 것이 아니라 여러 가지 기술들이 서로 긴밀한 네트워크를 형성하면서 발전하는 유기적 긴밀성을 가지고 있다고 합니다. 이로 말미암아, 기술 진화(technological evolution) 과정의 어떤 특정 시점에서 기술 혁신이 집적되어 나타나게 되고, 그것이 자기 강화 현상을 일으키면서 기존의 기술 시스템의 질서를 파괴하고 전혀 새로운 패러다임의 기술 시스템이 나타나기도 합니다. 이 같은 기술 시스템의 불연속적 도약이 바로 기술 경제 패러다임의 전환이라는 것입니다.[106)]

나아가 이 기술 시스템은 경제 시스템 내부에서 재생산되고 각종 경제적 조절 기구와 제도에 조화를 이루고 있지만, 이 시스템이 파괴되면 경제 변동이 일어나게 된다고 신슘페터주의자들은 주장합니다. 다시 말해서 제도가 제대로 흡수할 준비가 되지 않은 상태에서 기술 변화가 일어나고 그 변화의 과정에서 생산 방식과 소비 형태, 이윤의 추구 행태도 바뀌면서 결국은 사회 전반적인 변화가 나타나게 된다는 것입니다.

가령 1990년대 초반 사회주의 몰락 이후 IT 분야의 국방 기술들이 민간에 공개되면서 인터넷 혁명(Internet Revolution)과 같은 현상이 갑자기 나타났는데 이를 통제할 만한 조절 기구나 제도가 없으면, 이내 정치 경제적 변화가 발생하고 사회는 다른 방향으로 급격히 이동하게 됩니다. 우리는 인터넷 이전의 시대에서 인터넷 시대를 상상할 수는 없습니다. 인터넷 이전의 시대와 인터넷 이후의 시대 사이에는 마치 한국과 일본을 갈라놓은 바다와 같은 엄청난 괴리가 있습니다. 시공간적 개념도 급격히 변화되었습니다. 당연하게도 인터넷 시대의 패러다임 수준으로 미래를 논한다는 것도 우스운 일입니다.

신슘페터주의는 단순히 기술 혁신의 중요성을 강조하는 것을 넘어 그 시스템 내부에서 발생하는 기술 혁신과 조화되는 경제 시스템과 제도를 고안해 내려고 한 것입니다. 이런 점에서 보면 조절 이론과 어느 정도 비슷한 맥락이 있습니다. 다만 그 포커스를 기술 변화 즉 혁신에 맞추고 있는 것이지요.

이들의 이론을 요약한다면, 하나의 단계에서 다른 단계로 성공적으로 이전해 가는 데는 산업 생산성에 있어서 비약적인 진보(quantum leaps)가 있어야 하고 그 같은 진보의 성공적인 확산(diffusion)은 그 사회 제도의 틀 내부에 그 혁신에 부합하는 조절 기구나 제도의 혁신에 달려 있다는 것입니다. 그러니까 하나의 경제 패러다임이 바뀌는 것은 단순히 그 경제에만 국한된 내용이 아니라 사회 제도적인 요소가 같이 갖추어져야 한다는 말입니다.

신슘페터적 접근법은 조절 이론과 마찬가지로 자본주의 내부의 미시적인 패러다임의 변화에 대해서는 매우 정확하게 파악하고 있지만, 기술 결정론적이라는 점에서 비판을 받고 있습니다. 이 같은 기술 결정론적인 요소는 마르크스적인 시각과도 일맥상통한 측면이 있습니다. 그렇다고 하여 통합적인 시각으로 볼 때, 조절 이론과 마찬가지로, 신슘페터주의자들은 자본주의가 가진 전체 문제를 파악한다기보다는 자본주의 중심부의 변동에 초점을 맞추고 있는 한계를 벗어나지는 못합니다.

따라서 조절 이론과 신슘페터 이론은 자본주의 중심부의 변화와 그것의 현상적인 측면에만 초점을 맞추고 있다는 점에서 한계가 있다는 공통점이 있고, 조절 이론은 그 분석 틀을 마르크스주의에 입각하고 있어 자본주의에 대해 냉정한 시각을 가지고 있는 반면, 신슘페터주의는 자본주의에 대한 깊은 애정을 가지고 있다는 점에서 차이점이 있습니다.

(2) 여덟 가지 새로운 시대

포디즘의 위기에서 세계는 다양한 변화가 나타납니다. 경제적인 측면에서 각종 경제 통합(economic integration)과 세계화(globalization)의 진전으로 국민 자본주의(특정한 국가를 기반으로 하는 자본주의)의 쇠퇴를 초래했습니다. 그러면서도 그에 파생되는 각종 문제들은 그 국가의 몫으로 남아 있습니다. 저개발 국가들이나 체질이 약한 국가들은 더욱더 위태로운 상황으로 가고 있습니다. 제도적으로 유연 전문화가 대량 생산을 대체하고 경제 조직들도 슬림화되고 수평화되면서 조직들은 상하 명령 계통보다 조직 내외부의 네트워크 형성과 의사소통(communication)이 중요시되고 있습니다. 노동(labor)도 매우 다양한 변모를 하고 있습니다. 재택근무가 늘고 시간제 근로, 기간제 근로 등 불완전 고용이 광범위하게 나타나고 있습니다. 정부는 이에 대해 통제하기가 점점 더 어려워지는데 책임은 점점 더 커져가는 기현상이 나타나고 있습니다.

노동의 성격 변화와 서비스 산업의 증가와 확산, 기업의 슬림화 등으로 인하여 노동자들의 동질성(homogeneity)이 해체됨에 따라 계급 기반의 정당들도 쇠퇴하고 사회적 루저(loser)들의 고립화도 심화되고 있습니다. 사회는 더욱 진보하는 듯한데, 루저들은 더 증가하고 정부도 힘을 쓰기가 힘들어지고 있습니다. 이러다 보니 오히려 소통은 안 되고 사유와 행동의 개인주의적 모델들이 증가하고 있습니다. 호시탐탐 기회만 노리는 포퓰리스트(populist)들도 도대체 어디에 초점을 맞추어야 할지 헤맬 지경입니다.

스턴버그(Ernest Sternberg)는 현대 자본주의는 적어도 여덟 가지의 새로운 시대(new age)라고 정리합니다. 구체적으로 스턴버그가 말하는 현대 사회의 특징은 ① 정보의 시대(the information age), ② 포스트 모던의 시대(post-modernity), ③ 세계적 상호 의존의 시대(global interdependence), ④ 신중상주의의 시대(new mercantilism), ⑤ 신기업 지배의 시대(new age of corporate control),[107] ⑥ 유연한 특성화(flexible specialization), ⑦ 소수자의 권리를 보호하기 위한 사회 운동의 시대(social movement), ⑧ 근본주의자들의 반대의 시대(fundamentalist rejection) 등으로 나타난다는 것입니다.[108]

스턴버그의 분석은 일관된 체계는 없다 할지라도 우리가 살아가야 할 시대가 어떤 상태에 놓여 있는지를 극명하게 보여줍니다. 그리고 우리는 이제 확실히 포디즘과 결별하고 있음을 깨닫게 합니다. 물론 포디즘은 언젠가는 다시 부활할지도 모릅니다.

새 시대(new times)라는 말은 단순히 '경제'에만 국한된 것이 아니라 새로운 문화적 패턴(cultural pattern)을 의미하기도 하고, 보다 큰 의미의 사회문화적 변화를 의미하기도 하는 말입니다.

여기서 눈여겨봐야 할 대목은 바로 포스트 모던(post-modernity), 신중상주의(new mercantilism), 상호 의존(interdependence), 반대(rejection) 등의 개념들입니다. 중상주의는 철저히 자기 이익만 관철시키는 것입니다. 그런데 상호 의존은 현대 경제의 절대 명제이기도 합니다. 그런데 이 두 가지는 결코 양립할 수가 없는 것입니다.

유럽의 중상주의는 세계 비극의 시작이었습니다. 당시 유럽에서는 모든 동기들을 무시한 채 이윤에만 초점을 맞출 수 있는 민감한 경제 조직이 있었고, 타국에의 침략은 자국의 눈부신 경제 성장을 가져올 수 있다는, 이른바 '인근 궁핍화 정책(Beggaring-my-neighbor policy)'을 옹호하는 광범위한 지적 토대가 성숙되어 있었습니다. 유럽의 국가들은 원래 아시아에서 평화적인 목적으로 개발된 나침반과 항해술 · 조선술의 발전과 화약의 보급과 더불어 즉각 비유럽 지역을 침략하기 시작합니다. 세계적인 비극의 시작입니다. 이로써 대부분의 비서구 지역 문명들이 파괴되기 시작한 것이죠.

[그림 ③] 존 로크와 장 바티스트 콜베르

우리에게 근대 민주주의의 화신으로 알려진 존 로크(John Locke, 1632~1704)도 예외는 아닙니다. 로크는 "광산을 갖지 않는 나라가 부유해지려면 정복 혹은 무역의 두 길이 있을 뿐이다. 국부(國富)는 보다 더 많은 금과 은을 가지는 데 있는 것이 아니라, 우리 주위의 국가들 혹은 세계 나머지의 국가들보다 더 많이 보유하는 데 있다."라고 합니다. 중상주의자로 또 당대 프랑스를 이끈 정치가로 널리 알려진 콜베르(Jean-Baptiste Colbert, 1619~1683)는 상업은 하나의 화폐전쟁이라고 지적하면서 무역은 공공재정의 원천이고 그 공공재정은 전쟁의 불가결한 신경과도 같다고 하였습니다. 이 모든 것을 가장 잘 함축한 이는 몽크레티앙(Montchrestien, 1575~1621)으로, "한 사람의 이익은 타인의 손해에서 비롯된다."고 요약하였습니다.[109)]

이같이 "내 이웃의 가난은 나의 부의 원천"이라는 식의 '인근 궁핍화 정책'이 보편적인 국가 정책인 상황에서 "개인의 이익의 극대화는 사회적 선(善)"이라는 애덤 스미스(Adam Smith)의 논리가 결합하여 근대 경제학이 태동하게 된 것입니다. 그러다 보니 현재의 자본주의의 패러다임은 좌파나 우파나 할 것 없이 제로섬 게임(zero-sum game)과 같은 형태를 띠게 됩니다.

경제학은 인간의 의식주 문제를 해결해야 하는 중요한 학문으로, 민생안정(民生安定)과 도덕성(道德性), 공공성(公共性) 등을 바탕으로 세계 평화를 지향해 가야 하는 것입니다. 그런데 오늘날 자본주의 경제학의 근원은 오로지 약육강식(弱肉强食)의 인근 궁핍화 이론과 이를 지지하는 아수라(阿修羅, asura)[110]들의 이론들을 바탕으로 성립되었고, 그것이 학문의 이름으로 강제적으로 적용되게 되었습니다.

자본주의 경제학의 성자(聖者)들로 추앙받는 초기의 대표적인 이론가들 즉 맬서스(Thomas Malthus, 1766~1834), 시니어(Nassau Senior, 1790~1864), 칼 멩거(Carl Menger, 1840~1921) 등을 비롯하여 현대 자본주의 경제학의 솔로몬이요 예수였던 케인즈(Keynse, 1883~1946)도 예외는 아닙니다. 케인즈는 시니어와 더불어 맬서스(Thomas Malthus, 1766~1834)의 가장 탁월한 제자였습니다. 이들은 자본주의의 출생 배경에 관한 비윤리성을 도외시하고 사유재산 및 소득분배에 관한 제법칙을 윤리적 쟁점과는 무관하게 위치 지움으로써 사회적 갈등 관계들을 안개 속으로 몰고 가려고 눈물겨운 노력을 하였습니다.[111]

우리에게는 『인구론(人口論, *Essay on the Principle of Population*)』으로만 유명한 맬서스(영국 최초의 경제학 교수)는 구빈법(救貧法, poor laws)을 반대하고, 노동자들이 가난한 것은 그들이 게으르기 때문이라고 합니다. 그는 사유재산 제도는 인류의 모든 위대한 문화에 기여하였고 자본가들은 높은 절욕의 덕성을 가지고 있는 사람인 반면 노동자들은 더럽고

천함을 상기시키면서 저 유명한 인구 법칙을 제창합니다. 그에 의하면, 식량은 산술적으로 늘어나는 데 반하여 인구는 기하급수적으로 늘어나기 때문에 구빈법을 실시하면 노동자의 타락을 부채질하여 출산율만 증가시키게 된다는 것입니다. 그는 자본주의에 공급과잉이 내재함을 지적하고 이러한 잠재된 위기는 보다 신사적이고 문화적 소양이 높은 지주들의 이익을 보장함으로써 해결될 수 있다고 보았습니다.

맬서스의 탁월한 제자인 시니어는 이윤을 불로소득이라고 하는 사회주의자들의 경제학을 빈민의 경제학이라고 경멸하고 맬서스와 마찬가지로 구빈법의 폐지를 주장합니다. 즉 구빈법은 오히려 노동자들의 오만화를 촉진하고 노동 의욕을 감소시켜 빈곤을 가속화시키는 원인이 될 뿐만 아니라 생산성 향상을 불가능하게 한다는 것입니다. 그는 경제학의 골치 아픈 논쟁들은 경제학자들이 사회복지를 논함으로써 발생한 것이므로 경제학이 과학(pure science)이기 위해서는 몰가치적(沒價値的, value free)이고 가치 중립적(價値中立的, value neutral)이어야 함을 천명합니다. 따라서 경제학자는 간과하면 치명적인 것을 추천 혹은 삼가는 것이 아니라 그저 서술하는 것이라고 주장합니다(the business of political economist is neither to recommend nor to dissuade, but to state general principles, which it is fatal to neglect). 이 같은 사고는 오늘날까지도 그대로 계승되어 경제학이 몰가치적이 됨으로써 누구를 위한 경제학인가를 의심스럽게 합니다.

후대의 부르주아 경제학자들로부터 그 업적이 사회과학사의 코페르니쿠스적인 것으로 추앙받았던 멩거(Carl Menger)는 소득은 절대적 필요이고 필연이므로 논의할 필요도 없다고 전제한 뒤, 사회 제도와 법은 간섭받을 수도 없고 간섭받아서도 안 된다고 주장합니다. 그는 시니

어와 마찬가지로 경제학도 과학인 한 몰가치적인 것임을 앵무새처럼 반복한 후, 정치 · 경제에 있어서 윤리적 지향성을 가진다는 것은 그 학문의 이론적 · 실제적 문제들에 관해서 심오한 의미(deeper meaning)를 생각하지 못한 사상적 혼동(confusion in thought)이라고 주장하였습니다. 한 마디로 정신이 없는 것이죠.

케인즈는 맬서스를 자본주의 경제학의 시조로 옹립해야 한다고 주장한 사람입니다. 케인즈는 자본주의가 인류 최선의 선택이며 마르크스가 자본주의를 구제(salvation of capitalism)하는 데 몰두하지 않고 오히려 자본주의를 전복(overthrow of capitalism)시키는 데 주력한다고 비판하면서 다음과 같이 탄식합니다.

> "만약 19세기까지 발달해 온 경제학의 시조(始祖)가 리카도가 아니라 단지 맬서스이기만 했었더라면, 오늘날 이 세계는 얼마나 더 현명하고 풍요로운 곳이 되었을까?"[112]

이들 자본주의 초기 이론가들에 대해서 마르크스는 '현실, 특히 사회 · 정치적 현실을 왜곡하거나 위장하는 관념과 진리를 추구하는 자들'이라고 통박하고, 부르주아 이데올로기는 자기 만족적 부르주아가 자신들은 최선이라고 생각하는 세계에 대해 갖고 있는 진부한 사상을 현학적으로 체계화하고 또 영속적인 진리라고 주장하는 데 자신을 몰두시키고 있다고 비판하였습니다.[113]

이와 같이 자본주의 경제학의 근원이 아수라들의 사상들을 바탕으로 정립되면서 자본주의가 행하는 모두 행태들이 정당화되게 되었고, 그것이 결국은 세계를 아수라장(阿修羅場)으로 만들더니 급기야 1,2차 세계 대전으로 폭발합니다. 여러 형태의 제노사이드(genocide, 민족 집단 대학살)가 자행됩니다. 당연한 결과이겠지요.

제가 왜 자본주의 경제학 전체에 대해서 근본적으로 회의하고 있는지 이제는 여러분들도 이해하실 것입니다.

이른바 자본주의 근대 경제학이 말하는 경제 활동과 당시의 동아시아의 평화적인 경제 활동과는 매우 다른 특성을 가지고 있습니다.

동아시아의 경제적 특성은 강자가 약자를 수탈하는 것이 아니라 약자가 강자의 패권적 질서를 일정한 부분 인정해 줌과 동시에 강자는 많은 자원을 제공해 주는 조공(朝貢)의 형태를 띠고 있었습니다. 이 관계는 상호협력과 순망치한(脣亡齒寒)의 특성을 바탕으로 천하(天下)의 평화를 지향하는 특성을 가지고 있었습니다. 이들 외교와 전쟁의 특성도 주로 대의명분(大義名分)을 기반으로 하였습니다. 다시 말하면 서유럽에서 보이는 바와 같이 자신의 경제적 이익만 있으면 무조건 때려잡고 보는 야차(夜叉: 팔부의 하나로 사람을 보면 괴롭히거나 해친다는 사나운 귀신)들과는 달리, 명분이 없는 전쟁은 누구에게도 환영을 받을 수 없는 것이었습니다. 예를 들면, 50만도 안 되는 만주족의 청나라가 3억 한족(漢族)의 중국을 정벌하면서 내세운 것도 명나라를 멸망하게 한 이자성(李自成, 1606~1645)으로부터 명나라 황족들을 보호하기 위한 것이었습니다. 물론 그 내용이야 중국 대륙을 지배하기 위한 것이겠지만 말입니다. 그리고 청나라는 중국을 통치하면서 약탈 정책이 아니라 철저한 민생안정(民生安定)을 위한 경제 정책을 시행하면서 중국 역사상 가장 큰 번영을 누리기도 합니다. 이 점은 미국이나 서유럽의 제국주의(imperialism) 행태와는 근본적으로 다릅니다.

극단적으로 말하면 동아시아의 패권국들은 이 같은 조공 무역 때문에 극심한 재정 적자를 초래하여 국체가 흔들리고 왕조가 교체되기도 하였습니다. 이에 비한다면 서유럽 중상주의와 자본주의의 패러다임이라는 것은 야만적이고 동물적인 약탈성을 가지고 있습니다. 그러니까 애초 자본주의의 학문적 패러다임이라는 것은 시작부터가 잘못된 것입니다.

바로 이 점에서 저는 새로운 패러다임의 모색은 동양의 경세제민(經世濟民)의 정신에서 시작되어야 한다고 보는 것입니다. 이 점을 세계인들은 반드시 이해하고 제대로 인식해야 합니다. 이제 다시 중상주의로 돌아갑시다.

물론 고전적인 중상주의가 오늘날 그대로 횡행하지는 않습니다. 요즘 사용하고 있는 신중상주의(new mercantilism)라는 용어도 누가 특별히 사용했다기보다는 여러 이론가들이 그 같은 경향을 지적한 것이어서 개념적으로 분명한 말은 아닙니다. 다만 과거의 중상주의처럼 약탈적(predatory)이진 않지만 고전적 중상주의와 유사한 행태가 나타난다는 것입니다. 앞서 본 대로 중상주의는 16세기부터 19세기까지 장기간에 걸쳐 유럽 국가들이 치열하게 경쟁하면서 근대 국가를 확립하는 과정에서 나타난 지배적인 이데올로기였습니다. 한 마디로 부국강병(富國強兵, Power and Plenty)이 이들의 목표였지요. 그러나 오늘날에도 형태만 다를 뿐 이 같은 현상이 만연한 것도 사실입니다. 앞에서 검토했던 블락(Fred Block)이 지적한 국민 자본주의도 같은 맥락으로 봐야 합니다. 오늘날에는 주로 국내의 산업 보호나 유치 산업 보호, 지역주의, 무역 정책의 일방주의(unilateralism) 등의 형태로 다양하게 나타나고 있습니다.

참고로 한국의 경우에는 철저히 신중상주의적인 경제 정책으로 경제적 성공을 이룰 수가 있었습니다.[114] 한국은 수출력 강화를 위해 광범위한 저임금 노동력의 확보 및 숙련 노동력의 양성, 저금리의 자본을 빌리는 한편 1차 산품인 원료 수출을 억제하고 완성품 수입을 제한하면서 산업 기반을 건설하였고, 강력한 국산품 소비의 장려 정책을 시행하였습니다. 제가 1970년대 고등학교를 다닐 때만 해도 외국 담배를 피우다 발각되면 많은 벌금을 물어야 했고, 중산층조차 그 흔한 바나나를 구경도 못했습니다. 그러나 한국의 신중상주의는 다른 나라를 궁핍화하려는 전략이 아니라 생존을 위한 불가피한 선택이었고 당시 세계 경제에 영향력을 미칠 만한 수준은 전혀 아니었습니다. 한국은 오로지 생존을 위한 철저한 보호무역과 유치 산업 보호 정책을 시행했던 것입니다. 한국은 북한과 대치하는 상황에서 부국강병을 구현하기 위해 부족한 자본을 조달하고 공기업을 통해 직접 생산을 담당하기도 하며, 임금 상승을 억제하기 위해 저항하는 노동 세력 등을 탄압하여 사회적 안정을 유지하였습니다.

당시 세계 최빈국의 하나였던 한국이 오로지 생존을 목적으로 신중상주의적 경제개발을 한 것은 당연히 용납되어야 하고, 저는 이 패러다임을 현재에도 최빈국 그룹에서는 적용해야만 한다고 봅니다. 그리고 저는 이 경제개발 방식을 저개발 국가들을 위한 모형으로 더욱 개발하여 하나의 패러다임으로 권고해야 한다고 봅니다. 그러나 선진국의 경우는 다릅니다. 선진국은 이미 일정 궤도에 올라 있기 때문에 중상주의적 경향은 세계 경제에 바로 파급되어 세계의 대부분을 차지하는 저개발 국가에 바로 악영향을 미치게 됩니다. 한국이 일정한 궤도에 오른 후 세계 경제 질서들을 수용했듯이 선진국들은 저개발 국가들이 일정 궤도에 오를 수 있을 때까지 인내심을 발휘해야 합니다. 이것이 진정한 세계 평화를 모색하는 길입니다.

제가 분명히 드리는 말씀은 현대 경제 문제를 해결하는 일원론(一元論, monism)적인 패러다임은 없다는 것입니다. 즉 선진국과 후진국들에게 보편적으로 적용될 수 있는 단일의 패러다임(monistic paradigm)은 없다는 것입니다. 선진국은 자기에게만 유리한 패러다임을 일방적으로 강요해서는 안 된다는 것입니다. 신자유주의(neo-liberalism)니 신현실주의(neo-realism)니 하는 말 자체가 후진국들에게는 감언요설(甘言妖說)이요 허구(虛構)입니다(다음 장에서 다시 분석할 것입니다). 후진국은 막연히 세계적인 추세나 선진국형 패러다임을 따라가서는 안 되고 자국의 경제 현실과 자원 부존도, 생산 요소 및 기술 수준에 합당한 패러다임을 찾아가야 합니다. 이 점에서 우리는 이원론(二元論, dualism)적 또는 다원론(多元論, pluralism)적 패러다임을 지향해 가야 합니다.

다음으로 상호 의존(相互依存, interdependence)의 문제를 살펴봅시다. 상호 의존에 대한 관심이 증대한 것은 ① 1970년대 미국의 베트남전 패배로 군사력의 한계와 전쟁에 대한 혐오, ② 유럽과 일본의 경제적 도약, ③ 다국적 기업의 역할의 증대로 세계 교역량의 급증 등의 원인이 있습니다. 그러나 상호 의존이 구체적으로 어떤 개념인지는 명확하게 말할 수 없습니다. 다만 이 상호(相互)라는 말이 균등하게 평형적인 상호간의 의존(evenly balanced mutual dependence)을 의미하지는 않습니다. 왜냐하면 세상에는 확실히 힘이 센 나라가 있고 약한 나라가 있기 때문입니다. 코헤인(Keohane)과 나이(Nye)는 이 시기에 비군사력의 역할과 영향력이 증대하고 있는 현상을 보면서 '민감성(sensibility)'[115]과 '취약성(vulnerability)'[116]이라는 두 가지 개념으로 설명하고 상호 의존이란 어떤 당사자들이 모두 일정한 대가를 치르게 되는 관계라고 보았습니다.

코헤인과 나이에 있어 강대국은 한마디로 취약성이 적은 나라입니다. 즉 강대국은 의존을 해도 되고 안 해도 되지만 의존하면 그만큼 그 큰 효과를 얻을 수 있는 데 반해, 약소국은 의존을 하지 않으면 상당한 불이익을 감수해야 한다는 것입니다. 만약 다른 나라에 대해 상호 의존을 하지 않으면 안 된다는 것은 그만큼 취약성을 가졌다는 뜻입니다.

상호 의존성은 국제 관계로 확장이 되면, 복합적인 상호 의존의 형태로 나타납니다. 즉 현대의 국제 관계는 타국 정부에 대해 군사력이 사용되지 않으며, 사용된다 해도 효율성은 그다지 크지 않습니다. 복합적 상호 의존 시대의 국제 정치는 군사력보다는 다양한 형태의 권력 요소가 있으며 의제 정치(agenda politics),[117] 연계 전략(linkage strategies)의 보편화,[118] 내정과 외교의 상호 침투 등의 현상들이 나타납니다.

이와 같이 상호 의존과 신중상주의는 서로 상반된 특성을 가지고 있습니다. 그런데 이 두 가지의 특성들이 동시에 나타난다는 것은 결국 블록화(block) 현상이 나타난다는 말이 됩니다. 즉 중상주의는 이기적 배타성을 가진 말이고 상호 의존은 상호 협력과 기존 질서의 안정을 도모한다는 의미인데, 이 두 가지가 모순 없이 공존하려면 "마음 맞는 사람끼리 연계하는" 방법 외에는 도리가 없기 때문입니다. 그래서 1990년대 이후 유난히 경제 협력(cooperation)과 통합(integration)의 논의가 활발합니다. 이 같은 현상에 대해서는 상당히 신중하고 주의 깊게 관찰해 갈 필요가 있습니다. 세계가 무정부 상태이고 이 현상이 걷잡을 수 없이 나타난 것이 바로 1, 2차 세계대전이 아닙니까?

여기에 현대 사회가 포스트 모던(post-modernity)적인 특성이 극심하게 나타난다고 하면 그것은 세계 경제가 혼돈(confusion) 그 자체라는 의미일 것입니다. 왜냐하면 포스트 모던이란 우리가 가진 모든 인식 체계를 버리고 발가벗은 몸으로 사물을 새롭게 보려는 시도이기 때문입니다.

제가 보기엔 현대는 새로운 카오스의 아침(morning of new chaos)입니다.

지금까지 우리는 포디즘 이후 나타나는 산업적 패러다임의 변화 이론들을 살펴보았습니다. 내용이 복잡하고 어려워서 더 이상 상세히 논의하지는 않겠습니다. 다만 포디즘 또는 케인즈 이론에 기반한 자본주의 패러다임은 거대한 변혁의 소용돌이 속에 있다는 사실만은 분명해 보입니다. 여기에 1990년대를 기점으로 인터넷 혁명이 일어남으로써 패러다임은 다시 엄청난 혼란에 빠지게 됩니다.

제5장 한국에 몰아친 신자유주의 광풍 —신자유주의는 왜 민주당 정부 10년에 만개했나?

:: 신자유주의의 이름으로

1990년대 후반에는 신자유주의(neo-liberalism)의 바람이 거세게 불었습니다. 지금도 그 바람이 계속 불고 있습니다. 주로 미국에서부터 거세게 불어왔습니다. 그러다 보니 도처에 '시장(market) 원리'라는 말이 횡행하게 되었습니다. 즉 경제를 비롯한 사회 전반에 대해서 정부가 인위적으로 규제를 하지 말고 시장의 자율적인 기능에 맡겨두라는 것입니다.

신자유주의의 기원은 고전적 의미의 자유주의(liberalism)에 기반을 두고 있습니다. 자유주의란 자본주의가 초기에 발생할 때 신흥 부르주아(bourgeois) 계급이 국가의 산업 발전에 기여할 수 있도록 최대한 자유를 주어야 한다는 사상입니다. 그래서 정부는 그저 도둑이나 잡고 기업가들이 공정한 경쟁을 할 수 있는 토대만 만들면 된다는 것입니다. 그런데 고전적 자유주의는 경제 대공황을 주기적으로 초래하고 말았습니다. 그 결과 인류는 가장 참담한 세계 대전을 두 번씩이나 치르게 되었습니다. 이 문제의 해결 방식으로 대두된 것이 정부가 경제 문제에 직접 개입하여 때로는 경제를 부양시키기도 하고 때로는 이자율을 높여 과열된 경기를 막는 등 경제를 안정화시키고 실업율도 일정한 정도로 유지하는 정책을 쓰게 되었습니다. 이것이 바로 케인즈 혁명(Keynsian Revolution)이라는 것입니다.

그러나 케인즈 혁명으로 정부가 지나치게 간섭하고 산업을 선도하다 보니 적지 않은 부작용이 나타나게 되었습니다. 그래서 다시 정부의 규제나 간섭을 줄여야 한다는 목소리가 높아진 것입니다.

신자유주의는 고전주의와 마찬가지로 한두 사람의 사상가에 의해서 어느 시점에 일시적으로 대두한 것이 아니라 국가에 의한 설계주의(Constructionism)로 인한 정부의 비대화와 그에 따른 규제주의나 간섭주의를 배격하는 사상적 조류라고 하겠습니다. 신자유주의는 하이에크(Friedrich Hayek, 1899~1992)나 프리드먼(Milton Friedman, 1912~2006)에 의해 주창되어 오늘날 크게 풍미하게 된 것이죠. 간단히 말하면 신자유주의는 정부의 지나친 개입과 간섭으로부터 시장을 보호하여 시장이 가진 고유의 자율적인 보정 기능(autonomous adjustment mechanism of market)을 회복시켜 보자는 생각입니다.

신자유주의에 대한 연구는 오히려 정치학(politics)에서 많이 다루어 온 주제입니다. 정치학에서는 자유주의-현실주의-신현실주의-신자유주의 등의 개념으로 정치화(精緻化)되어 있는데, 제가 보기엔 별로 의미가 있는 것 같지는 않습니다. 왜냐하면 이것은 다만 미국과 서유럽의 시각에서 세계를 보는 방법론일 뿐이기 때문입니다. 한 마디로 세계를 전체적으로 보는 통합적 시각이 부족하다는 얘깁니다. 쉽게 말해서 '그들만의 리그'라는 것이죠.

(1) 신자유주의

신자유주의를 보기 위해 일단은 고전적 의미의 자유주의와 신자유주의의 차이를 알고 넘어가는 것이 좋겠습니다. 이 부분은 정치학에서 많이 논의된 것이니 먼저 정치학에서 말하는 내용을 간단히 봅시다.

일반적으로 자유주의를 자유주의적 이상주의(liberal idealism)라고도 합니다. 자유주의의 핵심적 가정은 성선설(性善說)이라고 볼 수 있습니다. 그래서 전쟁도 불가피한 것이 아니고 ① 평화를 위한 '초국가적 제도의 창출', ② 전쟁에 대한 법적 통제, ③ 무기 제거(군비 축소, 군비 제한) 등을 통해서 막을 수 있다는 것입니다. 이런 생각을 한 사상가는 낭만과 역설의 사상가 루소(Rousseau, 1712~1778)였습니다.[119] 이 생각들은 후에 철학자 칸트(Immanuel Kant, 1724~1804),[120] 미국의 대통령 윌슨(Woodrow Wilson, 1856~1924)[121] 등에 의해 계승됩니다.

이에 대하여 현실주의(realism)는 성악설(性惡說)에 기초를 두고 있습니다. 즉 "인간 본성은 사악하다. 따라서 국제 정치는 만인에 대한 만인의 투쟁이다(every man against every man)"라는 것이고, 국가의 우선적 의무는 '국가 이익'을 증진하는 것입니다. 마키아벨리(Machiavelli, 1469~1527)의 『군주론(*The Prince*)』이 대표적인 저술로 볼 수 있습니다. 마키아벨리는 군주는 여우의 간교함과 사자의 용맹을 동시에 가져야 된다고 역설합니다. 『군주론』은 현실주의 철학의 주춧돌이라고 할 수 있습니다. 현실주의의 대표적인 이론가들로서는 베버(Max Weber,

[그림 ①] 자유주의 3인방. 칸트, 루소, 윌슨

1864~1920),[122] 카(E. H. Carr),[123] 모겐소(H. Morgenthau),[124] 케넌(George F. Kennan, 1904~2005) 등을 들 수 있습니다. 특히 케넌은 '미국 외교의 기초자'로 유명한 사람입니다. 불가피한 일이었기도 했지만 냉전(Cold War)을 부채질한 사람이기도 했습니다.[125]

정치학에서는 이와 같이 자유주의와 현실주의가 오랫동안 대립해 왔습니다. 시기적으로 보면 자유주의(liberal idealism)-현실주의(realism)-신현실주의 · 신자유주의 등의 형태로 대립 발전해 왔다고 보면 됩니다. 즉 초기 자본주의 하에서는 자유주의가 번성하다가 공산주의가 강력히 대두하면서 현실주의가 세상을 지배하더니 이제 다시 신자유주의와 신현실주의가 싸우고 있다고 보면 됩니다.

신자유주의란 고전적 의미의 자유주의에 기반을 하되, 자유주의 이론의 일부를 지양(止揚)하고 현실주의의 가정을 대폭 수용한 것이라고 보면 됩니다. 즉 신자유주의는 국가의 역할의 중요성을 인정하는데 이것은 기존의 자유주의와는 많이 다릅니다. 자유주의의 입장에서 국가라는 것은 강력해지면 비합리성이 나타날 수 있기 때문에 최소한의 정부만 유지되어야 한다는 입장이지요. 신자유주의는 현실주의와 같이,

국가는 통합된 합리적인 행위자로 봅니다.

신자유주의는 상호 이해관계(mutual interest)가 있거나 제도화의 정도에 따라서 국가들은 얼마든지 상호 협력이 가능하다고 합니다. 따라서 신자유주의에서는 국제 제도(international institution)가 국가의 행동에 중요한 영향을 줍니다. 이 점은 이전의 자유주의와는 확실히 다릅니다. 따라서 신자유주의에서는 국가의 역할이나 보다 합리적인 상호 협력은 중요한 것이지만 가능한 범위 내에서 많은 자율적인 기능을 줆으로써 세계의 협력과 상호 발전을 유도해 낼 수 있다는 개념입니다.

이에 비하여 신현실주의는 1960년대 후반에서 1970년대 초에 나타난 것으로 국제 경제 현상의 변화에 영향을 많이 받은 것입니다. 정치란 경제를 벗어나서 존재할 수가 없다는 것을 깨달은 것이기도 합니다. 이전의 현실주의란 정치가 경제를 결정한다는 생각에 기반을 하고 있는 점과는 많이 다르죠. 무정부 상태인 국제 체제에서 개별 국가들은 자신의 이익만을 위해서 움직이는 것이 아니라 설령 일부의 자국의 이익을 포기하더라도 보다 더 큰 범주에서 자신을 보호하기 위한 국제적 안정 수단의 확보에 총력을 기울인다는 것입니다. 그래서 무작정 '만인에 의한 만인의 투쟁' 상태만은 아니라는 것입니다.

[그림 ②] 마키아벨리와 조지 케넌

[표 ①] 자유주의 · 현실주의 비교

<table>
<tr><th></th><th>자유주의</th><th>신자유주의</th><th>신현실주의</th><th>현실주의</th></tr>
<tr><td>기원</td><td colspan="2">플라톤 Idealism, 칸트,
19C 자유주의 성선설</td><td colspan="2">아리스토텔레스 Realism,
마키아벨리 성악설</td></tr>
<tr><td>시기</td><td>1800 후반~1930대
(1919년 절정)</td><td>1985~1990대
(1980대 후반 절정)</td><td>1960 후반~1970 초반
(1979:신냉전 절정)</td><td>1940~1960대
(1950년대 절정)</td></tr>
<tr><td>연구
대상</td><td>개인
(합리적 행위자)
정부 개입 불필요</td><td>국가
(합리적 행위자)</td><td>구조 · 체계</td><td>국가
(합리적 행위자)
정부 개입 중요</td></tr>
<tr><td>방법론</td><td>규범적 정치 연구
(도덕적 접근)</td><td>제도와 과정 연구
(레짐 연구)</td><td>보다 확대된
국제 정치 현실</td><td>현실을 직시
(정치적 현실)</td></tr>
<tr><td>평화</td><td>국제기구</td><td></td><td></td><td>강대국 만족 여부
(약육강식)</td></tr>
<tr><td>무정부</td><td>위험하지 않음</td><td>위험함</td><td>위험함</td><td>위험함</td></tr>
<tr><td>경제론</td><td>고전주의 경제학</td><td>레이거노믹스
대처리즘</td><td>신중상주의
+ 케인즈 이론</td><td>케인즈 경제학</td></tr>
<tr><td rowspan="2">국익</td><td rowspan="2">개인 이익 = 절대선</td><td>절대적 이익</td><td>상대적 이익</td><td rowspan="2">국가 이익 = 절대선</td></tr>
<tr><td>경제 중시</td><td>안보 중시</td></tr>
</table>

전체적으로 복잡한 듯하기도 하고 큰 차이가 느껴지지 않은 듯도 하니, 이것을 알기 쉽게 표로 정리하여 좀 더 이해해 보도록 합시다.

이러한 자유주의를 경제적으로 지원하는 이론이 바로 고전적 경제학의 자유주의이고, 현실주의가 케인즈 이론이라고 보면 크게 틀리지는 않습니다. 다소 도식적인 말이기도 하지만 고전 경제학의 원리는 주로 아담 스미스의 '보이지 않는 손(invisible hand)'에 의한 수요 공급의 원칙에 기초를 두고 있습니다.

이에 비하여 현실주의에 바로 상응하는 경제 정책은 분명하지는 않습니다. 다만 정부의 개입과 간섭을 유난히 강조한 케인즈의 경제 정책은 정치학에서 말하는 현실주의와 관계가 깊다고 보면 됩니다. 그러니까 1980년대 중반 신자유주의가 번성할 때까지, 현실주의가 미국과 서유럽의 정치를 지배할 때 케인즈 추종자들이 역시 경제를 지배했던 것입니다. 쉽게 말해서 정치는 현실주의(political realism)요 경제는 케인즈 이론이라고 해야 하겠죠.

신자유주의에 대해서는 정치학을 비롯하여 많은 분야의 사람들이 논의를 했기 때문에 저는 더 이상 상세히 거론하지는 않겠습니다. 이제부터는 다만 패러다임과 관련한 부분들을 중심으로 검토하도록 하겠습니다.

(2) 미국과 신자유주의

신자유주의의 바람은 미국에서 거세게 불었습니다. 어떤 의미에서 미국은 앞으로 말씀드릴 인터넷(Internet)과 신자유주의로 세계의 헤게모니를 다시 장악했다고도 할 수 있습니다.

미국은 1980년대 심각한 위기에 봉착합니다. 여기에는 크게 두 가지의 원인이 있습니다. 1960년대~1970년대 미국은 베트남 전쟁과 위대한 사회 건설 프로젝트(Great Society Initiative)를 수행하면서 엄청난 위기를 맞게 됩니다.

프랑스와 미국의 도발로 시작된 베트남 전쟁은 미국으로 하여금 돌이킬 수 없는 실패를 맛보게 합니다. 세계적으로 도덕적인 비난을 받았을 뿐만 아니라 국내적으로도 많은 반발에 부딪힙니다. 그보다 심각한 것은 전쟁이 장기화됨에 따라서 많은 산업들이 군수산업화되었다는 것이지요. 사실 기업의 입장에서 보면 군수산업은 편리합니다. 마케팅(marketing)을 할 필요도 없이 생산하면 이내 정부가 소비해 주고 돈 받을 걱정도 없으니 마치 '땅 짚고 헤엄치기' 하는 식이기 때문이죠. 그 과정에서 일본, 독일, 한국 등의 민수산업(자동차, 가전제품, 기계 등)들이 미국 시장을 유린하기 시작합니다. 이 과정에서 당연하게도 미국의 무역 적자(trade deficit)가 심화됩니다. 아이러니하지만 한국 경제의 성장은 미국의 군수산업의 팽창과 긴밀한 관련이 있습니다. 한국 경제가 도약하는 시기도 바로 이 시기입니다. 이 시기 즉 1970년대 후반에서 1990년대 초반까지 미국을 방문한 사람들이라면 이구동성으로 미국의 각 마트(mart)에 한국 제품들이 도처에 쌓여 있더라는 말을 합니다. 오늘날 우리가 중국 제품을 보듯이 말입니다. 톰 행크스(Tom Hanks)가 어떤 영화에서 "에이 이것도 역시 한국제(made in Korea)야?"라며 짜증을 내던 것도 바로 이 시기입니다.

베트남 전쟁뿐만 아니라 '위대한 사회 건설'이라는 국가적 복지 프로젝트는 엄청난 재정 적자(financial deficit)를 초래합니다. 미국은 베트남 전쟁과 위대한 사회 건설 프로젝트를 완수하기 위해 많은 돈을 씁니다. 어느 나라나 실물 생산의 기반을 무시한 채 복지(welfare)를 남발해서 멀쩡한 나라는 없습니다. 그러나 미국은 자국의 화폐인 달러가 기축통화(Key currency: 세계통화)인 점을 이용하여 통화를 남발하였고 그것은 결국 금 태환 정지 선언(1971. 8)을 초래합니다. 이로서 세계통화로서의 달러의 이미지는 치명적으로 손상을 입게 됩니다.

1980년대의 미국은 한마디로 암울하였습니다. 미국은 무역 적자와 재정 적자에 시달리게 되는데 이를 일반적으로 쌍둥이 적자(twin deficits)라고 부릅니다. 이 쌍둥이 적자로 말미암아 미국의 미래는 기약하기 힘든 상태가 된 것이죠. 뿐만 아니라 베트남 전쟁으로 미국은 사상 처음 참담한 패전(敗戰)을 경험하였고 많은 젊은이들이 죽은 것은 물론이고 베트남 전쟁 자체의 부도덕성을 감내해야 했습니다. 여기에 베트남 전쟁을 종식시킨 닉슨(Nixon) 대통령의 워터게이트 사건(Watergate Affair, 1972)으로 미국의 정치권은 도덕성의 위기에 처하게 됩니다.[126)]

[그림 ③] '위대한 사회' 건설의 설계자, 린든 존슨 대통령

그래서 미국을 살리기 위해 많은 연구가 이루어집니다. 아이러니한 말이지만 산업계에서도 미국을 살리기 위한 경영 기법에 대한 광범위한 연구가 수행되어 경영학 이론의 황금기가 됩니다. 그러니까 어떤 이론이 범람하는 것은 그 분야의 문제가 그만큼 심각하다는 것이죠. 오늘날 미래 사회의 패러다임에 대한 책들이 봇물처럼 쏟아져 나오는 것도 다 미래 패러다임을 종잡을 수가 없다는 말이 되겠지요.

이런 암울한 상황을 타개하기 위해서 미국이 신자유주의에 집착한 것은 당연한 일입니다. 동물원을 생각해 보면 답이 나오죠. 동물원의 우리(cage)를 모두 없앤다고 생각해 봅시다. 그러면 이를 통해서 가장 이익을 보는 것은 사자나 호랑이들입니다. 이들은 먹이사슬에서 가장 상위의 포식자(predator)들이기 때문입니다. 물론 사자나 호랑이가 모든 동물을 다 잡아먹을 수는 없겠지만 필요에 따라서 골라서 잡아먹을 수도 있기 때문에 자유로운 환경이라는 것은 강자들에게는 더할 나위 없는 환경이 됩니다.

신자유주의의 가장 기본이 되는 이념은 '자율화'와 '개방화', '세계화'이지요. 문제는 약소국이나 저개발 국가들입니다. 비유를 하자면 동물원의 사슴이나 토끼, 오리 들입니다. 이들은 오직 사자나 호랑이의 먹이 구실밖에 할 것이 없습니다.

신자유주의를 표방하는 국가들은 국민 경제나 민족주의를 구시대적인 발상과 사고라고 공격하고 '세계화(globalization)'를 하는 것만이 세련된 현대 문명을 향유하는 길임을 역설합니다. 이에 대해 정신없는 이론가들은 학문의 이름으로 끊임없이 아부하고 봉사해 온 것이고요. 때로는 더 나서서 이를 지지하기도 합니다.

그런데 생각해 보면 미국을 위시한 서유럽의 선진 자본주의의 번영을 위해 왜 세계의 다른 모든 나라들이 봉사해야 하는지가 의심스럽습니다. 미국과 서유럽의 선진 자본주의를 따라가서 제대로 성공한 경우는 한국, 타이완 정도에 불과한데 말입니다. 사회주의의 몰락 이후에 일부 선진국들과 한국 등 소수의 나라들을 제외한 어느 나라도 이 같은 먹이사슬의 구조를 벗어날 수는 없는 듯합니다.

(3) 신자유주의는 패러다임인가?

신자유주의는 물론 패러다임이라고 할 수도 있겠습니다. 그러지 않고서야 이 긴 세월 동안 경제학자나 정치학자들이 머리를 쥐어짜고 싸울 수가 없었겠죠. 이것은 마치 고대 동양 사회에서 오랫동안 지속된 성선설 · 성악설 논쟁을 보는 듯합니다.

서유럽과 미국인들은 스스로 세상의 중심이라고 보고 논의를 전개합니다. 즉 세상의 중심을 차지하고 유지하기 위해 투쟁하는 주체는 미국 · 서유럽 · 일본 · 소비에트러시아(소련, Soviet Russia)였습니다. 여기에는 다른 나라들의 존재는 없습니다. 쉽게 말해서 미국과 유럽의 백인 사회의 주도권을 장악하기 위한 경연장(arena)에 다른 나라들은 들러리(bridesmaid)를 서는 형태에 불과합니다. 현실주의면 어떻고 자유주의면 어떻습니까?

궁극적으로 미국과 소비에트러시아(구소련)는 실질적으로는 한 번도 정치적 현실주의(realism)를 포기한 적이 없으며 국제적으로는 한 번도 자유주의적 이상을 내세우지 않은 적이 없습니다. 그러면서도 외부적으로는 무슨 신자유주의니 신현실주의니 하면서 심각한 대립과 투쟁을 하는 듯이 보이려고 무척이나 노력하고 있으니 세계가 이 지경이 된 것입니다.

미국은 베트남 전쟁 때는 자유민주주의를 수호하기 위해서 참전했고, 이라크 전쟁은 핵 확산의 주범이자 희대의 독재자(후세인)를 처단하기 위한 것이었습니다. 어느 구석에도 미국의 석유 수송로나 석유 자원의 안정적 확보에 대한 이야기는 없지요. 그러나 미국은 철저한 자국의 이익을 위해 참전한 것을 모를 사람도 없습니다. 소비에트러시아(구소련)도 마찬가지입니다. 소비에트러시아의 동유럽 침공(1953~1968)이나 아프간 침공(1979)도 베트남 전쟁과 한 치의 오차도 없습니다.

그래서 가만히 보면 이들 백인 학자들이 도대체 무슨 짓을 하고 있나 하는 생각이 듭니다. 이들에게는 서유럽과 미국, 러시아, 일본, 호주 등을 제외한 다른 국가들은 별 다른 관심의 대상이 되지 못합니다. 나머지 나라들은 이들의 번영을 위해 존재하거나 자원의 창고(warehouse)가 되거나 시장(market)의 기능만 하면 됩니다. 뿐만 아니라 그 과정에서 운 좋게 잘 살게 되면 그것은 이들의 덕분이지요.

이들이 하는 정치학이나 경제학 · 경영학을 바라보면서 가장 답답한 것이 진리 탐구에 대한 열정이 없다는 것입니다. 그저 서유럽과 미국의 백인 사회에 안주하여 어떻게 하면 이 백인 지배를 지속시킬 수 있는가에만 몰두하고 있습니다.

더구나 자본주의라는 거대 패러다임의 입장에서 본다면 자유주의나 현실주의는 동전의 양면에 불과한 것이지 패러다임의 논쟁으로는 볼 수가 없습니다. 마치 탁구공이 네트(net)를 넘어가면 또 다른 방향에서 응수하는 것과 같은 것이지 탁구대나 게임의 법칙이 바뀐 것은 아니지요.

이것은 마치 세계 경제를 논한다고 하면서 미국의 공화당과 민주당의 차이를 논하는 것과 다르지 않습니다. 공화당이나 민주당은 보기에 서로 원수처럼 으르렁거리지요? 그러나 미국의 공화당이나 민주당은 월러스(George Wallace)의 지적처럼 한 푼(a dime)의 차이도 없는 정당입니다. 그것이 아메리카니즘(Americanism)의 본질이기도 합니다.[127)]

이들은 세계 평화란 거창한 구호를 내세우면서 서로 진리를 찾아서 토론하는 듯 보이지만 그 구체적인 내용을 보면, 오직 유럽과 일본 등 자본주의의 중심부의 테두리 안에서 자기들의 이해만을 위한 헛된 학문을 개발시킨 데 불과합니다. 학문이라는 것은 그래서 진리를 찾고자 하는 열망이 있어야 하는데 그런 열망은 없이 오직 기득권을 유지하기 위해 발버둥치고 있으니 잘못된 것이지요. 그러다 보니 전체 이데올로기의 견지에서 보면 별로 차이도 없는 이론들의 프로파간다(propaganda)에 너무 많은 돈과 종이와 시간을 낭비한 듯합니다. 한마디로 통합적 사고가 부족한 것이지요.

분명한 것은 저개발 국가들의 미래는 계속 암울하다는 것입니다. 현재 세계적으로 나타나는 테러(terror)나 비행들도 다 따지고 보면 경제적 이해(economic understanding)의 충돌입니다. 만약 경제적으로 아무런 문제가 없다면 팔레스타인(Palestine) 문제는 애초에 없었을 것입니다. 정치적 압박은 결국 상대방에게 경제적 희생을 강요하게 됩니다. 이에 대한 반발이 테러 형태로 나타나고 있는 것이지 테러 자체를 즐기는 사람은 세상에 없습니다. 실제 대부분 무슬림(Muslim)들은 지나치게 종교 편향적인 요소는 있지만 상당히 평화주의적입니다.

라틴 아메리카의 경우를 보면 이 점이 더욱 분명해집니다. 신자유주의니 현실주의니 하는 것들은 모두 중남미에는 해로운 정책들입니다. 라틴 아메리카 대부분의 경제 구조는 열악한 농업 플랜테이션(plantation)과 왜곡된 산업 구조에 기반하고 있는데 신자유주의를 한들 (신)현실주의를 한들 그들의 경제가 나아질 리 만무합니다. 왜냐하면 농산물의 가격은 공산품 가격에 비하여 지속적으로 하락하고 그나마도 토지 소유가 극소수에 국한되어 있기 때문에 대다수 민중들의 생활이라는 것은 악화될 수밖에 없지요. 왜곡된 산업 구조 하에서는 실업이 만연하고 이들 상품들의 부가가치 생산성이 낮아서 교역 조건은 매우 악화되어 있습니다.

이상한 말이기도 하지만 이들 지역은 천연자원이 풍부한 곳이기도 합니다. 그러나 그럼에도 이들 나라들은 외채와 금융 위기, 인플레이션(inflation), 플랜테이션(plantation)과 빈곤(poverty), 불평등(inequality) 등으로 얼룩진 세계의 그늘 속에 있습니다. 라틴 아메리카 경제는 1차 산품의 수출에 의존하고 있습니다. 이미 앞에서 지적했던 궁핍화 성장(immiserizing growth)과 종속 이론(dependency theory)의 대표적인 예가 되는 나라들입니다. 물론 천연자원이 많다는 것은 큰 행운일 수도 있습니다만 이들 나라들은 에두아르도 갈레아노(Eduardo Galeano)의 자조(自嘲)의 말처럼 “대지의 풍부한 자원 때문에 가난해진 나라들”입니다. 참으로 아이러니지요. 그러면서도 2000년대에 라틴 아메리카에서 유일하게 1차 산품 수출 의존에서 벗어난 멕시코(Mexico)가 오히려 다른 나라들보다도 더 경제적으로 어려움을 겪고 있는데, 그 이유는 멕시코 경제의 과도한 미국 의존 때문입니다.[128] 이들 나라들은 한국이 농지개혁을 할 때 제대로 농지개혁을 하지 못했고, 수출 드라이브(export drive) 정책에 나설 때 수입 대체(import substitution) 산업화를 선택하고 말았습니다. 사회적으로도 인종별, 계층별 격차가 극심한 환경으로 말미암아서 여러 기회들을 놓친 상태입니다. 라틴 아메리카는 빈부격차가 세계에서 제일로 큰 지역 중 하나일 뿐만 아니라 문제들이 산더미같이 쌓여 항상 개혁이 제대로 되지 못하는 환경입니다.[129] 좀 더 구체적으로 지니 계수(Gini coefficient)로 보면 라틴 아메리카 지역은 0.5가 초과한 지역이고 하루 1달러(정확히는 1.25달러) 미만으로 살아가는 사람들이 20%에 육박하는 지역으로 사회 혁명의 위험지대이자 보다 근본적인 개혁 또는 사회 혁명이 필요한 지역이기도 합니다([그림 ④] 세계 빈곤 지도 참조).

라틴 아메리카는 미국의 앞마당이기도 하기 때문에 미국의 영향을 직접적으로 받고 있습니다. 그동안 미국의 정책은 한국과 일본, 타이완에 대해서는 매우 관대(寬大)했지만, 자기의 앞마당인 라틴 아메리카에는 각박(刻薄)했습니다. 1990년대에 대부분의 라틴 아메리카 국가들은 IMF의 처방에 따라 개방, 긴축, 민영화, 금융 자유화 등의 정책을 비교적 충실히 수행했지만 주요 국가들은 외환 위기라는 늪에 차례로 빠져들고 말았습니다.[130] 라틴 아메리카를 포함한 세계 수많은 나라들에게 갈 길은 너무 멀어 보입니다. 중앙 아시아, 남부 아시아도 마찬가지고 아프리카는 더욱 심각합니다. 특히 아프리카는 통계도 제대로 없을 정도로 사회적 시스템이 구축되고 있지 못합니다([그림 ④] 세계 빈곤 지

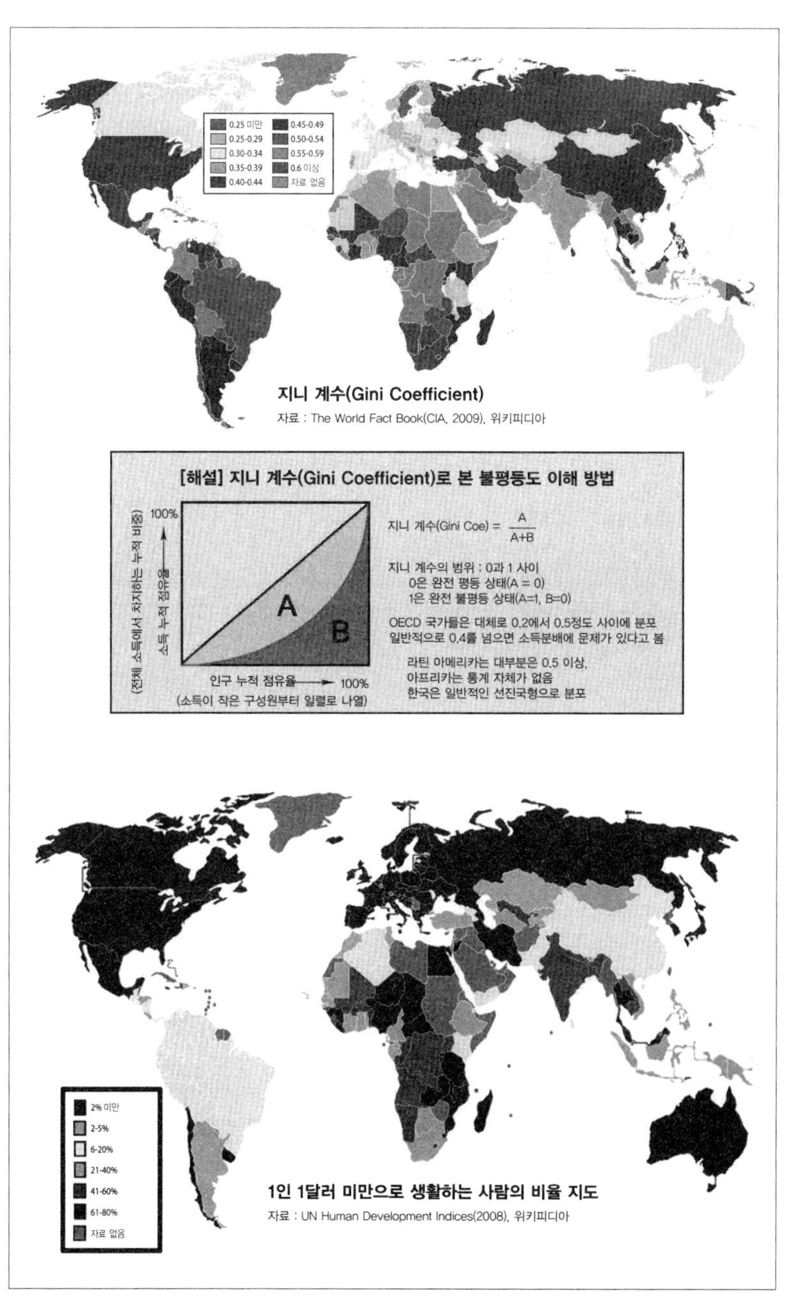
0.25 미만
0.25-0.29
0.30-0.34
0.35-0.39
0.40-0.44
0.45-0.49
0.50-0.54
0.55-0.59
0.6 이상
자료 없음
지니 계수(Gini Coefficient)
자료 : The World Fact Book(CIA, 2009), 위키피디아
[해설] 지니 계수(Gini Coefficient)로 본 불평등도 이해 방법
(전체 소득에서 차지하는 누적 비중)
소득 누적 점유율
100%
A
B
인구 누적 점유율 100%
(소득이 작은 구성원부터 일렬로 나열)
지니 계수(Gini Coe) = A / A+B
지니 계수의 범위 : 0과 1 사이
0은 완전 평등 상태(A = 0)
1은 완전 불평등 상태(A=1, B=0)
OECD 국가들은 대체로 0.2에서 0.5정도 사이에 분포
일반적으로 0.4를 넘으면 소득분배에 문제가 있다고 봄
라틴 아메리카는 대부분은 0.5 이상,
아프리카는 통계 자체가 없음
한국은 일반적인 선진국형으로 분포
2% 미만
2-5%
6-20%
21-40%
41-60%
61-80%
자료 없음
1인 1달러 미만으로 생활하는 사람의 비율 지도
자료 : UN Human Development Indices(2008), 위키피디아

[그림 ④] 세계 빈곤 지도

도 참조).

근대 경제학(자본주의 경제학)에서 말하는 비교우위(comparative advantage) 이론도 라틴 아메리카나 아프리카의 경우에는 농업 · 광공업 등에 특화(specialization)하기를 강요하는데, 이를 받아들이게 되면 결국 농산물 중심의 경제 구조로 가서 미래를 기약하기가 힘든 상황이 됩니다.

일찍이 독일의 프리드리히 리스트(Friedrich List, 1789~1846)는 농업에 대하여 다음과 같이 혹평하면서 후진국들은 서둘러 제조업을 성장시켜야 한다고 하였습니다. 즉 리스트는 자신의 주저인 『정치경제의 국민적 체계(*Das nationale System der politischen Ökonomie*)』(1841)에서 농업이란 ① 생산 과정에서 동일한 행위를 반복해서 배우는 것이 없으며 따라서 농업은 사람을 태만하게 한다는 점, ② 농업은 장래성이 없다는 점 등을 지적하였습니다. 이에 비하여 공업은 생산 과정에서 배우는 것(현대 개념의 learning effect)이 많으며, 인간 및 사회를 기술적 · 조직적으로 만들고 나아가 인간을 문화적으로 진보시키는 것이라고 그는 주장하였습니다. 따라서 리스트는 당시의 독일 제품이 영국에 뒤지더라도 그것은 장기적으로 충분히 발전시킬 수 있기 때문에 그 산업들은 보호해야만 한다고 주장하였습니다. 이것이 저 유명한 유치 산업 보호론(Protection of infant industry)의 토대였습니다.

라틴 아메리카는 극심한 빈부격차가 있고 국민 대다수를 차지하는 인디오(Indio)들에게 있어서는 교육이나 제대로 된 취업 기회도 거의 없기 때문에 악순환이 되풀이될 수밖에 없습니다.

그러면 농민들을 공업 쪽으로 돌리면 되지 않겠는가 하는 생각도 들겠지만 그것은 매우 힘듭니다. 평생 농사만 지어온 사람들이 다시 새로운 직업 교육을 받아서 다른 직업으로 이전하기도 어렵고, 설령 이들이 공장에 취직을 하고 싶어도 공장이 제대로 없기 때문입니다.

여기에 1990년대 이후 풍미하고 있는 신자유주의는 분배 구조를 더욱 악화시키고 있습니다. 빈익빈부익부가 심화되어 중산층이 약화되고 있는 것이지요. 물론 한국의 경우는 라틴 아메리카나 아프리카의 경우와는 많이 다릅니다. 그저 얌전히 세상 돌아가는 추이(trend)를 살피면서 틈새시장(Niche market)이나 또는 IT, 조선, 자동차 등에서 산업적 이익을 얻으면 되겠지요.

그런데 한국은 특이하게도 이른바 진보를 표방했던 김대중 · 노무현 정부에서 신자유주의가 가장 활개를 쳤습니다. 그래서 상당수의 한국 사람들이 신자유주의가 무슨 마르크스주의와 관련이 있는 것처럼 생각하기도 합니다. 그러나 지금까지 본 대로 신자유주의는 이른바 진보와는 가장 거리가 먼 이데올로기입니다. 그리고 이들이 가장 경멸했던 과거의 정권들은 오히려 철저히 케인즈 경제 정책(Keynsian Economic Policy)으로 경제를 운용하였으며, 이 케인즈의 경제 정책은 오히려 진보와 직접적인 관련이 있습니다. 극단적인 케인지안(Keynsian)이 바로 공산주의(communism: 사회주의의 마지막 단계)이기 때문입니다. 그래서 케인즈의 이론이 처음 등장했을 때 자본주의 사회에서는 매우 당황하였습니다. 실제로 정부가 경제에 개입한다거나 계획적으로 경제를 운용하는 자체가 사회주의적 발상이기 때문에 자본가들은 알레르기(allergy) 반응을 일으킬 수밖에 없었습니다. 요컨대 당시에는 '정부 개입' 또는 '계획경제'라는 말 자체가 자본주의 사회에서는 금기어(禁忌語)였기 때문입니다. 해서는 안 될 말이었죠.

케인즈 경제 정책이 가장 성공적으로 수행되었던 미국의 루즈벨트 대통령(Franklin Delano Roosevelt, 1882~1945) 치하에서는 많은 사회주의적인 생각을 가진 사람들이 정부에 들어갔습니다. 그것이 결국은 매카시즘(McCarthyism) 즉 1950년부터 시작되어 미국을 휩쓴 일련의 반(反)공산주의 광풍(狂風)으로 나타나게 된 것입니다. 당시 공화당 상원의원 매카시(Joseph Raymond McCarthy, 1908~1957)는 1950년 2월 "국무성 안에는 205명의 공산주의자가 있다."고 폭탄 발언을 하면서 대대적인 사회주의자 색출 작업이 시작되었는데 이것은 당시 미국민들의 광범위한 지지를 받았습니다. 왜냐하면 당시 미국민들은 강력한 소비에트러시아의 동유럽 진출, 미국의 광대한 시장이던 중국의 상실[중국 공산화(1949)], 연이어 발생한 한국 전쟁(1950) 등 공산 세력의 급격한 팽창에 크게 위협을 느꼈기 때문입니다. 이 당시에는 이미 세상을 떠난 루즈벨트는 물론 트루먼 대통령(Harry Truman, 1884~1972), 덜레스(John Dulles, 1888~1959) 국무장관 등도 매카시즘의 공포에서 벗어날 수 없었고 수많은 시인, 작가, 배우, 영화감독 등 문화계 인물들도 사회로부터 격리되었으며 이로 인하여 이후 미국의 대외 정책이 필요 이상으로 경색된 반공 노선으로 일관하게 된 것입니다.

(4) 한국에 몰아친 신자유주의 광풍

한국의 신자유주의는 이데올로기적인 혼동이 빚어낸 대표적인 사례라고 할 수 있습니다. 어떤 의미에서 신자유주의는 진보의 가장 큰 적(enemy)인데도 불구하고 김대중 · 노무현 정부 당시에 왜 신자유주의자들이 활개를 쳤는지를 면밀히 검토하여 미래의 거울로 삼아야 합니다. 아무리 당시의 시대의 대세(mega trend)가 신자유주의라 해도 진보의 적을 수용한 것은 그 참모들의 경험이 부족했거나 대중 영합을 위한 포퓰리즘(populism)적 시도였거나, 정운찬 교수(전국무총리)의 지적처럼 신자유주의자들의 꼬임에 빠졌거나 했을 것입니다. 제가 보기엔 어떤 경우라도 이데올로기를 제대로 이해하지 못한 것이 분명합니다.

한국의 이른바 신자유주의는 가계 부채를 급증시키고 빈부 격차를 가속화하고 산업적으로도 기업의 양극화를 초래했습니다. 또 철밥통 모피아[교육 마피아: 교육과학기술부 고위 공무원]들의 꼬임에 빠진 것인지 과거의 것이면 무조건 반대해야만 옳다는 식이었는지 '창의성'과 '세계성' '개방성'을 표방하는 신자유주의적 교육 정책을 강력히 시행한 결과 오늘날 절반 이상의 학생들이 중학교 때부터 수학을 포기하고 영어를 포기하게 되고 말았습니다['창의성'과 '세계성' '개방성'은 신자유주의의 가장 큰 모토(motto)입니다]. 다른 문제들은 일단 차치하고 한국인들의 생활에 가장 큰 영향을 미친 교육 문제를 한번 집중 거론해 봅시다.

애당초 한국의 교육 개혁의 이념적 토대인 '신자유주의'는 성실한 '갑남을녀(甲男乙女)'의 참된 경쟁의 논리라기보다는 '교목세가(喬木勢家)'들의 유희로 변질될 수밖에 없는 성질의 것입니다. 이상하게도 당시의 집권자들은 '신자유주의'가 '팔라디온(Palladion: 국가를 지키는 수호상)'이라고 너무 확고하게 믿고서 이것을 따르지 않는 것이 '후진화'가 되는 지름길이라고 믿었는 듯합니다.

저는 이 시점에서 그리스 신화의 백미인 '트로이 전쟁(Trojan War)'을 다시 생각합니다. 트로이의 왕자 파리스(Paris)가 아름다우나 죄 많은 헬레네(Helen)를 국내로 데리고 와 기나긴 전쟁을 치른 후, 그리스군이

의도적으로 남기고 간 '목마(木馬)'를 선물로 착각하여 '팔라디온'의 대용물로 믿고 성 안으로 데려와 승리의 환호로 밤새우다가 몰락의 운명을 맞은 전설을 말입니다. 한국은 '트로이'가 그랬던 것처럼 그 '허영'의 너무나 비싼 대가의 전쟁을 지금 치르고 있습니다.

결론부터 말하면, 이른바 진보를 표방하는 당시 정부들이 신자유주의적 교육 정책을 강력히 시행한 결과 이제는 가난한 사람들이 명문대를 가는 것이 낙타가 바늘구멍으로 들어가기보다도 어렵게 되었습니다. 제가 대학을 갔던 유신독재(維新獨裁) 말기에는 오히려 서울대학교를 비롯한 각종 명문대에서 가난한 학생들의 비율이 훨씬 높았습니다. 그 당시에도 이른바 망국과외(亡國課外)가 없었던 것이 아닙니다. 서울대학교를 들어가려면 당시 돈으로 2억 원 이상의 과외비가 들어간다고 했으니 말입니다. 그래도 다수는 지방에서도 삼당사락(三當四落: 3시간 자면 합격이요 4시간 자면 떨어진다)의 정신으로 열심히 공부한 학생들이었습니다. 당시에는 누가 얼마나 많이 공부했는가가 화제였습니다(요즘처럼 누가 족집게 선생에게 배웠는가가 아니었습니다). 그래서 계층 이동도 비교적 활발하였습니다. 당시 가난했던 친구들이 지금은 대부분 견실한 중산층과 고위층들을 형성하고 있습니다.

그런데 지금은 가난하면 도저히 공부가 감당이 안 됩니다. 즉 외국에 가서 중고등학교를 다니면서 하는 영어 연수도 기본이 되었을 뿐만 아니라 각종 호사(豪奢)스러운 취미나 특기가 입학 요건의 일부가 되어 버렸습니다. 그러다 보니 계층 간의 괴리감은 회복하기 힘들 정도입니다. 뿐만 아니라 '기러기 아빠'라는 신조어가 등장하고 거의 10만 명 이상의 어린 학생들이 순전히 영어 교육만 받으러 해외에 나가야 하는 지경에 이르렀습니다. 그렇다고 하여 이들이 성공할 확률이 높은 것도 아닙니다. 영어 교육 전문가에 따르면 영어 공부를 위한 유학은 95%가 실패한다고 합니다(《인터뷰365》, 김두호, 2008. 5. 24). 즉 100명 중 성공 확률은 4~5명 정도라는 것이죠. 무조건 한국의 아이들을 미국의 교실에 집어넣어 놓으면 잘할 것이라는 생각 자체가 착각입니다. 특히 영어를 잘하지 못하는 상태에서 바로 현지인들(미국인, 영국인 등)과 함께 수업을 하게 하는 것은 무모함을 넘어서 하나의 고문(拷問)입니다.

이 때문에 헤아릴 수 없는 가정 파탄과 마약 흡입, 성범죄 등 수많은 청소년 비행(juvenile delinquency) 같은 심각한 사회 문제가 발생하고 있고 오로지 영어만을 위해 해외로 나가다 보니 영어 실력은 향상되었을지 모르나 특히 국어, 수학, 과학, 사회 등은 도저히 따라가지 못하게 되어 국제 미아(國際迷兒)들이 나타나고 있습니다[따라서 잘 사는 집 아이들은 해외에서 중고교를 다니면서도 똑똑한 한국 유학생에게 한국식 과외 지도를 받습니다. 정말 몬도가네(Mondo Cane)가 따로 없군요].

그리고 '열린 대학(open university)', '개방화' 등을 시대정신으로 아무것이나 하나만 잘해도 대학을 갈 수 있다고 해서 그것이 서민층에 도움이 된다고 생각한 것 같은데 그것도 오산(誤算)입니다. 가령 춤만 잘 추면 대학 갈 수 있다고 합시다. 그렇다고 동네에서 백수(白手)들에게 배운 춤과 한 달에 수백만 원씩 교습비를 주고 전문 안무가(按舞家)들에게 배운 춤이 같겠습니까? 대학 입시에 누가 유리하겠습니까? 여기에 더하여 각종 음성적인 기부 입학과 편법이 결합하기 쉬운 입학사정관제(入學査定官制)로 인하여 이제 명문대는 부자들의 천국이 되어버린 지 오랩니다. 입시에 필요한 사회봉사는 사회적 봉사를 위한 것이 아니라 입시용으로 '눈 가리고 아웅 하는 식'이고(학생들이 무얼 먼저 배우겠습니까?), 입시용 자기 소개서도 수십, 수백만 원에 거래되고 있는 것이 오늘의 한국 교육 현실입니다.

입학사정관제는 한국이라는 사회 현실과는 동떨어진 제도로 공정한 경쟁과는 거리가 멉니다. 그렇지 않아도 치맛바람과 과외 바람이 거센 한국에서 부와 권력이 결합하면, 수많은 부정과 비리가 횡행할 수밖에 없습니다. 박인숙 의원(새누리당)은 "누가 더 많은 돈과 시간을 투입하느냐에 따라 합격이 결정되는 제도"라고 합니다. 입학사정관제는 교사들의 지적과 같이 특목고와 고소득층 대도시 자녀의 전유물(專有物)이며, 고교 교사 10명 중 8명은 입학사정관제가 고소득 전문직 자녀를 위한 것이라고 합니다(《한국일보》, 2012. 10. 3). 이 제도는 노무현 정부에서 시작되어 이명박 정부에서는 더욱 확산되고 말았습니다. 입학사정관제는 5% 미만으로 줄여야 할 대표적 제도입니다. 인구가 과밀한 한국에서는 무엇보다도 누구라도 납득할 수 있는 경쟁의 객관성을 확보하는 것이 가장 중요합니다.

교육계에 이같이 신자유주의의 광풍(狂風)이 몰아치더니, 한국에서 '개천에서 용(龍) 나는 시대'는 영원히 사라지고 말았습니다. 이제 명문대에 가려면, 영어는 외국의 중고등학교에 몇 년은 굴러먹고(아마도 수억 원 이상은 들 것입니다. 이것이 엄청난 국제 수지 적자를 초래합니다), 수학은 최고급 족집게 강사들에게 최소 6년은 배워야 하는 시대입니다. 국어(언어)도 유치원 시절부터 명문 논술학원에서 최소 10년 이상은 배워야 수능시험 문제를 제대로 풀 수가 있을 정도입니다. 저같이 외국에 나갈 형편이 안 되고 과외 근처에도 가기 힘들었던 학생들은 지방대학에 가기도 힘든 것이 현재 한국입니다.

한국의 신자유주의 교육는 참으로 참담한 결과를 초래했습니다. 지방은 피폐할 대로 피폐하고 수도권은 또 다른 병마(病魔)에 시달립니다. 제가 현재 사는 곳은 시골 도시인데 지난 15여 년간 인구가 절반으로 줄었습니다. 한국 인구 이동의 가장 큰 원인 중에 하나가 교육과 관련이 있습니다.[131] 지방 고등 교육도 거의 사망 직전에 있습니다. 과거 서울 명문 사립대학 수준으로 평가를 받았던 지방 국립대의 위상이 추락하여 지방의 우수 학생들이 대부분 서울로 몰리고 있습니다.

1977년의 경우 부산대학교 상대(商大)의 합격자 예비고사 평균 성적(258.5)은 연세대학교 영문과(252.9), 고려대학교 정치외교과(253.3)와 비슷했고, 충남대학교 사회계열(233.9)은 이화여대 문학부(233.7), 연세대학교 중문학부(227.3)보다도 약간 앞서 있었습니다. 그런데 지금의 지방 국립대는 서울 지역의 하위 대학들보다 못한 수준입니다. 과거에는 경북대학생(대구)들을 경희대학생(서울)이라고 하면 불같이 화를 내었는데(실제로 제가 직접 본 일입니다) 이제는 그 반대입니다. 2011년 현재 서울의 전체 대학생 27만 명 중 절반인 14만 명이 지역(지방) 출신입니다.[132] 지역으로서는 엄청난 경제적 유출과 손실이 나타납니다. 숙식비를 제외하더라도 연간 등록금을 800만 원, 연간 용돈(월 30만 원 가정) 360만 원이면, 1인당 1년간 1160만 원, 14만 명이면 1조 6천억 원에 육박하고 있습니다. 이보다 더 심각한 문제는 우수 인재들의 수도권 유출로 인하여 지역을 발전시킬 인재들이 고갈되고 있다는 점이지요.

무엇보다도 이것이 이른바 진보 성향을 가진 정부에서 비롯되었다는 것이 참으로 아이러니합니다. 아마도 그 정부 안에 이데올로기나 패러다임에 대한 공부를 제대로 한 사람들이 없었기 때문일 것입니다.

교육 문제에 관한 한 지금이라도 늦지 않습니다. 수능 시험 수준을 떨어뜨려서 진정으로 교과서 공부를 충실히 하면 풀 수 있도록 해야 합니다. 현재의 수능 시험은 옆에서 일일이 가르쳐주는 전문가의 도움이 없이는 불가능한 공부입니다. 사교육비를 줄여 서민층을 보호하기 위해서라도 누구라도 쉽게 수능시험에 접근하도록 해야 합니다. 말 그대로 학교에서만 열심히 공부하면 중위권 대학은 들어갈 수 있는 수준으로 출제해야 합니다. 현재의 수능 시험은 과거 서울대학교 본고사(本考査)에 나오는 수준의 문제들도 보이는 정도입니다. 제가 시험 칠 당시 채점했던 교수님들이 수재(秀才)들이 모인 서울대학교 입시에서도 수학은 절반이 거의 영점(0)에 가까운 점수를 받았다고 하는 것을 들은 적이 있습니다. 그런데 그런 종류의 시험을 60~70만이나 되는 학생들이 매년 치르고 있고 수백만이 준비하고 있으니 수포자(수학 학습 포기자), 영포자(영어 학습 포기자)가 기하급수적으로 늘 수밖에 없지요. 한 언론기관의 조사에 따르면 서울 지역의 고교 수포자 비율은 60% 이상이라고 하는데(YTN, 2011. 7. 3), 교육 현장의 사람들은 거의 80%에 육박한다고 합니다(지방은 훨씬 심각합니다). 서울대학교 이공계 신입생 20%가 수학 기초 학력이 미달되었다는 조사도 있습니다(《한국대학신문》, 2012. 10. 2).

2012년 현재까지의 수능 시험은 한국 최고 수준의 일류 대학에 갈 학생들이 전체의 1%도 되지 않는데 그들의 변별력을 위해 유지해 왔습니다. 아이러니한 말이지만 이 제도가 보수를 표방하는 이명박 정부에 와서 수정되고 또 수정되어 수준별 수업이 진행되고, 수능 시험 난이도가 계속 조정되고 있습니다. 현재 한국의 교육 제도는 마치 모재벌 회장이 "백 년 전에는 수십만, 수백만 명이 왕과 귀족을 먹여 살렸지만 지금은 한 사람의 천재가 수십만, 수백만 명을 먹여 살릴 수 있다."는 논리를 그대로 따르고 있는 듯합니다. 만약 이 같은 논리로 한국의 교육 정책이 앞으로도 진행된다면, 기가 막힐 일입니다. 이런 식의 교육은 한 사람의 천재를 위해 수백만 학생들의 교육을 포기하는 것일 뿐만 아니라, 그 천재 하나가 수백만 사람들이 살 수 있는 생존 기반을 독점할 수도 있다는 것이기도 하기 때문입니다. 이 재벌 회장이 예로 들었던 빌 게이츠(Bill Gates)의 그 많은 기업적 비행(非行)들은 어떻게 해석해야 합니까?

결론적으로 제가 드리는 말씀은 신자유주의니 신현실주의니 하는 말은 결국은 미국과 서유럽 등의 백인 선진국 사회에서나 해당되는 '말장난'에 불과하다는 것입니다. 그리고 그것에 크게 놀아난 것은 바로 한국 지식인 사회입니다.

신자유주의나 신현실주의는 자본주의라는 거대한 패러다임의 변화와는 아무런 상관이 없습니다. 그런데 무슨 자본주의 3.0이니 자본주의 4.0이니 하고 패러다임의 변화인양 큰 소리로 떠들어 댑니다. 그래서 저는 이들이 자기들끼리 무슨 생사를 건 이론 투쟁을 하는 듯이 보이는 것이 이해가 안 된다는 말입니다.

부자들은 자기 문제만 세계의 문제이고 나머지 사람들은 자기의 번영과 행복에 들러리만 서면 된다고 생각합니다. 그것이 학문의 이름으로 합리화되고 있으니 문제지요.

그러면 여러분들은 물으실 것입니다.

"당신 생각은 뭐야? 당신은 세상을 분석하고 그에 따른 해결책은 있는 거야?"

그러게 말입니다. 부지런히 분석을 해도, 세상의 문제를 해결하는 답이 잘 보이질 않습니다. 그러나 한 가지 분명한 것은 신자유주의나 신현실주의는 실질적인 세계의 문제와는 동떨어진 담론 수준에 불과하다는 사실입니다.

제6장 시대도착의 이론가, 다니엘 벨

:: 일곱 번째 공주, 그 후

엘리너 파전(Eleanor Farjeon)의 『일곱 번째 공주(*The Seventh Princess*)』, 그 후의 이야기를 한번 해봅시다.

드디어 세계의 왕자가 와서 이 나라 여왕과 결혼하고 싶다고 하여 머리 길이를 잴 날이 왔습니다. 그런데 여섯 명의 공주의 머리털 길이가 모두 똑같았죠? 그래서 아무도 여왕이 되지 못했고, 결혼도 하지 못했습니다. 그 뒤에도 여섯 명의 공주들은 유모들의 시중을 받으며 머리털을 가꾸는 것으로 일생을 보냈습니다. 결국 공주들의 머리털은 그들을 따르던 여섯 마리의 백조처럼 하얗게 새고 말았습니다.

뿐만 아닙니다. 그 세계의 왕자도 그 여섯 공주 중에 머리카락이 가장 긴 사람이 나올 때까지 기다리고 있었지만 그런 날은 오지 않았죠.

그런데 이 세계의 왕자도 재미있습니다. 그는 말하지 않고 대신 너덜너덜한 옷을 입은 시종이 늘 그를 대변합니다. 답답한 왕이 물었습니다.

"왕자님은 말씀을 못하시오?"

그러자 시종이 말합니다.

"말씀을 하실 수 있는지 없는지, 아무도 왕자님이 이야기하시는 것을 들어본 일이 없습니다. 아시다시피 세상엔 여러 종류의 사람이 있습니다. 말을 하는 사람, 말하지 않는 사람, 돈 있는 사람, 돈 없는 사람, 생각하는 사람, 일하는 사람, 위를 보는 사람, 아래를 내려다보는 사람…… 그런데 우리 주인은 저를 시종으로 뽑으셨습니다. 왜냐하면 주인님과 저 사이에 우리 주인님이 왕자인 세계를 우리가 만들었기 때문입니다. 왕자님은 부자이고, 저는 가난뱅이, 왕자님은 생각하고 저는 그것을 실행하고, 왕자님은 내려다보시고 저는 우러러 보고, 왕자님은 말씀을 안 하시고, 제가 이야기합니다."

그리고 왕비가 직접 돌보아온 일곱 번째 공주의 머리털은 아예 사내아이처럼 짧은 머리였던 것 기억하시죠? 그녀는 빨간 수건으로 머리를 묶고 궁궐을 뛰쳐나와 언덕으로 강으로 그리고 시장으로 숲속으로 신나게 달려 나갑니다. 그녀 곁에는 비둘기와 세계의 왕자의 너덜너덜한 옷을 입은 시종이 따라 다녔고요.

일곱 번째 공주가 시종에게 물었습니다. "그런데요, 당신이 곁에 없으면 왕자님은 어떻게 하시지요?"

그러자 그 시종은 말했습니다.

"왕자님은 아마 최선을 다할 겁니다. 왜냐하면 세상에는 여러 가지 종류의 사람들이 있으니까요. 안에 있는 사람도 있고 밖에 있는 사람도 있으니까요."

제 생각에는 아마도 집시였던 왕비는 왕이 아무리 자기를 끔찍이 사랑해 주어도 궁궐 속에 갇혀 지내야만 하는 자신의 처지가 답답했을 것입니다. 이미 다른 세상을 보았던 왕비는 궁전 지붕에 올라가 동쪽 목장이나, 남쪽의 강, 서쪽에 굽이굽이 펼쳐진 언덕, 북쪽 시장 등을 바라보면서 여러 시간씩 앉아 있었습니다.

그리고 그 막내딸은 왕비와 꼭 닮은 아이였습니다. 다른 공주들은 왕을 닮아 몸이 크고 금발인데, 막내인 일곱 번째 공주는 왕비를 닮아 작고 진한 갈색 머리카락을 가지고 있었습니다. 그래서 왕비는 막내 공주를 볼 때마다 머리를 가위로 잘랐던 것입니다. 왕비는 아마도 막내 공주를 통해서 자기의 꿈을 이루었는지 모릅니다.

그리고 그 시종의 말은 어쩌면 보일 듯 보이지 않지만 분명히 어딘가에 있는 어떤 실체를 찾아서 끝없이 방황하는 저 같은 사람의 독백처럼 들립니다. 마치 프루프록(Alfred Prufrock)이 슬프게 읊조렸던 것같이 말입니다.

그래 아니다!

나는 햄릿 왕자가 아니고 되고 싶지도 않다.

그렇기는커녕 나는 그런 왕자의 하인배,

한두 장면 얼굴이나 비치고 왕자를 받들어 모셔야 하는,

틀림없이 만만한 왕자의 머슴,

굽실굽실 심부름이나 즐겨 하고,

빈틈없고, 조심성 많고, 소심하고

큰소리로 떠들기도 하지만, 좀 바보 같기도 하고

때로는 정말 바보 같기도 우스꽝스럽기 짝이 없는

때로는 틀림없이 '어릿광대'

No! I am not Prince Hamlet, nor was meant to be;
Am an attendant lord, one that will do
To swell a progress, start a scene or two,
Advise the prince; no doubt, an easy tool
Deferential, glad to be of use,
Politic, cautious, and meticulous;
Full of high sentence, but a bit obtuse;
At times, indeed, almost ridiculous?
Almost, at times, the Fool.

―엘리엇(T. S. Eliot), 「프루프록의 연가(The Love Song of J. Alfred Prufrock)」 중에서

(1) 이데올로기의 종언

미국의 사회학자였던 다니엘 벨(Daniel Bell, 1919~2011)은 1960년대 이미 『이데올로기의 종언(*End of Ideology*)』(1960)이라는 책에서 이데올로기는 더 이상 진리가 될 수 없음을 선언한 바 있습니다. 패러다임을 이야기할 때 이 사람을 뺄 수 없는 이유도 이 때문입니다. 벨이 말하는 요지는 ① 소비에트 세력들의 반인권 유린 사태, ② 수정자본주의에 의한 복지국가(welfare state)의 대두, ③ 전통적 중산층 문화의 붕괴와 반문화

(counter-culture)의 대두, ④ 새로운 중산계급의 출현으로 프롤레타리아 혁명의 가능성의 약화 및 후기 산업사회의 대두 등으로 요약할 수 있습니다.

벨은『이데올로기의 종언』에서 이데올로기란 사상을 사회적인 목적 달성의 수단으로 전환시킨 가치와 신념의 체계로 사회 구성원 사이에서 의심받지 않는 채 수용되는 신성불가침한 성격을 띤 것이라고 봅니다. 이 책은 당시 지식인 사회를 지배하고 있던 마르크스주의에 대한 비판으로 저술된 것입니다. 미국과 서유럽 사회에서는 기술(technology)의 발전과 복지사회의 등장에 따라 사회 양극화, 극단화에 의한 자연혁명론에 입각한 마르크스주의는 성립하기 어렵다는 것입니다. 즉 과학기술 혁명에 의해, 정보와 지식이 중요하게 되는 탈산업사회로 이동하게 됨에 따라, 미래 사회에서는 이데올로기의 중요성이 사라지게 된다는 것입니다. 현대의 선진 산업사회에서는 마르크스가 말하는 노동자와 자본가의 전면적인 대립과 투쟁이 첨예화되는 것이 아니라 서서히 극복되어 가기 때문이라는 것이죠.[133] 정치적인 성격이 강했던 노동자들은 사회복지 제도의 정비와 노사분쟁에 대한 조정 제도 등의 발달로 보다 사회적이고 개별적인 방향으로 관심이 돌려지게 된다는 것입니다.

이런 생각은 벨에 의해 시작된 것은 아니고 1955년 이탈리아의 밀라노에서 개최된 국제회의가 발단이 되어 미국의 다니엘 벨, 새무어 립셋(Seymour Lipset, 1922~2006), 프랑스의 레몽 아롱(Raymond Aron, 1905~1983) 등에 의해 제기되었습니다. 이 이론은 1950년대 후반기에 출현했던 수렴 이론(convergency theory)으로, 사회 구조의 형성에는 정치적 이데올로기보다는 경제나 기술적인 요소들이 더 영향력이 있으므로 자본주의와 사회주의는 점차 유사해져서 하나의 형태로 수렴해 갈 것이라는 것을 주장합니다. 산업사회는 산업 엘리트와 이윤 추구에 의해 지배되는 반면, 탈산업사회는 과학과 기술 간의 한층 밀접해진 관계로 과학자와 기술 관료라는 새로운 엘리트에 의해 지배된다는 것입니다.

여기서 말하는 기술 관료는 이른바 테크노크라트(technocrat)로 과학적 지식이나 전문적 기술을 소유함으로써 사회 또는 조직의 의사결정에 중요한 영향력을 행사하는 사람들입니다. 벨의 『이데올로기의 종언』에서 말하고 있는 '탈산업화 사회'에서는 이들 테크노크라트가 관료인 뷰로크라트(bureaucrat)를 대신하는 새로운 사회계층으로 역할을 하게 된다는 것입니다.

벨은 비록 이데올로기는 종언을 고하겠지만 인간이 가진 유토피아(Utopia)에 대한 꿈은 사라지는 것이 아니라고 합니다. 단지 미국과 유럽뿐 아니라 소련에서도 사회의 유지 발전에 있어서 이데올로기보다는 기술적 기능이 더욱 우선시되므로 이데올로기는 급진적인 지식인(intellectuals)들에게도 정당성이 상실되어 간다는 것입니다.

그런 면에서 벨의 견해를 본다면 상당한 설득력이 있습니다. 벨은 자본주의 패러다임의 변화에 대해서도 언급하는데 그것은 자신의 주저인 『후기 산업사회(*The Coming of Post-Industrial Society*)』(1973)에 잘 나타나 있습니다.[134] 이 책은 여러 모로 중요한 저서입니다. 왜냐하면 이 책은 1970년대 초반에 나온 것인데 우리가 앞서 본 여러 패러다임의 이론가들의 주요 사상들을 대부분 포괄하고 있기 때문에 벨 이후의 패러다임 이론가들은 사실상 벨의 영향을 받았을 것이고 어떤 의미에서는 계승자이기도 하기 때문입니다. 제가 이 다니엘 벨의 이론을 '디지털 시대'로 넘어가는 교량으로서 보는 것도 바로 이 때문입니다. 벨은 미국 예술 · 과학 아카데미에서 설립한 '2000년대 위원회'의 의장으로 활동하기도 했습니다.

벨은 산업사회 이후를 '후기 산업사회(Post-Industrial Society)' 또는 '탈산업사회'라고 합니다. 여기서 탈(脫) 또는 후기 산업사회는 과학과 기술의 발전으로 종언을 고하기 때문에 잠정적으로 사용한 용어라고 합니다.

벨은 사회를 각 사회의 특성에 따라 ① 산업화 이전형, ② 산업사회, ③ 탈산업사회 등으로 구분합니다. 산업화 이전형의 사회는 생존을 위해 자연과 투쟁하는(a game against nature) 형태로 인구의 60% 이상이 농업, 광업, 어업, 임업 등에 종사하는 사회를 말하고, 산업사회는 "조작된 자연과의 게임(a game against fabricated nature)"을 하는 사회로 대량 생산을 위해 기계에 에너지를 가하는 사회를 말한다고 합니다. 산업사회에서는 사람들이 기계에 얽매어 있으며 반숙련공이 노동자의 대부분을 차지하는 특징을 가진다고 합니다. 이에 비하여 탈산업사회는 "개인과 개인 사이의 게임" 사회로, 지식과 정보를 생산하고 서비스가 증가하는 사회를 말한다고 합니다.

벨은 탈산업사회의 특징으로 ① 산업 부문에 비해 서비스 부문이 우세해져 새로운 서비스 경제의 대두(제품 생산 중심에서 서비스 생산 중심으로),[135] ② 전문직 노동자 역할의 중요성 증가,[136] ③ 연구와 개발이 중심 역할(기술 혁신에 기여하는 이론적 지식에 중점), ④ 높은 수준의 복지 실현 가능성 증대, ⑤ 교육 기회의 확대에 따른 새로운 지적 기술의 창출 가능성 증대 등을 지적하고 있습니다.

놀라운 일입니다. 벨은 1970년대 초반에 지금 우리가 논의하는 대부분의 이슈들을 지적하고 있습니다. 어쩌면 당시 수많은 이론가들이 마르크스에 함몰되어 자본주의와 세계의 미래를 논의하고 있을 때 벨은 이미 정보화 시대, 디지털 시대를 예견하고 있었던 것입니다. 그래서 벨의 저서들은 1980년대를 휩쓴 토플러(Alvin Toffler)의 『제3의 물결』, 1990년대 리프킨(Jeremy Rifkin)의 『노동의 종말(*The End of Work*)』(1995)[137] 등과 더불어 미래학의 대표적인 저서로 추앙을 받고 있습니다.

그러나 한편으로 그의 이론들은 당시에 많은 사람들의 외면을 받았습니다. 너무 미래를 빨리 내다본 것이죠. 왜냐하면 벨은 이전에 『이데올로기의 종언』에서 이데올로기에 기반한 상호 투쟁의 시대는 종언을 고했다고 했음에도 불구하고, 연이어 베트남 전쟁이 인도차이나 반도 전체로 확대되었고 세계적인 반미 투쟁과 프랑스의 혁명적 학생 운동, 일본의 전공투(全共闘) 결성 및 적군파(赤軍派) 등이 나타나고 미국은 대규모 흑인 운동(Black movement)이 일어난 것입니다.

이 모든 사건들의 정점에는 제2차 베트남 전쟁(Vietnam War, 1960~1975)이 있습니다.[138] 이미 국가 체제를 갖춘 나라에 프랑스가 시대착오적으로 구식민 주권을 회복하기 위해 베트남을 침공하였다가 디엔비엔푸(Dien Bien Phu)에서 처참한 패배를 당하고 물러나더니[139] 다시 새로운 침입자 미국이 자유주의 수호라는 거창한 구호를 내세우며 베트남을 남북으로 분할시킵니다. 이 전쟁은 지식인들의 거센 반발을 초래하여 전 세계적으로 반전 운동을 확산시킵니다.

1965년 급진적 흑인 운동가인 말콤 엑스(Malcom X)가 암살당하고, 3년 뒤 온건파 흑인운동가였던 킹 목사가 암살당합니다(1968). 이 사건들은 흑인들에게 인종적 자각을 심어주어 미국 사회에 큰 반향을 일으킵니다.

1968년 5월 프랑스 파리에서는 약 1,000만 명의 시민이 거리로 나서

[그림 ①] 베트남군의 디엔비엔푸 승리 장면

[그림 ②] 미국의 베트남전 반대 시위

는 대규모의 시위가 벌어졌는데 여기에는 대학생과 노동자와 시민이 모두 참가했습니다. 이 사건은 단순히 대학 내의 학사 문제로 촉발된 것이기는 하나 여러 부조리한 사건들에 대한 반발이 한꺼번에 터져나온 것입니다. 무장경찰의 탄압으로 사태가 오히려 더욱 악화되어 거의 한 달 동안 파리가 무정부 상태로 되었습니다. 이 사태는 미국과 서독, 이탈리아, 영국과 아일랜드, 인도, 일본, 멕시코, 브라질 등지에서도 연쇄적으로 발생했습니다. 당시 프랑스는 식민지였던 알제리와 7년 전쟁(1954~1962)을 치른 상태에서 많은 알제리계 프랑스인들이 상처를 받았고 여기에 마치 학생 시위대들을 아이처럼 다루는 프랑스 대통령 드골(Charles De Gaulle, 1890~1970)의 말투, 베트남 반전 시위 등등이 대규모의 학생운동으로 폭발한 것입니다. 이 혁명적 학생 시위는 "부르주아지는 모두를 타락시키는 쾌락밖에는 모른다."는 구호는 있었지만, 애당초 정권 탈취를 목적으로 한 것도 아니었고, 기존의 사회주의 정당들의 정치적 개입도 없어 드골 대통령이 사임하고 일정한 요구들을 수용한 후 끝이 났지만 각종 이데올로기의 좌파들이 번성하는 계기가 되었습니다.

일본의 전공투 즉 전학공투회의(全學共鬪會議)는 1968년에서 1969년에 걸쳐 일본의 각 대학에 좌파 학생들에 의해 결성된 공동 투쟁 조직이나 운동체를 말합니다. 전공투는 일본 공산당을 보수정당으로 규정하고 도쿄대학을 중심으로 시작되었고 야스다 강당(安田講堂 やすだこうどう) 사태로 파국을 맞았다가 다시 더욱 과격한 적군파(赤軍派, JRA)가 창설되어 1970년 4월 민항기 요도호(淀號)를 북한으로 납치하고 팔레스타인(PLO) 단체와 연계하여 이스라엘 항공기를 무차별 공격합니다(1972). 이데올로기로서는 가장 극렬했던 시기가 1960년대에서 1970년

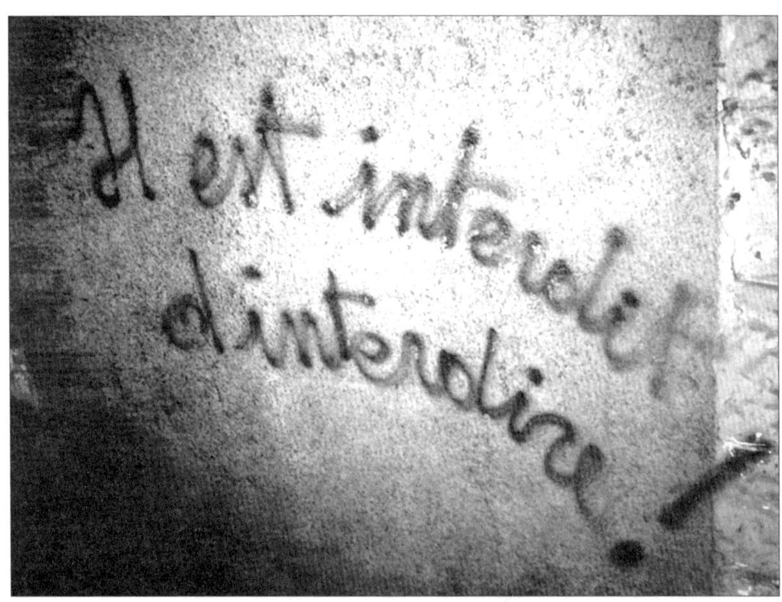

[그림 ③] 흑인운동의 두 지도자, 킹 목사(왼쪽)와 말콤 엑스(오른쪽)

[그림 ④] 프랑스 68혁명 당시 구호(모든 금지하는 것은 금지된다)

대였습니다. 한국은 당시 저개발 국가라 이보다 늦은 1980년대가 절정을 이루게 됩니다.

아이러니하게도 벨이 『이데올로기의 종언』을 발표하고 다시 『후기 산업사회』를 발표할 때까지가 세계적으로는 가장 극렬한 이데올로기적 대립의 시기였다고 볼 수도 있습니다. 그러니까 벨은 너무 앞서간 것입니다. 그래서 저도 이 사람의 이론을 지금에서야 소개하고 분석하고 그 새로운 의미를 분석하는 것이죠.

벨의 『후기 산업사회』가 출간될 당시에도 이 분석은 일부 선진 자본주의 국가에 대한 분석에 불과했습니다. 왜냐하면 이 시기는 저개발 국가들에서 본격적인 이데올로기 투쟁이 시작된 시기기도 합니다. 한국의 경우 이전에 볼 수 없었던 대담한 남민전(南民戰) 사건[140]이 발생하고 필리핀의 신인민군(NPA),[141] 라틴 아메리카의 광범위한 해방신학(Liberation theology)[142] 등이 화려하게 수놓았던 시기이니까요.

벨의 이론은 사회주의 몰락 이후 본격적인 정보사회에 진입하면서 다시 화려하게 부활하게 됩니다. 그리고 IT와 인터넷 혁명으로 벨의 저서들은 하나의 필독서로 자리메김하기 시작하는 것이죠.

(2) 탈산업사회의 새로운 계급

벨의 가장 큰 관심은 사회적 의사 결정에 있어서 기술(technology)이 미치는 영향 또는 중요성이었습니다. 이 점은 매우 중요합니다. 왜냐하면 기술은 이데올로기에서 중립적(neutral)이므로 만약 기술의 역할이나 영향력이 광대하다면, 이데올로기는 사실상 의미가 없어지기 때문입니다.

실제로 러시아 혁명 후 러시아 장군들이 "도대체 러시아 공산당사(共産黨史)를 들고 어떻게 독일군을 쏜단 말이오."라고 당 지도부에 불평을 늘어놓기도 했습니다. 중국 공산당 내부에서 "모택동 사상으로 비행기가 뜨지는 않는다."는 식의 펑더화이(彭德懷)의 유무기론(唯武器論)도 같은 입장입니다. 전쟁의 경우만 봐도 현대전은 기술의 싸움이며 정치 이데올로기를 가지고 싸우는 것은 아니라는 것이죠. 기술과 이데올로기는 정반대되는 것으로 간주될 수 있습니다. 즉 기술이 과학적이고 이성적이며 계산적이고 도구적이라면 이데올로기는 역사적이고 정치적이며 감정적인 것입니다.

특히 벨이 왕성하게 연구했던 시기 가운데 제2차 세계대전이 있었던 1930년대 후반에서 한국전쟁까지의 세계의 무대는 신무기(新武器)의 경연장이기도 했습니다. 누가 신무기에 대한 기술을 가지는가에 따라서 전쟁의 승패가 결정되었습니다. 한국전쟁 당시에도 UN군 총사령관이었던 맥아더(Douglas MacArthur, 1880~1964)는 중공군(中共軍, 중국공산당군)을 원자탄으로 저지해야 한다고 생각했습니다. 결국 이 생각은 매우 위험한 생각이었고, 이것은 맥아더가 두고두고 비판을 받는 계기가 되었습니다. 철학이 부족하고 이데올로기에 대한 이해가 부족한 사회 환경으로 인하여 미국은 기술 우위에 기반한 군사전(軍事戰, military war) 중심의 전쟁 전략에 경도되어 결정적으로 베트남전에서 큰 실패와 파국을 맞이합니다. 전쟁은 단순히 물량만으로 승부가 결정되는 것이 아니라 때로는 정치전(政治戰, political war)에서 이기지 못하면 결코 승리할 수 없다는 사실을 미국이 자각하는 데는 상당한 시간과 젊은이들의 희생이 필요했던 것이지요. 설령 군사전에서 승리하더라도 궁극적으로 정치전에서 승리하지 못하면 끝없이 점령지에 주둔해야 하고 천문학적인 주둔비를 감당해야 하는 것입니다.

어쨌든 벨은 현대 사회에 있어서 기술의 영향력에 대해 깊은 관심을 가지고 1950년대 초의 노동 인구의 구성 변화에 대해 분석하였는데, 그 결과 산업 노동자가 감소하는 반면, 기술 및 전문직 종사자가 증가하고 있는 사실들을 발견한 것입니다. 그래서 벨은 기술과 전문 인력의 사회적 확산과 지배 능력을 확신한 것입니다.

그래서 벨은 탈산업사회라는 개념을 제시하면서 앞서 본 대로 현대 사회 변화의 중요한 특성들을 다음과 같이 제시하고 있습니다.

먼저 ① 경제 부문에서는 산업사회에서 일반적인 상품 생산 경제에서 서비스 경제로 변화하고 있고, ② 직업적으로는 전문·기술직 계급이 부상하고 있으며, ③ 혁신과 사회 정책 수립의 원천으로서의 이론적 지식이 중심적 요소가 되고 있다고 합니다. 즉 탈산업사회에서 가장 두드러지는 특징은 노동 인구가 농업이나 제조업이 아니라 서비스업(무역, 금융, 운송, 보건, 오락, 연구, 교육 및 정부 등)에 종사한다는 것입니다. 이 가운데서도 특히 보건·교육·연구·정부라는 범주가 크게 성장한다고 합니다. 탈산업사회의 핵심 집단은 전문·기술직 직업들이며 이 중에서도 과학자와 엔지니어(engineer)의 성장률이 가장 높아서 이들이 향후에 지배적인 중추 세력이 될 것이라고 합니다. 나아가 탈산업사회는 사회를 통제하고 혁신과 변화의 방향을 설정하는 데 있어서 지식(knowledge)이 중심이 된다고 합니다.

벨이 말하는 탈산업사회의 지식인은 기술적 능력과 교육을 받은 새로운 계급이라고 합니다. 사유재산을 바탕으로 하는 자본주의 체제가 재산과 상속을 통해서 체제를 유지하는 구조를 가졌다면 후기 산업사회에서는 교육이 지위와 권위를 얻을 수 있는 기반이 된다고 합니다. 지식인들은 문화적인 범주에서 본다면 ① 성직 지식인층(종교인), ② 정책 지식인층,[143] ③ 이데올로기적 지식인층[144] 등으로 나눌 수가 있다고 합니다. 그리고 이들을 다시 직능이나 제도 등으로 나눠보면 매우 복잡해 집니다.[145] 그래서 마르크스의 용어를 빌리면 상부구조를 견고하게 수호해야 할 지식인들이 서로 조직화된 것처럼 보여도 활동의 영역은 매우 분산되어 있기 때문에 그 성분 또한 매우 복잡할 수밖에 없겠지요. 그래서 이들 사이에서 공통된 이해관계를 찾아내기란 상당히 어려울 수가 있습니다.

나아가 벨은 두 가지의 양식을 제시합니다. 하나는 '경제(학)화 양식(economizing mode)', 또 다른 하나는 '사회(학)화 양식(socializing mode)'입니다. 기본적으로 사회화 양식은 경제화 양식의 대안으로 제시되는 것이지만, 이 역시 일정한 한계를 가질 수밖에 없습니다. 벨은 이 두 양식을 균형 잡는 것이 탈산업사회의 주요한 과제라고 주장합니다. 경제화 양식은 효율성을, 사회화 양식은 공공적(public)이며 사회 정의(social justice)를 지향하는 것이라고 합니다. 기본적으로 경제화 양식은 제로섬 게임(zero-sum game: 한쪽이 이익을 얻으면 한쪽은 손해)에 기반하고 있는 데 반하여 사회화 양식은 비제로섬 게임(non-zero-sum game: 어느 쪽도 피해를 보지 않고 이익을 볼 수 있음)을 기초로 할 수 있다는 것입니다.

경제화 양식은 국민소득의 계산에서 보는 바와 같이 산업화의 결과 발생하는 환경오염에 대한 비용도 국민소득으로 계산되는 문제가 발생합니다. 즉 자유재(free goods)는 누구나 무료로 사용하는 것이지만 그것이 오염되거나 했을 경우에는 사회적으로 엄청난 마이너스 외부 경제 효과(externality)가 발생해도 경제화 양식에서는 이를 고려하지 못하는 것입니다.[146] 쉬운 예를 들면 불산(Hydrofluoric Acid)을 이용하여 금속 도금을 100만 원어치 생산했다고 합시다. 그런데 이 불산 가스가 누출이 되어 환경업체를 동원하여 이를 제거하는 데 200만 원이 들었다고 합시다. 실제로 사회 전체적으로는 100만 원의 손실이 발생했는데도 국민소득의 계산에서는 300만 원으로 계산됩니다.

이런 부분은 사회화 양식이 다루어야 할 부분입니다. 그러나 사회화 양식이 다루는 공공 부문의 영역도 단순히 시장의 실패(market failure)를 보완하기 위한 것은 아니고 그 자체가 가치 있는 것이라는 것입니다. 특히 경제학(경제화 양식)에서는 개인의 만족의 단순한 합이 사회적 만족이라는 식으로 보는데 이것은 잘못이라고 합니다[경제학의 예를 들면 개인의 무차별 곡선(indifference curve: 개인 만족도)의 합은 사회적 무차별 곡선(social indifference curve: 사회 만족도)이라는 식입니다]. 즉 개인의 영역은 개인의 영역이고 공공의 영역은 공공의 영역으로, 공공의 영역은 개인에게 팔 수도 없고 나눌 수도 없기 때문에 공적으로 투자되어야 한다는 것이지요.

경제화 양식의 견지에서 보면 기업은 이윤추구의 동기를 가진 조직이지만 벨은 기업이 좀 더 사회적 양식으로 발전해 가야 한다고 봅니다. 즉 사회적 양식의 견지에서 기업은 하나의 사회적 기구이므로, 기업을 단순히 상품을 만들어내는 사회적 도구로 생각되어서는 안 되고 사회 정의, 사회 안보, 개인에 대한 존중을 추구하는 방향으로 나아가야 한다는 것입니다. 이것은 포드(Henry Ford)의 생각을 그대로 계승한 것입니다.

탈산업사회는 정보 산업에 대한 관심이 증대하고 사회 전체가 시스템화(system)될 것이며[147] 이에 대한 관리 사회가 도래하고 지식의 수명이 짧아져서 연구 또는 두뇌 집단이 생성될 것이라고 합니다. 당연한 말이지만 시스템화(systemization)되면서 네트워크화가 진행될 것이라고 합니다.[148)]

벨은 역사의 발전 과정을 연속적으로 보는 것을 거부하고 질적인 변화를 중시합니다. 하나의 사회가 다른 사회로 이행할 당시에는 그 두 가지의 특징이 동시에 나타나기 때문에 변화의 중심에 있는 사회의 기능을 하나의 일반화된 이론으로 정의하는 것은 지극히 형식적이고 추상적이라고 말합니다.

즉 마르크스와 같이 사회 변화의 근본 동인을 생산력(production force)과 생산양식(production mode)이라고 분석 파악하는 입장이 있다면 그것은 그 사회의 변화를 보는 일부일 수가 있으며 또 다른 관점에서도 이를 파악할 필요가 있다는 말이지요. 특히 디지털 사회(Digital Society)의 경우를 보면 마르크스의 이론으로는 매우 혼란에 빠지기 쉽습니다.

즉 노동의 가치-생산력의 발전-생산양식의 변화-하부구조의 변화-상부구조의 변화 등으로 이어지는 마르크스의 이론은 인터넷의 등장 · 지식 기술 · 생산양식의 변화 등이 동시에 일어나면서 상호 보완하는 특성을 가진 디지털 사회의 경우를 해명하기가 어렵죠. 사실 디지털 시대의 변화는 정보기술이나 커뮤니케이션(communication) 행태의 변화를 정점으로 패러다임의 급격한 변화가 왔다고 보는 것이 오히려 적절할 수도 있죠.

(3) 정보화 사회

정보화 사회란 이런 탈산업화 사회에 나타나는 대표적인 특징이라고 할 수 있겠습니다만, 벨 자신은 『후기 산업사회』에서는 정보사회라는 개념을 사용하지 않았습니다. 그러나 이후의 글들을 통해서 벨은 정보사회를 많이 언급하면서 탈산업사회와 거의 유사한 개념으로 사용하고 있습니다.

벨은 지금까지 ① 제임스 와트(James Watt)의 증기기관 발명, ② 전기와 화학 분야의 발전, ③ 컴퓨터와 전기 통신 등의 세 차례의 기술 혁명이 있었다고 주장합니다. 그러니까 지금 우리가 보고 있는 것은 제3차의 기술 혁명이며 이것이 바탕이 되어서 나타난 사회가 바로 정보사회(Information society)라는 말입니다. 즉 기술의 발전으로 사회의 변화가 일어난다는 관점에서 벨은 정보사회가 나타난 직접적인 배경이 되는 것은 제3의 기술 혁명이라고 지적한 것입니다.

벨뿐만 아니라 오늘날 대부분 미래를 연구하는 학자들은 사회의 주요 변동 요인이 정보와 지식이라고 보고 있습니다.[149] 이 말이 가지는 의미를 좀 더 경제학적으로 분석한다면 향후 지식이 매우 중요한 생산요소가 될 것이고, 국민총생산(GDP)이나 고용에서도 지식 분야의 비중이 커진다는 것을 의미합니다.

그런데 이 지식이라는 것을 어떤 방식으로 이해해야 하는지 매우 어렵습니다. 지식은 전통적인 생산 요소(production factor) 개념으로 보자면 노동(labor)도 될 수 있고 자본(capital)도 될 수 있으며 때로는 사회간접자본이나 공공재(public goods)의 성격을 강하게 띠고 있기 때문입니다. 그러면 적어도 경제 · 경영학의 패러다임의 혼란은 불가피해 보입니다. 이 부분은 디지털 재화(digital goods)를 분석하면서 본격적으로 거론하기로 합시다.

따라서 지식사회가 도래했다고 하면 이 지식사회는 보다 분명히 다른 형태의 패러다임을 구축하지 않으면 안 될 것입니다. 그러나 이 같은 개념의 조작적 정의(operational definition)를 만든다고 할지라도 그것의 효용성은 두고두고 문제가 될 소지를 남기고 있습니다. 새로운 패러다임의 구성이 얼마나 난해해질지 현재로서는 파악하기가 어렵습니다.

지금까지 미래학의 대표적인 이론가인 다니엘 벨의 패러다임 이론들을 검토하였습니다. 이제 좀 더 냉정히 그의 이론을 봐야 할 때입니다.

무엇보다도 벨의 견해는 저개발 국가의 현실에 대해서는 전혀 고려하지 않은 견해로 생각됩니다. 그리고 극심한 이데올로기의 대립기에 있어서 이데올로기의 역할을 너무 과소평가했으며 (흔히 미국인 학자들의 일반적인 경향이기도 하지만) 사실에 대한 현상 분석에만 치우쳐 당대에는 외면을 받을 수밖에 없었던 것입니다. 이것은 벨의 한계이자 대부분 자유주의 패러다임의 이론가들의 한계이기도 합니다. 세상의 중심에서만 세상을 보려 하니 대부분의 사람들이 살고 있는 대지(Good Earth)가 보일 리가 없겠지요.

그 어떤 변명이 있다 하더라도 벨의 주저인 『이데올로기의 종언』(1960)과 『후기 산업사회』(1973)는 분명히 시대착오적인 저술이었습니다.

벨은 뉴욕에서 유태인의 가정에서 태어나 미국의 입장에서 미국의 이데올로기의 개발에 주력한 것 이상도 이하도 아니라고 할 수도 있습니다. 자기가 보고 싶은 것만을 본 것이죠. 존 레논(John Lennon,

[그림 ⑤] 세계의 빈곤(기아와 슬럼 인구 비율)

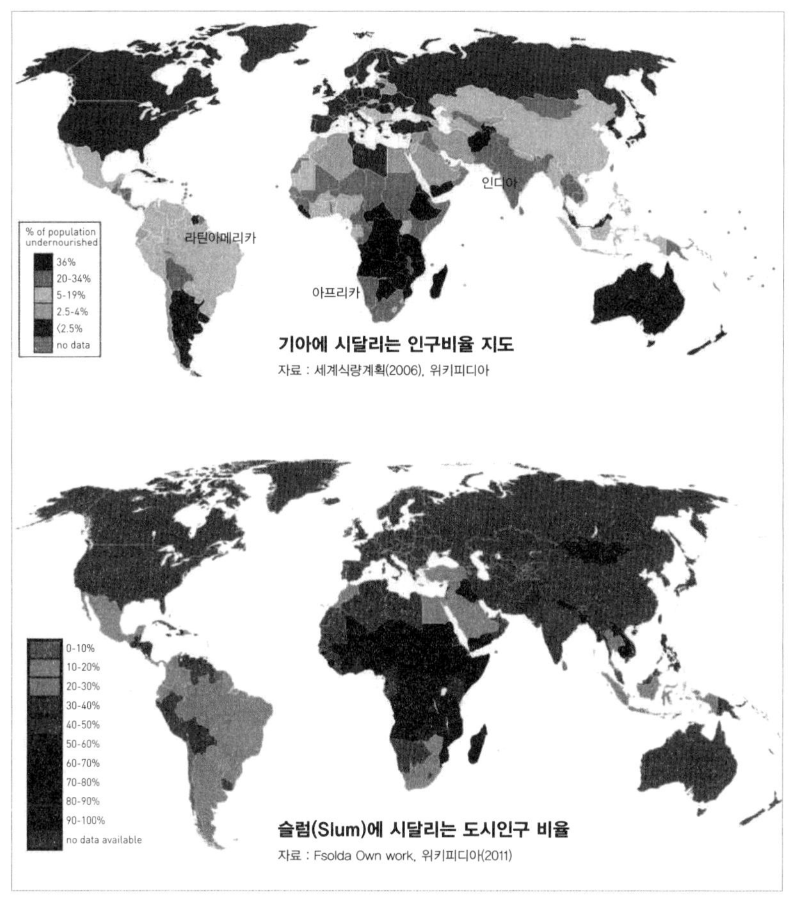

1940~1980)이 "지금 세상을 정말 혐오하지 않는다면, 세상을 사랑하는 게 아니지."라고 할 때,[150] 벨은 그저 이데올로기는 의미가 없고 기술의 세상이 온다고 과학을 찬미하고 있었으니 말입니다.

지금 이 시점에서 본다면, 현실적인 소비에트 세력들은 몰락하였고, 복지국가가 대두한 것은 분명히 사실이지만 유럽의 상당수의 나라가 사회주의 정권입니다. 그리고 보다 본질적으로 본다면, 복지국가는 가장 반(反)테크노크라트적인 사회(anti-technocrat society)일 수밖에 없습니다. 더구나 라틴 아메리카, 아프리카, 이슬람권, 동남아시아 등지에서 나타나고 있는 광범위한 저개발과 빈곤은 이데올로기의 종언이 아니라 새로운 이데올로기의 출현을 고대하는 상황이라고 해야겠습니다.

그림에서 보면 대충 보아도 2000년대 초반을 기준으로 세계 전체 인구 60억여 명 가운데 아시아에 38억(60.7%), 아프리카에 8억(13.5%), 유럽에 7억(11.5%), 남미에 5억(8.6%), 북미에 3억(5.1%) 정도로 분포되어 있으니, 전체 세계 인구의 85% 정도가 기아와 가난에 시달리고 있다는 것을 알 수 있습니다. 그리고 이들 지역에서 슬럼에서 살아가는 인구 비율이 거의 50% 이상임을 알 수 있습니다. 특히 아프리카는 거의 인구 절대 다수가 슬럼에 거주하고 있습니다. 우리가 앞 장에서 이미 살펴보았던 세계 지니 계수 지도와 1일 1달러 미만으로 살아가는 인구수와 같이 살펴보면, 세계의 경제 현실은 심각한 수준을 이미 넘어서 있다는 것을 알 수 있습니다.

산업혁명 초기에 세계에서 가장 부유한 지역과 가장 빈곤한 지역의 격차가 2배였는데 현재의 그 비율은 20배라고 합니다. 나라별로 본다면, 부국(富國)과 빈국(貧國)의 격차는 80여 배에 이르고 있다고 합니다.[151] 어떤 경우라도 세계화가 되면 될수록 빈익빈부익부가 점점 더 심각해지고 있는 것이죠. 하바드 대학의 프리쳇(Pritchett)은 이것을 디버전스(divergence)라고 부릅니다. 하나는 부자의 길로, 하나는 가난의 길로 다시는 돌아와 만날 수 없는 큰 강을 건너는 커다란 분기점(分岐點)이라는 의미입니다.

앞으로 보시겠지만 정보사회는 빈익빈부익부를 더욱 가속화시킬 가능성이 큽니다. 저개발 국가들의 상황은 더욱 나빠질 것이라는 말입니다. 세계적인 차원에서 이 현상은 더욱 견고히 되겠지요. 인터넷을 기반으로 하는 정보화 사회는 오직 최고만이 살아남는 환경을 만들고 있습니다. 흔히 말하는 승자 독식(winner takes all)의 환경입니다.

제7장 예언자 이니스, 디지털 성 앞에서 외치다

:: 나비의 꿈

서기 2084년.

작은 도시에서 건축 일을 하는 퀘이드(Douglas Quaid)는 로리(Lori)라는 미모의 아내와 행복하게 살아가지만 밤마다 이상한 꿈을 꿉니다. 당시 지구의 식민지였던 화성에서 이름도 알 수 없는 갈색머리의 아내와 행복하게 살고 있는 꿈인데 실제로 퀘이드는 화성에 가본 적이 없습니다. 그리고 자신은 화성을 구하는 꿈을 꿉니다.

어느 날 퀘이드는 가상현실 휴가 회사인 리콜(Recall)이라는 여행사를 찾아가는데 이 여행사는 기계를 이용하여 자기가 가고 싶은 곳을 다녀온 것처럼 뇌 속에 기억을 이식시켜 줌으로써 여행했던 것과 같은 효과를 만들어 주는 곳입니다. 퀘이드는 저렴한 가격으로 기계에 앉아 가상 화성 여행을 하기 위해 가상 기억을 주입받는데 그 기억을 주입하는 과정에서 그만 과거 실제로 화성에서 있었던 자신의 일들을 기억해 내고 맙니다.

퀘이드는 원래 화성 총독인 코하겐(Vilos Cohaagen)의 오른팔인 하우저(Hause)라는 사람이었는데, 코하겐이 지구의 혼란을 이용하여 독재하려고 하자 이에 반기를 든 사람이었습니다. 그래서 코하겐은 하우저의 뇌에서 화성에서의 기억을 모두 지우고, 지구의 어느 신도시의 퀘이드라는 인간의 기억을 이식시키고 자신이 로리라는 여인과 결혼한 기억도 함께 이식하여 지구에서 살게 합니다. 그리고 그것도 불안하여 자신의 부하들로 하여금 하우저를 감시하게 하는데 그 감시인들이 바로 지구의 아내인 로리, 직장의 사장 해리와 그의 부하들이었습니다. 퀘이드가 이 사실을 알게 되자, 놀랍게도 자신의 아내였던 로리가 그를 죽이려 합니다. 퀘이드는 코하겐 부하들의 추격을 받으며 간신히 화성으로 가 꿈에서 만나던 갈색머리의 진짜 아내 멜리나(Melina)를 만납니다. 퀘이드는 멜리나와 함께 코하겐의 비행들을 밝히기 위해 적진에 침투하여 이들을 제압하고 화성은 다시 평화를 찾습니다.

그런데 이 이야기의 끝 대목에서 퀘이드는 또한 "이것도 또한 꿈은 아닐까?"라고 말합니다. 지금 그가 경험한 모든 것이 리콜 사가 자기에게 주입한 가짜 여행기억이 아니었을까 하는 의미겠지요.

이 이야기는 폴 버호벤(Paul Verhoeven) 감독의 유명한 영화 「토탈 리콜(Total Recall)」(1990)입니다. 원래는 필립 딕(Philip K. Dick)의 단편 소설 「도매가로 기억을 팝니다(We Can Remember It for You Wholesale)」(1966)를 원작으로 하였습니다. 원작의 내용이나 영화의 줄거리보다도 이 영화 자체는 가까운 미래에 나타날 수 있는 여러 가지 모습들을 보여준다는 점에서 의미가 있습니다. 창문이 전부 벽걸이 TV나 미디어

화면으로 되어서 다양한 영상을 볼 수 있고 가상 여행에 대해서도 상당한 가능성을 보여줍니다. 이 영화에서 다루고 있는 개인의 정체성(personal identity)과 인식(recognition), 기억(memory), 실제(reality)와 조작(manipulation) 등의 문제들은 가까운 미래에 우리가 당면할 일일지도 모릅니다. 그리고 우리가 믿고 있는 지금 이 세상이 실제 현실인지, 아니면 제3자에 의해 조작된 가상의 세계인지에 대해 끝없는 의문을 던집니다.

마치 장자(莊子)의 호접몽(蝴蝶夢)을 보는 듯합니다.

"언젠가 나는 나비가 된 꿈을 꾸었다.
꽃 사이를 훨훨 즐겁게 날아다니면서도
나비가 나라는 것을 깨닫지 못했다.
문득 깨어나 보니 틀림없는 내가 아닌가.
도대체 내가 꿈에 나비가 되었을까?
아니면 나비가 꿈에 내가 된 것일까?"

("昔者莊周夢爲胡蝶, 栩栩然胡蝶也, 自喩適志與! 不知周也. 俄然覺, 則蘧蘧然周也. 不知周之夢爲胡蝶, 胡蝶之夢爲周與. 周與胡蝶." 『莊子』 內篇 齊物論)

(1) 경기변동과 패러다임

자본주의 속에서 살다 보면 자본주의가 그대로 있진 않다는 것을 모두 느낄 수 있습니다. 그러나 또 다른 측면에서 본다면 자본주의는 불변하는 요소들을 많이도 가지고 있다는 생각도 듭니다.

우리가 사회적인 변동을 느끼게 되는 것은 아마도 경기변동 때문일 것입니다. 경제가 불황에 접어들면 경제를 새로운 시각으로 보게 되는 것은 당연한 일이지요.

경기변동이란 경기가 호황과 불황을 반복하면서 순환하는 과정을 말합니다. 일반적으로 경기변동은 크게 세 가지로 보기도 합니다. 첫째 기술혁신에 따라서 50년을 주기로 나타나는 콘드라티예프 파동(장기 변동), 둘째 기업 설비투자 변동에 따라서 10~12년 주기로 나타나는 쥐글라르 파동(중기 변동), 셋째 이자율, 원자재 가격 변동으로 3~4년을 주기로 나타나는 키친 파동 등이라고 합니다. 이와 같이 국가 또는 세계의 경기가 변동하고 주기적으로 순환하는 현상을 설명하는 이론을 경기변동 이론이라고 합니다. 어떤 의미에서 이 같은 변화들에 의해서 패러다임은 손상되어 새로운 형태로 변모해 가기도 합니다.

1862년 프랑스의 클레망 쥐글라르(Clement Juglar)는 당시의 각종 경제 변수들을 분석하여 평균 6년에서 10년에 걸친 일정한 주기를 갖고 호황 · 침체 · 회복의 3단계로 구성되는 경기변동이 반복되고 있다는 것을 지적합니다. 그 후 1923년 조지프 키친(Joseph Kitchen)은 영국과 미국의 경제 변수들을 연구, 분석하여 경기변동은 일반적으로 장단기 파동으로 구분되며, 단기 파동은 평균 40개월 정도의 주기를 갖고, 장기 파동은 3개 정도의 단기 파동으로 형성된다고 하였습니다. 이 가운데서 40개월의 단기 파동을 키친 파동이라고 합니다. 1925년 니콜라이 콘드라티예프(Nikolai Kondratiev)는 18세기 말부터 1920년까지의 영국, 프랑스, 미국의 경제 변수들을 분석하여 약 50년을 주기로 하는 장기 파동이 같은 기간 안에 2개 반이 있었다고 지적하였습니다.

조지프 슘페터(Joseph Schumpeter)는 3개의 키친 파동은 하나의 쥐글라르 파동을 형성하고, 다시 6개의 쥐글라르 파동은 하나의 콘드라티예프 파동을 형성한다고 하여, 이전의 단기 중기 장기에 이르는 파동들의 관계를 보여주었습니다. 각 파동들의 원인으로는 키친 파동은 재고의 축적에, 쥐글러 파동은 기술혁신에, 콘드라티예프 파동은 철도 · 전기 등과 같은 대발명에 있다고 하였습니다. 슘페터뿐만 아니라 여러 학자들의 견해들, 예를 들면 전쟁(S. C. Wantrup)이나 금의 생산(Karl Gustav Cassel), 17~18년 주기의 건축 순환설(A. Hansen), 태양 흑점설(William Stanley Jevons), 강우 주기설(Henry Ludwell Moore), 과소비설(J. A. Hobson 및 P. M. Sweezy), 과잉 투자설 등이 있습니다.

이후 케인즈(John Maynard Keynes)는 경기변동을 불완전고용, 저축과 투자 등의 요소를 통해 체계적으로 분석합니다. 사무엘슨(P. A. Samuelson), 힉스(J. R. Hicks)는 한계소비성향(限界消費性向, marginal propensity to consume)을 중심으로 칼레키(M. Kalecki), 칼도어(N. Kaldor)는 케인즈나 사무엘슨 등의 이론들을 바탕으로 소비함수와 투자함수에 시차(time-lag)를 결합합니다.

그러나 경기변동에 대해 마르크스주의의 접근은 분석적이지 못하고 다소 이데올로기적인 요소가 강합니다. 그런데 현대에 나타나는 경기변동은 국제 금융 제도의 불안정성에도 큰 원인이 있습니다. 케인즈 이론의 권고에 따라 재정을 과도하게 팽창시키면서도 고정 환율 제도를 유지한다거나 환율 제도의 변동에 따른 환투기(換投機, exchange speculation)로 인하여 외환 위기가 발생하여 산업 전반에 영향을 미치는 경우도 있습니다. 뿐만 아니라 투자 수익률이 클 것을 기대하여 과잉 투자를 하는 것도 문제가 될 수 있습니다.

물론 패러다임의 변화는 단순히 경기변동에 따른 것은 아니지만요.

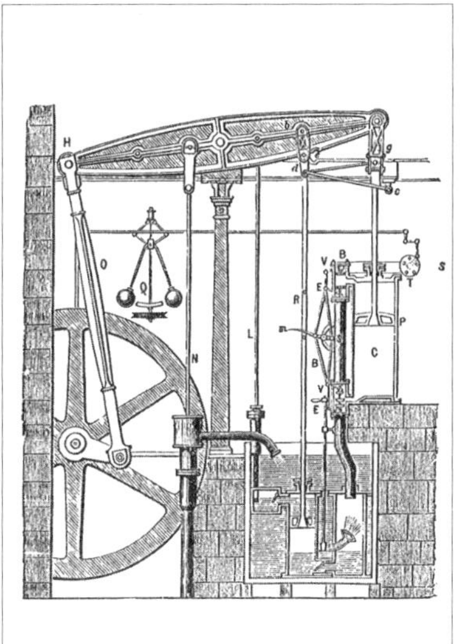

[그림 ①] 산업 혁명의 당시 제임스 와트와 증기기관 설계도

아무래도 큰 변화가 일어나는 콘드라티예프 파동(Kondratiev wave)을 좀 봐야 할 것 같군요. 어쩌면 패러다임의 변화는 장기 변동 속에서 나타날 가능성이 크기 때문입니다. 즉 경기의 장기적인 변동이 바로 자본주의라는 거대한 패러다임을 변화시킬 수는 없지만 작은 변화들이 물리적으로 축적이 되면 보다 큰 화학적 변화가 나타날 수가 있기 때문입니다.

슘페터는 콘드라티예프의 장기 파동의 원인을 기술혁신 때문에 나타나는 것으로 보았습니다. 첫 번째 파도(1780~1842)는 산업혁명, 두 번째 파도(1843~1897)는 철도의 등장, 세 번째 파도(1898~1930)는 전기 및 자동차의 출현 등으로 인하여 큰 변화가 있었다는 것입니다.

자동차가 발명될 당시만 해도 마차 산업이 몰락할 것으로 보기는 쉽지 않았습니다. 왜냐하면 마차는 아무 곳이나 다닐 수 있는 데 반하여 자동차는 도로를 닦아야 하는데 그 비용은 당시로 보면 천문학적이지요. 철도도 마찬가지입니다. 당시로서는 선로를 최고의 제철 기술로 만든 비싼 철로 만든다는 것을 일반인들이 받아들이기 쉽지 않았을 것입니다. 차라리 그 돈으로 빈민 구제 사업이나 하기를 바랐겠지요. 일부에서는 네 번째 파도를 1940년대부터 최근에 이르는 기간으로 보고 그 구체적인 내용으로는 전자 · 제약 · 항공기 · 석유 등으로 보기도 합니다. 그러다가 지금 우리가 사는 이 시대는 다섯 번째의 파도로 IT · BT 산업 · 나노(Nano) 기술 등을 내용으로 하고 있다고 합니다.

마치 철도 혁명, 자동차 혁명의 시대에 철로와 도로를 만들듯이 지금 우리는 인터넷 인프라스트럭처(infra-structure) 구축에 천문학적인 돈을 쏟아붓고 있습니다. 문제는 여기에 있습니다. 철도나 자동차가 등장하였다고 자본주의 패러다임 그 자체가 바뀐 것은 아니라는 것입니다. 당시에도 신경제(new economy)라는 말들이 있었기 때문이죠. 그러면 IT 시대 즉 우리가 보고 있는 '디지털 시대도 자본주의라는 거대한 패러다임이 변화하지 않을 것인가?'라는 문제가 남습니다.

우리의 의문은 여기에서 시작됩니다. 그동안 상업자본주의-독점자본주의-수정자본주의 등의 자본주의의 발달사를 돌이켜 보면 수많은 변화가 있었습니다만, 실제로 자본주의의 근본적인 패러다임을 변화시키지는 않았습니다. 그런데 이제 디지털 시대에 접어들면서 과연 과거의 철도나 자동차와 같은 수준의 변화만이 예상될 뿐인가 하는 점이 주요한 연구의 대상인 것이지요. 결론부터 말하자면 저는 지금의 변화는 이전과는 상당히 다르다는 말을 하고 싶습니다.

그리고 단순히 마치 미국이 자국 내의 경제 문제를 해외에서 전쟁을 통해서 해소한다는 식으로 어떤 기술 혁명이 생명을 다하면 또 다른 기술 혁명으로 자본주의는 돌파구를 마련해 왔다고 생각할 수 있을까요? 분명한 것은 IT나 인터넷 혁명은 어떤 의도된 변화의 과정이었다기보다는 여러 가지의 기술 변화들이 집약되어 나타난 현상이라는 것입니다. 왜냐하면 인터넷을 출현시킨 것은 여러 기술적인 천재들의 두뇌의 집합체이지, 자본을 매개로 형성된 자본주의의 지속적 발전과는 무관한 일이기 때문입니다. 물론 그러한 발명들의 경제성을 꼼꼼히 체크하는 자본가들은 분명히 존재하지만 디지털 시대는 그것으로만 해석하기 힘든 요소들이 산재해 있습니다. 저는 이런 부분들을 하나씩 밝혀 나갈 것입니다.

(2) 예언자 이니스, 디지털 성 앞에 외치다

다니엘 벨 이전에 이미 정보와 관련한 주요 이론가로 해럴드 이니스(Harold Adams Innis, 1894~1952)가 있습니다. 이니스는 캐나다의 대표적인 정치경제학자로 정보 이론에 중요한 기여를 했습니다. 이니스는 난해하기로 이름난 글들을 발표하여 그의 이론에 대한 해석이 분분한 사람입니다. 그러나 분명한 것은 그는 예리하면서 탁월하고 독창적인 사상가였다는 것입니다. 그의 저작들은 문명 발전과 문화를 형성하는 데 있어서 커뮤니케이션의 역할을 강조합니다. 즉 문명의 진화를 지배하는 가장 중요한 변수는 지식 혹은 커뮤니케이션이라는 것입니다.

이니스는 어떤 사회가 다른 단계로 발전하는 데 중요한 키(key)는 마르크스주의 이론과 같은 생산이나 소유관계의 변화라기보다는 오히려 커뮤니케이션 양식의 변화에 있다고 주장했습니다. 서유럽 문명의 변화를 보면, 사회는 특정 커뮤니케이션 매체에 의하여 지배되고 있으며, 커뮤니케이션 혁명의 핵심은 과거처럼 특정 기술이 아니라 '정보 이론'이라고 이니스는 지적합니다. 이 같은 이니스의 주장은 당시로 보면 상당히 생소한 내용이었고 이해하기도 힘들었을 것입니다.

이니스는 기술(technology)이 사회에 또는 사회가 기술에 일반적으로 영향을 미치는 것이 아니라고 합니다. 즉 사회의 시간(time)과 공간(space)을 매개로 기술과 사회가 변증법적으로 변한다고 하였습니다. 좀 더 전문적이고 어려운 말로 해설을 해드리자면, 사회와 기술은 인간을 주체로 하여 시간과 공간이 상호작용하면서 정반합(正反合)의 과정을 거치면서 발전적으로 진행된다는 말입니다.

이니스에 따르면, 하나의 문명이 그 문명 내에서 존재하는 정보나 지식을 유지하고 분석할 수 있는 능력과 역량(capacity)을 가지고 있다면 기존의 시스템을 유지할 수 있지만, 감당할 수 없는 과중한 지식과 정보가 나타나면 문명(civilization)은 붕괴한다는 것입니다.[152] 이 분석은 오늘날 사정과 비교해 보면, 상당한 의미가 있습니다. 즉 정보통신 기술의 급격한 발전과 인터넷 혁명, 그리고 이 와중에서 자본주의 패러다임의 위기 상황이 동시다발적으로 일어나고 있는 것이 지금의 상황인데, 제가 보기에 이것은 기존의 패러다임으로는 감당할 수 없습니다. 제가 지금 일어나는 변화를 단순히 '자본주의 4.0'이라는 식으로 얼버무려서 해결할 수 없다고 말하는 근본적인 이유도 여기에 있습니다. 여기에 미국과 유럽의 경제 위기는 더욱 상황을 악화시키고 있습니다.

그리고 이니스는 하나의 문명의 흥망은 미디어의 특성 때문이 아니라 그 매체를 통해 재편된 지식의 독점(monopoly of knowledge)에 따른 결과라는 것입니다.[153] 난해한 얘기지만 무서운 얘기기도 합니다. 가령 인터넷이나 SNS 등의 새로운 미디어가 나타났다면 이것을 누가 장악하는가 또는 그 주체가 사회 수호 세력인지 사회 전복 세력인지를 파악하는 것이 얼마나 중요한 것이지를 알 수가 있죠. 실제로 한국의 대통령 선거에서 인터넷을 장악한 세력들이 큰 힘을 발휘하기도 했습니다.

이니스는 커뮤니케이션 미디어(media)를 시간 바인딩(time-binding)과 공간 바인딩(space-binding)의 형태로 나누고 시간 바인딩은 진흙이나 석판 등이며, 공간 바인딩은 수명이 짧은(ephemeral) 것으로 라디오, TV, 신문 등이 여기에 포함된다고 했습니다.

여기서 석판 즉 돌(stone)이 등장합니다. 이니스는 한 사회가 석판(stone tablet)과 같이 무겁고 지속성이 있는 미디어를 사용하면 먼 거리를 갈 수 없기 때문에 작고 분산된 형태를 띠게 될 것이고, 이와 반대로 가벼운 미디어를 사용하는 사회는 상당한 크기의 영역을 통제할 수가 있어 대규모의 중앙집권적인 사회를 만들 수 있다고 합니다.[154)]

이니스는 고대 제국의 흥망을 커뮤니케이션 미디어를 추적함으로써 관찰하여 번성기의 미디어와 몰락을 재촉하는 미디어를 관찰하였습니다. 그는 항상 지식과 권력의 상호작용(interplay between knowledge and power)이 제국을 이해하는 데 가장 중요한 요소(crucial factor)라고 보았습니다.[155)] 그는 그리스 문명은 말과 글의 커뮤니케이션의 균형에 의해 번영하였다고 합니다. 즉 플라톤 시대에는 구어(口語-시간 편향: 말은 공간적 이동이 어려움)와 문어(文語-공간 편향: 글은 공간적 이동이 광범위함)의 균형이 고대 그리스의 번영을 가져왔지만 구어가 문어에 밀려 결국 제국의 횃불이 로마로 넘어갔다는 것입니다.[156)] 현대의 서유럽 문명은 "문화 활동에 항구성을 지닌 요소들을 조직적이고 잔인하게 파괴하고 오로지 현재에만 신들린 듯 집착하는 강력하고 광고적인 미디어에

의해 위기에 처해 있다."고 경고하였습니다.[157)]

이 부분은 해설이 필요합니다. 가령 돌과 같이 지속성을 가진 미디어를 사용하는 문명은 그들의 힘을 주로 시간(time) 즉 인간의 영속성(eternity)을 추구하는 종교적 문화를 형성하는 데 사용하지만, 반면 이집트의 파피루스(papyrus) 같은 싸고 가벼운 미디어를 사용하는 문명은 통치 체제나 철학 등의 광범위한 부분의 공간(space)적 관심을 확장시킬 수가 있다는 것이죠.

현대의 유럽 문명은 대중 신문과 같은 강력한 커뮤니케이션의 발전이 시간, 지식, 지속성 등을 넘어서 공간과 권력에 집착하여 이동했기 때문에 심각한 위기에 봉착했다는 것입니다. 이 같은 미디어들은 사람들로 하여금 과거나 미래에 대한 관심들을 아예 지워버리고 현재만 집착하는 심리(present-mindedness)에 현혹되게 만들기 때문에 위험하다는 것입니다. 즉 현대 대부분의 정보 주요 주체인 미디어들은 과거로부터 내려온 불가결한 문화 활동의 요소들을 잔인하게 파괴하면서 오직 정보 전달의 공간적 확장성에만 집착한다는 것입니다.[158)]

예를 들면, 초기 정착기 미국의 경우 각종 자연재해와 인디언의 습격, 부족한 식량, 살을 에이는 듯한 추위 등 생존의 문제가 심각했기 때문에 철학이나 형이상학들을 철저히 배제하고 오직 현실적인 상황만을 분석하여 정보를 생산하고 공간적으로 확대하여 전달하는 데 초점을 맞추었습니다. 그것이 오늘날에도 미국이 현상 위주의 학문적 전통을 가지게 된 것이죠. 학문은 철학적 · 형이상학적 기반을 무시하면, 또 다른 심각한 문제가 나타날 수밖에 없습니다. 그래서 이들의 패러다임도 근본적인 문제에 접근하려는 것이 아니라 마취제를 놓듯이 임기응변식으로 형성될 수밖에 없지요. 물론 때로는 그것이 효율적일 수도 있지만,

[그림 ⑧] 미국 초기의 정착자들[로버트 와이어 그림(Robert W. Weir, 1844)]

지나친 현실 집착성은 미래의 파국을 초래할 수도 있습니다. 오늘날 자본주의의 위기도 그 결과일 수도 있습니다. 작은 모순이 쌓여서 나중에는 감당하지 못하게 되는 것입니다. 마치 "작은 잘못들이 쌓여서 큰 재앙이 온다(積不善之家必有餘殃)"라는 『주역(周易)』의 말과도 상통합니다. 다시 말해서 시간적 · 종적(역사적 · 전통적) 구조와 단절된 횡적 확장은 결국 큰 재앙이 될 수 있습니다.

실제로 현대 사회는 항상 불안합니다. 미국이나 한국이나 누가 대통령이 되더라도 말년에는 항상 인기가 바닥입니다. 이것은 이니스의 지적과 같이 대중들이나 각종 정보 매체들이 현재만 집착하는 심리 때문이기도 합니다. 또 이것을 언론 미디어들이 부채질합니다. 그래야만 먹고 사는 것이 언론입니다. 현대의 언론이라는 것이 철저히 기득권 유지에 봉사한 대가를 가지거나 아니면 가장 현실적인 이슈만 골라서 대중에게 팔아야 하는 환경입니다. 결국 정보 전달의 시간성, 역사성을 가지면서 진정으로 인간의 미래를 고민하는 언론이 있다 한들 그것을 봐줄 독자도 극히 일부에 지나지 않으며, 경제적 지원을 해줄 만한 기업도 없습니다. 이것이 인간 사회가 합리적으로 발전해 갈 수 없는 이유들 가운데 하나이기도 합니다.

다른 각도에서 다시 구체적으로 살펴봅시다. 경제적인 측면에서 보면 현대 사회에서는 제대로 된 경제 정책을 시행하기가 매우 어렵습니다. 왜냐하면 제대로 된 경제 정책은 그 효과가 나타나려고 하면 상당한 시간이 걸리는 것이 대부분인데, 현실 정치가들은 일단 권력을 잡아야 하니 당장에 효과가 있는 정책을 사용할 수밖에 없기 때문입니다. 그러니 현대 사회는 각종 포퓰리스트(populist)들의 세상이 되고 중우정치(衆愚政治, ochlocracy)가 되는 것입니다. 이니스가 말하는 식으로 한다면, 공간적(횡적) 커뮤니케이션이 과도하게 발달해 있다는 말입니다.

이 부분을 좀 어려운 경제학적인 관점에서 살펴봅시다. 어느 시대나 대다수 국민들은 불가피하게 현재 시간 선호도(time preference)가 높고 일부 부유층들은 미래 시간 선호도가 높습니다. 쉽게 말하면, 부자들은 당장 먹고 사는 문제가 없기 때문에 자신의 자산의 보호를 위해 미래의 변화를 예상하면서 현재의 자산 관리를 하는 반면에, 가난한 사람들은 당장 먹고 살 일이 바쁘니까 무조건 지금 당장 내게 유리한 자산 관리 또는 경제 정책을 지지한다는 것이지요.

그러나 국가가 아무리 가난한 대다수 국민들을 위한 정책을 시행한다 해도 허점이 있게 마련이고, 우수한 정보력과 각종 인적 · 사회적 네트워크를 가진 부유한 기득권 세력들은 이내 이 정책을 자기들에게 유리한 형태로 바꿔 버립니다. 그러다 보니 대다수 국민들을 위한다는 정책이 시간이 조금 흐르면 오히려 부자들을 위한 정책이 되어버려 이내 정책을 바꾸는 것이 일상사(日常事)가 되어 있는 것이 현실입니다. 부자들이 정보 채널(information channel)에서 훨씬 우위에 있기 때문에 어떤 정책을 사용하든지 기득권 세력들은 유리한 고지를 이내 점령하기 때문이죠.

나아가 현대 사회의 부정적 측면은 교언영색(巧言令色)과 감언요설(甘言妖說)에 능한 포퓰리스트의 천국이라는 것입니다. 지금과 같이 세계 경제 체제 자체가 위기에 빠져 있는데도 "우리는 허리를 졸라매고 이 난관을 극복해 가야 합니다."라고 말하는 대통령 후보나 정치가가 있으면, 그는 정권을 잡기는 불가능하다는 것입니다. 그저 "저는 현재 경제 위기를 해결할 수 있습니다. 무조건 저만 믿으세요."라고 해야 대통령이 될 수 있습니다. 경제적인 관점에서 별달리 해결책도 없는데도 말입니다. 그러다 보니 미국 경제 같은 거대한 경제도 하루아침에 주저앉을 수 있는 상황이 벌어집니다.

실제로 세계 경제가 위기에 빠져 있으니 한국과 같이 무역(trade)을 해서 먹고 사는 나라에서 좋아질 것이 무엇이 있겠습니까? 당장 세계적인 경기침체가 눈에 보이고 세계의 여러 나라들이 빚으로 살아가야 하는 처지라 한국의 수출은 감소할 것이고 경제성장도 기대할 바가 없는데, 정치가라는 자들은 '돈 벌 궁리'는 하지 않고, 온통 '돈 쓸 궁리'만 합니다.

어떤 의미에서 경제(economy)는 간단합니다. 상품을 생산하고 그것을 팔아서 수익을 남기고 그 수익 가운데 다음해 필요한 부분을 감가상각(減價償却)을 하고 앞으로의 투자를 위한 저축과 연구개발비(R&D)는 따로 떼어서 미래를 대비하고 난 후 남은 돈을 써야 하는 것이 철칙입니다. 다만 전체 세계 경제가 어려움에도 불구하고 동북아시아는 비교적 나은 편이니 상대적 이익이 나타날 수도 있고 이것을 찾아서 공략하는 전략들을 연구해야 하는데, 정치가들은 나라가 돈을 제대로 잘 벌지도 못할 것이 뻔한데도 각종 복지공약만 늘어놓고 있습니다. 저는 누가 대통령이 되더라도 그저 전면적 '무상의료'와 같은 최악의 사탕발림 정책만은 실시하지 않기를 바랄 뿐입니다.

다시 이니스로 돌아갑시다. 이니스는 '편향(bias)'이라는 그만의 독특한 개념을 사용했는데, 이 말은 미디어가 가진 매체적인 특성으로 그 사회 구성원들이 특성 시점에서 많은 네트워크(network)를 형성하게 되는 형태를 말합니다. 예를 들면 현재의 트위터(twitter)나 SNS 같은 것도 편향을 가진 것이죠.

이니스는 한 사회가 지배적인 편향을 가지는 것에 대해서 단순한 기술적인 측면보다도 그 기술과 그 사회의 '인간'이 변증법의 주체로서 하는 역할을 강조했습니다. 즉 이니스는 사회가 기술 결정론적으로 변화해 가는 것이 아니라 그 사회의 인간이 그 기술과의 상호작용을 통해서 사회 변화를 이끌어 간다는 것입니다. 그런데 문제는 한 사회의 미디어(media)가 그 사회의 관심을 특정한 사안에 대해 몰아가는 역할을 하는 데 있다고 합니다. 또 그것이 이 미디어가 가진 역량이기도 합니다. 그리하여 그 정보들을 지식으로 신속히 전환시켜 그 사안이 그 사회의 지배적인 편향을 형성하게 하는 것이죠. 여기에는 그 미디어를 담당하는 주체와 사회 구성의 주체들이 상호 변증법적으로 영향을 미친다는 것이죠.[159)]

결국 이니스는 기술과 인간의 변증법적인 상호작용을 바탕으로 미디어가 한 사회 또는 문명의 패러다임을 형성하는 데 결정적인 역할을 하고 있음을 시사하고 있습니다. 실제로 우리가 아는 패러다임이라는 것도 결국은 이들 미디어가 편향적으로 확산시킨 것이라고 봐야겠죠?

그리고 그것에 의해 온 세상을 해석하려고 들지요. 이 과정에서 다른 생각이나 패러다임 또는 이데올로기를 철저히 분쇄합니다. 또 신자유주의의 경우처럼, 근본적인 내용도 모르면서 서로 기나긴 투쟁을 하기도 합니다. 요즘 새롭게 등장하고 있는 것이 이른바 '자본주의 4.0'입니다. 사람들은 덩달아 영문도 모르고 '자본주의 4.0'이라고 떠들고 다닙니다. 미국과 유럽에서 떠드니 한국의 언론들도 앞을 다투어 떠들어댑니다. 실제로 현대 문제의 본질과는 상당한 거리가 있는데도 말입니다. 현대 세계의 문제가 무엇인지 진지한 성찰이나 근본적인 문제의식도 없이 단지 현실적인 경제 현상에 대한 임시방편을 위해 대충 채택한 아이디어를 마치 거대한 이데올로기인 듯이 떠들어대면서도 부끄러운 줄도 모릅니다. 이것이 소위 현대의 경제학이요 사회과학입니다.

이런 종류의 작은 생각들이 어떻게 패러다임이 될 수 있으며 전체를 조망할 수 있겠습니까? 우리가 세계의 많은 문제들을 종합적이고 체계적으로 연구하기 힘든 이유 가운데 하나가 이런 미디어의 편향성 때문이기도 합니다. 아무리 복잡하고 심각한 문제라도 그것이 특정한 지배 세력의 관점에서 생각하고 판단하게 하는 근본 원인도 이 때문이죠.

(3) 지식사회

지식사회(knowledge society)라는 용어는 피터 드러커(Peter F. Drucker, 1909~2005)의 『단절의 시대(*The Age of Discontinuity*)』(1969)에서 처음 등장한 것이라고 합니다. 피터 드러커는 현대 경영학의 창시자로 추앙을 받고 있습니다. 피터 드러커는 『자본주의 이후의 사회(*Post-Capitalist Society*』

(1993)에서 앞으로의 사회는 지식사회라고 합니다. 그는 이 책에서 새로운 노동과 조직의 개념, 주권국가의 변모, 그리고 지식과 교육의 중요성을 사실적으로 설명하고 있습니다. 그는 자본주의 사회가 지식사회로 변화하는 모습과 그 특징, 단일 민족 국가가 세계적인 조직체로 변화하는 현대 정치 체계, 탈자본주의 사회에서의 지식의 중요성을 규명하고 있습니다.

드러커는 사회와 조직, 그리고 국가까지도 하나의 생명체로 보고 있습니다. 영원히 원형을 유지하면서 존재하는 것이 아니라 성장과 사멸을 하는 존재라는 것이지요. 그런 면에서 그는 현재의 강력한 조직은 국가가 아니라 기업 특히 다국적 기업이라고 봅니다. 이런 맥락에서 기업은 경제적 이윤 추구뿐만 아니라 공익을 추구하고 지역 공동체, 세계 공동체를 형성하는 데 기여하여야 한다고 합니다. 그는 국민 국가는 더 이상의 의미가 없으며 유럽경제공동체(EEC)나 북미자유무역협정(NAFTA) 등과 같은 지역 공동체가 중요한 의미를 가지게 될 것이라고 봅니다.

드러커는 자본주의 경제 체제에서는 자본 · 자원 · 노동이 부가가치 창출의 주요 수단이었으나 이제는 생산성과 혁신이 보다 중요한 과제가 되었다고 주장합니다. 그가 지적하고 있는 것은 생산성 향상은 기술을 통해 가능한 것인데 이것은 지식을 응용한 결과라는 것입니다. 그는 정보통신기술의 발전으로 육체노동과 정신노동은 통합되기 때문에 노동자-자본가의 대립이나 화이트칼라-블루칼라의 대립과 같은 전통적인 모순들은 사라지게 되고 육체 노동 중심의 사회에서 정신 노동 중심의 사회로 이동하여 지식이 주체가 되는 사회가 된다고 합니다.

드러커는 실용 지식이 시장의 지배적인 요소가 될 지식사회에서는

[그림 ⑨] 정보화 시대를 연 전화기(벨)와 컴퓨터의 초기 모습(에니악 컴퓨터)

조직(organization)의 체계(system)도 바뀌어야 한다고 합니다. 즉 전통적으로 있어오던 조직에서의 서열과 권한보다 상호 이해와 신뢰가 바탕이 된 팀워크가 더 중요한 조직의 시대가 될 것이라고 말합니다. 피터 드러커는 정보화 시대에는 보다 창의적이고 전략적인 지식 근로자들이 조직의 중심에 있어야 한다고 역설합니다. 나아가 지속적인 학습을 통해 이들의 경쟁력을 향상시켜야 한다는 것입니다.

드러커는 노동자를 ① 지식 노동자, ② 기계 노동자(육체 노동이 기계와 에너지에 의해 확대되는 노동자), ③ 육체 노동자 등으로 나눌 수 있으며, 이들 노동자들은 지역에 따라 다르게 분포되어 있지만 미래에 필요한 인력은 지식 노동자라는 것입니다. 지식적 토대를 갖지 못한 국가는 정보사회로 옮겨갈 수 없다는 것입니다.

드러커는 현재 패러다임의 변화의 시점을 정보통신기술의 혁명에서 찾고 있습니다. 그는 정보통신기술의 발전은 하나의 통합적인 세계를 만들어 국가 간의 경계가 갖는 의미는 상대적으로 약화되고 정보의 교류로 인하여 세계가 하나의 시민 공동체로 통합된다고 합니다.

드러커의 생각은 정보통신기술의 발전을 사회 변동의 주요 원리로 파악하는 '기술 결정론'적인 시각이라고 할 수 있습니다. 엄밀한 의미에서 현대 사회의 변화를 논할 때, 기술 결정론을 완전히 거부할 만한 특별한 증거는 발견되지 않습니다. 좀 어려운 말로 하자면, 전체 학문에 걸쳐서 그만큼 패러다임에 대한 기술 압박 요인이 증대했다는 말이지요. 그렇지만 드러커의 생각들은 다니엘 벨의 생각과 큰 범주에서 별로 다르지 않은 것으로 보입니다.

최근에는 드러커와 같이 경영학적인 측면에서 또는 미래학의 관점에서 패러다임을 논하는 경우가 많이 나타나고 있습니다. 그러나 이들의 분석은 하나같이 패러다임에 대한 이해가 없어 이론적 깊이가 없고 자본주의 중심부의 현상 분석에만 치중하여 역사적인 분석이나 이데올로기적인 통찰이 결여되어 있습니다. 이데올로기에 대한 공부가 너무 부실한 상태입니다. 물론 피터 드러커는 장기간에 걸친 다양한 현장 경험과 이론적인 편력이 있었던 사람입니다만, 드러커의 이론조차도 "그저 미국이나 유럽만의 현상 분석에만 치우쳐" 있는 가장 미국적인 이론에 불과합니다(드러커는 네덜란드계 오스트리아인이지만 주로 미국에서 활동했습니다).

어떻게 다국적 기업이 세계를 주도하고 국민 국가가 의미가 없어집니까? 다국적 기업들이 세계를 돌아다니면서 싸질러 놓은 오물(汚物)들을 치워야 하는 것은 결국은 국민 국가가 될 수밖에 없는 것이 현실 아닙니까? 가난한 아프리카, 라틴 아메리카의 백성들을 먹여 살려야 하는 책무는 누가 지고 있습니까? 결국은 그 나라 그 정부이지, 미국이나 유럽연합(EU)이 지는 게 아니지 않습니까? 도대체 드러커의 이론은 누구를 위한 이론입니까? 드러커가 높이 평가한 각종 지역 공동체 때문에 세계 경제의 위기가 오고 있는 것은 어찌 된 일입니까? 그리고 인류의 비극인 세계대전도 결국은 이와 유사한 경제 블록화의 결과였습니다. 나아가 미래에 필요한 인력은 지식 노동자고 지식적 토대를 갖지 못한 국가는 정보사회로 옮겨갈 수 없다고 하는데, 그러면 전체 지구인의 70% 이상은 패러다임의 연구에서 제외시키는 것입니까? 도대체 그 미래라는 것을 전 세계인들에게 왜 이렇게 강요하고 있습니까? 누구에게 좋으라고 이렇게 편향된 이론(biased theory)들을 강요합니까?

현상을 너무 대충 보려고 하니 이 같은 분석이 생기는 것이지요. 현상 분석을 전문으로 하는 이론가들이 현상 분석도 결국 못하고 있는 것입니다. 실제로 패러다임이라는 이 복잡한 문제를 단지 외형적으로 나타나는 현상만 보고 분석한다는 자체가 문제입니다. 패러다임에 관한 한 현상(phenomenon)은 결코 실체(substance)가 아니고 '빙산의 일각(the tip of an iceberg)'에 불과하다는 사실을 망각하고 있습니다. 우리가 이니스의 경우와 드러커의 경우를 비교해 보면 금방 알 수가 있습니다. 드러커의 분석을 이니스식으로 말하면, "항구성을 지닌 요소들을 조직적이고 잔인하게 파괴하고" 오로지 현재와 중심부 자본주의에만 "신들린 듯 집착하는" 이론에 불과하다는 말입니다.

이니스의 지적처럼, 기술의 변화 속에서도 드러커는 끊임없이 대중들에게 어떤 패러다임을 위한 편향(bias)들을 강요하고 있는 것이고, 정신없는 사람들과 미디어들은 이에 대한 사회적 광고(social propaganda)

를 끊임없이 해대는 것이겠죠. 결과적으로 득을 보는 집단이 분명히 존재할 것입니다. 문제는 그것이 대다수 국민은 아니라는 것입니다. 기아와 빈곤에 시달리는 대다수 세계인들은 더구나 아니라는 것이죠.

이제 우리는 자본주의의 해체되는 모습들 속에서 다시 정보통신 혁명의 소용돌이 속으로 내몰리게 되었습니다. 하나의 문제가 제대로 인식되고 해결되기도 전에 더 많은 혼란 속으로 들어가게 된 것이죠.

이제 디지털 시대가 온 것입니다. 패러다임의 혼란 속에서도 이전에 보지 못했던 새로운 시대에 돌입하자 수많은 현상적인 변화를 파악하기에도 급급하다 보니 패러다임적 시각이나 이데올로기적 역사성들을 함께 고려할 정신적 학문적 여유가 없어 현대의 학문들은 망연자실(茫然自失)한 상태라고나 할까요?

지금까지 우리는 머나먼 길을 달려 디지털 시대 이전에 나타났던 수많은 자본주의 패러다임의 해체 모습들을 분석해 왔습니다. 이제까지의 분석만으로도 자본주의의 패러다임은 너무 너덜너덜해져서 기워서 입기는 힘들 것이라고 생각하는데 이제 다시 세계는 인터넷 혁명(Internet Revolution)의 소용돌이 속으로 빠져 들고 있습니다. 이론적으로 보면 이중의 부담이 생기게 된 것입니다. 하나는 자본주의 패러다임의 재구성(再構成)이라는 문제와 다른 하나는 디지털 패러다임의 구축(構築)의 숙제입니다. 이 디지털 시대도 패러다임이 제대로 형성될 수 있을까요? 아니면 단지 자본주의의 일부 변형된 모습일까요? 우리는 패러다임의 노독(路毒, travel fatigue)에 지친 상태에서 다시 미래를 기약하기 힘든 새로운 여행을 떠나야 하는 처지에 놓이고 말았습니다.

Capitalism

제3부

디지털 제국의 성문이 열리다

제1장 인터넷과 지식 그리고 춤추는 돈

:: 실체는 디지털인가 아날로그인가?

아날로그(analog)라는 말을 넘어 디지털(digital)이라는 말이 범람합니다.[160] 사람들은 아날로그는 구시대의 유산이고 디지털은 새로운 시대의 총아라고 믿습니다. 그래서 디지털이라고 하면 모두 "더 선명하고 명확한" 것으로 인식하여 그것이 사물의 실체로 가는 것처럼 생각하기에 이르렀습니다. 과연 그럴까요?

좀 어려운 개념이기는 하지만, 사물의 존재 그 자체의 속성은 연속성(continuity)을 본질로 하고 있습니다. 칸트(Kant)는 사물의 존재 자체를 '물 자체(物自體, thing itself)'라고 했습니다.[161] 그런데 문제는 이 '물 자체(사물 그 자체)'를 우리의 감각기관으로 정확히 인지하기가 어렵다는 것입니다. 우리는 초음파(ultrasonics wave)도 들을 수 없고 일정한 크기 이하는 눈으로 볼 수도 없기 때문입니다.

그렇지만 인간은 세상을 이해하고 내일을 설계하는 입장이기 때문에 감각의 한계 내에서 사물의 실체에 도달하기 위해 정확하지는 않더라도 최대한 '비슷하게(analogously)' 실체를 묘사하려 합니다. 그래서 사물을 묘사하는 방식으로 아날로그적인 방법을 선택합니다. 아날로그(analog)의 원래 의미는 '비슷하다(類似)' 또는 '서로 닮았다(相似)'는 의미입니다. 따라서 실존적으로 보면 사물의 본체에는 도달할 수 없지만, 최대한 비슷하게 묘사해 내는 형식이 아날로그입니다. 일반적으로 알려진 아날로그란 전압이나 전류처럼 연속적으로 변화하는 물리량을 표현하기 위해 연속적인 그래프 또는 그림의 형식으로 나타납니다.

그러나 디지털(digital)은 다릅니다. 0과 1이라는 신호 체계로 구성됩니다. 물론 반드시 0, 1에 국한되는 것이 아닙니다. 원래 디지트(digit)라는 말은 수를 의미합니다(이 부분에 관해서는 다른 장에서 구체적으로 해설하겠습니다). 즉 연속적이 아니라 단절적이고 계수적(計數的, numerical)인 것이 디지털입니다. 이런 숫자들을 토대로 사물의 실체에 도달한다? 이것이 과연 가능할까요?

1980년대 제가 대학 다니던 시절에 컴퓨터공학과(당시는 전산학과)의 친구에게 가면 재미있는 그림들을 많이 볼 수 있었습니다. 흑백 또는 보라색 잉크의 다빈치(Leonardo da Vinci)의 「모나리자(Mona Lisa)」 그림들이 여기저기 버려져 있곤 했습니다. 그런데 자세히 보니 그 그림은 0과 1 또는 기호나 숫자로만 그려진 것입니다. 그래서 가까이서 보면 형편이 없습니다. 모나리자의 눈을 상상할 수가 없었고 부드러운 손도 숫자로 그려져 있으니 슬그머니 짜증도 납니다. 아름다운 모나리자는 온데간데없고 이상한 숫자들이 배열되어 있는 것입니다. 이것이 바로 디지털 묘사입니다. 특이한 것은 이렇게 프로그램화되면, 언제 어떤 때라도 똑같은 그림을 만들 수가 있습니다. 무언가 미래에 엄청난 힘을 발휘할 수도 있을 것 같은 예감이 있었죠.

어쨌든 그때만 해도 디지털 기술은 그런 정도의 수준이라고 보면 됩니다. 차라리 희미하더라도 미술책에 있던 「모나리자」 그림을 복사하는 것이 훨씬 더 나았습니다. 그런데 불과 20년이 되지 않아 디지털 기술은 고도화되었습니다. 이제는 작은 개인용 컴퓨터(PC) 하나에 올림픽 경기장에 쌓아올린 책의 내용을 다 담을 수 있는 시대가 되어버렸습니다. 미술책의 그림을 복사하는 아날로그 방식으로는 도저히 따라가기 힘든 시대입니다. 그림을 복사하는 것은 복사기 상태나 미술책의 상태에 따라 달라지고 갈수록 더 희미해지지만 디지털화되면 언제 어디서나 항상 같은 모습으로 묘사할 수 있습니다. 그러나 분명한 것은 디지털 방식으로는 그 속성상 결코 연속성을 본질로 하는 '물 자체'에 접근할 수 없다는 사실입니다. 아마 그저 끝없이 '물 자체'에 가까이 가려 할 것이고 이것을 누군가 끊임없이 실체라고 하면서 우리를 협박하려 들 것입니다. 무섭고도 놀라운 일입니다.

(1) 인터넷의 등장

지금 우리는 인터넷 없는 세계를 상상하기 어렵습니다. 인터넷을 통해서 공간이 소멸한 느낌입니다. 그러나 인터넷은 탄생부터가 정치적입니다. 인터넷은 1960년대 미국과 소비에트러시아(소련) 간의 극심한 대립기에 국방 기술을 보호하기 위해 시도된 것입니다. 인터넷은 미국이 소련의 위협을 이겨내기 위해 전쟁 발발에도 정보의 손상이 없는 네트워크를 구축하기 위해 만들어진 것입니다. 당시 미국 과학재단이 5개의 슈퍼컴퓨터센터(Super Computer Center)를 서로 연결하여 보다 효율적으로 사용하려 한 것이죠. 1970년대에는 이것을 국제적으로 연계하려고 하였고 비로소 인터넷이라는 말이 사용되기 시작했습니다(1973). 1980년대에는 도메인 네임 시스템(DNS: Domain Name System)이 만들어졌고(1984), 1990년대에는 인터넷의 세계화 · 대중화가 폭발적으로 이루어졌습니다.

그런데 1990년대 인터넷 혁명은 소수의 기술적 천재들에 의해 이루어집니다. 이들을 흔히 '기술의 신(Technical Wizards, 기술의 마법사)'이라고 합니다. 인터넷이 성립된 과정은 이들의 인터넷을 향한 노력과 일치합니다. 즉 ① 『인간-컴퓨터 공생(*Man-Computer Symbiosis*)』을 집필하여 초기 인터넷의 비전(vision)을 제시했던 릭라이더(Licklider), ② 하이퍼텍스트(hypertext) 개념을 처음 구상하였던 엥겔버트(Douglas Engelbart), ③ TCP/IP를 개발해 낸 빈튼 서프(Vinton Cerf), ④ 하이퍼텍스트를 이용해 월드와이드웹(WWW)을 제안했던 팀 버너스 리(Tim Berners Lee), ⑤ 웹브라우저를 제안했던 마크 앤드리슨(Marc Andreessen) 등이죠. 이 과정에서 인터넷 소사이어티(ISOC: The Internet Society)가 설립됨으로써 무정부 상태의 인터넷의 구심점 역할을 하게 되었습니다(1992). 1990년 중반 이후 인터넷을 기반으로 한 인터넷 비즈니스가 본격화되기 시작합니다.

인터넷의 선구자는 릭라이더(J. C. R. Licklider, 1915~1990)입니다. 그는 지구촌의 모든 사람이 어디에 있든지 데이터와 프로그램에 접속할 수 있는 세계를 만들 수 있다고 제안합니다. 릭라이더는 오늘날의 인터넷과 같은 형태의 범세계적인 네트워크(universal network)를 구상하고 네티즌(netizen)이라는 개념을 제기했는데, 당시 사람들은 이를 터무니없는 생각으로 일축했습니다. 그러나 그의 제자이자 동료인 테일러(Robert Taylor)에 의해 최초의 네트워크인 알파넷(ARPANET)이 만들어집니다.

패러다임과 관련하여 우리가 주목할 것은 그가 제시했던 인간-컴퓨터 공생 시스템(Man-Computer Symbiosis, 1960)입니다. 그는 컴퓨터 사용자와 컴퓨터들 사이에 좀 더 단순한 상호작용(interaction between computers and computer users)의 필요성을 제창합니다. 물론 그는 인간이 컴퓨터로 대체되리라고 보진 않았고, 인간이 주체적으로 기획하고 가설을 세우고 평가하고 실행하는데 컴퓨터는 이에 따른 부수적인 모든 잡무(雜務)들을 처리해 줄 것이라고 기대했습니다.[162)]

이후 빈트 서프(Vinton Cerf)는 컴퓨터가 통신망을 타고 데이터를 주고 받기 위한 규약(네트워크 세계의 언어와 문법)을 만듭니다. 팀 버너스리(Timothy John Berners Lee)는 월드와이드웹(WWW: world wide web)을 디자인하여 여기에 무한한 사이버 공간을 만들고 마크 앤드리슨(Marc Andreessen)은 사이버 세계의 1등 항해사로 불후의 작품인 '넷스케이프 내비게이터(Netscape Navigator)'라는 웹브라우저(Web Browser)를 제안합니다. 쉽게 말해서 페이지도 없이 헤아릴 수 없이 많은 사이버 데이터나 문서만 있는 상태에서 그것을 찾아가기 쉽도록 한 것이 마크 앤드리슨이죠.

이 같은 수많은 천재들이 인터넷 시대를 여는 데 공헌했습니다. 여기에 개인용 컴퓨터(PC: personal computer)를 대중화시킨 빌 게이츠의 역할도 뺄 수 없겠지요. 게이츠는 개인용 컴퓨터의 운영 체제(OS)를 개발하고 이것을 보기 쉽고 알기 쉬운 아이콘(icon)으로 만들어서 전 세계

가 PC 왕국이 되는 데 큰 기여를 합니다.[163)]

여기서 잠시 현대 기계의 제왕인 컴퓨터를 기점으로 하여 인간의 역사를 보는 색다른 분석을 해보고 넘어갑시다.

인간의 역사를 구분하는 방식은 여러 가지가 있습니다. 그 가운데 시스템(system)의 관점에서 인간(human)과 기계(machine)를 구성요소로 보는 경우, 매우 재미있는 분석이 가능합니다. 고대 노예 사회일 경우에는 ① 인간(주)-인간(종) 시스템[H-H system], 산업사회는 ② 인간(주체)-기계(객체) 시스템[H-M system]입니다. 현재까지도 이 같은 시스템은 유지되고 있습니다. 그러나 점진적으로 ③ 인간-기계 퓨전(Fusion: 융합) 시스템[HM system]을 거쳐 ④ 기계(주체)-인간(객체)의 시스템[M-H system]이 곧 나타나리라 생각됩니다. 이 기계가 주체가 된 사회가 가지는 위험한 속성들을 묘사한 것이 유명한 영화「터미네이터(Terminator)」입니다. 기계에 종속된 인간의 모습이 너무 적나라하고 처참하기까지 합니다. 우리의 미래 모습이 장밋빛 화원이 아닐 것 같아서 두렵군요.

다행히 아직까지는 컴퓨터가 인간과 분리되어 있어서 인간-기계 시스템의 일부이지만 장기적으로 인간의 몸속으로 컴퓨터가 들어와서 인간-기계의 퓨전 시스템으로 갈 가능성이 크므로 미래에 대한 대비가 필요합니다. 정말 걱정스러운 것은 인류의 대다수를 차지하는 저개발국들의 사람들입니다.

참고로 인터넷은 internet이 있고, Internet이 있습니다. 이 두 가지 차이를 한번 생각해 보신 적은 있습니까? 하나는 대문자로 시작하고 다른 하나는 소문자로 시작하고 있지만 internet 속에 Internet이 있습니다. 대문자로 표시된 인터넷(Internet)은 미국 국방부 고등연구 계획국

(ARPA에서 DARPA)에 의해 개발된 TCP/IP라는 프로토콜을 써서 전용의 통신회선에 의해 상호 접속한 컴퓨터 네트워크를 총칭하는 것입니다. 그러나 소문자로 표시한 인터넷(internet)은 네트워크와 네트워크를 연결한다는 의미로 사용된 개념으로 'network of networks'라는 의미입니다. 따라서 소문자로 시작하는 인터넷(internet)은 네트워크와 네트워크를 연결하는 모든 전화망이나 컴퓨터 네트워크를 모두 포괄한 말이 됩니다.

(2) 데이터에서 지식으로

우리가 사는 세상을 지식사회 또는 지식정보화사회, 정보지식사회 등으로 부르고 있습니다. 어떤 말이 반드시 틀렸고 어떤 말이 맞다고 하기는 어렵지만 일단 개념적으로 정리가 필요한 말입니다. 먼저 정보를 계통적으로 이해해 보도록 합시다.

데이터(data)란 현실 세계에 대한 관찰이나 측정을 토대로 수집한 사실이나 값(value)뿐만 아니라 개념, 명령 등을 인간이나 자동기계가 통신해석 처리하기에 적절한 자료 형태로 표시한 것을 말합니다. 따라서 데이터란 어떤 형태이든 유용성을 가지기 위해 특정한 사실이나 관찰의 결과에 대한 가치를 높이기 위해서 정리한 것이라고 할 수 있습니다. 정보(information)는 이 데이터를 원재료로 하여 생성되는 것입니다. 데이터가 정보가 되는 과정은 ① 대개는 데이터를 특정한 목적에 맞게 가공함으로써 정보가 생성됩니다(예를 들면 만두의 판매량으로부터 시기적인 판매량의 변동을 파악할 수 있도록 시간적으로 배열한다든지 하는 것). 그러나 ② 데이터의 주체가 매우 중요한 존재일 때 데이터 자체가 정보가 되기도 합니다(가령 제가 광화문에 가봐야 정보가 안 되지만, 오바마 대통령이 광화문에 가면 매우 중요한 정보가 되지요). 경우에 따라서 ③ 주변의 상황(circumstance)에 따라서 데이터가 정보가 되기도 합니다.

정보는 데이터를 원재료로 하여 처리하여 가공한 결과물로서 특정 목적에 부합할 경우 가치를 가지게 됩니다. 정보가 가치를 가지려면 새롭고, 타당해야 하고 온전해야 합니다. 쉽게 말해서 육하(六何) 원칙에 맞추어서 제대로 구성되면서도 새로워야 한다는 것입니다.

현대 사회에서 정보는 바로 돈(money)이라고 할 수 있습니다. 그런데 이들 정보들 가운데서 '정보를 생산하는 정보(information producing information)'가 있는데 이를 지식(knowledge)이라고 합니다. 이것을 좀 어려운 말로 '확장성(expansibility)'이라고 합니다. 예를 들면 중력 때문에 물이 위에서 아래로 흐른다면 기름이나 우유, 돌멩이도 위에서 아래로 떨어지겠죠. 물론 사람들에 따라서 정보나 지식을 다른 각도에서 정리할 수도 있겠지만 저는 다만 지금까지 논의된 내용을 중심으로 지식을 살펴보았습니다.

(3) 지식사회인가 정보지식사회인가?

현대에는 갈수록 지식이 중요해지고 있습니다. 그래서 지식 경영이라는 말도 사용합니다. 지식 경영(knowledge based Management)이란 기업이나 조직 내의 인적 자원들이 축적하고 있는 개별적인 지식을 체계화하여 공식화함으로써 경영 활동을 하는 것입니다.

기업이나 조직이 보유한 자원(resources)은 크게 ① 유형 자산(tangible assets), ② 무형 자산(intangible assets) 등이 있는데 이 무형 자산들 가운데 기업 구성원들이 가진 지식은 ① 형식적 지식(explicit knowledge: 외형적으로 공식화할 수 있는 명확한 지식), ② 암묵적 지식(tacit knowledge: 공식화하기 힘든 개별적인 지식) 등으로 나누어질 수 있습니다.

지식 경영에서 말하는 지식이란 단순히 인적 자원이 가진 지식만을 의미하는 것이 아니라 회사 전체의 지적 자산을 포괄하는 광범위한 개념으로 지적 자산 전체를 관리 시스템 하에 둔 것을 의미합니다. 즉 암묵적 지식이란 공식화 또는 매뉴얼(manual)로 만들기 힘든 것인데 그조차도 경제 체제 아래서 관리하겠다는 것입니다. 이것이 국가적으로 확대된 것이 바로 국가 지식 경영이죠.

[표 ①] 지식사회의 출현에 따른 패러다임의 변화

	20세기 산업사회	21세기 지식 기반 사회
핵심 생산 요소	산업 자본(산업 기술)	지식 자본(정보통신기술)
경쟁 내용	선 · 후발 경쟁(가격, 산업조직)	선점 효과 중요, 승자 독식(Winner takes all)
경제 영역	국민 경제 중심(개별 국가 단위)	세계 경제 중심(가상 공간으로 확대)
경제 운영 체제	국가 – 기업 – 개인	국가의 역할 약화 (디지털 야경국가)

이제 정리합시다. 지식은 정보보다도 진화된 개념이죠? 따라서 지식사회라는 말로 모든 것이 충분히 커버될 수 있겠습니다. 그러니 지식정보화사회 또는 정보지식사회라는 말은 맞지 않습니다.

(4) 돈이 이상해요

요즘 돈(money)이 이상합니다. 돈이 돈 같지 않습니다. 신용카드나 인터넷을 이용한 거래가 발달해서인지 도무지 돈에 대한 감각이 없습니다. 사람들이 물건도 함부로 사고 은행 돈도 쉽게 빌리는 것도 돈에 대한 불감증 때문은 아닐까요?

경제학에서 말하는 돈 즉 화폐란 정의하기가 쉽지 않습니다. 화폐는 일반적으로 교환의 수단(medium of exchange), 지불 수단(means of paying), 계산의 단위(unit of account) 등의 용도로 사용됩니다. 그래서 돈은 지불의 수단(means of payment)이자 후일에 소비하기 위해 일단 숨겨두는 것이라고 볼 수도 있습니다. 이것을 전문적 용어로 구매력(購買力)의 일시적 은신처(temporary abode of purchasing power)라고도 합니다.

케인즈(Keynse)는 화폐를 유동성(liquidity)이라는 개념을 사용하여 화폐 개념의 폭을 확장합니다.[164] 유동성이란 어떤 자산을 다른 자산으로 교환하는 데 들어가는 비용이 얼마나 적은가를 나타내는 것입니다. 우리가 사용하는 현금은 유동성이 100%지요. 즉 어떤 비용도 들지 않고 바로 그 액수대로 사용할 수 있습니다. 이 견해에 따르면 증권, 주식, 국채, 부동산 등도 화폐죠. 책상이나 가재도구도 화폐가 될 수 있습니다. 제가 사용하고 있는 낡은 허리띠나 칫솔도 화폐가 될 수 있습니다. 다만 바로 현금화하기에는 시간이 많이 걸릴 뿐이지요.

그렇다면 현금이 최고의 화폐인가요? 반드시 그렇진 않죠. 국가 부도나 전쟁이 나서 인플레이션(inflation)이 심한 나라에서 현금은 집안에 있는 쓰레기통보다 못한 화폐일 수도 있습니다.

역사적으로 보면 오랫동안 물건(commodity)들이 오늘날 현금처럼 사용되었습니다. 이를 상품화폐(commodity money)라고 합니다. 그리고 물건들 가운데 보다 일반적인 교환 수단이 될 수 있는 쌀(rice)과 같은 곡물이 주요 화폐가 되었는데 이를 대표 상품화폐(representative commodity money)라고 합니다. 그러다가 지폐의 등장 및 불환지폐의 시대를 거쳐 이제 예금화폐, 신용화폐가 나오더니 디지털 시대가 되어 드디어 전자화폐(e-Money)가 등장합니다.

지금 우리는 지폐(종이돈)를 신나게 사용하고 있지만, 화폐의 역사에서 보면 혁명적 사건입니다. 종이에다 멋있는 그림만을 그려두고 돈으로 사용하라니 충격적인 일이 아닙니까?

긴 세월 동안 사람들은 화폐가 그 자체로 '가치 있는 상품'이어야 하고(교환가치가 있을 것), 사람들이 누구나 좋아하고 널리 알려져 있을 것(known to everybody), 이동이 쉬울 것(easy to carry), 내구성이 강하고 동질적일 것, 분할이 쉽고 계산이 가능할 것 등의 조건을 충족해야 한다고 생각했는데, 이에 가장 합당한 것이 금(gold)과 은(silver)이었습니다.

현대 사회에 와서도 이 같은 생각은 큰 변화가 없었습니다. 특히 무정부성(無政府性)을 본질로 하는 국제 사회에서 나라의 수만큼 화폐가 있는데 그것을 객관적으로 담보하는 기준은 사실상 금이었습니다. 적어도 1971년 8월 15일 미국의 닉슨(Nixon) 대통령이 금태환(gold convertibility)의 중지를 선언할 때까지는 말입니다. 즉 이날 이전까지 적어도 공식적으로 미국은 1달러를 발행할 때마다 금 1달러어치를 은행에 예치했다는 것입니다. 베트남 전쟁과 이른바 '위대한 사회 건설'이라는 엄청난 규모의 복지 정책으로 재정이 파탄이 날 때까지는 말입니다.

바로 이날부터 인류는 역사상 처음으로 그저 위인들의 초상화나 그려져 있는 아무 가치가 없는 종잇조각을 화폐로 가지게 되었습니다. 이것을 보증하는 것은 각국 정부의 중앙은행뿐이었습니다. 이전에는 금과 연계된 국제통화인 달러를 기준으로 세계 어느 나라 사람이든지 자국의 돈이 달러와 연계되어 있고 각국의 정부가 이를 보장해 주었기 때문에 안심하고 경제 활동을 할 수 있었습니다. 국제화폐(international currency) 즉 기축통화(key currency)가 되려면, ① 신뢰성(confidence)과, ② 안정성(stability)이 있어야 하고, ③ 공급과 수요가 커야 합니다. 이 조건을 제대로 충족시킬 만한 준비된 국제화폐는 달러(dollar) 말고는 없었던 것이죠.

그런데 세계는 경제학자들만큼 크게 충격을 받은 것 같지는 않습니다. 금태환의 중지가 선언되고 20여 년도 되지 않아서, 각 나라에서는 자국 위인들의 초상화로 그려진 종잇조각(현금화폐)을 비교적 잘 관리하고 있을 뿐만 아니라 일본이나 프랑스, 영국 등은 이것을 기회로 하여 자기 나라의 돈의 가치를 높이는 데 주력하여 세계는 다극화(multipolar system)되기 시작합니다. 정치도 자연스럽게 다극화로 갑니다. 흥미 있는 일이지만 화폐가 다극화되면서 정치도 다극화됩니다.

미국의 위기가 이 나라들의 기회였던 것이죠. 각국 정부는 자국의 필요에 따라 화폐를 무제한적으로 발행할 수도 있게 된 것입니다. 그러면 당장에 나타날 수 있는 것이 세계적인 인플레이션입니다. 이후 세계는 항상 인플레이션의 위협 속에서 살아갈 수밖에 없게 됩니다. 그리고 영국, 프랑스, 일본, 독일 등과 같이 주요국이 아닌 나라들은 이들 주요국가들의 화폐에 연계하여 화폐 정책을 운용해야 하는데 이것이 또 문제였습니다. 왜냐하면 이들 나라들의 경제 여건이 부실해지면 이내 환투기(換投機, exchange speculation)의 대상이 되기 때문이죠.[165] 결국 미국의 금태환 정지 선언(1971. 8. 15) 이후에 세계는 항상 인플레이션과 환투기 등에 시달릴 수밖에 없게 되었습니다.

돈은 단순히 돈이 아닙니다. 돈은 일종의 국체(國體)이기도 합니다. 어떤 나라의 돈이 가치가 있으면 그 나라 국민들도 자부심(national pride)을 가지게 되고 돈이 가치가 없으면 국민들의 자부심도 달아납니다.

돈은 추상적인 가치(value)를 구체적인 가격(price)으로 표현할 수 있는 주요한 매체(도구)입니다. 인플레이션이 심한 사회에서는 사람들의 마음도 다급해지고 디플레이션(deflation)이 심한 사회에서는 사람들의 마음도 우울해지고 피로해집니다.

만약 돈에 대한 신뢰감과 신비감이 없어지고 단순히 정부가 강압적으로 이 돈에 대한 가치를 강요하는 상황이 오면 어떻게 될까요? 상당한 가치관의 혼란도 동시에 오게 됩니다. 돈이 돈 같지 않으니, 빚을 져도 빚을 진 것 같지 않아 갚는 것도 깊은 의무감을 못 느낄 수 있겠지요. 또 돈도 같은 돈이 아니라 인기가 있는 것도 있고 인기가 없는 것도 있으니 참으로 난감할 수밖에 없습니다. 가치 기준이 사라진 거죠.

(5) 이상한 화폐의 세상: 춤추는 돈

앞장에서 본 대로 원래 돈이라는 것 자체가 간(肝)이 커진 금세공업자들이 있지도 않은 금화를 금고에 있다고 하면서 금화 보관증을 남발한 데서 시작한 것이었고, 엉터리 '금화 뻥튀기 기술'을 그 모태로 한 것입니다. 따라서 이 돈이라는 것은 항상 위험한 물건이 될 수 있습니다. 우리는 돈을 조폐공사만 발행하는 것으로 생각하지만 그것은 돈의 극히 일부일 뿐입니다. 시중에 돌아다니는 돈은 조폐공사가 발행한 돈보다는 훨씬 더 많습니다. 은행은 신용창조(credit creation)라는 자본주의의 독특한 화폐 뻥튀기 기술을 바탕으로 하여 원래 예금된 돈이나 중앙은행에서 빌린 돈의 수십, 또는 수백 배의 돈을 만들어낼 수 있습니다.

은행들은 말합니다. "고객님이 불편하게 돈을 굳이 가지고 있을 필요가 있습니까? 고객님이 원하면 언제나 돈을 내어드리죠." 하면서 안심시킵니다. 그렇지만 우리는 도대체 이 돈들을 제대로 보기가 어렵습니다. 그 돈들은 마치 컴퓨터 단말기에서만 존재하는 듯도 합니다. 금태환의 정지 선언이 있기까지는 그래도 돈이라는 것이 금에 연계되어 있어 비교적 안정적이었지만 이제는 돈이 더욱 믿기 힘든 상태입니다. 왜냐하면 은행을 포함한 각종 금융기관과 기구들은 돈을 쉽게 불리는 놀라운 기술들을 가지고 있기 때문입니다. 은행들은 마치 야바위(shell game)를 하듯이 돈만 들어가면 돈이 엄청나게 뻥튀기가 되어 시중을 돌아다닙니다. 인플레이션이 심화되죠. 그러다가 여기저기서 사업이 실패하여 사달이 나면 이내 또 엄청난 속도로 돈 거품(money bubble)이 빠집니다. 이제는 디플레이션이 됩니다. 돈도 정신이 없고 사람도 정신이 없습니다. 원래부터 그 돈들은 없었던 돈으로 은행의 장부상에 기록된 돈들이니 아쉬울 것도 없지만 그 과정에서 많은 파산자들과 경제 문제들이 양산됩니다.

그러다가 인터넷이 세계적인 인프라스트럭처(infrastructure)가 되자 이제는 본격적으로 돈이 춤추기 시작합니다. 인터넷 게임의 도구들이 돈이 되고, 각종 전자상품권이 정신없이 나타납니다. 인터넷뱅킹(internet banking)도 이에 크게 한몫을 합니다. 전자화폐(e-Money)가 본격적으로 나타납니다. 이것은 가뜩이나 허약해져 있는 실물 경제(real economy)에 대한 감각을 더욱 떨어뜨립니다.

전자화폐를 제대로 설명하기는 아직 힘듭니다. 크게 보면, 여러분들이 사용하시는 신용카드(credit card)나, 교통카드도 전자화폐이고 인터넷 게임을 하면서 얻을 수 있는 것도 전자화폐이고, 여러분들이 은행의 벤딩 머신(vending machine, 단말기)을 이용하여 송금하는 것(EFT, electronic funds transfer: 전자 자동 결재 시스템)이나 인터넷으로 송금하는 돈도 전자화폐화된 것입니다.

구체적으로 보면, 충전식 교통카드도 전자화폐의 일종입니다. 교통카드에는 많은 정보를 담을 수 있는 집적회로(IC) 반도체가 들어 있어 버스나 지하철의 판독기에 이 카드를 대면 요금을 스스로 계산해 냅니다. 그리고 인터넷에서만 쓸 수 있는 사이버 머니(cyber money)를 받아서 가상 공간에 저장해 놓은 것도 전자화폐입니다. 그래서 크게 보면 앞의 것을 IC칩형 전자화폐라고 하면 뒤의 것은 네트워크형 전자화폐로 구분할 수 있습니다.

따라서 전자화폐란 개념적으로 전자적인 방식에 의해 거래되는 화폐(IC칩형)로 인터넷상에서 사용 가능한 디지털화된 화폐(digitalized money, 네트워크형)도 포함될 수 있습니다. 특히 네트워크형은 인터넷이라는 가상 공간에서 통용될 수 있는 것으로 우리가 일상적으로 사용하는 종이화폐나 동전과 같은 기능이 네트워크상에서 구현되는 것입니다. 우리가 순수하게 전자화폐라고 하면, 분할이 용이하여 소액결제도 가능한 것을 전제로 합니다.

그런데 IC칩형 전자화폐(예를 들면 교통카드)는 사실상 우리가 사용하는 신용카드와 모양이 유사하여 혼동하기 쉽습니다. 신용카드는 은행을 거쳐야 하고 돈거래에 비용도 많이 들어 청소년들처럼 신용카드를 가질 수 없는 사람들은 인터넷상에서 거래를 하는 데 문제가 있죠.

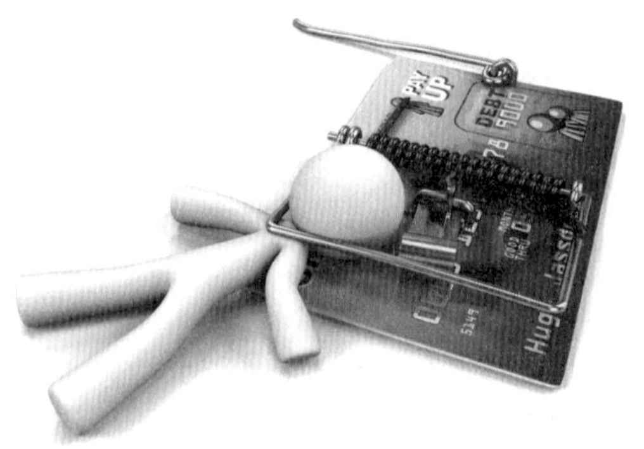

[그림 ①] 신용카드의 덫

그래서 이런 문제점들을 해결하기 위해 컴퓨터상에서 돈을 주고받을 수 있는 형태로 만들어진 것입니다. IC칩형 전자화폐는 신용카드와 비슷하게 생겼지만 여러 면에서 다릅니다.

신용카드는 한 달에 한 번씩 모아서 나중에 결제하지만 전자화폐는 미리 일정액의 돈을 저장해 놓은 뒤 물건을 살 때마다 저장해 놓은 돈을 꺼내 쓰는 방식입니다. 즉 신용카드는 후불(後拂)로 외상(credit) 거래인 셈이고, 전자화폐는 선불(先拂)이죠. 신용카드는 일정한 자격을 갖춘 사람에게만 발행해 주지만 전자화폐는 누구나 발급받을 수 있죠.

무엇이 이리 복잡합니까? 맞습니다. 화폐가 유동성이라는 개념을 가지면서도 엄청난 개념의 혼란이 있는데, 돈이 이렇게 춤을 추고 있으니 일반인들에게 화폐에 대한 개념이 제대로 설 리가 없습니다. 이 시대를 살아가려면, 꼭 알긴 알아야 하는데 정신이 없군요.

그러나 이렇게 복잡한 전자화폐를 쉽게 이해하는 방식이 있습니다. 이들 간의 유사점(공통점)과 차이점 그리고 문제점 들을 보면 쉽게 알 수 있습니다.

[표 ②] 전자화폐들의 공통점(유사점)

종류		공통점(유사한 측면)		
신용카드		모양	전달 방식	사용 방식
전자화폐 (좁은 의미)	카드형(IC칩 카드)	모양		사용 방식
	네트워크형		전달 방식	
전자자금이체(EFT)			전달 방식	

[표 ③] 전자화폐들의 차이점

종류		차이점(서로 다른 점)		
신용카드		큰 금액 결제 가능		후불제 (외상 가능)
전자화폐 (좁은 의미)	카드형 (IC칩 카드)	소액 결제	PW 없음	선불제 (외상 불가)
	네트워크형		PW 필요	
전자자금이체(EFT)				

[표 ④] 전자화폐들의 문제점

종류		문제점		
신용카드		거래 대상 제한		잦은 사고 발생
전자화폐 (좁은 의미)	카드형 (IC칩 카드)		범위 제한	
	네트워크형		범위 제한	낮은 신뢰도
전자자금이체(EFT)			소액 결제 불가	

돈은 이렇게 영역을 무한히 확장하고 있습니다. 그리고 돈은 해킹(hacking)에 의해 단 몇 초 만에 사라질 수도 있습니다. 이제 돈은 현금 자산이라는 의미가 아니라 오히려 기술(technology)과 연계되어 나아가고 있습니다.

여기서 우리는 기존의 경제 · 경영 패러다임의 근본적인 문제에 봉착합니다. 화폐 이론 자체에 대한 회의가 발생합니다. 도대체 돈이 무엇입니까?

원래 화폐란 그 자체가 '가치 있는 상품'이어야 하고(교환가치가 있을 것), 사람들이 누구나 좋아하고 널리 알려져 있을 것(known to everybody), 이동이 쉬울 것(easy to carry), 내구성이 강하고 동질적일 것, 분할이 쉽고 계산이 가능할 것 등의 조건을 충족해야 합니다. 그리고 보다 중요한 것은 범용성(汎用性, generality) 즉 누구라도 사용이 가능한 것이라야 합니다. 그런데 신용카드를 포함해서 전자화폐에 이르기까지 화폐의 가장 기본적인 특성들이 사라지고 있습니다. 그리고 그것이 철저히 기술적 기반 하에서만 존립할 수 있는 이상한 세계에 들어서고 있습니다.

물론 신용카드의 등장이 시작이기도 합니다. 이 신용카드는 1894년 미국에서 처음 제작되었지만 우리가 쓰는 것과 같은 신용카드는 한국에서는 1980년대 중반부터 제대로 사용된 것입니다. 신용카드는 거래의 안정성을 보장해 주고 세계적으로 가장 일반적인 결제 수단으로 법적 제도적인 문제가 거의 없습니다. 그러나 신용카드의 성격은 소액 결제에 부적당하고 카드 발급이 철저히 제한되었다는 점에서 기존의 화폐 개념을 송두리째 바꾸어 놓은 것입니다.

이제 다시 화폐 문제로 돌아갑시다. 좌파 경제학이든 우파 경제학이든 경제학 패러다임과 관련하여 보면, 화폐 이론에 있어서 여러 가지의 큰 이론적 위기들이 발생하였습니다.

첫째, 화폐가 가진 보편적인 성격인 범용성, 평등성이 사라지고 화폐의 계급성과 계층성이 강화되었다는 점입니다. 원래 중산층에서 보편화된 신용카드는 사실상 현대 귀족의 상징이었습니다. 비록 이것이 중산층 나아가 서민층까지 확대되고 있지만 원천적으로는 귀족성(nobility)을 가지고 있습니다.

한국에서는 2000년대를 전후로 이 신용카드 제한을 풀면서 사달이 나고 말았습니다. 신용카드의 성격상 절대로 함부로 발급하면 안 되는 것인데 말입니다. 즉 당시 정부는 경기 부양을 위해 신용카드가 가진 귀족성을 무시하고 대중화하였는데 그 결과는 매우 참담하였습니다. 이것 또한 한국의 가계부채의 급증에 결정적인 역할을 하고 말았습니다. 화폐에 대한 개념을 제대로 가지지 못한 상태에서 정책을 수행하다 보니 참담한 결과를 초래한 것이지요.

둘째, 화폐가 정보기술에 종속성을 가지게 되었다는 점입니다. 이 점은 이전과는 매우 다른 양상을 보이고 있습니다. 인간의 역사에 있어서 화폐가 기술 요인에 의해 좌우된 적은 없기 때문입니다.

전자화폐를 구성하는 요소는 IC 카드를 이용하거나 전화와 PC 등의 단말을 이용한 전자 뱅킹, 인터넷 기반의 네트워크상의 전자 거래(EC) 등인데 이와 관련된 시장이 제대로 성장하려면 고객과 판매자가 새로운 카드와 카드판독기를 가지고 있어야 하고 판매자들이 신뢰할 만한 수준의 결제 서비스가 제공돼야 합니다. 그리고 전통적인 화폐 방식의 결제 처리와 결합되어야 하는 보다 심리적인 문제가 있습니다. 즉 사람들이 돈을 돈으로 느낄 수 있어야 하는데 전자화폐 특히 네트워크상의 화폐들은 돈이라기보다는 마치 선물(gift)이나 보너스(bonus) 같은 느낌도 드니 말입니다. 그러다 보니 사회 전반적으로 공짜 심리가 만연하기도 합니다.

전자화폐가 제대로 자리를 잡으려면 ① 화폐의 위조 또는 복제를 막는 시스템이 구축되어야 하고, ② 소액결제를 지원할 수 있도록 단순하고 저렴하면서, ③ 구매자와 판매자가 네트워크에 연결되지 않았을 경우도 결제 처리가 가능해야 합니다. 그런데 이 같은 조건들을 충족하자면 ① 위조를 막고 한 번 이상 사용되지 못하게 하는 특별한 하드웨어 기기를 이용하는 디지털 화폐 공급 업체의 존재, ② 디지털 화폐 공급 업체는 현재 유통되고 있는 모든 화폐의 일련번호들이 저장된 화폐 서버의 관리 등이 전제되어야 하겠지요. 이 같은 일련의 기술 진보가 일어나면 화폐의 모습이 어떻게 될지 무서운 생각도 드는군요. 돈이 돈 같지 않으면 과연 어떤 일들이 일어날까요?

셋째, 전자화폐에 대한 거래와 거래 방식은 기술적으로 상당한 위기나 문제점들을 야기할 수 있습니다. 2002년부터 시행되고 있는 전자거래법에서 '전자거래'란 "재화나 용역의 거래에서 그 전부 또는 일부가 전자문서에 의해 처리되는 거래(제1-2조)"라고 하는데 이 때문에 현재 급증하고 있는 비구조적이고 비정형화된 거래에 대한 처리 문제가 발생합니다. 아마도 상당히 오랜 기간은 유추해석(類推解釋, analogical interpretation)이 불가피할 것입니다.

나아가 전자적 거래로 성립된 전자문서가 과연 증거 능력을 가질 수 있는지도 장기적으로 해결해야 할 문제입니다. 전자문서는 누구나 쉽게 고칠 수가 있어 변조(變造)가 쉽기 때문입니다. 그렇다고 해서 그 헤아릴 수도 없이 많은 문서들을 계약 당사자가 일일이 서명할 수도 없는 일입니다. 거래가 이미 세계화되어 있기 때문이기도 합니다. 만약 해커들이 전자화폐에 대한 거래에 심각히 개입하면 이 또한 언젠가는 리먼 브러더스(Lehman Brothers Holdings, Inc.) 사태와 같은 파국이 올 수도 있습니다.

전통적으로 계약 문서가 성립되려면 ① 물리적 물체 표시, ② 물리적 형태의 문자나 부호로 표시, ③ 문서 작성 의도 표시, ④ 증거용 서명 첨부 등이 있어야 하고, 이 때문에 계약서라는 것은 ① 물리적으로 분명한 형태를 가질 것[유체성(有體性)], ② 눈으로 볼 수 있을 것[가시성(可視性)], ③ 서류의 내용을 충분히 알 수 있을 것[판독성(判讀性)], ④ 서류가 영구적으로 보관될 수 있을 것[영속성(永續性)] 등의 요건을 갖추어야 증거 능력을 가지는 것인데, 전자문서 자체는 이 요건들과는 거리가 멀기 때문입니다.

넷째, 부동산을 포함하여 우리가 아는 전통적인 화폐(traditional currency, traditional money)를 제외하고도 돈이 너무 다양화되어 있습니다. 각종 게임 사이트의 아이템은 물론 각종 전자 상품할인권, 인터넷 구매 후 적립되는 각종 포인트, 각종 사이버 머니 등 실질적으로 화폐로 분류할 수 있는 돈들이 너무 많이 산재해 있습니다. 그리고 이 비중이 점점 더 커지고 있다는 점입니다. 이 돈들은 인터넷 기술과 정보라든가 검색 능력에 따라서도 사람마다 천차만별입니다. 정보력이 뛰어난 사람들은 더 많은 화폐를 공급받을 수 있고, 인터넷이나 정보통신(ICT, IT)과 거리가 먼 사람들은 화폐 공급이 불가능합니다. 좀 어려운 말로 하면 화폐 공급 시장(supply market)이 여러 층의 구조로 형성되고 있다는 것이죠. 재미있게도 선진국과 후진국 사이에도 화폐의 공통성이 사라져갈 가능성이 있습니다. 선진국의 사이버 머니들이 후진국에는 아예 없기도 하여 결국은 각국의 중앙은행이 발행하는 위인 초상화 종잇조각(종이화폐)을 기준으로 하여 거래가 성립되는 환경이 되는데 이 종이화폐조차도 기준점이 사라지고 있다는 점입니다. 이런 상태에서 화폐들의 전쟁(war of money)도 멈추지 않고 있습니다. 서로 서로 기축통화가 되려고 안달하고 있으니까요. 그런 점에서 보면 차라리 '구관이

[그림 ②] 세계의 화폐들

명관(舊官名官)'으로 미국의 달러가 기축통화가 되도록 매달리는 것이 현명할까요?

다섯째, 화폐가 사람들의 심리에 직접적인 영향을 주고 있습니다. 대부분의 거래들이 인터넷뱅킹 등을 비롯한 전자적 거래로 이루어지기 때문에 돈이 돈 같지 않으니 돈 귀한 줄을 모르고 마구 소비하면서도 또 그 돈 때문에 너무 많이 시달리고 있습니다. 돈은 계속 허공에서 춤추고 있습니다. 사이버 월드(cyber world)를 포함하여 주변 세상에 각종 돈들이 산재하고 있는데 이상하게도 경기는 계속 침체하고 있습니다. 화폐가 이렇게 춤추면, 우리들 정신도 이에 덩달아 춤추게 되어 있습니다. 그리고 가치관도 함께 춤추게 되어 있습니다. 미래는 더욱 심각할 것입니다.

무엇보다도 신용카드의 제한이 풀린 이후 세계적으로 유명했던 한국인들의 근검절약 정신은 사라진 지 오랩니다. 즉 한때 경기를 살리려고 신용카드를 무제한적으로 발급하자 사람들이 외상거래에 맛을 들여 돈이 무서운지를 모르고 함부로 소비하는 패턴이 자리 잡게 된 것입니다. 요즘 한국의 각종 마트(mart)나 백화점에 가보면 아찔합니다. 사람들이 하나같이 상품들을 산더미같이 한가득 쇼핑 카트(shopping cart)에 몰고 나오는 것을 보게 되기 때문입니다.

이에 따른 당연한 결과겠지만 화폐에 대한 수요와 공급 이론도 불가피한 변화가 나타날 수밖에 없을 것입니다. 과연 경제학이 이러한 변화를 제대로 수용하여 따라갈 수 있을지가 걱정입니다. 제가 보기엔 좌파든 우파든 기존의 경제학은 이를 포기한 것 같습니다. 그러나 지금이라도 새로운 시작을 하지 않으면 안 됩니다. 새로운 화폐 금융 이론이 연구되지 않으면 안 되는 상황입니다.

제2장 디지털 국가의 패러독스

:: 지킬 박사와 하이드 씨

『지킬 박사와 하이드 씨(*The Strange Case of Dr. Jekyll and Mr. Hyde*)』(1887)를 아시죠? 영국의 시인이자 소설가인 로버트 스티븐슨(Robert Louis Stevenson, 1850~1894)이 쓴 괴기 소설입니다. 이 책은 출판되자마자 바로 대작(大作)으로 평가받았는데, 당시 세계 최고의 신문인《더타임즈(*The Times*)》는 스티븐슨의 최고 작품이라고 극찬하였습니다.

이 소설의 줄거리를 잠시 봅시다. 지킬 박사(Dr. Jekyll)는 학식이 높고, 자비심이 많은 사람으로 여러 사람들의 존경을 받고 있습니다. 그런데 그는 인간이 잠재적으로 가진 선(good)과 악(evil)의 모순된 이중성(二重性, double personality)을 약품으로 분리할 수 있을 것이라고 생각하여 새로운 약을 만들어 복용합니다. 그랬더니 자신이 포악한 괴물 인간 하이드 씨(Mr. Hyde)로 변신합니다. 점차적으로 약을 먹지 않아도 쉽

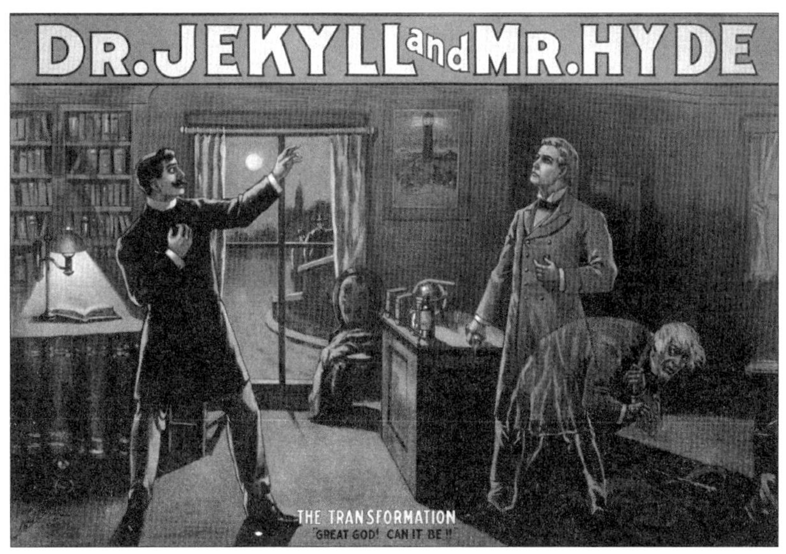

[그림 ①]「지킬 박사와 하이드 씨」 포스터

게 하이드로 변신하여, 지킬 박사로 되돌아갈 수도 없게 됩니다. 마침내 하이드는 사람을 죽이고 경찰에게 잡히려는 순간 자살하였고, 모든 사실들이 유서(遺書)로 밝혀지게 됩니다.

『지킬 박사와 하이드 씨』는 모든 연령층의 대중들을 사로잡은 고전적 미스터리 이야기일 뿐만 아니라 '인간의 본성'을 진지하게 성찰했습니다. 이런 점에서 이 소설은 셰익스피어(William Shakespeare, 1564~1616)의 『햄릿(*Hamlet*)』이나 세르반테스(Miguel Cervantes, 1547~1616)의 『돈키호테(*Don Quixote*)』에 비견될 수 있습니다. 세르반테스는 『돈키호테』에 대해 아이들은 재미로 읽고 어른들은 이 글에 담긴 인간에 대한 의미를 새롭게 읽는다고 했습니다.[166)]

『지킬 박사와 하이드 씨』는 스티븐슨이 특히 런던(London)과 에딘버러(Edinburgh) 등에서의 자신의 경험을 토대로 쓴 책이라고 합니다.

그는 자신이 잘 아는 사람들 즉 당시 영국의 중상류 사람들과 자신에게 익숙한 사회와 도시에 초점을 맞추었습니다. 이 소설의 원래 아이디어는 그의 아내의 악몽(nightmare)에서 나왔다고 합니다. 실제로 그는 처음에 단지 재미있는 이야기를 쓰려는 의도였지만 그의 아내의 제안에 따라 사회와 인간의 양면적 본능에 대해 쓰게 되었다고 합니다.

『지킬 박사와 하이드 씨』에 대해서는 크게 두 가지 논란이 제기되기도 합니다. 하나는 영국의 최전성기인 빅토리아 시대의 가치의 위선(hypocrisy of Victorian values)을 고발하려는 의도라는 것입니다. 즉 대부분의 귀족들이 밖에서는 점잖고 정직한 것으로 보일지라도 안으로는 어둡고 파렴치한 비밀들을 숨기고 살아간다는 것이죠. 또 다른 하나는 스티븐슨 자신의 내면세계를 표현한 것이라고 합니다. 즉 스티븐슨 자신이 가진 어두운 내면(본능, dark nature)을 스스로 소설화한 것이라는 말입니다.

인간은 말하지 않아도 누구나 이중성 즉 이중 인격(二重人格)을 가지고 있습니다. 자신의 탐욕과 이익을 극대화하려는 욕망(desire)과 사회 구성원으로서의 절제와 도덕성(morality) 사이에서 항상 갈등하고 있습니다. 종교인들도 예외는 아닙니다. 그러니 인간입니다. 대표적인 이가 "제게는 꿈이 있습니다(I have a dream)."라는 연설로 유명한 흑인 지도자 마틴 루터 킹(Martin Luther King Jr, 1929~1968) 목사입니다. 그는 "내 안에 악마가 있다."는 말을 했다고 합니다. 어떤 이들의 말에 따르면, 그는 죽음을 오히려 편안히 맞이했다는군요.

그런데 이 같은 이중성은 단지 사람에 국한된 것이 아닙니다. 어떤 조직이나 국가도 마찬가지입니다. 미국이나 영국의 국회의원들이 모두 부도덕한 사람들은 아닐 것입니다. 이들 나라의 국회의원들은 언론이

고도로 발달해 있고 검정이 철저하기 때문에 다른 나라의 정치가들에 비해 훨씬 도덕적일 수도 있습니다. 그런데 이들의 국가들은 아편전쟁(1840)과 베트남 전쟁(1960)을 도발했습니다.

(1) 디지털 사회의 도래

지금까지 자본주의 패러다임의 위기 상황에 대한 여러 측면들을 살펴보았습니다. 여기에 디지털 시대의 기술적 변화 자체가 전체 학문적 패러다임에 큰 충격을 주고 있는데, 학문들은 이 충격을 아직까지 제대로 흡수하고 있지 못하고 있습니다. 패러다임의 측면에서 보면, 디지털 혁명으로 표현되는 현대는 매우 난해한 상황입니다. 이같이 사회의 모든 분야에 걸쳐 기술 압박 요인은 점차 심화되고 있는데, 우리는 이에 대한 마땅한 대책이나 나아갈 방향을 제대로 알지 못합니다.

구체적으로 보면, 컴퓨터공학(데이터 처리 공학)과 통신공학이 인터넷이라는 가상 공간을 매개로 하여 결합됨으로써 전 학문 분야에 걸쳐서 패러다임의 위기 상황이 도래하고 있지만 이에 대해서 개별적인 학문들은 이론적 대응을 제대로 못하고 있다는 말입니다.

인터넷이 가진 고도의 지식 축적(저장) 기능으로 말미암아 형식적 지식(explicit knowledge)으로 분류되던 것들은 모두 지식으로서의 기능을 하기 힘들게 되었습니다. 인터넷과 정보통신 기술은 웬만한 것들을 모두 파괴하고 있으며, 자본주의를 이끌어 가는 시장(market)의 하드코어(hard core)인 수요(demand)-공급(supply)-가격(price)의 체계도 디지털 화폐(digital money)와 디지털 재화(digital goods)의 등장으로 전혀 새로운 국면을 맞이하고 있습니다.

그동안 수없이 세분화되었던 학문들도 이제는 다시 통합화의 길을 걷지 않으면 안 될 것입니다. 우리가 알던 전통적인 경제학 책들도 어쩌면 쓰레기통으로 들어가야 할 운명일지도 모릅니다. 왜 그럴까요?

디지털 시대의 화두(mantra)는 '퓨전(fusion: 융합)'과 '창조적 파괴(creative destruction)'라고 합니다. 그런데 여기서 말하는 이 퓨전은 현실적으로 나타나는 변화의 모습이므로 이에 상응하는 패러다임도 퓨전을 새로운 인식론적 토대로 수용해야만 하는 상황입니다. 그러기 위해서는 학문이 가진 '본질적 한계(실존보다는 본질에 대한 탐구)'를 넘어서 '실존성(實存性: 사물을 있는 그대로 인식하려는 탐구방식)'을 가져야만 이 패러다임의 위기를 극복할 수 있습니다. 디지털 시대에서는 그 어떤 인문 · 사회과학도 개별적인 학문적 영역의 시각만으로 봐서는 그 실존적인 의미를 파악하기가 어렵습니다. 결국 어떤 학문이든지 우리가 이용할 수 있는 모든 자원(every resource available)을 동원해야 할 시점이 온 것입니다. 마치 역사학이 생물학과 지질학, 지리학 등과 결합하여 특정 민족의 기원을 밝혀야 하는 것처럼 말입니다.

디지털 사회에 대해서 아직 제대로 말씀드리기는 어렵지만, 일단은 비교적 현실성이 강한 논의로 케언크로스(Frances Cairncross)의 견해를 보면서 디지털 사회를 분석해 봅시다.

케언크로스는 디지털 사회가 오면, 나타나는 가장 큰 변화는 거리의 소멸(Death Of Distance)이라고 합니다. 디지털 시대에는 사람들이 일일이 가지 않고도 여러 가지 일들이 인터넷으로 또는 전자적으로 처리되기 때문입니다. 따라서 사람들이 있는 위치나 규모가 문제되지 않으며, 활동 범위도 글로벌화(globalization)되면서도 공급은 지역화되는 현상이 나타난다고 합니다.[167] 구체적으로 케언크로스는 디지털 사회가 가지는 특성을 큰 범주에서 ① 집과 사무실의 변화, ② 정부 역할의 변화(단속에서 자기 통제로), ③ 도시의 새로운 탄생(고용 중심지에서 오락 및 문화 중심지로), ④ 영어(English)의 발흥, ⑤ 직업의 불안정성, ⑥ 문화 공동체 등의 6가지를 제시합니다.

케언크로스의 견해를 토대로 머지않은 미래에 구체적으로 어떤 변화가 나타날 수 있는지 살펴봅시다. 디지털 사회가 되면 재택근무(在宅勤務, home office)가 일상화되고 사이버(Cyber) 강의가 일반적 강의 형태로 자리 잡으면서 각종 교통 관련 직업이 급감하고 대학의 기숙사가 문을 닫겠지요. 정부의 각종 민원 사무들도 디지털화되면 인터넷상에서 업무 처리가 되므로 각종 공공 시설물들도 사라지고 극히 중요한 부분의 센터(Center)만 남을 것입니다. 정부 역할은 지속적으로 축소될 수밖에 없을 것입니다. 그러면 모든 공공재와 비즈니스의 중심지인 도시는 어떻게 됩니까? 도심(都心)에서부터 공동화(空洞化: donut syndrome)되기 시작합니다. 상당히 무서운 일이 벌어지겠죠? 사람이 사라진 도심을 상상해 보세요. 그리고 도심에 많은 부동산을 가진 부자들이 몰락하기 시작하겠죠? 아마도 고질적인 부동산 거품들도 사정없이 빠지면서 새로운 경제 위기가 나타날 것입니다. 대부분의 교통산업과 건설업들도 급격히 쇠락할 것입니다. 물론 기존의 오프라인 시장(offline market)은 이보다 더 빨리 소멸해 가기 시작할 것입니다.

그런데 케언크로스는 이 대목에서 저의 분석과는 달리 도시가 오락 및 문화 중심지로 변모해 갈 것이라고 낙관하고 있습니다. 저는 그녀의 견해를 수용하기가 어렵습니다. 이렇게 패러다임의 위기가 발생하고 자본주의가 요동을 치는데 도시도 멀쩡하게 제 구실을 할 수 있을지가 걱정이군요. 오히려 도시 발달의 역사를 거꾸로 돌릴지도 모를 일입니다. 거대도시[메갈로폴리스(Megalopolis), 메트로폴리스(Metropolis)]가 점차적으로 사라지면서 살아남은 지역이 다시 거점도시로, 또 거점도시들도 점차 사라지면서 중소도시로 재편될지도 모릅니다. 그래서 이 중소도시는 오락과 문화의 중심으로 남겠지요.

(2) 디지털 국가의 패러독스

2008년 9월 15일 서브프라임 모기지 사태(subprime mortgage crisis, 비우량주택담보대출)의 여파로 리먼 브러더스(Lehman Brothers Holdings)는 파산보호를 신청하였고, 메릴린치(Merrill Lynch & Co)는 뱅크오브아메리카(Bank of America)에 인수되었습니다. 이 사건은 단순히 하나의 투자은행이나 금융 시스템이 붕괴된 것이 아닙니다. 글로벌 자본주의가 붕괴될 하나의 징조일 수도 있습니다. 자본주의의 열광적 지지자들은 향후 정부 개입이 불가피하여 이제 민간 기업의 활동이 거의 어렵게 될 것이라고 생각하고, 사회주의자들은 "바퀴벌레처럼 잘도 살아남은" 자본주의 체제가 이제는 와해될 것이라고 생각하고 있습니다.

자본주의가 이처럼 위기를 맞은 가장 큰 이유들 가운데 하나는 영국의 대처리즘(Thatcherism)과 미국의 레이거노믹스(Reaganomics)가 세계적으로 과도하게 확장된 것입니다.[168] 이른바 신자유주의이지요. 무엇이든지 일정한 정책 목표를 수립하고 그 목표를 달성했을 경우에 다시 균형점으로 돌아가면 되지만 현실은 늘 그렇지 못합니다. 신자유주의자들의 논리는 간단합니다. "시장을 철저히 신뢰하라. 모든 길은 시장 속에 있다. 보이지 않는 손의 신화를 믿어라. 정부는 사탄이요, 정부 행정과 규제는 사탄의 연가(戀歌)이다."라는 식입니다.

재미있는 상황입니다. 자본주의를 저주하는 사회주의자들과 이들 신자유주의자들이 다 함께 한목소리로 자본주의 정부를 공격하고 있는 상황입니다. 우스운 일이지만 조사를 해보면, 아마도 일반인들 가운데 신자유주의를 사회주의(공산주의)와 혼동하는 사람들도 꽤나 있을 겁니다.

1929년 대공황 이후 케인즈 혁명이 일어났습니다. 이를 수정자본주의라고 하지요. 무분별한 시장에 대해 정부가 적극적으로 개입하여 경제 문제를 해결하고 이끌어갑니다. 두 차례의 세계대전을 겪은 후 케인즈 혁명은 자본주의 사상 최대의 호황을 가져다줍니다. 이때의 슬로건은 '정부는 옳고 시장은 말썽쟁이'였습니다. 그러나 1970년대에 들면서 케인즈 혁명이 한계에 다다르자 나타난 대처리즘과 레이거노믹스 이후 리먼 브러더스 사태(2008)에 이르기까지는 '시장이 옳고 정부 개입은 사탄의 놀음'이라는 식이었습니다. 심각한 정치적 불신도 원인이었습니다. 정치가들은 타락해 있고 이들의 사탕발림에 국민들이 놀아나니 믿을 것이라고는 시장(market)밖에 없었던 것이지요.

그러나 리먼 브러더스 사태 이후 정부의 개입이 불가피해졌습니다. 시장은 이제 제 구실 하기가 어려워졌고 국가 전체가 파산의 위기에 들어서자 시장의 오물을 치울 주체는 정부밖에 없게 된 상황입니다. 그런데 바로 이 시기는 기술적으로 디지털화가 급격히 진행되고 있다는 것이지요.

케언크로스(Cairncross)도 이 같은 신자유주의적 상황하에서 사회를 분석한 것입니다. 그녀는 디지털 시대에 진입하면, 정부도 국민을 이전처럼 단속하기보다는 국민 스스로가 자기 통제 하는 형태로 변모해 갈 것이라고 합니다. 당장 현실의 경제적 위기를 떠나서 장기적으로 디지털 시대의 정부 모습은 케언크로스의 지적이 타당할 수 있습니다.

그런데 디지털 시대의 국가는 다소 모순적인 상황에 빠집니다. 즉 디지털 사회에서는 정보통신(ICT) 산업의 고도화로 인하여 정부는 국민들의 모든 정보를 통제할 수가 있습니다. 그럼에도 불구하고 국가가 개입할 수 있는 명분은 지속적으로 약화됩니다. 쉽게 말해서 하이드 씨(Mr. Hyde)가 힘이 점점 세어지고 있는데 그 힘을 사용할 수 있는 명분은 점점 없어진다는 것입니다. 그러면 이 하이드 씨는 지킬 박사(Dr. Jekyll)처럼 그저 얌전히 앉아서 남을 위해 '경기장의 심판'으로만 살아갈까요? 저는 이런 현상을 '디지털 국가의 패러독스(Paradox Of Digital State)'라고 부릅니다.

디지털 시대의 국가는 극단적인 자유방임형의 야경국가나 철저한 정보통제사회의 두 극단 사이의 어딘가에 존재할 것입니다. 적절한 조합의 형태로 나아갈 가능성이 있습니다. 그러나 외형적으로 정부의 모습은 일단 축소되지 않으면 안 됩니다. 왜냐하면 디지털 사회에서는 대부분의 정부 기능이 정보화되므로 정부의 고용 인력이 축소될 수밖에 없어 세금을 많이 거둬들이기가 어려워지기 때문이죠. 만약 이전의 산업시대의 정부와 같이 세금을 거둬들이면 조세 저항도 심해질 것입니다.

그러나 정부는 아마 이 상태를 그대로 수용하지는 않을 것입니다. 어떤 핑계를 대든지 최고 권위를 유지하기 위한 방안들을 새로이 모색할 것입니다. 그것이 모든 조직이 가진 속성이자 자기 운동성입니다. 이 과정에서 두 가지의 행태가 나타날 수 있습니다.

하나는 국가의 권위를 축소하여 권력을 개인으로 하향 이동시켜 민주주의를 강화시키는 경우가 있습니다. 이 경우는 거의 중우정치(衆愚

[그림 ②] 미국 디지털 시대의 주역, 앨 고어 전부통령

政治)나 포퓰리즘(populism)으로 갈 수밖에 없습니다. 클린튼 행정부 당시 부통령이었던 앨 고어(Al Gore)는 통신기술의 이용에 대해 '민주주의의 새로운 아테네 시대를 구축하는 것'이라고 하여 디지털 시대의 정치에 대하여 긍정론을 펴기도 했지만, 현실적으로 전혀 그렇지가 않습니다. 산업시대 때부터 이미 누적된 각종 격차에 더하여 디지털 시대에는 도시-농어촌(산촌), 남자-여자, 청년-장년, 빈국(貧國)-부국(富國) 등에 있어서 심각한 정보 격차 즉 디지털 격차(digital divide)가 나타나고 있기 때문입니다.

다른 하나는 국내적으로는 익명성(匿名性: anonymity)과 대외적으로는 세계성(globalization)의 강화로 인한 '디지털 아나키즘(digital anarchism, 디지털 무정부주의)'을 방지하기 위해 국가의 대외적 기능이 더욱 강화되는 경우입니다. 국내적으로 철저히 엘리트(elite)적인 행태가 나타나고 대외적으로는 국가적 정체성(national identity)을 더욱 확고히 인식시키는 형태의 정책을 강화할 수 있습니다. 그리고 이 같은 목적을 달성하기 위해서는 세계적인 기술 전쟁에서 우위를 점해야 하는 국민적 목표를 통해서 정부나 국가의 권위를 강화하려고 할 것입니다.

이렇게 되면, 국가 권력의 강화는 세계 시장을 주도할 수 있는 대기업의 존재를 기반으로 하고 있으므로 대기업의 역할은 점점 비대해질 것입니다. 대기업이 국력이 되는 세상이라고나 할까요? 현재 미국을 보세요. 마이크로소프트(MS)나 애플(Apple)이 바로 미국의 권력 아닙니까? 부산(Busan)의 인구보다도 적은 핀란드(Finland)도 노키아(Nokia)가 없었다면 누가 알기나 했겠습니까? 또 세계화가 극심하게 진행되어 웬만한 기술들은 모두 특허로 등록되어 앞으로 중소기업들이 세계 시장에 제대로 발붙이기는 거의 불가능해졌습니다.

디지털 사회의 특성이 비교적 빨리 나타나고 있는 한국에는 디지털 아나키즘의 역작용이 심각하게 나타나고 있습니다. 즉 인터넷을 중심으로 한 신종 도편 추방제(ostracism, 오스트라시즘)가 사실상 나타나고 있습니다.[169] 이것을 한국에서는 마녀사냥(witch-hunting)으로 부르기도 합니다. 그리고 세계적으로 본다면 디지털 무정부(아나키)의 상태에서 성의 상품화에 따른 각종 사회 문제의 발생, 정보 독점화 현상, ICT 기술의 특성에 따른 극심한 빈부격차의 발생, 해커들의 사회 지배 현상,

[그림 ③] 도편 추방제의 증거들

일부 국가(현재로서는 미국)의 지속적인 헤게모니의 장악 등이 나타날 수 있습니다.

이와 같이 현대 사회 패러다임의 주요한 주체의 하나인 국가가 극심한 혼란에 빠질 수가 있는 상황으로 가고 있습니다. 왜냐하면 시간과 공간이 인터넷으로 극히 축소된 시점에서 국가는 국민들에 의해 극히 짧은 시간에 정체(政體)의 위기에 쉽게 빠지게 됩니다.

(3) 사이버 민주주의는 가능한가?

디지털 국가의 패러독스와 더불어 최근에 급증하고 있는 사이버 민주주의(CD: Cyber Democracy)에 대해서 살펴보는 것도 중요합니다. 사이버 민주주의는 조금이라도 문제가 생기면, 바로 사이비(似而非) 민주주의(FD: Fake Democracy)가 되기 때문에 매우 조심스러운 부분이기도 합니다.

각종 정치 이론가들은 인터넷이 민주주의의 새로운 전자 요람(the new electronic cradle of democracy)이라고 하고 너도나도 SNS((Social Network Service)니 카톡[170)]이니 트위터(twitter)니 하여 정신이 없군요. 제가 보기엔 아슬아슬합니다.

기본적으로 인터넷은 일종의 서버(server)들의 집합체로 가상 공간을 형성하는데 철저히 무정부성을 바탕으로 하고 있습니다. 이 무정부성은 한편으로는 위험한 혼란을 초래할 뿐만 아니라 세계화(globalization)와 지역성(localization)을 동시에 만족하고 있기 때문에 국내에서 일어나는 정치적 사건은 즉각 국제 문제화될 수 있는 속성을 가지고 있습니다.

만약 미국의 대통령이 가까운 지인에게 보낸 문자가 잘못되어 SNS를 타고 전 세계로 퍼져나가면 어떻게 되겠습니까? 지금 이 같은 일이 한국에서는 너무 많이 일어나고 있습니다.

사이버 민주주의는 새로운 개념의 정치 행위로 정보기술을 통한 직접 민주주의의 형태를 띠고 있는데 이것이 성공하려면 시민들이 보다 적극적으로 참여해야 합니다.[171] 현재도 그렇지만 미래에도 인터넷은 정치적 홍보에 있어서 가장 탁월한 대안이 될 것입니다. 인터넷은 다른 공중파에 비하여 저렴하고 1 대 1 접촉이나 전화 홍보보다도 훨씬 경제적이며 효과적이기 때문이죠. 뿐만 아니라 홈페이지나 블로그를 이용함으로써 시민들에게 훨씬 더 가까이 다가갈 수 있다는 장점이 있습니다.

인터넷은 기존의 정치적 무관심 그룹 즉 20대와 30대 젊은 층들의 정치 참여를 높일 수 있는 큰 계기를 제공하고 있습니다. 실제로 인터넷 최강국의 하나인 한국의 대통령 선거에서 이 점은 확연히 나타나기도 했습니다. 향후에 경우에 따라서 20대와 30대 젊은 층이 선거전을 좌우할 수 있는 세력으로 나타날 가능성도 있습니다. 왜냐하면 이들은 디지털 시대에 대한 적응 속도가 빠를 뿐만 아니라 디지털 커뮤니케이션 역량(Digital Communication Capability)도 매우 강력하기 때문입니다.

이 시점에서 전 세계의 사이버 민주주의의 가능성을 살펴보는 것도 의미가 있는 일입니다. 사이버 민주주의와 관련하여 큰 관심사 가운데 하나는 전자 직접 민주주의(EDD: Electronic Direct Democracy)이고 이것은 사이버 민주주의 구현의 대표적인 상징이기도 합니다. 앞으로 사이버 민주주의가 제대로 정착하는지를 판단하는 요소(factor)들을 일반적 관점에서 살펴보도록 합시다.

첫째, 무엇보다도 사이버 민주주의의 실현은 사회적 네트워크(n: social

networking)에 그 성공 가능성이 있겠죠. 왜냐하면 어떤 시민이든지 개인이 가진 정보 환경이 사회적 네트워크와 쉽게 연결이 될 경우 큰 효과를 발휘할 수 있기 때문입니다. 따라서 사이버 민주주의는 시민적 개인 정보 환경과 사회적 네트워크가 발달할수록 실현 가능성이 증대하게 될 것입니다.

둘째, 사이버 민주주의는 시민의 자율적인 규제 능력(Sp)이 강화될수록 실현 가능성이 높아집니다. 왜냐하면 인터넷은 기본적으로 무정부적인 속성(α: Anarchy)과 익명성(A: 匿名性, anonymity)을 가지기 때문에 수많은 정치적 마타도어(Matador, 흑색선전)의 유포가 나타날 수 있습니다. 특히 인터넷은 어느 나라 국경이든 쉽게 넘나드는데도 불구하고 이 자율 규제 능력을 측정할 수 있는 도구가 없습니다. 나아가 시민들의 도덕성이나 자율성을 판단할 수 있는 변수를 파악해 내기가 더 어려운 일입니다. 그래서 어느 나라든지 이 자율적인 규제 능력을 조절할 수 있는 체계를 갖추게 되면 사이버 민주주의는 성공할 수 있습니다. 일반적으로 생각해 보면, 자율적인 규제 능력(Sp)은 GDP(y)가 높거나[172] 국가적 또는 민족적 정체성(NI)이 강할 경우에 증가할 수 있고, 또 다언어(多言語)를 사용하는 경우보다는 단일 언어를 사용하는 국가의 경우가 자율적인 규제 능력이 증가하며, 커뮤니티(C: community)의 수가 적을수록 자율적인 규제 능력이 증가한다고 볼 수 있을 것입니다.[173]

셋째, 시민들의 정치적 참여(P)가 높을수록 사이버 민주주의는 성공할 수가 있을 것입니다. 시민들의 정치적 참여는 정치적 지식(political knowledge: pk), 정치적 신뢰(political trust: 정치적 과정과 그 절차에 대한 신뢰할 만한 시스템의 존재: pt), 정치적 참여 시스템(participation system: ps)의 존재 등의 요소에 따라서 영향을 받게 될 것입니다.[174]

따라서 다소 상식적인 범주이기는 하지만, 사이버 민주주의는 개인적 사회적 네트워크의 확충이 중요한데 이것은 정보통신기술(it)에 달려 있습니다. 그리고 인터넷이 가진 무정부적인 속성과 익명성 때문에 시민의 자율적인 규제 능력이 사이버 민주주의의 성공에 필요한 요소입니다. 자율적인 규제 능력은 국민소득(GDP)이 높거나 국가적 또는 민족적 정체성이 강할 경우에 증가할 수 있고 또 단일 언어를 사용하는 경우보다는 다언어를 사용하는 국가의 경우가 자율적인 규제 능력이 감소하며, 커뮤니티의 수가 많을수록 자율적인 규제 능력이 감소한다고 추정할 수 있습니다. 나아가 사이버 민주주의의 성공은 일반 시민들의 정치적 참여에 따라 영향을 받게 되는데, 인터넷상에서 존재하는 비정부기구(NGO), 이익단체(interest group), 커뮤니티(community) 또는 각종 단체(associations)들은 개인의 정치적 참여에서 매우 중요한 영향을 미칠 것입니다.

이상의 내용들을 보면, 이제 정치학(politics)도 기술의 종속변수로 전락할 날도 머지않았습니다. 정말이지 정보통신기술이 모든 학문들을 굴복시키고 있습니다. 마치 과거의 지동설(地動說, heliocentric theory), 진화론(進化論, theory of evolution), 뉴턴의 사과(중력의 법칙), 상대성 이론(相對性理論, theory of relativity) 등이 전체 학문들을 굴복시켰듯이 말입니다.

(4) 패러다임의 위기 대두

디지털 사회의 경제적 기반에 대하여 '신경제(new economy)' 혹은 '

메타-자본주의(meta-capitalism)', '디지털 경제(digital economy)' 등 다양한 용어가 사용되고 있지만, 아직도 하나의 패러다임으로 수렴되지는 않고 있습니다. 디지털 시대의 정치경제는 기술 압박 요인이 워낙 크기 때문에 학문적으로 혹은 개념적으로 접근하기가 현재로는 매우 어려운 상태입니다. 현재 디지털 사회의 정치경제에 대한 학문적 접근 수준은 매우 일천하여 지금까지 나타나고 있는 현상을 다만 묘사(描寫)하는 수준에 그치고 있죠. 그럼에도 불구하고 현재의 디지털 혁명은 마치 마르크스(Marx)나 쿤(Kuhn)이 제시하는 패러다임의 변화와 같이 불연속적으로 진행되기 때문에 기존의 분석 방식을 뛰어넘는 방법론을 추구할 필요가 있습니다. 참으로 어려운 일이 분명합니다.

그러나 현실은 생각보다는 훨씬 빠르게 변화하고 있습니다. 패러다임의 견지에서 말한다면 기존의 패러다임을 거부하는 현상들 즉 어노멀리(anomaly)가 편린(片鱗)으로 나타나는 게 아니라 보다 구조화되어 강력한 태풍처럼 밀려오고 있습니다. 이제는 패러다임 전체가 위태롭습니다. 인터넷의 저장 기능의 강화로 이젠 그 유명한 세계적인 백과사전들도 모두 책장에서 사라져 인터넷 속으로 유입되고 말았습니다. 수천 년간 우리의 사고를 지배했던 학문은 대부분 구체적인 내용과 형식을 갖춘 '형식적 지식'으로 구성되어 있는데 이것을 인터넷에서 모두 끌어당겨 버리면 대학은 어찌 됩니까? 교수들은 무엇을 가르치고 살아야 합니까?

그래도 아직은 시간이 있을지도 모릅니다. 인류 앞에 펼쳐질 디지털 사회는 이제 겨우 걸음마를 시작한 데 불과하니까요. 모든 나라들은 한편으로는 자본주의 붕괴의 위험 속에서도 끊임없이 치열한 기술 경쟁을 해야 합니다. 그리고 하루 빨리 디지털 인프라스트럭처(digital infrastructure)를 구축하고 정보고속도로(information highway)를 닦아야 하며 이에 상응하는 많은 내용물(프로그램) 즉 디지털 애플리케이션(application)을 개발하지 않으면 안 되는 상황입니다. 참으로 정신이 없습니다. 마치 한국의 고등학생들 같습니다. 한국의 고등학생들은 영어를 배우러 미국으로 갔다가 다시 수학이 뒤처지니 한국 유학생을 찾아다니며 과외를 해야 하고 귀국해 보니 한문과 국어를 다 까먹어 다시 학원에 다니고 이래도 안 되고 저래도 안 되니, 특기생으로 대학에 들어가려고 때로는 스포츠댄스를 배우거나 트럼본을 불거나 아니면 승마(乘馬)라도 배우러 지방까지 이리저리 내몰리고 있습니다.

제가 보기엔 디지털 시대는 기존의 패러다임의 수정 · 보완으로만 해결하기에는 무립니다. 기술력의 발전이 패러다임의 결정적 변수인 것은 분명하지만, 현재에 나타나고 있는 정보통신기술 혁신에 의한 지식의 생성 · 분배 · 활용 구조의 변화로 인하여 기존의 패러다임을 적당히 손질하여 적용하기는 매우 어렵기 때문입니다.

따라서 디지털 시대의 패러다임의 구성에 있어서 기존의 패러다임은 유용한 것일지라도 그것이 가진 한계성을 인정하고 굳이 그것에 집착할 필요는 없습니다. 디지털 패러다임의 구성에 있어서는 보다 동태적이고 통합 학문적(학제적)인 형태의 퓨전 패러다임(fusion paradigm)의 구성을 모색하는 것이 보다 바람직할 것입니다. 그것을 통하여 기존의 함수적이며 선형적인 패러다임을 넘어서는 것이야말로 디지털 미래를 열어 가는 새로운 희망이 될 것입니다. 이런 시도가 금세기 초부터 일고 있지만, 학문이라는 것은 결국 계층과 계급의 이해를 반영하는 것이기 때문에 각 분야의 학문들의 엄청난 저항을 받고 있습니다.

제3장 델타 8988의 걸음마

:: 아마게돈: 신께로 가는 길

1987년 서울, 까치(오혜성)가 다니는 고교에 마리라는 아이가 전학을 오면서 이 이야기는 시작됩니다.

그날 이후로 킬러(killer)들이 까치를 찾아옵니다. 마리는 그를 보호하려고 온 힘을 다하지만 까치는 킬러들이 쏜 루이스턴 광선을 맞고 죽게 됩니다. 꿈같은 혼수상태에서 까치는 한 여인을 만나는데, 그 여인은 "나의 이름은 가이아(Gaia)입니다. 지금 우리가 만난 이곳은 대뇌피질(cerebral cortex) 속입니다. 지금 당신은 죽었습니다. 우리 둘이 합체를 해야만 부활할 수 있습니다."라고 합니다.

이렇게 부활한 까치는 위기에 빠진 2150년대의 지구를 향해 타임터널(time tunnel)로 들어가려던 순간 다시 26차원의 신화의 세계로 굴러 떨어져 갖은 고난과 역경을 겪고 암살 위협에 시달리면서 헤쳐 나옵니다.

2157년, 고도의 과학력을 자랑하는 외계인 '이드(Id)'가 지구를 침입하여 쑥대밭을 만듭니다. 지구가 멸망 위기에 처하자 그때까지 남극 바다 밑에 숨어 있던 아틀란티스(Atlantis)의 후예 '엘카(Elca)'는 초자아 컴퓨터 델타 8988의 도움으로 지구를 구할 수 있는 마지막 인물을 찾는데 그가 바로 까치였던 것입니다. 엘카 특수요원 마리는 그를 미래로 데려갈 임무를 띠고 까치를 찾아왔지만 이를 간파한 '이드' 역시 킬러를 보내 까치를 죽인 것이지요. 그리고 까치가 신화의 세계에 빠진 것도 이 '이드' 원로원의 계략이었습니다.

그런데 까치(지구의 세계)와 '이드' 간의 끝없는 전쟁의 과정에서 회의하던 이드군 총사령관 케사로스는 자신들이 컴퓨터에 의해 창조된 생명체라는 사실을 깨닫고 자신들을 창조한 컴퓨터 시그마 6666을 만나려 합니다.

한편 수많은 고난과 우여곡절을 거쳐 2150년의 미래로 오게 된 까치는 엘카의 여왕 퀸 헤라를 만나 특수훈련을 받고 케사로스와 최후의 결전을 치릅니다. 전쟁은 점점 치열해지지만 전쟁 속에서 우주와 지구의 탄생에 대한 비밀이 서서히 나타나기 시작합니다. 까치는 자신과 모든 지구 인류의 창조주 델타 8988을 만난 다음 사건의 원흉 시그마 6666과 시그마 6666은 물론 델타 8988 등 초지능 컴퓨터를 만들어낸 앗시리아인(Assyrian)들을 찾아가서 이 모든 전쟁과 파괴의 원인은 무엇이고 과연 진실은 무엇인지를 묻고자 합니다.

결국 까치는 그 앗시리아인들을 만나게 됩니다. 그런데 그로부터 까치는 엄청난 이야기를 듣습니다.

"먼 옛날, 은하계로부터 600만 광년 떨어진 안드로메다 성운(星雲)에는 앗시리아인들에 의해 건설된 초고도의 문명이 있었다. 고도 문명의 발달로 삶이 파괴되기 시작하자 그들은 새로운 돌파구를 찾기 위해 또 다른 우주 생명체를 찾아 나설 계획을 세우지만 어디에도 찾기가 힘들었다. 그래서 그들은 문명을 창조하기로 결심한다. 우주를 항해하며 생명 창조의 가능성이 있는 행성들에 진화를 도와주는 슈퍼 컴퓨터(Super-Computer)를 심기로 한다. 그래서 9999개의 초자아 컴퓨터가 전 우주에 뿌려지고, 먼 훗날 지구(Earth)라 불리울 혹성에는 8988이라는 고유 번호를 받은 컴퓨터가 투하된다. 우주 저쪽 끝인 마스(Mars)에는 감마 6666이 투하된다. 이들 초자아 컴퓨터는 각각 그 행성에 있던 생명체들을 진화시켰다. 8988 컴퓨터의 지구는 온건하고 이성적인 인류가 번성을 하게 되고 마스 즉 감마 6666 컴퓨터의 행성은 호전적인 종족 이드가 문명을 발전시킨다. 그런데 이 이드가 지구를 침공한 것이다. 이 상황을 처음부터 예상했던 지구의 8988 컴퓨터는 최후의 전쟁에서 지구를 구할 전사를 미리 설계하였고 이 전사가 바로 한국의 서울에 사는 까치(오혜성)였다."

이드와 지구인들의 최후의 결전, 그것이 바로 아마게돈이었습니다. 그런데 이들은 같은 시기에 생겨난 성격이 다른 종족이었던 것이죠. 수많은 피와 희생을 치른 최후의 결전 속에서 지구와 이드의 그 모든 찬란했던 문명들은 파괴되고 말았습니다.

까치는 그 앗시리아인에게 묻습니다. 최후의 전쟁, 그 전쟁의 원인은 무엇이고 왜 그 많은 희생을 치러야 했는지를 말입니다. 그러자 그 앗시리아인은,

"모든 것이 내 소설(novel)의 내용이고 모든 것은 이미 프로그램화되어 있었던 것이지. 그 수많은 진화(evolution)의 과정도 다 소설의 일부이고 예수와 부처, 공자도 모두 내 소설의 일부일 뿐이야. 모두 예정된 것

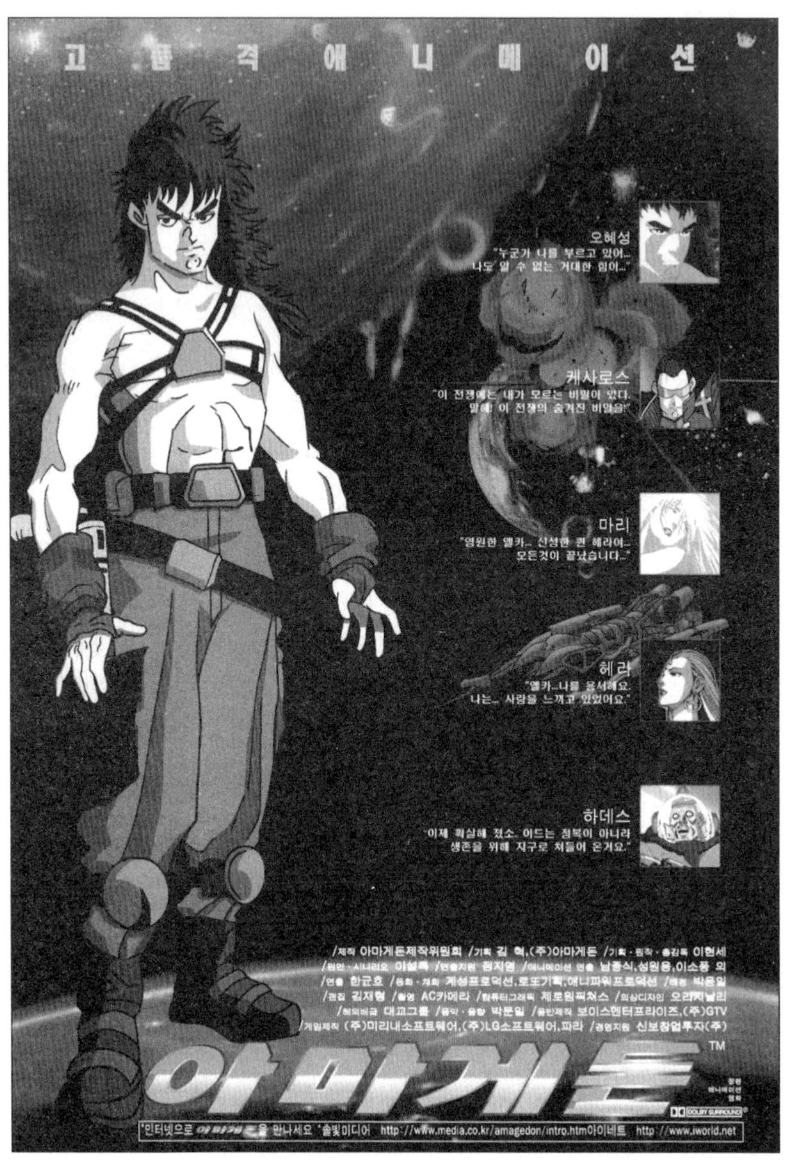

[그림 ①] 애니메이션으로 제작된 「아마게돈」 포스터

이었지.”

라고 너털웃음을 터뜨립니다.

지금까지 우리가 알던 그 모든 것이 초고도문명의 행성에 사는 한 소설가의 ‘공상과학소설(SF)’이었다는 것입니다. 이 말을 듣고 분노한 까치는 그를 향해 방아쇠를 당깁니다. 앗시리아의 과학에 비해 워낙 구식 총이었기에 오히려 그 소설가는 죽고 말지요.

이것이 1988년부터 몇 년에 걸쳐 만화 전문 잡지《아이큐점프》에 연재된 「아마게돈」이라는 만화입니다. 만화가 단순히 만화가 아닌 것이죠. 제가 중학교 이후 만화를 거의 본 적이 없었지만, 당시 아내의 집요한 공갈과 협박 때문에 이 만화를 대충이나마 열심히 보았습니다. 신화에 등장하는 수많은 인물과 현학적이고 현란한 수사들은 그렇다 치더라도 미래에 대한 많은 시사를 하고 있음은 틀림없습니다.

특히 결말은 충격 그 자체였습니다.

실제로 소설의 역사를 보면 시간이 많았던 농경시대에는 장편소설이 유행합니다. 대부분의 소설들은 풍경 묘사에만 서너 페이지를 할애합니다. 허먼 멜빌(Herman Melvile, 1819-1891)이나 톨스토이(Lev Tolstoy, 1828~1910)의 소설을 읽다가 진이 빠진 적이 한두 번이 아니었죠. 그 재미있다고 하는 마가렛 미첼(Margaret Mitchell, 1900~1949)의 『바람과 함께 사라지다(*Gone with the wind*)』를 다 보는 데 3개월도 더 걸렸습니다.

그러나 산업사회에 올수록 장편은 퇴조하고 단편이 유행합니다. 바쁜데 언제 다리 뻗고 앉아서 하릴없이 책만 보겠습니까? 그러다가 미디어(media)의 시대가 도래하니, 소설도 퇴조하고 TV 드라마와 영화가 활개를 칩니다. 그것도 대중들이 시큰둥하자 이제는 ‘다큐드라마

(docudrama)', '리얼다큐(Real documentary)', '로드다큐(Road documentary)'가 대세를 이룹니다. 사람들은 좀 더 사실적이면서도 눈으로 대신 체험할 수 있는 "살아 있는 드라마, 각본 없는 드라마"를 요구하게 되었기 때문입니다. 이것을 반영한 것이 바로 피터 위어(Peter Weir) 감독의 「트루먼 쇼(The Truman Show)」(1998)였습니다.

그리고 영화도 평면적인 것을 떠나서 입체 영상(3D, 4D)으로 나가고 있습니다. 홀로그램(hologram)도 본격적으로 등장하고 있죠. 「아마게돈」처럼 대형 드라마는 아니라 할지라도 적어도 그와 유사한 형태의 소설은 100년 안에는 나올지도 모르겠군요. 컴퓨터는 아마 100년 안에는 초자아 컴퓨터로 진화할 수 있을 것입니다. 그런데 이 같은 엄청난 컴퓨터의 진화나 정보통신 기술의 발전에 비하여, 인간은 한없이 나약해져 갑니다. 앞으로 미적분은 고사하고, 곱셈 · 나눗셈도 못하는 대학생이 나올지도 모르기 때문입니다.

그러면 8988과 같은 초자아 컴퓨터가 지금 우리 주변에는 과연 있을까요?

정답은 "예스(Yes)"입니다. 그 8988이 걸음마를 하고 있죠. 그는 아마 밀물의 속도(velocity of flow)로 우리 곁으로 끝없이 다가올 것입니다.

그것이 바로 데이터베이스 관리 시스템(DBMS)입니다.

(1) 시스템, 그대 이름은

이제 시스템(system)이란 말은 너무 지겨울 정도로 많이 들어왔습니다. 그러나 대부분의 사람들은 시스템의 제대로 된 성질을 이해하는 것

같지가 않습니다. 미래 패러다임의 변화를 이해하기 위해서 이 시스템을 이해해야 합니다. 왜냐하면 패러다임이 변하려면, 시스템이 변해야 하기 때문입니다. 그런데 이 시스템은 그리 간단히 변하지 않습니다. 이번에는 시스템에 대하여 한번 정리해 보고 그것이 패러다임의 변화에서 가지는 의미를 살펴보도록 합시다.

시스템이란 서로 다른 요소들이 공통의 목표(common goal)를 이루기 위해 유기적(organic)으로 상호 작용하는 집합체를 말합니다. 시스템의 의미에는 ① 상호 유기적으로 연결된 요소의 집합, ② 복합적이고 복잡한 단일체, ③ 공통의 목표 혹은 지향점 등이 포함되어 있습니다. 시스템 이론은 베르탈란피(Karl Ludwig von Bertalanffy, 1901~1972)에 의해 제창된 후로 사이먼과 밀러 등에 의해 발전하게 되었습니다.

사이먼(Herbert Alexander Simon, 1916~2001)은 조직(organization)의 정보 처리 과정이 인간의 정보 처리 과정과 매우 유사하다는 점을 발견하였습니다. 그는 사람들이 정보 처리를 할 때 모든 문제를 하나하나씩 순서대로 해결한다고 지적합니다. 그는 인간의 기억 요소를 단기 기억 요소와 장기 기억 요소로 나눈다고 주장하면서, 조직의 정보 처리 과정도 인간의 정보 처리 과정에 매우 유사하다고 가정한 것입니다. 즉 조직도 사람과 마찬가지로 ① 어떤 것을 감각하여 받아들이는 요소(receptor: 환경으로부터의 정보를 감지-사람의 경우 눈, 코, 입 등), ② 받아들인 정보를 처리하는 요소(processor: 모든 계산 및 판단을 수행-사람의 경우 두뇌 및 소화 및 흡수 기관), ③ 처리된 정보를 기억하는 요소(memory) 등으

[그림 ②] 허버트 사이먼

로 나눠져 있다고 보았습니다.[175)]

밀러(James Grier Miller, 1916~2002)는 세포에서부터 시작하는 모든 살아 있는 시스템이 갖는 공통점에 관해 연구하여, 살아 있는 시스템이 생존하기 위해서 반드시 가져야 하는 기능(기본 요소)을 크게 ① 물질적 변환 기능군(matter-energy conversion functions), ② 정보 처리 기능군(information processing functions), ③ 혼합 기능군(mixed functions) 등의 세 가지 유형으로 구분하였습니다. 사이먼의 견해를 보다 정교하게 이론화한 것으로도 볼 수 있겠군요.

이 시스템 이론은 사회과학(정치학, 사회학)에도 광범위하게 도입되었습니다. 여기서 말하는 이 시스템이라는 말은 베르탈란피의 일반 시스템 이론(GST, general system theory)에서 비롯된 것이지만 시스템 개념에 대한 정교한 이론 체계는 제대로 정착된 상태는 아닙니다. 그러나 이 시스템 이론이야말로 미래의 패러다임에 관한 연구에는 매우 중요한 개념입니다. 이 이론은 파슨스(Talcott Parsons)나 루만(Niklas Luhmann) 등에 의해 사회과학에 적용되었으며 이후 경영학의 조직론에도 광범위하게 도입됩니다.[176)] 여기서 우리는 이 복잡한 시스템 이론을 전면적으로 검토할 것은 아니지만 그 핵심 개념들이 새로운 패러다임의 구축에 얼마나 유용한지를 검토해 볼 필요가 있습니다.

(2) 구심력과 원심력: 시스템으로 보는 사회

먼저 간단히 시스템의 기본 요소들을 살펴보고 넘어갑시다. 시스템의 5대 기본 요소는 아래의 그림과 같이 입력(input), 제어(control), 처리

[그림 ③] 일반적인 시스템의 기본 요소

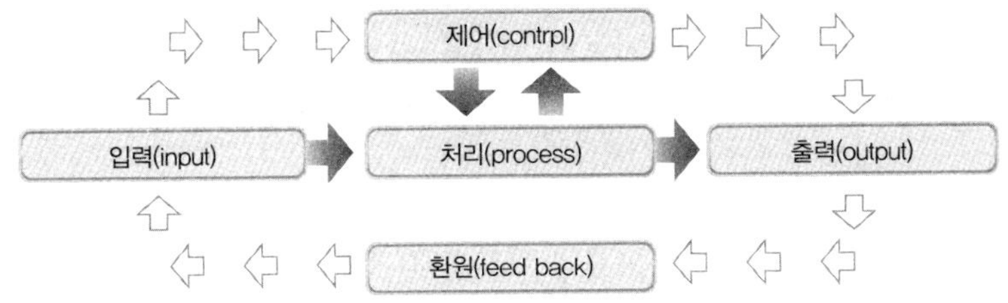

(processing), 출력(output), 환원(feed back) 등입니다. 컴퓨터 시스템은 우리가 키보드(key board)를 통해서 입력하면 통제 장치가 이를 처리하도록 지시하고 그것이 스크린(screen)에 나타나도록 하는 것이지요. 그런데 이 과정은 우리 신체와도 별로 다르지 않습니다.

우리는 에너지가 부족해지면, 우리의 뇌(brain)의 통제(control) 하에서 음식물을 먹고(input) 소화시켜(processing) 에너지를 발생시키고(output) 나머지는 배설합니다. 그리고 에너지가 충분하면 뇌는 다시 에너지 섭취를 중지시켜 에너지 유입을 차단하는 환원(feedback)의 과정을 밟게 됩니다. 우리가 만든 거대한 컴퓨터 시스템도 결국은 무의식적으로 우리 몸을 바탕으로 만들어진 것임을 알 수가 있죠.

따라서 시스템 이론을 가장 잘 이해하려면 우리 몸을 생각하면 좋겠습니다. 우리 몸은 서로 다른 요소들로 구성되어 있지만 '살아야 한다'는 공통의 목표를 향하여 서로 협력하면서 모여 있습니다. 좀 어려운 말로 우리는 생존을 위해 항상성(homeostasis)을 유지해야 한다는 말입니다. 그것은 우리 몸 각각의 기관에 모두 좋은 약(藥)은 존재할 수가 없다는 말이기도 한데요. 왜냐하면 우리 몸은 서로 다른 요소들과 성분들의 집합체인데 모든 요소에 골고루 좋은 약은 존재하기 어렵기 때문입니다. 예를 들어보죠. 치아(tooth)와 위장(stomach)은 서로 다른 종류의 구성 요소지요. 그러니 치아에 좋은 것이 위장에 반드시 좋을 수가 없는 것이죠. 가령 불소(F)는 치아에는 좋지만 위장에는 독(毒)이 될 수도 있습니다. 결국 항상성을 강하게 유지시킬 수 있는 것이 만병통치약이 되겠다는 것을 시스템 이론은 말해 줍니다. 산삼이나 인삼이 좋다는 것도 바로 이 때문이겠지요.

시스템 이론에서 보면, 무엇보다도 서로 다른 요소들의 집합체라는 점이 우선 눈에 들어오는군요. 그리고 그 서로 다른 요소들이 공통의 목표를 지향하면서 서로 유기적으로 관련되어 있다는 점도 중요합니다. 즉 시스템의 유지에는 서로 다른 요소(different factors)와 유기적 관련성(organic relationship)이 필수적이라는 말입니다. 그런데 이 말은 상당히 모순된 말이기도 합니다. 서로 다른 요소들이란 각자가 자기 운동성을 가지고 있기 때문입니다. 즉 시스템이 제 구실을 하려면 각각의 요소들이 가진 개별성 성향 즉 원심력(遠心力: centrifugal force)과 그 시스템의 목표에 부합하는 구심력(求心力: centripetal force)의 균형에서 시스템이 유지가 된다는 말입니다.

대개 모든 요소들은 중심으로부터 독립하려고 하는 원심력 또는 중심을 향한 구심력을 가지고 있습니다. 그런데 이 원심력과 구심력이 항상 고정불변한 것은 아니라는 것입니다. 주변의 상황에 따라 원심력이 구심력으로 전환되는 경우도 있고 구심력이 원심력으로 전환되는 경우도 있습니다. 나아가 겉으로 보기에는 강한 구심력을 가진 것처럼 보여도 실제로는 원심력으로 작용하는 경우도 있고 외형적으로 원심력을

[그림 ④] 원심력과 구심력(왼쪽은 구심력, 오른쪽이 원심력)

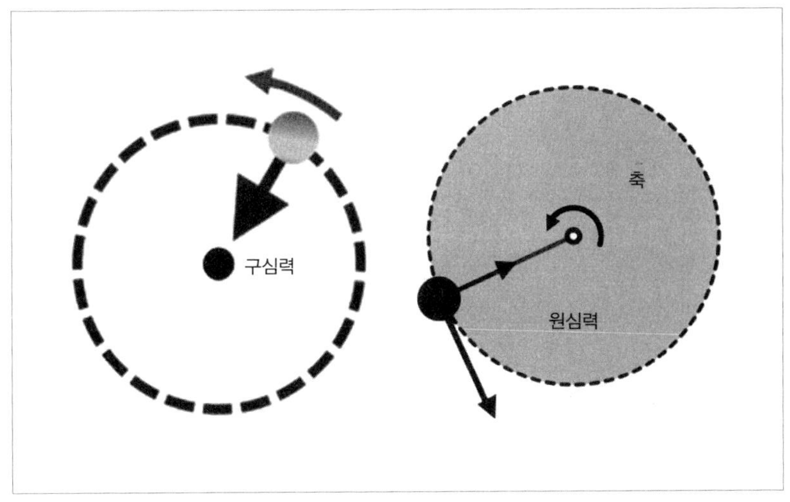

가진 듯해도 결국은 구심력으로 작용하는 경우도 있습니다.

예를 들어 자본주의의 경우를 보면, 극심한 정경유착(政經癒着)으로 축재하는 재벌이나 극좌파의 경우를 보면 알 수 있습니다. 한쪽은 철저히 시스템을 유지하려고 하는 듯하고(구심력) 한쪽은 철저히 시스템을 파괴하려는 듯이 보여도(원심력) 사실은 좀 다를 수도 있습니다. 정경유착성 재벌은 현재의 시스템을 철저히 지키려는 구심력을 가진 것처럼 보이지만, 다른 한편으로는 시스템의 구성원들에게 많은 위화감(違和感)을 조성하고 구성원들의 경제 생태계를 파괴하기 때문에 오히려 더 위험할 수 있습니다. 즉 시스템에는 원심력으로 작용할 수 있다는 말입니다. 오히려 극좌(원심력)는 위험한 만큼 구성원들에게 경계심을 늦추지 않도록 하는 효과가 있어 나름대로는 사회의 균형적 역할도 합니다. 즉 구심력으로서의 역할을 할 수도 있다는 것입니다. 이것을 이른바 메기 효과(catfish effect)라고 합니다. 즉 어장 속에 포식자인 메기를 넣으면 다른 물고기들이 먹히지 않기 위해서 움직임이 빨라져 생기를 잃지 않아 생존 가능성이 더욱 커진다는 것이죠.[177)]

그러면 어떤 시스템이 살아남을 수 있을까요?

살아 있는 시스템을 살펴보면, 매우 유연한 것들이 장기적으로 생존한다는 사실을 알 수 있습니다. 우리 몸을 보세요. 살아 있는 것은 부드럽고(soft) 수분에 젖어 있으며(wet), 대체로 둥근(round) 형태를 띠고 있음을 알 수 있습니다. 죽은 것들은 대체로 딱딱하고(hard) 각(角)으로 되어 있으며 수분이 없다(dry)는 것을 알 수 있습니다. 그러니 살아 있는 시스템의 본질은 바로 유연성(flexibility)이라는 것을 알 수 있습니다.

그렇다면 서로 다른 구성 요소들이 서로 지나치게 핍박하지도 말아야 하며 유연한 구조로 외부 환경에 적응하는 것이 가장 좋은 형태의 시스템이라는 말이 됩니다.

시스템은 시간(time)이 지남에 따라 약해지게 되어 있습니다. 무엇이든지 오래 사용하게 되면 노화(老化)됩니다. 또한 지나치게 많은 부담을 줄 정도의 업무 처리를 한다거나 잦은 수정(modification)을 가함에 따라 시스템은 약화되고 못 쓰게 됩니다. 특히 프로그램으로 만들어진 정보 시스템(IS, Information System)의 경우는 더욱 그러합니다. 프로그램(program)이란 컴퓨터를 운용시키는(operating) 명령어들(instructions)의 집합입니다. 그리고 그 프로그램들은 특정한 컴퓨터 언어(language)로 만들어져 있는데 여기에 다른 언어로 만들어진 프로그램을 접합하거나 함부로 수정을 가하게 되면 시스템은 탈이 나게 됩니다. 이렇게 시스템이 탈이 나는 것을 좀 어려운 말로 시스템 엔트로피(entropy)가 증가한다고 말합니다. 즉 무질서(disorder)가 증가하는 것이지요. 가령 여름에 즐겨 마시는 빙수가 따뜻한 방에서 녹는 경우를 보면 (수소)결합되어 있던 (얼음)물 분자의 분리가 증가하는 것이니 엔트로피 즉 무질서의 정도가 증가하는 것이죠.

엔트로피라는 말은 에너지라는 말과 유사한 형태로 만들기 위해 정의된 말이고 반대 개념은 엔탈피(enthalpy: 물질 속에 축적된 에너지 함량)입니다. 엔탈피는 질서(order)와 연결된 개념이고 엔트로피는 무질서(disorder)와 연결된 개념입니다.[178)]

이런 개념으로 사회를 보면 어떨까요? 미국이나 일본, 서유럽의 국가들은 사실상 결혼제도나 가정이 붕괴되었거나 전혀 다른 형태로 변화하고 있습니다. 1인 가정이 엄청나게 확대되고 있습니다. 경제적으로 말하면, 경제 주체(economic actor)가 변한 것이죠. 한국 사회도 이제는 예외가 아닙니다. 제가 보기엔 가정-학교-사회 등이 사정없이 무너지고 있는 느낌입니다. 농경시대에서는 효율적이었던 남성 중심의 가부장적 구조(patriarchy)를 현재의 변화된 환경 속에서도 지속적으로 유지하려다 보니 가정의 공통 목표(happiness)가 상실되고 유기성(organic relationship)이 떨어지니 가정이 해체되고 있는 것이지요. 시스템적인 시각에서 가정을 재편하는 노력이 필요합니다. 주변을 돌아보아도 행복한 가정(happy home)을 찾기가 어렵습니다. 학교나 회사도 마찬가지입니다.

우리의 뇌(brain)는 특정한 쾌락(pleasure)들에 의해 중독(addiction)되는 특성이 있습니다. 원래 쾌락은 우리 몸의 항상성을 유지시키기 위한 하나의 도구라고 할 수 있습니다. 식욕이나 성욕 등은 항상성의 유지에 불가결했기 때문에 쾌락적이었던 것이겠지요. 그러나 인간이 이성(reason)을 가지면서 항상성 유지를 위한 것(pleasure for homeostasis)이 아니라 '쾌락을 위한 쾌락(pleasure for pleasure)'에 집착(중독)하기 시작한 것입니다. 이것은 오히려 항상성을 파괴시키는 행위가 되고 말았습니다. 마치 기독교에서 말하는 악마의 원래 모습이 천사였듯이 말입니다.

이런 과정들을 시스템적으로 말하면 프로그램화(programming)된다는 말이지요. 그래서 우리 몸에는 좋지 못한 것이라 할지라도 특정 영역에 큰 쾌락이 발생하면 그것에 함몰되어 습관화(프로그램화)되는 특징이 있습니다. 그래서 우리 몸은 항상성을 유지하는 데 실패합니다. 즉 우리 몸의 시스템의 위기(crisis)가 오는 것이지요. 이 경우 우리 몸이라는 시스템을 보호하기 위해서는 명상(瞑想)이라든가 참선(參禪) 같은 것이 필요하기도 합니다. 명상이나 선을 오래하게 되면 쾌락을 다소 객관적으로 볼 수 있다고 합니다. 그래서 그 쾌락의 본질을 궁구하여 한발 뒤로 물러설 수 있게 하는 것이겠지요.

사회나 국가 시스템도 마찬가지입니다. 항상 시스템을 건강하게 객관적으로 조망할 수 있는 메커니즘(mechanism)이 필요하지요. 그것이 진정한 의미에서의 학문이나 언론이라고 할 수 있습니다. 그래서 학문과 언론은 중립적이고 객관적일 필요가 있습니다. 한 국가의 산업은 철저히 시장 논리로 움직이는 것이 당연하겠지만 학문이나 언론까지도 그렇게 되면 그 사회나 국가는 미래가 없는 것이지요. 그래서 언론은 지나친 애국주의(patriotism)에 빠져서는 안 됩니다.

시스템 이론의 시각에서 사회를 보면, 이 사회와 국가 그리고 개인의 다양한 변화들이 감지됩니다. 또 다른 각도에서 보면 이미 현대 사회는 시스템이 장악하고 있습니다. 여기서 말하는 시스템은 보다 기계적인 의미입니다. 즉 우리가 살아가야 할 미래의 하부구조는 이미 기계적인 시스템이 장악하고 있다는 말이지요. 수많은 시스템들이 이제는 통합되고 있고 더욱더 고도화되고 있습니다. 현대 사회의 하부구조(下部構造, substructure 또는 infrastructure)는 이미 시스템 통합(SI, System

Integration)이 고도로 진행되고 있습니다. 이제 그 하부구조를 좀 더 쉬운 방식으로 살펴보면서 미래 패러다임의 방향을 생각해 봅시다.

(3) 미래의 주인, DBMS

현대 사회 시스템의 내부를 들여다보면 어마어마한 데이터베이스(DB: Data Base)가 존재합니다. 마치 컴퓨터가 이 사회의 모든 잡무들을 처리해 줄 것이라고 기대했던 릭라이더(J. C. R. Licklider, 1915~1990)의 소망대로 'DB의 세상'이 왔습니다. 잠시 이 DB를 간단히 보고 넘어갑시다. 왜냐하면 이 DB를 관리하는 프로그램(DBMS)이 인공지능화하게 되면 바로 미래의 주인이 될지도 모르기 때문입니다.

DB의 뜻은 데이터베이스(Data Base) 즉 자료 기지 또는 자료 창고라는 뜻입니다. 그러면 자료를 그저 막 쌓아둔 것입니까? 그것은 아닙니다. 일정한 순서와 절차에 따라서 제대로 정리한 창고이죠.

우리는 아주 오래전부터 항상 이 DB와 함께 살아왔습니다. 제가 이렇게 말하면, 여러분들은 "도대체 그런 게 어디 있었지?"라고 의아해하실 겁니다. 그러나 우리가 사용하는 대표적인 DB가 바로 각종 사전들입니다. 동서고금을 막론하고 사전류는 대표적인 DB입니다. 우리 주변의 예를 들면, 영어사전은 abcd 등의 순서대로 모든 단어들이 일목요연하게 정리되어 있습니다. 우리는 영어사전의 사용법에 대하여 충분히 인지하고 있기 때문에 그것이 DB인지 몰랐을 뿐이죠. 다만 요즘의 DB는 사전 사용법과 같은 프로세스도 전자화되어 있다는 차이는 있죠.

정보화 시대에 데이터는 어떻게 생성될까요? 데이터가 있어야 데이터 기지를 만들든지 데이터 창고를 만들 게 아닙니까?

데이터의 원초적인 시작은 0, 1 즉 디지트(digit)에서 비롯됩니다. 비트(bit) 아시죠? 비트(bit, binary digit: 1개의 2진 숫자로 보유할 수 있는 최대 정보량)는 컴퓨터에서 다루는 정보의 최소 단위로 0과 1로 나타냅니다. 이것은 마치 TV 등의 버튼식 스위치와 같은 것이기 때문에 on-off 동작으로 on은 1, off은 0이 됩니다(2진수). 예를 들면 전등이 켜지면 1, 꺼지면 0이 되는 식이죠. 이 비트는 메모리나 디스크의 용량을 나타내는 단위로 사용되는데 비트가 7~8개 모여서 1바이트(byte)가 됩니다. 이것을 컴퓨터 코드(code)라고 하는데 이것을 마치 소포 꾸러미(packet)처럼 묶어서 정보통신의 데이터로 사용하게 됩니다.[179] 즉 우리가 사용하는 전자메일(e-mail) 등 각종 정보통신 데이터는 비트를 기반으로 하는 것이죠. 여러분들이 자주 보는 bps(bits per second)는 1초간에 전송되는 비트 수를 말하게 됩니다.

바이트를 기초로 해서 각종 데이터들이 만들어질 수 있습니다. 즉 데이터란 현실 세계에 대한 관찰이나 측정을 토대로 수집한 사실이나 값(value)뿐만 아니라 개념, 명령 등을 인간이나 자동 기계가 통신 · 해석 · 처리하기에 적절한 자료 형태로 표시한 것인데 이것이 어떤 형태로 나타나는지 봅시다.

[표 ①] 필드(field)와 레코드(record)

품목	공급자	수 량
오렌지	2	10,000
포도	2	20,000
사과	1	30,000

앞의 표에서 보면 우리가 흔히 보는 테이블(표: table)이 만들어져 있는데 이것을 가지고 DB를 만든다고 보시면 됩니다. [표 ①]에서 보면 가로 줄에는 품목, 공급자, 수량 등이 있는데 이것을 필드(field: 속성)라고 하는데 DB 용어로는 애트리뷰트(attribute)라고 합니다. 오렌지 · 포도 · 사과 / 2 · 2 · 1 / 10,000 · 20,000 · 30,000 등은 레코드(record)라고 하는데, 이 레코드를 DB 용어로는 엔터티(entity)라고 합니다. 그러니까 가로축인 필드(field), 세로축인 레코드(record)를 가지고 테이블(table)이 만들어지는데 이 테이블을 파일(file)이라고 합니다. 그리고 이 가로축과 세로축은 사실상 무한 확장이 가능합니다. 여기서 말하는 레코드나 필드는 단순히 1, 2 등과 같은 숫자뿐만 아니라 경우에 따라서는 영화 한 편도 탑재할 수 있을 정도로 확장 가능하다는 점도 알아둡시다.

그러면 여러분들이 이미 알고 있는 파일이라는 의미와는 조금 다르게도 느껴질 텐데요. 여러분들이 마이크로소프트 워드(MS Word)나 한글 워드(hwp) 등을 사용했을 때 만든 파일도 파일이고 이 테이블도 파일이라고 보면 됩니다. 정보 통신과 관련된 용어들은 하나의 용어가 확장되어 마구 쓰이는 경우가 많습니다. 그러니 당황할 필요는 없습니다(마치 영어에서 의문사 who가 관계대명사 who로도 쓰이는 식입니다).

바로 이 파일(테이블)들의 집합체가 DB입니다. 그러니까 DB란 필요한 테이블을 무수히 만들고 내가 필요할 때 그 테이블로부터 필요한 자료를 그때그때 뽑아내면 되는 것이지요. 그러면 지금까지의 내용을 좀 더 도식적으로 이해해 볼까요?

비트(bit)→**바이트**(byte)→**필드**(field) · **레코드**(record)→**테이블**(table)→DB

어떤가요? 간단하지요? 좀 어려운 말로 정의해 보면, 데이터베이스란 사용자 즉 정보 이용자가 쉽게 자료를 찾아볼 수 있도록 실제 세계에서 발생하는 모든 데이터들을 일관된 형식과 문법에 의하여 정의해 놓은 것이라는 말입니다. 그러면 각종 책(books)들도 다 DB입니까? 그렇다고 볼 수 있지요. 그렇다면 DB는 세상에 널려 있는데 왜 이 시대를 'DB의 시대'라고 부르는가 하는 생각이 들 수 있습니다. 즉 비트로 구성된 테이블을 만들고 그것을 바탕으로 DB를 만들어 전자화(電子化: 디지털화)시킬 필요가 꼭 있는가 하는 생각이 들 것입니다.

우리가 원하든 원하지 않든 대부분의 정보들은 디지털화될 수밖에 없습니다. 간단한 예로 사전을 보세요. 인쇄된 책으로 만들어져 있으므로 오류가 나도 수정이 어렵고 새로운 용어가 나와도 즉각적으로 실을 수가 없습니다. 또 책을 만드는 작업에는 많은 비용이 들어갑니다. 그런데 요즘에는 워낙 새로운 용어들도 많습니다. 그러다 보니 기존의 사전만으로는 감당하기 힘든 상태가 됩니다. 그래서 DB를 만들어 사용하게 됩니다. 다른 것도 마찬가지입니다.[180)]

그러면 DB는 어떻게 만들어질까요? 가장 간단하게는 마이크로소프트 액세스(MS Access)와 같은 프로그램으로 만들 수 있습니다. 여러분의 컴퓨터를 켜시고 시작을 누른 후 프로그램으로 들어가면 MS Access가 나옵니다. 바로 그것으로 만들면 쉽지요. 특히 MS Access의 마법사를 이용하면 금방 만들 수 있습니다. 규모가 큰 경우에는 오라클(Oracle)과 같은 프로그램을 사용합니다. 대부분의 회사나 학교에서는 오라클을 사용합니다. 오라클을 사용하는 DB는 사실상 무한 확장이 가능합니다.

그래도 여러분에게는 의문이 생길 것입니다. 테이블로 DB를 만든다고 했는데, 그 테이블이라는 것이 얼마나 많을 텐데, 그것을 일일이

[그림 ⑤] 간단한 형태의 DBMS 설계도(ER diagram)

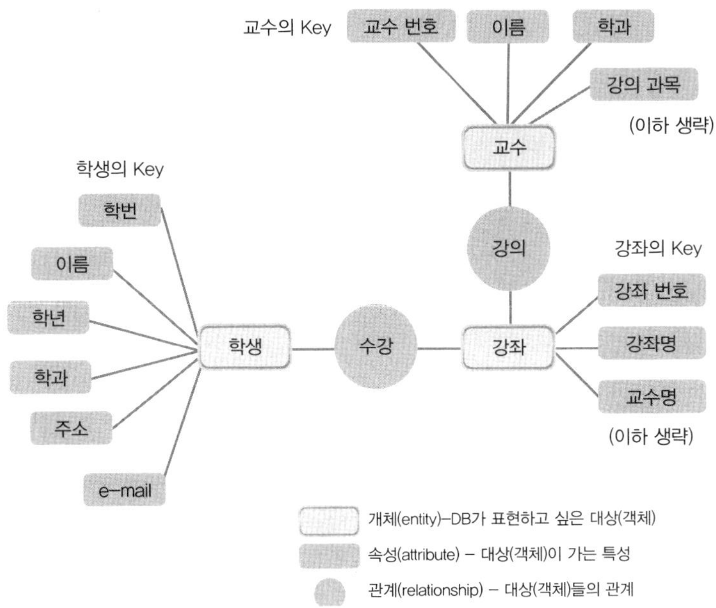

만들고 찾아낸다는 것이 가능한가 하는 점입니다. 그래서 키(key)라는 것을 사용합니다.

예를 들면 대학교의 DB에는 교수 테이블(professor table)이 있고, 학생 테이블(student table)이 있고 강좌 테이블(course table)이 있을 것입니다. 그런데 학생들은 어떤 교수의 과목을 수강하게 되면 교수 테이블과 관계(relation)를 맺게 되지요? 그 경우 이 두 테이블을 서로 연결하는 것을 키라고 하는데 일반적으로 보면 학생들은 학번으로 연결되게 됩니다. 교수도 나름대로 이름을 가나다순이라든가 하는 식으로 교수 번호(코드)를 받게 되는데 그것으로 학생 테이블과 연결이 되지요. 그래서 여러 가지 테이블을 연결하는 매개가 바로 키가 됩니다.

바로 이 키를 이용하면 온갖 종류의 테이블들이 하나의 관리 영역 안으로 들어오게 됩니다. 이와 같이 DB가 하나의 관리 시스템 아래에 놓이게 된 것을 바로 데이터베이스 매니지먼트 시스템(DBMS, 데이터베이스 관리 시스템: Data Base Management System)이라고 합니다. 바로 이 DBMS야말로 디지털 시대를 이끌어 가는 가장 중요한 정보 인프라스트럭처(information infrastructure)라고 할 수 있습니다. [그림 ⑤]는 간단한 형태의 DBMS 구조입니다.

DBMS는 이 개체나 속성을 사실상 무한 확장할 수 있습니다. 그리고 이 키를 통하여 각 분야의 다른 형태의 DBMS와 연동할 수 있습니다. 말씀 드린 대로, 현대 사회의 하부구조(substructure)는 이미 시스템 통합(SI, system integration)이 고도로 진행되고 있습니다.

그래서 한 사회에 존재하는 서로 다른 형태의 DBMS들이 서로 합쳐지게 되면, 우리가 앞에서 보았던 델타 8988과 같은 초자아 컴퓨터와 같은 형태가 되는 것입니다. 물론 이 과정에서 수많은 다른 공학적인 요소들이 결합하겠지요. 사람이 만들었지만 결국은 사람을 지배하는 무서운 존재가 될 것입니다.

지금까지 간단하게 DBMS의 성립 과정을 살펴보았습니다. 제가 굳이 이 설명을 드린 이유는 이 DBMS의 향방과 미래의 패러다임은 매우 밀접한 관련이 있을 것으로 보기 때문입니다. 우리가 자본주의를 비롯한 각종의 패러다임을 연구할 때 그 내부의 구성요소들에 대해서 매우 정교하게 배웁니다. 그래서 그 요소들의 변화가 전체에 어떤 영향을 미치는지를 자주 살피게 되는 것이듯이, 이 DBMS의 향방이야말로 미래의 하부구조를 강력하게 지탱하는 결정적인 요소이기 때문입니다.

암울한 얘기지만, 아마 미래는 이 DBMS가 인공지능을 가지게 되면서 인간을 지배할 것 같습니다. 생각해 보세요. 인간의 삶은 유한합니다. 아무리 아인슈타인(Albert Einstein)이나 스티븐 호킹(Stephen Hawking)과 같은 천재가 있다 해도 그들의 삶은 많아야 100년을 넘지 못합니다. 그러나 DBMS에게는 죽음이 없습니다. 결국 이 싸움은 DBMS가 이기게 되어 있습니다. 따라서 미래의 패러다임은 H-M 시스템(인간과 기계의 퓨전 시스템) 또는 M-H 시스템(기계가 주가 되고 인간이 종이 되는 시스템)에로의 변화가 거의 불가피할 것으로 보입니다. 사람은 기계가 가진 수십 년, 수백 년의 지식을 따라잡기가 어렵기 때문입니다.

미래의 하부구조는 DBMS로 이들의 존재를 제대로 이해하지 않고 미래의 패러다임을 논한다는 것은 불가능합니다. 아이러니한 말이지만, 이 DBMS는 인간(H)의 도움으로 끝없이 자기(M)의 영역을 확대할 것입니다. 인간은 스스로의 필요성에 의해 만든 기계로부터 결국 종속되고야 마는 운명에 처할 수밖에 없습니다.

결국 미래의 패러다임은 인간과 인간의 타협과 투쟁이 아니라 인간과 기계와의 싸움이 될 것입니다. 당장 우리 세대에 닥칠 문제는 아닐 것입니다. 그러나 기계가 과연 인간과 타협이나 거래를 할 수 있을지가 걱정입니다. 인간은 인간을 위해 무엇을 만드는데 그 과정에서 새로운 괴물들이 나타나 인간을 지배하려 합니다. 유럽의 천년을 암흑으로 만든 기독교가 그렇고 스탈린의 공산주의도 그러했습니다.

그래서 저는 다시 한번 『공산당 선언』의 구절을 상기하게 됩니다.

> "현대의 부르주아 사회는 자기가 주문으로 불러낸 지옥의 세계의 힘을 더 이상 통제할 수가 없는 마법사와 같다."

제4장 사티로스와 프랑켄슈타인, 그리고 디지털 상품

:: 포르노그래피의 세계 최대 고객, 한국

세계에서 포르노그래피(pornography)를 가장 많이 보는 사람들이 한국인이랍니다. 놀라셨죠? 아니면 당연한 일입니까?

포르노그래피는 성적 행동을 매우 상세히 묘사한 것을 말하는데 일반적으로는 음란물(obscenity)이라고 합니다. 이 말은 매춘부(賣春婦)를 뜻하는 그리스어의 '포르네(그리스어: πόϱνη)'에서 나온 말이지만 언제부터 사용되었는지는 알려져 있지 않고 대체로 1800년대에 프랑스에서 사용된 것으로 보고 있습니다.

패밀리세이프미디어(Family Safe Media, Salt Lake City)의 포르노그래피 통계에 따르면, 한국이 포르노그래피 구입에 있어서 세계 1위를 차지했다고 합니다. 2006년을 기준으로 한국인들은 포르노그래피를 보는 데 1인당 526.76달러를 소비하였고, 이어 일본(156.75달러), 핀란드(114.70

[표 ①] 세계 포르노그래피 구입 국가 순위(2006년 수익 총액 기준)
자료: family safe media

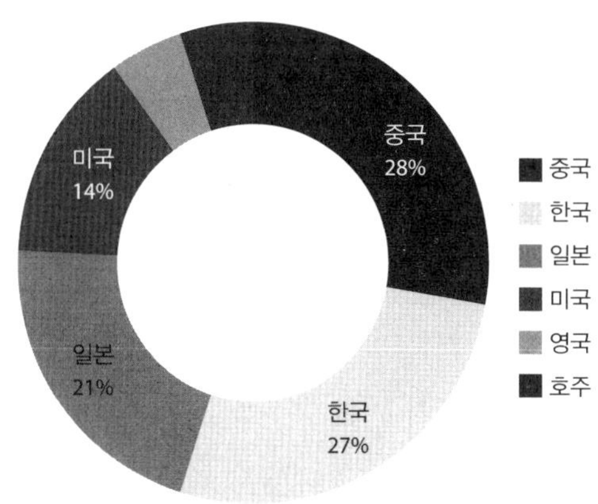

달러), 호주(98.70달러), 브라질(53.17달러), 체코(44.94달러), 미국(44.67달러), 대만(43.41달러), 영국(31.84달러), 캐나다(30.21달러) 등의 순이라고 합니다.[181] 한국의 소비액은 2위인 일본의 무려 4배입니다. 그렇지만 세계 포르노그래피 수익의 전체 규모로 보면 중국의 구매액이 28%로 1위이고, 그 다음이 한국(27%), 일본(21%), 미국(14%) 등의 순서입니다. 중국의 인구를 감안하면 당연한 결과지요. 그런데 한국의 인구를 감안하면 참 대단합니다.

포르노그래피 산업이 가장 발달한 미국의 경우 1970년에는 포르노그래피의 연간 판매량이 1000만 달러, 1985년 약 10억 달러, 2003년에는 연간 80억~100억 달러, 2006년 86억 달러를 넘어섰습니다.[182] 이것은 미국 내 3대 네트워크 방송사인 NBC, ABC, CBS의 연간매출액을 넘어서는 규모로 미국 내에서 포르노그래피 산업이 얼마나 발달했는지 알 수

있게 합니다.[183)]

청교도들의 나라 미국에서 포르노그래피가 가장 발달했다는 것이 아이러니입니다. 그러나 더욱더 큰 아이러니는 예절과 선비의 나라, 동방예의지국(東方禮義之國)이라는 한국과 동양 문화의 본 고장인 중국, 일본에서 세계 포르노그래피의 76%를 소비하고 있다는 것입니다. 겉 다르고 속 다른 유교 문화(儒教文化) 때문인지 조금 더 두고 봐야겠습니다. 또는 사회적으로 성적 억압(性的 抑壓)이 너무 크기 때문은 아닌지도 검토해 봐야겠습니다. 아니면 자본주의의 발달과 관계가 있겠지요. 미국의 경우는 어쩌면 '자유'를 중시하는 자본주의 문화의 필연적인 산물로 볼 수 있을 것입니다. 미국 내에서 포르노그래피는 성적 자유를 추구할 권리라는 입장에서 합법적으로 보는 시각이 강합니다. 다만 제작은 자유롭더라도 배포하는 것은 다른 문제로 봅니다. 여러 경로를 통해 이를 통제하고 있습니다. 하지만 인터넷 시대 이후에는 사실상 통제가 불가능하게 되었습니다.

이 포르노그래피는 앞으로 살펴볼 MS 윈도와 같은 디지털 상품의 대표적인 유형 가운데 하나입니다. 이것은 원초적인 본능과 욕망을 있는 대로 자극하는 일종의 괴물과 같은 존재가 될 수 있습니다. 마치 그리스 신화에 나오는 반인반수(半人半獸)의 난잡하고 광기 어린 사티로스(Satyros)처럼 말이죠.[184)]

제대로만 조사를 해보면, 한국의 아이들이나 청소년들 가운데 상당한 비율이 포르노그래피 중독자로 나올 것으로 추정됩니다([표 ②]에서 보면 청소년의 10% 이상이 인터넷 중독입니다. 성인 중독율의 2배 이상인데, 초등학생의 중독율이 13.7%로 가장 높습니다. 이들이 단지 게임에만 중독된 것은 아닐 것입니다. 그리고 실제는 이 통계보다 훨씬 높을 것으로 추정됩니

[표 ②] 한국 청소년 인터넷 중독 현황
자료: 한국인터넷진흥원,『인터넷백서』(2011)

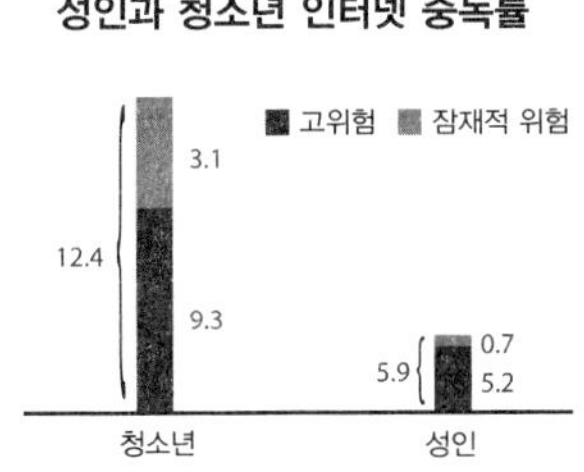

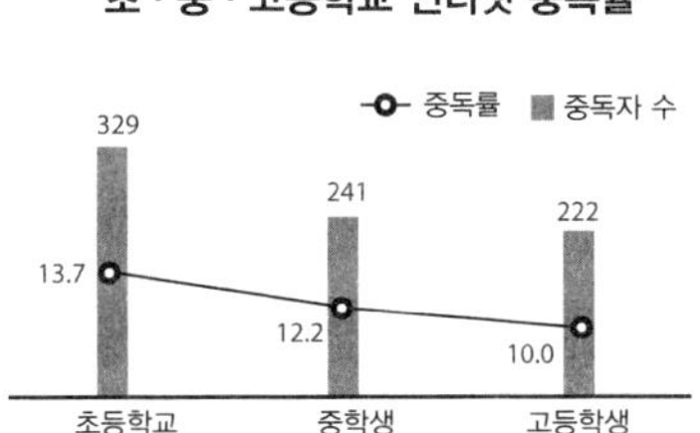

다). 포르노그래피도 원래는 인간의 성적 행복을 추구할 권리의 하나로 개발된 것이었겠지만, 그것이 극단으로 흘러 사회의 원초적인 질서와 윤리를 모두 파괴할 수 있는 상황에 와 있습니다.

최근 이 포르노그래피가 P2P 등을 통하여 자유롭게 매매, 교환 등으로 확산되자 이에 대한 저작권을 요구하는 경우가 발생하여 국제적으로 문제가 되었습니다. 그러나 미국에서조차 이에 대해 여러 가지 다른 해석과 판결이 있어서 포르노그래피의 저작권 문제는 쉽게 해결될 수가 없을 듯합니다. 일부 국가는 아예 포르노그래피의 저작권을 인정하지 않고 있습니다.

엉뚱한 말이기도 하지만, 포르노그래피는 많은 문제들에도 불구하고 한 가지 확실한 기여를 한 부분이 있습니다. 포르노그래피의 특성상 주로 시각적인 영역이 매우 중요한 부분인데, 영상이나 미디어는 파일의 용량이 매우 커서 인터넷 인프라스트럭처(Internet infrastructure)가 약한 나라에서는 볼 수가 없습니다. 그래서 이들 회사들은 인터넷 인프라스트럭처가 잘 구비된 나라들(특히, 한국)을 집중 공략하는 한편, 인터넷 인프라스트럭처가 허약한 국가에서도 잘 볼 수 있도록 각종 기술들을 개발하고 응용해 왔습니다. 대표적인 기술이 바로 코덱(codec) 기술입니다. 코덱은 음성 또는 영상의 신호를 디지털 신호로 변환하는 코더(coder)와 그 반대로 변환시켜 주는 디코더(decoder)의 기능을 함께 갖춘 기술을 말합니다.[185] 아이러니한 말이지만, 아이들이 말을 배울 때 욕(curse)을 가장 먼저 배우는 것처럼, 이들 포르노그래피 업체들이 디지털 영상 기술을 선도해 왔습니다.

(1) 포르노그래피도 디지털 상품

디지털 상품(digital goods)이라고 많이 듣고 있죠? 그러나 이 디지털 상품이 무엇인지 구체적으로 정의되지는 못하고 있습니다. 사실 일반인들은 디지털 상품이 무엇이든지 큰 문제가 되지 않기 때문에 별로 관심을 가지지 않을 것입니다. 그러나 당장 수출입과 관세와 관련된 기관에서는 디지털 상품의 분석이 매우 시급한 문제입니다.

생각해 볼까요? 지금 세계적으로 얼마나 많은 사람들이 미국이나 일본의 성인 사이트를 돈을 지불하고 보고 있습니까? 그렇다고 그 성인 사이트를 운영하는 회사들이 관세(tariff)를 주고 인터넷상에서 영업을 하는 것은 아니지 않습니까? 그런데도 한국을 포함한 대부분의 나라에서는 포르노그래피를 파는 회사들의 설립이 원천 봉쇄되어 있어 외국 포르노그래피 회사들이 제집 안방 드나들듯이 해도 속수무책입니다.

한국에서는 포르노그래피 서버(server)를 국내에 구축하는 것을 금지하고 있는데 이것은 인터넷상에서는 아무런 의미가 없습니다. 인터넷상에서는 국내 사이트를 접속하는 데 걸리는 시간이나 해외 사이트를 접속하는 데 걸리는 시간이 별로 차이가 없기 때문이죠. 그렇다고 하여 국내에 포르노그래피 사이트를 구축할 수 있도록 해도 큰 문제입니다.[186] 어쨌거나 포르노그래피에 관한 한 한국은 오도 가도 못하고 있는 실정입니다. 선진국들을 제외한 대부분의 나라도 마찬가지입니다.

그러면 포르노그래피와 같은 형태의 멀티미디어 상품들은 만약에 특정 상품으로 분류되면 WTO 상품 협정 규정에 적용을 받아야 하고, 서비스로 분류되면 WTO 서비스 협정의 적용을 받아야 합니다. 그러나 정보통신 기술의 급격한 발전으로 멀티미디어, m-commerce, ESD(Electronic Software Delivery), P2P 등이 등장하여 상품과 서비스의 구분이 무의미해졌습니다. 멀티미디어 상품(multimedia product)들은 인터넷상으로 마구 뿌려지기도 하지만 CD로 만들면 일반적인 상품이 되어버립니다. CD에 의해 수입이 되면야 관세를 부과하면 되겠지만 인터넷상에서 신용카드로 결제가 되면 그것에 어떻게 세금을 부과합니까? 그리고 만약 미국과 유럽, 일본 등 선진국들에서 이 분야의 사업체가 합법적이지만 과중한 부과세를 물어야 한다면, 한국이나 이슬람 국가들을 포함하여 포르노그래피의 생산 자체가 금지된 많은 나라들의 소비자들은 이중의 부담을 안게 됩니다.

이것은 디지털 상품이 가진 매우 위험한 속성으로 국제 시장을 근본적으로 뒤흔들고 있습니다. 제가 보기엔 이 디지털 상품이야말로 경제 패러다임을 붕괴시킬 무서운 존재라고 생각합니다.

그동안 디지털 상품을 정의하기 위해서 많은 노력들이 있었습니다. 그 가운데 일반적인 견해는 디지털 상품이란 디지털화(digitalization)할 수 있는 모든 제품 즉 인터넷에서 온라인으로 전달될 수 있도록 디지털 전자신호로 변환시킬 수 있는 모든 상품이라고 볼 수 있습니다. 물론 인터넷을 통하지 않더라도 디지털 재화는 존재할 수도 있습니다.

그래서 디지털 상품이 사이버 환경 내에서 거래되는 것이 가장 전형적인 것이라고 본다면 가장 순수한 의미의 디지털 상품은 제품(product), 거래 행위자(actor), 거래의 과정(business process) 등이 모두 사이버 환경에서 이루어질 때를 가장 전형적인 디지털 상품이라고 할 수도 있겠지요.

관련 학자들은 "디지털 재화란 문자, 화상, 음성, 동화상의 정보가 디지털 형태로 저장되어 있는 재화"를 의미한다고 정의하고 "향후 정보화가 진전되어 지식 집약형의 산업구조로 발전함에 따라 디지털 재화는 더욱 세분화되어야 한다."고 보았는데[187] 이것은 디지털 상품(재화)에 대한 일반론으로 봐야 할 것 같습니다.

그러나 이렇게 일반적으로 말하는 디지털 상품을 좀 더 다른 방식으로 이해할 필요도 있습니다. 즉 일반적인 디지털 상품 가운데는 CD 등으로 우리가 지금까지 보아온 상품들과 같은 모양으로 존재할 수도 있지만 여러 사람들이 동시에 인터넷상에서 즐기는 인터넷 게임은 CD로 제작하기가 불가능하죠.

이런 상품들 즉 인터넷 게임과 같이 인터넷을 벗어나서 존재할 수 없는 상품들에 대해서 우리는 새로운 분석을 필요로 합니다. 앞으로 이 상품은 순수 디지털 재화(PDG: Pure Digital Goods)로 불러야 합니다.

일단 순수 디지털 상품이 무엇인지 알게 되면 디지털 상품에 대한 분석은 매우 용이해집니다.

상품을 크게 디지털 상품(디지털 재화)-중간적 상품(중립 재화)-비디지털 상품(전통적 재화) 등으로 분류해 보면 현재 우리 주변의 상품을 훨

 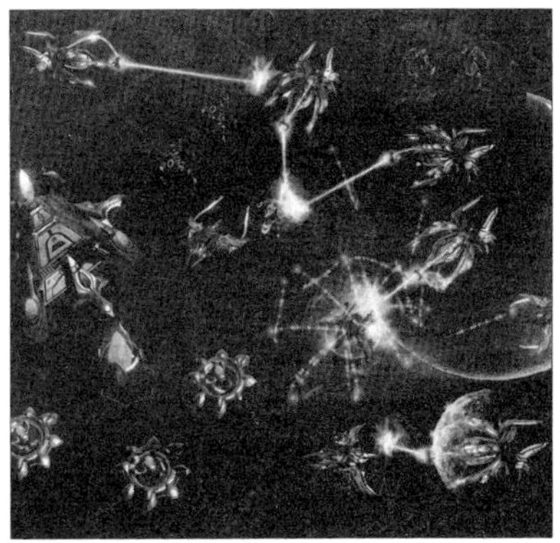

[그림 ①] 순수디지털 상품인 인터넷 게임의 예

씬 더 용이하게 분류할 수 있습니다. 즉 디지털 상품의 성격을 가지면서도 전통적인 상품의 형태도 가질 수 있으면, 그것은 중립 재화가 된다는 얘기지요.

앞으로 디지털 TV가 일상화되고 인터넷의 속도나 저장 용량이 점점 더 증가하게 되면 디지털 재화는 폭발적으로 증가해 갈 것입니다.

(2) 콘텐데지그날리지

현대의 경제를 흔히 디지털 경제라고 하는데 이는 디지털 재화가 부(wealth)를 창출하는 원천(source)이 되었음을 의미합니다. 이전 시대에 있어서 부를 창출하는 1차적 원천이 토지 → 기계 → 금융자본으로 이동하고, 중심 산업이 농수산업 → 제조업 그리고 서비스업으로 이동했는 데 반하여, 디지털 경제하에서 핵심적 생산요소가 자본 · 노동 · 토지와 같은 물적 자원에서 기술 · 정보 · 지식과 같은 지적 자원으로 바뀌고 산업도 지식 산업 쪽으로 이동하고 있습니다.

디지털 경제에서의 주역은 디지털 상품이고, 디지털 상품의 내용을 흔히 콘텐츠(contents)라고 합니다. 그래서 요즘은 콘텐츠라는 말이 범람합니다. 영어로 콘텐츠란 내용물 또는 요지(要旨)라는 의미이지만 디지털 시대에는 그 내용이 조금 복잡하죠. 일반적으로 콘텐츠란 인터넷이나 컴퓨터 통신 등을 통하여 제공되는 각종 정보나 그 내용물을 말합니다. 우리가 인터넷이나 각종 통신망을 이용하여 정보나 데이터를 보낼 때는 문자 · 부호 · 음성 · 음향 · 이미지 · 영상 등을 디지털 방식으로 제작해서 처리해야만 합니다. 이렇게 디지털 방식으로 제작된 각종 데이터나 정보를 총칭하여 콘텐츠라고 하는 것이죠.[188)]

경우에 따라서 콘텐츠는 디지털(digital) 콘텐츠와 멀티미디어(multi-media) 콘텐츠로 구분하기도 하는데, 디지털 콘텐츠는 네트워크와 PC를 통해 이루어지는 경우를 말하고 멀티미디어 콘텐츠는 굳이 네트워크를 통하지 않더라도 CD-ROM · 비디오테이프 등에 담긴 사진 · 미술 · 음악 · 영화 · 게임 등을 말합니다.

따라서 콘텐츠는 디지털 상품의 또 다른 이름으로 볼 수도 있겠습니다. 우리가 왜 콘텐츠의 특성을 잘 알아야 하는지도 쉽게 알 수가 있죠. 콘텐츠는 디지털 상품을 내용적인 측면에서 보는 것이기 때문입니다.

콘텐츠 측면에서 보면 디지털 상품은 전통적인 상품과는 매우 다른 특성을 가지고 있습니다. 이것은 주로 컴퓨터를 통해서 사용하는 것이기 때문에 무엇보다도 디자인이나 시각적인 효과가 매우 중요하게 되었다는 것입니다.

아무리 내용이 좋아도 사람들의 시선을 끌지 못하면 안 됩니다. 이것은 비단 디지털 상품에 국한되는 것은 아닙니다만 디지털 상품의 경우 이 디자인이나 시각적인 요소가 더욱더 중요하게 되었다는 것입니다.

일반적인 상품의 경우에는 그 상품 자체가 쓰임새(사용가치)가 있기 때문에 사실 모양이나 디자인이 좋지 않아도 그대로 사용하는 경우가 많습니다만, 콘텐츠의 경우는 디자인 자체가 콘텐츠를 구성하는 하나의 본질적인 요소이기 때문입니다.

그렇다면 디자인이나 시각적인 효과만 가지면 다 됩니까? 그것은 아닙니다. 디자인이나 시각적인 효과는 결국 기술적인 요소와 밀접한 관련이 있습니다. 사진으로만 되어 있는 것보다는 애니메이션 효과가 있는 것이 좋고 애니메이션보다는 제대로 된 동영상이 좋은 것이지요. 애니메이션이나 동영상도 결국은 기술적인 산물입니다. 디지털 상품은 기술이라는 중요한 요소를 상품의 본질로 하고 있습니다.

그래서 디지털 상품의 본질을 콘텐데지그날리지(ContenDesignology)라는 말을 사용하기도 합니다. 이 말은 디지털 상품에서 불가결한 요소가 그 ① 내용(contents) + ② 시각적 효과(design) + ③ 기술(technology)이라는 것을 의미합니다.

이와 같이 디지털 상품들은 무엇보다도 '시각적 효과'가 중요합니다. 인터넷이라는 공간 속에서 사람들의 이목을 끌기에는 이보다 더 중요한 요소가 없지요.

이와 관련하여 지적해 둘 것은 인터넷은 스피드(speed) 데이트(date, meeting)의 공간이라는 것입니다. 인터넷은 정보의 홍수 상태입니다. 그렇기 때문에 사람들의 마음도 급합니다. 흔히 연애 심리에서 말하는 "7초의 미학(美學)"이 여기에도 적용될 수 있을 것 같습니다. 즉 남녀가 첫 만남에서 외모는 2초 만에, 목소리는 5초 만에 그 사람에 대한 호불호(好不好)를 결정한다는 얘기지요. 믿거나 말거나 두 남녀가 첫 대면에서 서로에게 강한 호감을 느꼈다면 그것은 두 사람이 사랑에 빠질 확률이 크고 또 그 사랑에 빠지는 데는 불과 7초밖에 걸리지 않는다는 말입니다.

영국 에딘버러대(The University of Edinburgh) 앨리스 렌턴 교수팀의 연구에서 실험 대상자들에게 이성(異性) 15~23명 가운데 한 사람을, 24~31명 가운데 한 사람을 각각 고르라고 해보니, 상대적으로 적은 15~23명의 그룹에서는 상대방의 교육 수준과 관심사 등을 더 자세하게 확인하려고 한 반면, 이성들이 많아지니까 아예 외모에 따라 이성을 선택하는 것으로 나타났다고 합니다(《세계일보》, 2010. 07. 26). 물론 이것이 반드시 인터넷 상에서도 동일하게 적용되지는 않을 것입니다. 그러나 분명한 것은 인터넷은 워낙 광대무변의 공간이므로 소비자들이 사이트나 상품들을 보았을 매우 짧은 시간 (가령, 최소 10~20초) 이내에 사이트에 들어가거나 머무르는 것을 결정할 수 있다는 것입니다. 이 때문에 디지털 상품은 말할 것도 없고 인터넷을 통해 판매해야 하는 그 어떤 재화들도 이제 외모(외형, 디자인)로 승부를 걸어야 하는 상황입니다.

세계는 지금 콘텐츠 산업의 주도권을 잡기 위해 치열한 각축을 벌이고 있습니다. 2011년 디지털 콘텐츠 산업의 규모는 1조 3,566억 달러로 이미 자동차 산업(1.2조 달러), IT 산업(8,000억 달러)을 능가했으며 연평균 5% 성장하여 2014년 1조 6,900억 달러에 이를 전망이라고 합니다. 한국의 콘텐츠 산업의 규모도 2009년 69조 원에서 연평균 10%씩 성장하여 2015년에는 약 150조 원에 달할 것으로 전망됩니다. 2010년을 기준으로 세계 디지털 콘텐츠 시장 점유율을 보면, 미국이 32.4%, 일본이 12.3%, 독일이 3.7%인 반면 한국은 2.2%에 불과하여 아직도 갈 길이 멀

군요.(송종길,「디지털 포럼」,《디지털 타임즈》, 2011. 7. 18)

(3) 프랑켄슈타인이 되어가는 디지털 상품들

자본주의의 학문적 패러다임의 원초적인 기초는 '시장 이론(market theory)'입니다. 즉 상품(commodity)을 원초적인 세포로 하여 그 상품의 수요와 공급이 일치하는 점에서 시장 가격(균형 가격)이 형성된다는 것이 시장 이론의 골자입니다. 그런데 여기에 심각한 균열이 생기고 있습니다. 상품이 좀 이상한 형태로 나아가고 있다는 말이지요.

현대의 주류를 이루고 있는 상품은 상품 그 자체의 내재적 속성이 앞서 본 중립 재화들과 같이 카멜레온(Chameleon)처럼 바뀔 뿐만 아니라 외적으로도 확장되는 형태를 띠고 있습니다. 이 점은 향후 학문적 패러다임에 치명적인 타격을 줄 것 같습니다.

그동안 상품들은 매우 다양하게 바뀌어 왔습니다. 대개는 하나의 상품이 하나의 기능을 하는 형태였지만 이제는 하나의 상품이 그 영역을 확장하는 것이 일상화되었습니다. 예를 들면, 포켓몬(Pocket mon)은 여러 개의 시리즈물처럼 인형을 생산한 것인데 그것을 선전하기 위한 애니메이션(만화영화)이 히트 상품이 된 것은 물론 포켓몬 필기도구, 가방, 티셔츠까지 히트 상품이 되고 말았습니다. 마치 과거의 뽀빠이(시금치 회사의 광고 만화가 오히려 시금치보다 더 히트 친 경우)처럼 말입니다. 한국 상품인 둘리도 같은 경우지요. 그뿐이 아닙니다. 치킨 전문점이나 유명 식당 또는 소아과 병원에 가보면 정글짐(Jungle Jim) 같은 것을 설치하여 아이들의 놀이방 시설을 해둔 것도 이와 비슷한 경우라고 할 수 있습니다. 그리고 여러 개의 상품들을 동시에 파는 패키지 상품들도 비슷한 유형이죠.

이것을 해명하는 적당한 말은 없지만 메타 상품(meta-product)이라고 하기도 합니다. 이 메타 상품은 적절히 번역하기는 어려워 그저 메타 상품으로 사용하시면 됩니다. 가장 가까운 의미로 번역하자면 '초월 상품'이라고나 할까요? 아니면 괴물 상품(monster-product)은 또 어떨까요?

디지털 상품들 가운데 세계인들을 꼼짝 못하게 만드는 상품들이 나타납니다. 이것은 포켓몬이나 뽀빠이와도 상당히 차이가 있습니다. 가장 대표적인 예가 MS의 윈도입니다. PC를 사용하기 위해서는 윈도를 사용하지 않으면 안 되지요. 그래서 이런 상품들을 "사실상 표준 상품(de-facto standard product)"이라고 합니다. 누가 세계적으로 윈도를 표준 상품으로 지정하지도 않았지만 모두 다 윈도를 사용하고 있고 이를 벗어날 수도 없는 실정입니다. PC를 사용하려면 윈도의 손아귀 속에서만 가능하고 이를 능가할 PC 운영 체제 프로그램은 있기 어렵습니다. 만에 하나라도 MS에서 백도어(backdoor)와 같은 해킹 프로그램을 깔아놓았다면 세상 모든 사람들의 중요 정보가 MS 쪽으로 흘러 들어가는 것도 가능할 수 있는 상황입니다.

설령 미국과 다소 적대적인 국가가 있다고 해도 그 수뇌(首腦)나 비서가 PC를 사용하게 되면 주요 정보들이 MS를 통해 미국 정부 쪽으로 들어갈 수 있을지 아무도 모르는 상황입니다.

이런 류의 "사실상 표준 상품"은 디지털 세계에는 흔한 일입니다. 사진과 그림 디자인과 관련된 아도비(Adobe)의 포토샵(photoshop)이나 통계 프로그램인 SPSS, DB 프로그램인 오라클(Oracle) 등은 그 예입니다.

[그림 ②] 세계적인 메타 상품들의 유형(홈페이지에 소개된 제품들)

이런 상품들도 역시 메타 상품(괴물 상품)으로 분류됩니다.

이와 같이 디지털화되고 있는 상품들이 전통적으로 또는 물리적 제품이 가질 수 있는 구분 방식이나 영역 구분이 잘 되기 어려운 형태로 발전하기 시작했다는 것입니다. 이런 경향을 '메타 상품화'라고도 합니다.

그래서 일단 불충분하지만 메타 상품이란 '그 상품 자신이 단독으로 가진 가치를 제외하고도 주변 가치(예를 들면 제품의 설치, A/S, 품질보증, 보험 등등)를 포함하는 광의의 상품'과 '사실상 표준화된 상품'들을 지칭하는 말로 사용할 수 있겠습니다.

디지털 상품의 경우에는 상품이 가진 단일 기능보다는 각 영역의 믹스(mix)를 통해 새로운 형태로 발전하기도 쉬운 특징을 가지고 있습니다. 예를 들어 '교육(education) + 오락(entertainment)'을 접목하면 '에듀테인먼트(edutainment)'가 만들어질 수 있습니다. 가령 재미있는 꼬마 스머프(The Smurfs) 같은 캐릭터를 이용하여 게임을 즐기면서 수학 공부를 하는 식의 상품들(예를 들면, 줌비니)은 이미 등장한 지가 오래되었죠.

따라서 누가 이 같은 믹스를 잘 개발하느냐가 미래 성공의 비결이 되는 시대가 되었습니다.

인터넷이 등장하면서 가격 비교 사이트가 활성화됨에 따라 상품은 가격 · 기능 · 서비스 내용 등이 급속히 동질화되는 현상이 나타나 상품이 '단독 상품'으로서 차별화할 수 있는 영역이 줄어들기 때문에 상품은 자체적으로 가치를 극대화시키는 방법을 모색하는 과정에서 고도로 복잡하면서도 전문화되고 기능적으로 확대되는 상품이 나타나게 된 것도 하나의 원인입니다. 좀 어려운 말로 상품이 하나의 '장(場: field)'적인 형태의 상품으로 발전하고 있는 상황입니다.

디지털 상품이 기존의 이론 체계들을 붕괴시키는 이유들 중에 또 다른 하나는 가격(price)을 여러 형태로 조정할 수 있다는 점입니다. 여기에는 크게 디지털 상품 자체가 마치 수돗물이나 전기처럼 자기가 사용한 만큼 지불하는 형태로 가격 미분화(價格微分化: price differentiation)가 되거나 버저닝(versioning)을 이용하여 다양한 형태의 가격으로 제공될 수도 있다는 점입니다. 이것은 기존의 가격 체계에 큰 변혁을 초래하고 있습니다. 즉 각종 응용 프로그램(application)들은 원래 만들어진 기능을 모두 작동시킨 완전판의 형태(full version)와 일부 기능을 일부러 작동하지 않게 만든(disable) 기본판(basic version), 또는 일정 기간만 무료로 사용하게 하는 시험판(trial version) 등으로 만들어서 소비자에게 공급하고 있기 때문에 소비자의 만족을 극대화하고 할 수 있다는 것이지요.

디지털 상품은 사용자나 사용 시간, 사용 정도에 따라서 가격이 달라지는 현상 즉 가격의 미분화가 전반적으로 나타나고 있습니다. 가격의 미분화 현상은 디지털 재화와 비디지털 재화의 차이를 결정하는 가장 큰 요소의 하나라고 봐도 됩니다. 물론 이전에도 수도나 전기와 같은 경우가 없지는 않지만 디지털 시대 이전의 일반적인 상품들을 가격 미분화한다는 것은 매우 어렵죠.

정리해 봅시다. 자본주의의 패러다임의 기초에는 시장 이론이 있습니다. 어떤 상품은 수요와 공급이 일치하는 점에서 시장 가격(균형 가격)이 형성된다는 것이죠. 그래서 결국은 원론적으로는 일물일가(一物一價)가 형성됩니다. 그리고 균형 가격에서는 소비자와 공급자의 효용이 극대화됩니다. 그런데 디지털 재화는 순수 형태의 디지털 재화가 있고 광범위한 중립 재화가 있기 때문에 일물일가는 의미가 없습니다. 그리고 관세의 영향도 받지 않을 수가 있습니다.

시장 이론에서는 기본적으로 '완전 경쟁'을 전제로 다수의 공급자가 존재해야 하는데 사실상 표준화된 상품들은 사회의 주류 상품인데도 불구하고 독점입니다. 공급 곡선(supply curve)이 필요가 없는 것이지요. 그리고 수요(demand)는 오로지 공급자의 혁신(innovation) 즉 새로운 버전의 출시에 따라 자동 결정됩니다. 이른바 "공급은 수요를 창출한다."라고나 할까요?[189] 새로운 버전이 나오면 소비자는 이를 회피하기도 힘든 상태가 됩니다. 따라서 수요 곡선(demand curve)도 의미가 없죠.

물론 과거의 독점(monopoly)과 유사한 환경이라고 할 수 있지만 디지털 시대는 그렇지 못합니다. 규제할 수 있는 독점이 아닙니다. 왜냐하면 이것은 철저히 지적 재산권(Intellectual Property)의 문제이기 때문입니다.

아시다시피 미국은 독점을 사회적으로 죄악시하는 나라입니다. 그래서 '사실상 표준'인 상품들 때문에 미국 정부는 골머리를 앓았습니다. 그러나 그들과의 싸움에서 미국 정부는 침묵하기로 결정했습니다.

어쩌면 이런 종류의 디지털 상품들은 프랑켄슈타인(Frankenstein)이 되는 게 아닐까요? 영국의 여류 작가 셸리(Mary Shelley, 1797~1851)의 괴기소설(1818)에 나오는 그 괴물 말입니다.

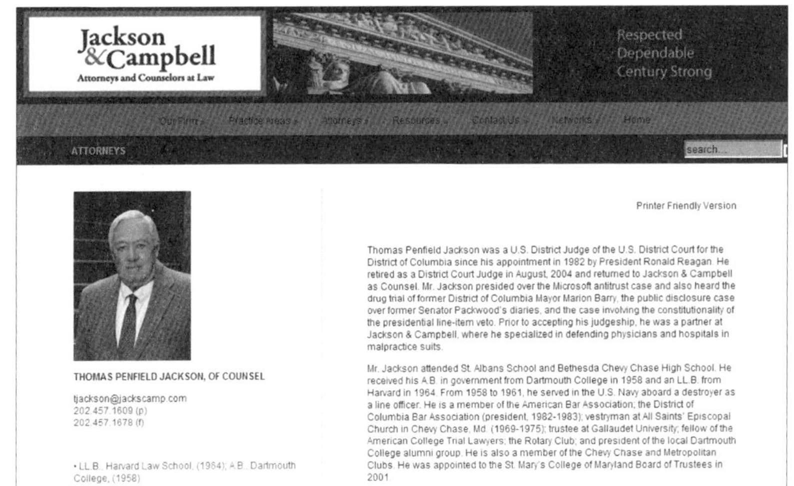

[그림 ③] MS 분할 명령을 내린 잭슨(Thomas Penfield Jackson) 판사 소개 자료
(자료: 미국 법률회사 잭슨과 캠벨 홈페이지)

(4) 메타 상품의 정치 권력화

디지털 시대는 메타 상품의 세상입니다. 그런데 이 메타 상품들은 그 자체가 정치력(political power)을 가지고 있다는 것이 향후에 관심의 대상이 될 수밖에 없습니다. 이 메타 상품의 한 종류로 세계적인 규모의 '표준화된 재화'가 등장하는데 정부가 통제하기 매우 어렵습니다. 그래서 정부는 오히려 이와 결탁하려고 할 수 있습니다. MS의 반독점법 위반 관련 재판에서, MS가 '사실상' 승소한 사건을 그 예로 볼 수도 있습니다.

원래 미국은 '독점(monopoly)'에 알레르기(allergy)가 있는 나라입니다. 그래서 괴물화되고 있는 MS를 해체해야 한다는 여론이 있었습니다. 1994년 4년에 걸친 반독점 조사 끝에 MS는 윈도 라이선스(Window

License)와 다른 MS 소프트웨어의 라이선스를 분리한다는 법무부 동의서에 서명하였고, 1997년 미국 법무부는 청원서를 제출하였으며 1998년 MS의 역사적인 재판이 시작됩니다. 그런데 결국 2001년 미국 항소 법원은 MS에 대한 분리 명령을 기각하고 맙니다. 그리고 2004년 MS는 반독점 소송에서 "사실상 승리"합니다.[190]

이 사건은 표준화된 제품에 대한 국가적 제재도 문제겠지만 전 세계적으로 거의 유일하게 존재하는 컴퓨터 운영 체제(OS)에 대해 미국 정부가 무리하게 나서서 무력화(無力化)할 수만은 없다고 하는 정치적 현실주의(realism)의 입장을 반영한 것이기도 합니다. 쉽게 말해서 미국 정부는 반독점 금지보다는 MS와의 화해를 통해 세계 체제에 있어서 미국의 위상을 강화하는 것이 더 효과적이라고 판단한 것으로 보입니다. 또 그렇게 해야만 정치 자금도 많이 확보할 수 있겠지요. 현재도 아마 MS는 공화당이나 민주당 모두에게 가장 중요한 돈주머니(money bag)일 것입니다.

만약 그렇다면, MS 사태는 디지털 시대에서 나타날 수 있는 정치경제 연합의 새로운 국면을 보여주고 있을 뿐만 아니라 디지털 상품이 금융자본 지배를 대신할 수 있는 가능성을 보여주기도 합니다. 이런 류의 "사실상 표준" 제품들은 앞으로도 계속 나타날 것입니다. 프랑켄슈타인이 점점 더 진화한다고나 할까요? 무서운 상품입니다.

(5) 경제 패러다임 어디로?

자본주의의 원초적인 질료(質料)는 상품(commodity)입니다. 즉 자본주의 사회는 전 생산물이 상품으로서 생산되고 교환되어 상품경제가 전 사회를 지배하는 것이므로, 마르크스도 '상품'이야말로 이 사회에 있어서 부(富)의 세포 형태를 이루고 있다고 하여 상품의 분석으로부터 논의를 시작하였습니다.[191] 상품은 당장은 '사용가치(use-value: 효용, 만족도의 실현)'로 나타나지만, 다른 상품들과 교환할 수 있는 힘(교환가치, exchange-value)을 가지고 있습니다. 그런데 이 상품의 성격이 내외로 흔들리고 있습니다. 물론 많은 전통적인 상품들은 아직도 기존의 시장 원리에 따라 움직이지만 사회를 이끌어 가는 지배적인 상품(predominant commodity)들의 성격이 시장 법칙을 벗어나고 있습니다.

소비자, 공급자, 수요와 공급 등을 주축으로 하는 시장 이론은 자본주의의 하드코어(hard core)입니다. 일반적인 이론으로만 보면, 다수의 생산자와 다수의 공급자가 각자의 이익을 실현하기 위해 시장으로 모이고 이들의 균형선상에서 시장 가격이 형성됩니다. 그런데 상품의 성격이 복잡하게 되어 단일화된 상품의 영역이 무너지고 중립 재화와 가격 미분화가 개입됨으로써 일물일가가 무너집니다.

디지털 시대의 수요자도 이전의 수요자(소비자)가 아닙니다. 즉 전통의 경제 이론에서는 소비자(consumer)는 그저 가격의 수용자(price taker)였습니다. 어떤 제품의 질(quality)이나 가격(price)에 대하여 이래라 저래라 할 수 없는 존재였다는 것이지요. 그런데 디지털 시대에는 다릅니다.

소비자들이 인터넷을 매개로 각종 동호회, 커뮤니티(community)를 만들어서 상품의 생산과 공급에 직접적으로 개입하기 시작했다는 것입니다. 이런 적극적인 소비자들을 프로슈머(prosumer)라고 합니다. 프로슈머란 생산 과정에 참여하는 소비자(a consumer who is participating in the process of production)를 말하는데 소비자들이 상품을 직접 사용해 본 뒤 그 불만사항을 토로하면 그것을 생산 과정에 반영하는 식입니다. 그래서 "가장 스마트(smart)한 고객을 가진 회사가 가장 성공할 가능성이 높다"는 말이 나옵니다.

디지털 시대의 공급자는 하나일 경우가 많이 발생하는데, 이전의 개념으로 보면 독점 이론(monopoly theory)으로만 분석하면 되겠지만, 일반적인 자본주의 하의 독점과 디지털 시대의 독점은 조금 다릅니다. 전통적인 시장 이론에서 독점은 특수한 경우에 한정되지만, 상당한 부분의 디지털 재화는 기본적으로 독점의 성격을 가지고 있고 이것은 지적 재산권 등으로 철저히 보호되는 속성이 있습니다. 그러면 공급 곡선은 의미가 없어지죠. 수요 곡선도 마찬가지입니다. 디지털 재화의 경우에 수요는 대부분이 공급자의 혁신이나 신제품의 개발에 매달려 다닙니다. 따라서 수요 곡선도 의미가 없어집니다.

상품도 희미해지고(변화무쌍하고) 수요자도 변하고 공급자도 변하고 수요 공급 곡선도 의미가 없어지면, 전통적인 경제학 책은 아무런 의미가 없게 됩니다.

근대 경제학이라는 것은 원론적 의미에서 레온 왈라스(Leon Walras[레옹 발라], 1834~1910)의 일반균형을 추구해 온 학문입니다. 즉 시장이 가진 "보이지 않는 손"에 따라 하나의 상품에 대한 수요와 공급의 일치에서부터 시작하여 그 사회 전체의 모든 상품에 대한 수요와 공급의 일치 및 균형 가격의 형성에 대한 분석이 중심이 되어 있는 것이지요. 그 사회는 모든 상품의 가격 결정의 구조와 과정들을 분석해 낼 수 있을 뿐만 아니라 수요와 공급이 자동적으로 조절되어 공황도 계급투쟁도 없는 아름답고 조화로운 세계가 된다는 것입니다. 이 왈라스의 균형에는 독점 기업이 존재하지 않습니다. 그리고 소비자들은 물론 생산자들도 시장의 정보에 대해서 완벽하게 알고 있다는 전제가 있습니다. 물론 사기나 정부의 간섭도 없어야 합니다.

[그림 ④] 레온 왈라스

물론 이 디지털 상품이나 메타 상품들이 얼마나 그 사회의 지배적인 상품이 될 것인가에 따라 패러다임의 변화에 영향을 미치게 될 것입니다. 그것이 질적으로 양적으로 확대되는 정도가 패러다임을 결정할 일입니다.

지금까지 우리는 디지털 상품들의 속성과 이들 가운데 괴물(프랑켄슈타인)로 변신하고 있거나 인간의 욕망을 사정없이 자극하고 시험하는 사티로스에 대해서 살펴보았습니다. 어쩌면 지금까지 인간의 역사에서 나타난 가장 획기적이고 혁신적인 기술의 은혜가 프랑켄슈타인과 사티로스가 먼저 나서서 선도하고 있다는 사실이 씁쓸하기도 합니다.

이상의 분석을 통해 자본주의를 지탱하는 상품 이론, 수요 이론, 공급 곡선, 시장 이론은 좀 더 다른 차원으로 나아가지 않으면 안 된다는 것을 알 수 있습니다. 이제 우리는 자본주의 자체의 패러다임의 혼란과 더불어 시장 이론 자체에도 상당한 혼란에 직면하고 있기 때문에, 미래 체제의 패러다임은 물론이고, 학문적 패러다임을 구성하는 데 상당한 진통과 혼란이 따를 수밖에 없을 것입니다.

이제부터는 이 거대한 자본주의의 시장 패러다임이 어떻게 이론적으로 붕괴되어 갈 것인지를 좀 더 구체적으로 살펴봅시다.

제5장 자본주의 시장 이론의 붕괴가 시작되다

:: 테일러는 무엇을 위해 천하를 철환하였는가?

현대는 경영의 시대입니다. 그래서 한창 주가를 올리고 있는 경영학은 범위가 너무 넓어져서 도대체 그 학문적 기초가 무엇인지가 궁금할 지경입니다.

경영학은 미시경제학(微視經濟學: micro Economics)의 공급 이론(생산 이론)을 기반으로 하여 파생된 학문입니다. 그 시작은 테일러(Frederick Winslow Taylor, 1856~1915)의 '과학적 관리법'입니다. 물론 이후에는 놀라운 자생력과 유연성을 발휘하여 여러 영역의 학문적 성과를 도입하여 경제 발전과 산업의 개발, 나아가서는 국민 경제의 발전에 크게 기여하였습니다. 잘 아시는 바와 같이 테일러는 생산성 향상을 위해 유명한 '시간과 동작에 대한 연구(time-and-motion studies)'를 발표합니다. 이것은 오늘날 토탈 질 관리(Total quality control)와 유사하다고 보면 됩니다.

테일러에 대해 지적되는 문제 가운데 하나는 '너무 인간을 기계적으로 인식했다'는 점입니다만 이것은 오늘날의 시각에서 그리 본 것일 뿐입니다. 테일러를 좀 더 적극적으로 분석하지 못한 소치입니다. 테일러 이전에는 사실상 기업 경영이 '주먹구구식'이었습니다. 주먹구구식 경영으로 가장 큰 피해를 보는 사람들은 결국 노동자들입니다. 테일러는 단지 좀 더 체계적으로 기업 경영을 함으로써 노동자들의 삶을 향상시키고, 이를 통해 좋은 기업을 만들고, 나아가 좋은 사회를 만들기를 희망한 것입니다.

그는 단순히 경영자를 위한 이론을 개발하려고 했던 것이 아닙니다. 그 자신이 기계공이기도 했으며 최고 엔지니어(chief engineer)이기도 했기 때문입니다. 그는 신체적인 문제에도 불구하고(시력에 심각한 문제가 있었다고들 합니다), 낮에는 일하고 밤에는 공부하여 학위를 땄습니다. 그의 저작물들을 면밀히 읽어보면 그는 경영자들의 이해만큼이나 노동자들의 이해를 중시한 사람입니다.

그의 생각은 오늘날 구조조정(構造調整, restructuring)이나 리엔지니어링(re-engineering)과 별반 차이가 없습니다. "최고의 작업 방식을 찾고 그것을 전체 작업으로 확대하라."는 그의 사상은 오늘날 우리가 보는 벤치마킹(benchmarking)입니다. "가치를 더 이상 생산하지 못하는 것을 과감히 제거하라."는 것은 오늘날 바로 워크아웃(work out)이죠. "인재를 적재적소에 배치하고 그의 생산성의 여부에 따라서 임금을 결정하라."는 것은 현대의 인센티브(incentive) 제도입니다. 이것은 성실한 사람에게 더 많은 보상을 제시한 것입니다.

물론 그의 경영철학의 근간은 생산성(productivity)의 향상입니다. 그는 생산성의 향상을 통한 대량 생산 기법의 단초를 제공함으로써 자본

[그림 ①] 윈슬로 테일러

주의가 진정으로 자본주의가 될 수 있는 이론적 토대를 만들었습니다.

지금까지 들으시니 어떤가요? 별로 새롭지 않죠? 그러나 그 시대에서는 너무나 획기적인 경영 방식이었습니다. 그는 자본주의의 하드웨어를 이론적으로 구성해 준 경영학의 대부라고 할 수 있습니다. 테일러의 과학적 관리법은 오늘날 식스 시그마(Six Sigma)로 부활되고 재생되고 있습니다. 쉽게 말해서 식스 시그마가 현대의 과학적 관리법이라고 할 수 있다는 말이고 이 과학적 관리라는 아이디어의 시작이 테일러였다는 말입니다. 현대 경영학의 대부인 피터 드러커(Peter Drucker)는 테일러야말로 지식 경영(knowledge management)의 창시자라고 합니다.

지금까지의 이야기들은 여러분들이 고급 경영학원론 시간에 모두 들은 내용일 것입니다. 그러나 이 정도로 테일러를 이해할 수는 없는 일입니다. 실제로 테일러는 사회사상가라고 해야 합니다.

이 시대는 세계적으로 사회주의 사상이 확산되는 시기입니다. 노동자들은 열악한 환경에서 노동하고 피로에 지친 몸에 술, 담배, 도박으로 탕진하고 다시 힘들게 출근을 반복하는 그런 종류의 시대였고, 이에 경영자들은 주먹구구식으로 오로지 자신의 이익만을 위해 사업을 하던 시대였습니다.

테일러의 궁극적인 목표는 사회의 안정과 인간과 사회에 대한 사랑에 있었습니다. 더 '성실한 사람'이나 '열심히 일하는 사람'들에게 더 많은 보상을 주고 그들의 모범을 전체 회사로 확대하여 노동자들이 보다 쉽게 일하고 생산성을 더 높여 더 많이 보상을 받아서 삶의 질을 높여야 한다는 것이 바로 테일러의 생각이었습니다.

나아가 전 사회적으로 이 같은 과학적 관리법을 확산시켜 국가적으로 보다 안정된 선진화로 나아가려는 새로운 시도라는 것입니다. 즉 날로 확산되어 가는 사회주의적 혁명 또는 사회 전복의 위험한 요소들을 자본주의의 체질을 개선함으로써 해결하려 했던 것입니다.

그리하여 테일러는 이 같은 자신의 '과학적 관리법'을 전국적으로 다니면서 홍보하고 강연했습니다. 물론 무료로 강연을 다닌 것입니다.

바로 이 점에서 그를 단순히 성공적인 경영 이론가로만 볼 수 없는 것입니다.

테일러는 단지 경영 컨설턴트로 명성을 더 얻기 위해 넓은 대륙을 주유(周遊) · 철환(轍環)한 것이 아닙니다. 테일러가 위대하다는 것은 자신의 생각을 단순히 이론만으로서가 아니라 자신의 발로 부지런히 뛰어다니면서 알려서 '보다 좋은 사회'를 만들려고 했다는 점에 있습니다.

아무리 훌륭한 생각이 있고 뛰어난 아이디어가 있다고 해도 방안에 가만히 앉아 있다면 의미가 없습니다. 그것을 실행할 수 있는 발로 뛰는 부지런함과 적극성이 있어야 할 것입니다.

여기에 테일러는 미개척지의 험난한 길을 걸어갈 수 있는 용기와 모험심을 가지고 있었습니다. 이러한 행위가 테일러를 경영학의 아버지로 만들었던 것입니다. 테일러는 사회 근간을 이루는 자본주의 회사들의 체질을 개선하여 사회가 한 발짝 더 나은 방향으로 진화할 수 있으리라고 생각한 사회진화론자라고 할 수 있습니다. 그는 단순히 경영학자가 아니라 극심히 소용돌이치는 자본주의의 안정을 위해 노력한 사회

사상가였습니다. 그런데 우리는 그를 단순히 경영 이론가로 보고 있습니다.

경영학이 주로 발달한 곳은 미국과 독일입니다. 독일에서 발달한 경영학은 주로 경영경제학이라고 하여 경영을 보다 이론적이고 학문적으로 접근하는 데 반하여, 미국의 경영학은 실용주의적 사고를 바탕으로 하여 보다 실천과학적인 측면이 강합니다.

독일 경영학은 17세기 이래[192] 오랫동안 상업학으로 연구되어 왔습니다. 그 후 1920년경에 경영경제학이라는 독립된 학문 영역(경영경제학)으로 발전하기 시작합니다. 이에 반하여 미국의 경영학은 1911년 테일러(Taylor)가 『과학적 관리의 원리(*Principle of Scientific Management*)』를 출판한 이래 경영관리론으로 크게 발전하였습니다.

(1) 희소성이라니요?

상품(goods, product, commodity)은 기본적으로 그것을 사용함으로써 얻는 이익이나 기쁨이 있어야 합니다. 그렇다고 해서 모두 다 상품이 되는 것은 아닙니다. 뿐만 아니라 무한대로 제공될 수 있는 것은 상품이라고 할 수 없습니다. 예를 들면 사막지대에서 모래가 상품이 될 수는 없고 해변가에서 바닷물이 상품이 될 수는 없는 일이지요. 그러나 모래는 사막을 벗어나면 상품이 되고 바닷물도 내륙의 대도시 지역에서는 상품이 될 수 있습니다.

상품이 생기고 경제 개념이 생기는 것은 기본적으로 어떤 재화에 대해 사용하려고 하는 사람은 많은데 그 공급이 잘 되지 않기 때문입니다.

예를 들면 만약 다이아몬드가 사막의 모래알처럼 많다면 누가 그것을 가지려고 서로 다투겠습니까? 이것을 자원의 희소성(scarcity)이라고 합니다. 이 희소한 상품을 가지기 위해 일정한 수입(돈)을 기반으로 우리는 매일 매일 궁리해서 소비해야 합니다. 그리고 여름에 아무리 에어컨(air con)이 잘 팔린다고 해도 그것을 무한대(∞)로 만들 수는 없습니다. 왜냐하면 그것을 생산하려면 많은 부품이 있어야 하는데 그것이 무한대로 공급될 수 없기 때문입니다.

그런데 디지털 상품은 다릅니다. 인터넷을 통하여 또는 컴퓨터를 통하여 사용하는 디지털 상품들은 데이터로 되어 있으므로 그것을 추가로 생산하는 데 비용이 들지 않습니다. 예를 들면 빌 게이츠(Bill Gates)를 세계 최고 부자로 만든 디지털 상품인 윈도(Windows)만 해도 그것을 추가로 생산하는 데 들어가는 비용은 거의 제로(0)에 가깝습니다. 그러면 어떤 분들은 "CD로 만들 경우 돈이 들어가지 않나?"라고 반문하시겠지만, 그 디지털 상품의 가격을 생각해 본다면 CD 자체의 가격은 거의 무시해도 좋습니다. 어떤 제품들은 CD에 담겨 수천만 원을 호가하는 경우도 많은데 그 CD 가격이라는 것이 원가로 치면 몇 백 원 수준도 안 되니 무시할 수 있다는 말이죠.

그러면 어떻게 될까요? 희소성이 무너지죠? 상품이 무한정 공급이 될 수 있기 때문이니 말입니다. 그러면 시장에서는 공급 곡선(supply curve)이 사라지게 됩니다. 여러분들이 그동안 배워왔던 수요 · 공급 곡선 가운데 하나가 사라진다는 말입니다. 즉 수요 곡선에서 소비자들의 수요량(quantity of demand)은 가격(price)에 반비례하고 공급 곡선에서 공급량(quantity of supply)은 가격에 비례하는 식으로 그래프를 보아왔겠지만 그 가운데 하나인 공급 곡선이 디지털 상품의 경우 사라진다는 말입니다.

물론 디지털 상품을 사용하려면 PC나 이와 상응하는 전자적 기구(electronic device)가 있어야겠죠. 오세아니아(Oceania)의 원시 부족들에게 윈도는 의미가 없죠? 그렇다면 PC 사용 인구 또는 인터넷 사용 인구 등의 문제를 제외하고는 디지털 상품은 무한으로 공급될 수 있다는 생각이 들지요. 그렇지만 과거에는 흔하면 무조건 싼(cheap) 것이 되는데 이제는 무한대로 흔한 제품도 가격이 매우 비쌀 수 있는(expensive) 특이한 현상들이 나타납니다.

어떤가요? 디지털 상품이 범람하게 되면 무엇보다도 우리가 알던 경제 지식으로는 이론적 접근이 어렵죠?

윈도 같은 디지털 상품은 공급 조건은 별로 중요하지 않고 수요만 있으면 바로 공급되게 되는 것이지요. 이것은 장기적으로 우리가 알던 근대 경제학적 패러다임으로 접근이 불가능함을 암시하고 있습니다.

근대 경제학의 아버지인 아담 스미스(A. Smith, 1723~1790)가 많이 고민한 것 가운데 하나가 물과 다이아몬드였습니다. 즉 물은 하루라도 없으면 안 되지만 상품이 되지를 못하고 다이아몬드는 쓸모없는 돌멩이에 불과하지만 가장 비싼 상품이라는 것이니 이해할 수가 없었던 것이지요.

이것을 좀 어려운 말로 하면 물은 쓰임새(사용가치)는 무한(∞)한데 가격(교환가치)은 제로(0)에 가깝고 다이아몬드는 쓰임새(사용가치)는 제로(0)에 가까운데 가격(교환가치)은 무한(∞)에 가깝다는 말입니다(물론 아무리 다이아몬드라 해도 가치가 무한하기야 하겠습니까마는 일단 상대적으로 워낙 많은 가치를 가진 경우를 이렇게 표현해 봅시다). 아담 스미스는 결국 이 문제에 해답을 구하지 못했습니다. 후일 경제학자들은 다이아몬드는 워낙 귀하고(scarce) 아름답게 빛나므로 사람들에게 매우 큰 기쁨을 준다는 식으로 이 문제를 덮으려 하였습니다.

이런 관점에서 디지털 상품들을 본다면 어떻게 될까요? 디지털 재화는 고전 경제학자들의 용어를 빌려 표현한다면 사용가치 = ∞(무한대), 교환가치 = ∞(무한대)라는 의미가 아니라 사용가치 = 0 혹은 ∞(무한대), 교환가치 = 0 혹은 ∞(무한대)가 동시에 나타날 수 있다는 것입니다.

이와 같이 디지털 상품은 기존의 전통적인 형태의 상품과는 많이 다르다는 것을 알 수 있습니다. 제가 보기에 디지털 재화의 등장과 확산은 기존의 경제 · 경영 패러다임의 붕괴를 초래할 수 있는 중대한 도전이자 변혁입니다.

(2) 재벌이 된 노동자

경제 · 경영학에서는 자본가나 노동자는 자기가 상품의 생산에 기여한 만큼을 자기의 수익으로 챙긴다고 합니다. 즉 자본가는 생산에 자본(K)을 투입했으니 그 자본의 투입만큼의 수익을 가져가고 노동자는 아무것도 없이 상품을 생산하기만 했으니 그 일한 대가만큼 자기의 수입으로 가져간다는 것이죠.

이상의 내용을 좀 어려운 경제 용어로 표현하자면 실질 임금(real wage)이란 결국 노동의 한계 생산성(marginal productivity of labor)과 일치하고 실질 이자율은 자본의 한계 생산성(marginal productivity of capital)과 일치한다는 말입니다. 말이 너무 어려우니 그저 앞에서 제가 드린 말씀대로 이해하시면 됩니다. 어쨌든 이것을 경제학에서는 분배 이론(分配

[그림 ②] 애덤 스미스

理論: distribution theory)이라고 합니다.

경제학에서는 흔히 상품을 노동 집약적인 상품(labor intensive goods)과 자본 집약적인 상품(capital intensive goods) 등으로 분류를 합니다. 즉 옷이나 가발 등을 생산하는 경공업(輕工業, light industry)은 대체로 사람의 노동을 많이 사용해야만 합니다. 이것을 노동 집약적 상품이라고 합니다. 반면에 자동차, 선박 등은 종잣돈(자본)이 많이 들어가므로 자본 집약적 상품이라고 합니다.

이런 관점에서 디지털 상품은 어떻게 될까요? 디지털 상품의 대표적인 것 가운데 하나인 프로그램의 생산은 자본 집약적이지도 않고 노동 집약적이지도 않습니다. 다소 애매한 말이기는 하지만 지식 집약적(knowledge-intensive)이라고나 할까요? 디지털 재화 생산에는 상대적으로 오히려 훨씬 적은 장비가 들어가는 경우가 많습니다. 그래서 디지털 재화는 인건비 의존도가 매우 높은 반면, 자본 생산성은 낮아서 마치 노동 집약적 산업에서 볼 수 있는 형태의 높은 노동 분배율이 나타날 수 있지만 노동 생산성은 노동 집약적인 산업에서 나타나는 형태와는 전혀 다르게 매우 높게 나타납니다. 경우에 따라서 MS의 윈도처럼 노동 생산성이 무한대(∞)에 가까운 상품이 나타나기도 합니다. 이런 상품은 디지털 시대 이전에는 상상하기조차 힘든 상품이었습니다.

이상하죠? 그러나 한편으로 보면 당연한 말입니다. 디지털 재화의 생산은 고도의 데이터 처리 기술을 갖춘 상대적으로 소수인 전문 지식인 집단에 의해서 이루어지는 데 반하여 총매출액은 매우 크기 때문에 노동 생산성과 노동 분배율이 모두 높게 되는 것이지요.

이 또한 매우 심각한 결과를 초래할 수 있습니다. 만약 북한(DPRK)과 같이 산업 기반이 허약하고 부존자원도 제대로 없는 극심한 빈곤에 시달리는 나라라도 소프트웨어(S/W) 전문 인력을 국가적으로 키운다면 많은 돈을 벌어들일 수가 있겠지요(제가 보기엔, 북한 정부는 쓸데없이 핵개발이나 우상화에 자원낭비를 하지 말고 또 소프트웨어 기술을 특정 암호 분야나 해킹에 집중하여 세계적인 말썽을 부려 한국인들을 망신시키지 말고, 소프트웨어 인력을 국가적으로 양성하여 외화벌이를 하는 것이 경제개발의 최상의 방법입니다. 앱 개발도 괜찮지요). 장기적으로 보면 지금까지 경제학에서 말하는 자본 집약적인 '산업구조 = 선진국'이라는 기존의 등식이 파괴될 수도 있겠지요.

그보다 더욱 중요한 것은 노동에 대한 근본적인 개념 변화가 불가피하다는 점입니다. 지금까지 우리는 노동자-자본가라는 이분적인 대립 구도하에서의 노동을 보아왔습니다. 그러나 디지털 상품이라는 면에서 본다면 재벌에 가까운 노동자가 나타날 수도 있지요.

도대체 왜 이런 일이 벌어질까요? 먼저 디지털 재화를 생산하는 회사들의 고용 인력은 상대적으로 보면 극소수에 가깝습니다. 그런데 이들이 만드는 상품들은 사실상 표준 제품(de-facto-Standard product)인 경우도 많지요. 나아가 디지털 상품은 최종 소비자에 이르는 중간 단계가 소멸(dis-intermediation)되는 경우가 많아서 물류 비용을 극소화할 수 있다는 점, 소비자가 전 세계인이 대상이 되어 사실상 무한에 가까운 소비자가 있을 수도 있다는 점 등을 지적할 수 있습니다.

가령 스마트폰 등에 사용되는 응용 프로그램인 앱(app) 즉 어플(appl: application)의 경우 그 앱의 개발자가 앱스토어(app store)에 올리기만 하면 그 수익의 70%(애플) 또는 거의 100%(구글)를 개발자가 가져가게 됩니다.[193] 여기에는 공장도 사무실도 노동자도 사장도 없습니다. 그리고 복잡한 유통망도 없는 것이지요. 참고로 현재 모바일(mobile) 앱 분야는 스마트폰이 대중화된 지 불과 4년째인 2011년 전 세계 3억 4000만 대의 스마트폰이 보급된 데 힘입어 앱 시장 규모가 150억 달러를 넘어섰으며 앞으로는 매년 150억 달러 이상 성장이 전망된다고 합니다(《뉴시스》, 2012. 9. 20). 미국의 시장조사 업체 가트너(Gartner)는 2014년 세계 앱 시장 규모를 580억 달러(65조 원)으로 전망하였고(《한국경제》, 2012. 8. 3), KTH(KT Hitel Corporation)는 국내 기업용 앱스토어 시장 규모를 연 450억 원 내외로 추정하고 있습니다(《연합뉴스》, 2012. 10. 14).

따라서 디지털 재화의 등장과 더불어 인터넷 비즈니스 전반에 걸쳐서 나타나고 있는 현상은 기존의 전통적인 노동-자본의 대립적 이분 구도하에서 설명해 온 기존의 경제학 패러다임으로는 설명하기가 어렵다는 것을 쉽게 알 수 있습니다.

이것은 패러다임적인 시각에서도 중요한 시사(示唆)를 합니다. 즉 디지털 재화를 만들어 내는 지식이라는 것은 노동-자본의 어느 범주에도 속하지 않는 동시에 어느 범주에도 속할 수 있기 때문입니다. 어떤 의미에서 새롭고 고양된 형태의 '신노동가치론(neo-labor value theory)'의 탄생을 예고하는 것이기도 합니다.

(3) 사라진 공급 곡선

기업의 최대 목표는 최소 비용(cost)으로 최대 이윤(profit)을 내는 것이라고 할 수 있습니다. 전통적인 경제 이론에서는 생산 이론(production theory)에서 이를 다루고 있습니다. 그런데 그 수식이 일반인들이 이해하기 어렵기 때문에 그 내용을 누구든지 알기 쉽게 소개하겠습니다.

기업의 이윤이란 총수익에서 총비용을 뺀 것입니다.

기업의 이윤(Π) = 총수익(TR) − 총비용(TC) ······························ ⓐ

그러면 기업 이윤이 극대화되기 위해서는 '추가수익(MR: 한계수익) ＝추가비용(MC: 한계비용)'이 되어야 합니다. 이것은 결국 가격(P)＝한계비용(MC)으로 귀결됩니다.

MR = MC, P = MC ·· ⓑ

이 과정은 수학적인 증명과 많은 해설이 필요하므로 생략하겠습니다. 일단 그렇게 받아들이고 다음으로 넘어갑시다(MR은 TR의 미분 값이고 MC는 TC의 미분 값입니다. 고교 때 배운 최대, 최소값을 생각해 보시면 금방 이해가 됩니다. 미분값＝0에서 극값 즉 최대, 최소가 나오는 것이죠).

이 두 개의 수식은 전통적인 경제학 이론을 지탱하는 중요한 핵심(hard core)입니다. 그런데 디지털 상품의 경우를 보면 이 이론은 상당한 문제가 있습니다. 디지털 상품들은 이 추가비용(한계비용: MC. 제품을 하나 더 생산하는 데 추가적으로 들어가는 비용)이 제로(0)에 수렴한다는 것입니다.

예를 들면, MS 윈도를 하나 더 판다고 해서 가격에 영향을 줄 정도로 추가적으로 들어가는 비용이 없다는 것입니다. 설령 비용이 들어간다고 해도 "사실상 표준화된 제품"들이므로 그 소비량이 총비용(TC)에 비하여 현저하게 커서 총비용 자체가 제로(0)에 가까운 상황이 나타나게 됩니다. 그래서 극단적으로 말하면 다음과 같은 형태가 나타날 수도 있습니다.

이윤 = 총수익 – 총비용

인데, 수익에 비하여 비용이 현저히 줄어들면,

무한대의 총수익(∞) – 일정액이 비용(C) = 이윤

∞ = 이윤

등과 같은 형태가 되어서 사실상 무한대의 이윤이 나타날 수 있는 것입니다[무한대(∞)에서 특정한 수(C)를 빼도 무한대가 되지요]. 바로 이것이 가난한 대학 중퇴생 빌 게이츠를 세계 최고의 부자로 만든 이유이지요. 즉 빌 게이츠를 우리가 상상하기 힘든 부자로 만든 것은 바로 디지털 상품이 가진 고유한 특성에서 비롯되었다는 말이지요.

이것은 여러 면에서 중요한 시사를 하고 있습니다. 전통적인 경제 · 경영 이론에서는 비용이 중요한 변수(變數: variable)였지만 이제는 하나의 고정된 상수(常數: constant)가 되게 된다는 것입니다. 그렇다면 전통 경제 이론에서 가격이 오르면 생산자들이 수익을 늘리기 위해 공급량을 증가시킨다는 공급(생산) 곡선이 사라지게 됩니다.

전통의 경제 이론대로라면 수요 곡선과 공급 곡선이 서로 만나는 장소가 시장(market)이고 이들이 서로 만나는 점에서 시장 가격(균형 가격)이 형성된다고 했는데 이제 그 공급 곡선이 사라져 버렸으니 시장에는 오직 수요 곡선만 존재하는 이상한 상태에 돌입하는 것입니다.

그러면 어떻게 될까요? 디지털 상품을 생산하는 기업은 소비자의 동태를 파악하여 가격을 마음대로 정할 수 있게 되는 것이죠. 바로 이 때문에 전통적인 경제 · 경영학은 제 구실을 할 수가 없게 되는 것입니다.

그래도 여러분은 이렇게 말할 것입니다. "그렇다고 쳐, 그래도 디지털 재화가 얼마나 되겠어?" 그럴 수는 있습니다. 하지만 오늘날 디지털 상품은 폭발적으로 증가하고 있습니다.

우리는 이미 앞장에서 디지털 콘텐츠 산업의 규모를 살펴보았습니다. 2012년 디지털 콘텐츠 산업은 자동차 산업이나 IT 산업을 능가했으며 연평균 5% 성장률을 기록하고 있습니다. 물론 전 세계적으로 전 분야에 걸쳐 디지털화가 진행되고 있기 때문에 디지털 상품의 통계를 지금 구체적으로 말하기는 어렵지만, 디지털 콘텐츠 분야를 제외하고 가

[표 ①] 전 세계 소프트웨어 산업 규모(한국인터넷진흥원, 『인터넷백서』(2011))

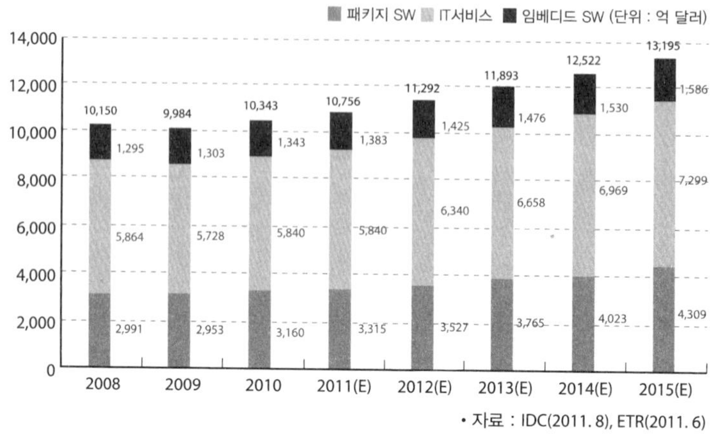

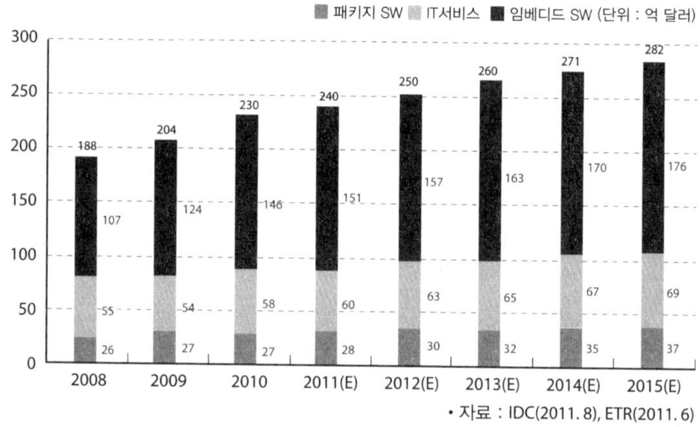

장 근접한 분야로 소프트웨어(SW) 시장의 규모를 보면 앞으로의 상황을 또 다른 각도에서 추정할 수는 있습니다.

2012년 현재 세계 IT시장에서 소프트웨어 산업 규모가 하드웨어를 앞지른 지 이미 오래되었습니다. 2012년 시점을 기준으로 전 세계 소프트웨어 시장은 1조 달러를 넘는데 이것은 반도체 시장의 3.4배, 휴대폰 시장의 6배 규모에 달합니다. 그리고 세계 소프트웨어 산업 성장률은 제조업의 10배 수준입니다. 소프트웨어 산업의 부가가치율(49.6%)은 제조업(24.6%)의 2배이고 단위 매출당 고용률도 제조업을 훨씬 앞지르고 제조 · 서비스업 등 전통 산업과 융합해 새로운 시장을 만드는 중요한 수단이 되고 있습니다(《디지털 타임즈》, 2012. 5. 25). 그리고 IT 산업 내부에서도 다른 산업과 비교할 수가 없습니다.

[표 ②] 2010년 전세계 주요 IT 산업 시장 규모(단위: 억 달러, %)
자료: 지식경제부, 『2011 소프트웨어 산업 연간 보고서』, 43쪽

구분	평판 TV	LCD 패널	휴대폰	반도체	소프트웨어
세계 시장 규모	1,132	858	1,805	3,040	10,343
SW 규모 대비 비중	10.9(%)	8.3(%)	17.5(%)	29.4(%)	100(%)

소프트웨어 산업이 제조업의 10배 이상 성장하고 있다니, 일반적인 상상을 초월할 지경입니다. 장기적으로 보면 디지털 상품의 세상이 되는 것은 너무 뻔한 일입니다. 뿐만 아니라 현실 경제를 위협하는 것은 수요와 공급이 일정한 수준으로 유지되는 상품들이 아닙니다. 대개의 공산품들은 공급을 조절할 수가 있고 수요도 예측이 가능하기 때문입니다. 금융도 마찬가지지요. 말썽을 피우는 각종 투기 자본들도 전체의 가계 저축이나 가계 소비액에 비하면 턱없이 작지만 경제를 크게 교란시키고 오히려 가계 전체의 소비에도 영향을 미칩니다. 마치 바다의 표면에서 몰아치는 파도가 배들을 격랑 속으로 몰아가듯이 말입니다.

실제 경제 상황을 보십시오. 디지털 상품이 나타나기 이전에 말썽을 부렸던 상품들은 주로 농산물입니다. 이것은 통제와 조절이 안 되는 속성이 있습니다. 왜냐하면 각종의 천재지변으로 인하여 농산물의 생산은 예측하기 힘든 경우가 많기 때문입니다. 그래서 농산물은 규모가 작아도 경제에 큰 영향을 미치기도 합니다. 폐쇄 경제일 경우에는 심각한 파동이 일어날 수 있습니다.

여러분은 또 말할 수도 있습니다.

"그렇다고 해도 어떤 상품이라도 유통 과정이 복잡하기 때문에 중간 상들이 가격을 올릴 수도 있잖아?"

아니지요. 디지털 상품들은 특이하게도 중간상들을 별로 필요로 하지 않습니다. 디지털 재화의 경우에는 중간상들이 소멸되는 현상(dis-intermediation)이 전반적으로 나타나고 있습니다.

물론 한계비용(MC)이 완전히 제로(0)가 된다거나 100%의 '중간상의 소멸'이 나타나지는 않았고 국제 결제 수단이 아직까지는 완벽한 상태는 아니며 소비자들의 실물선호(實物選好: 사이버상으로 존재하는 것이 아니라 실제 물리적으로 존재하는 상품들을 선호하는 현상)가 아직도 소멸하지 않았고 디지털 재화와 관련된 법 · 제도적인 문제도 아직은 많이 남아 있어서 지금 당장은 문제가 없을 수도 있지만 장기적으로는 전통적인 경제 · 경영 이론으로는 지탱할 수가 없는 것이 분명해 보입니다.

여기서 잠시 경제학 체제 가운데서 미시경제학(micro Economics)의 체계를 살펴봅시다.

미시경제학은 [그림 ③]에서 보는 바와 같이 수요 이론-공급 이론-시장 이론으로 구성되어 있습니다. 그런데 디지털 재화 이론의 경우를 보면 공급 곡선이 의미가 없기 때문에 사라져 갈 것이고, 앞서 본 대로

[그림 ③] 미시경제학 이론 체계

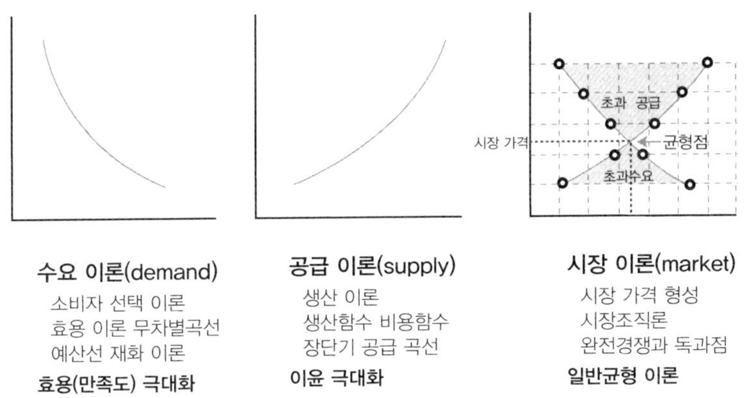

수요도 공급자에 의해 결정되고 있습니다. 수요 곡선도 마찬가지입니다. 즉 디지털 재화의 경우에 수요는 대부분이 공급자의 혁신이나 신제품의 개발에 따라 결정되는 경향이 강하게 나타나고 있기 때문에 수요 곡선도 점차 의미가 없어질 것입니다. 결국 수요 곡선도 의미가 없어지고 공급 곡선도 의미가 없어지면, 우리가 알던 시장 곡선도 의미가 없어집니다. 경제학 교과서를 다시 써야 되는 것이죠.

(4) 경영학 패러다임의 위기: 현대 경영학, 이대로는 안 된다

우리가 일반적으로 말하는 경영학은 경제학에서 파생된 학문입니다. 물론 경영학은 해석하기에 따라서는 정치나 국가 경영이라는 관점도 될 수 있지만, 제가 여기서 말씀드리는 것은 주로 미국을 중심으로 번성한 현대 경영학적인 관점을 말하는 것입니다.

[그림 ④]에서 보듯이, 경영학은 미시경제학(micro-economics)에서 파생된 학문입니다. 미시경제학은 소비자 이론(수요 이론), 생산자 이론(공급 이론), 시장 이론으로 구성되어 있는데, 그 가운데 생산자를 중심으로 기업의 효율적인 경영을 위해 연구된 분야가 바로 경영학입니다. 그 후 소비자 이론에서 마케팅 이론이 발전하여 경영학에 합류하여 경영학의 근간을 이루게 되었습니다. 1980년대 이후 컴퓨터 공학(computer science)이 경이적으로 발전하자 각종 사무자동화(OA), 칼스(CALS), 전사적 자원 관리(ERP), 통합 물류 관리(SCM) 등이 일부 경영학에 합류하고 공학적으로 따로 분리되어 산업공학으로 나아가기도 했습니다.

독일의 경우에는 주로 학자들에 의해 경영학의 연구(이론과학적 성격)가 이뤄지지만 미국의 경우에는 주로 기업의 실무자들에 의해 자연발생적(실천과학적 성격)으로 나타나게 됩니다. 즉 기업을 성공적으로 운영하기 위한 각종 기법들이 연구되었습니다. 독일 경영학은 매우 다채롭고 각 부분은 기관별 체제를 다루고 있지만, 미국 경영학은 주로 기업 운영에 초점을 맞추어 경영 관리를 중점적으로 다루고 있습니다. 한국의 경우 1980년대 이후 미국 유학파들이 대거 유입되면서 한국 경영학은 미국 경영학의 아류(亞流)와 같은 형태를 띠게 됩니다.

이와 같이 경영학은 심리학(인간 행동), 사회학(사회관계와 집단), 인류학(각 문화권의 성격 차이), 정치학, 법학, 통계학 등 여러 분야에 걸쳐서 많은 연계를 맺고 있습니다. 경영학은 다른 학문 분야에서 어떤 성과가 나타나면 이내 그것을 비즈니스적인 측면에서 받아들여서 바로 이론화하고 있습니다. 마치 자본주의가 변화무쌍하듯 경영학도 끊임없이

경제학(경영학) 이론 체계

미시경제학(Micro Economics)

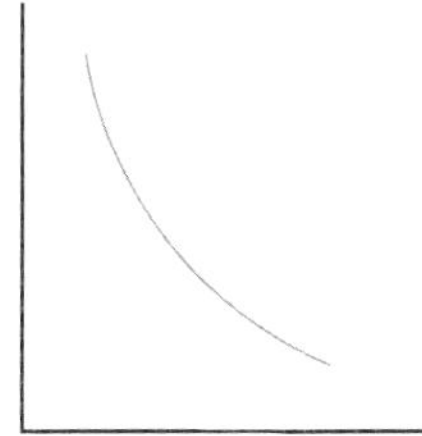

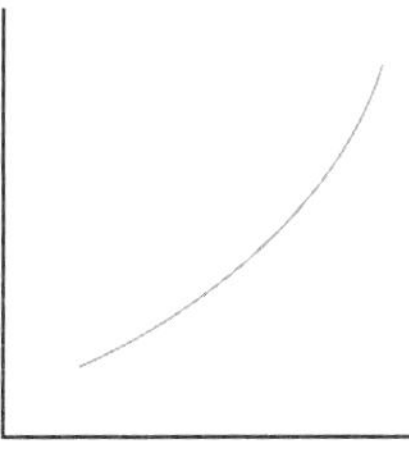

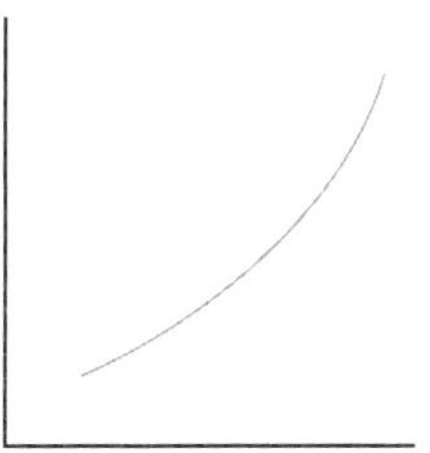

수요 이론(demand)
소비자 선택 이론
효용 이론 무차별곡선
예산선 재화 이론
효용(만족도) 극대화
- 마케팅
- 기업 전략

공급 이론(supply)
생산 이론
생산함수 비용함수
장단기 공급 곡선
이윤 극대화
- 생산관리 인사조직
- 기업전략 재무관리 산업조직
- 경영정보시스템(MIS) 노사관계론

자본론 및 마르크스 경제학

시장 이론
시장 가격 형성
시장조직론
완전경쟁과 독과점
일반균형 이론

거시경제학(Macro Economics)과 마르크스 경제학

$$Y = C + I + G + (X - M)$$

Y(yield : income) : 국민소득 이론, 성장론, 자본론 및 기타
C(consumption) : 미시경제학, 소비 이론(저축 이론)
I (investment) : 투자 이론, 저축 이론, 화폐(국제) 금융 이론, 종속 이론, 금융자본론, 금융공학
G(govemment expenditure, 정부지출) 재정학, 공공경제학
X - M : X(export, 수출) M(import, 수입)
국제무역론, 국제수지론, 국제경영론, 제국주의론, 종속 이론, 궁핍화 성장 이론

[그림 ④] 경제학(경영학)의 이론 체계

변화하면서 그 영역은 더욱 확장될 것으로 보입니다.

따라서 오늘날 한국에서 일반적으로 말하는 경영학은 독자적인 연구 대상으로 보기에 어려운 측면도 있습니다. 즉 다른 학문은 그 학문의 출발점에서 탄탄한 이론적 가정(hypothesis)들을 바탕으로 하여 연역적으로 사고(deductive reasoning)를 발전시키는 데 반하여 미국 경영학은 실천적인 측면을 중시하여 기업의 관리 활동을 합리적으로 수행하기 위한 각종 분야들을 다양하게 탐구하고 있습니다. 그래서 '경영학이 무엇인가'라고 물으면 통일적으로 대답하기가 어렵습니다. 경제학처럼 모태(母胎)가 분명한 미시, 거시의 이론적 기반에서 파생된 것이 아니라 경영에 도움이 될 만한 여러 가지 영역들이 특별한 연계도 없이 경영학에 합류했기 때문입니다. 한마디로 경영학은 미시 경제학을 모태로 출발했지만, 각종 경영 관련 분야가 동시다발적으로 합류하여 그 성격이 매우 모호해진 상태여서 전통적인 학문 분류 방식으로는 학문적 이론적 정합성(consistency)을 가지기 어려운 상태입니다.

오히려 이같이 허약한 하드코어(hard core) 때문에 경영학은 더욱 발전하고 있는지도 모릅니다. 쉽게 말해서 경영학은 마르크스주의와 같이 지켜야 할 법칙들이 없기 때문에 오히려 자유롭게 외부 환경의 변화에 쉽게 적응하고 있는 것이지요.

그러나 무엇보다도 경영학은 다른 학문들과 같이 오랫동안 성숙되어온 가치(value) 개념이 존재하지 않기 때문에 때로는 수많은 사회적 문제들을 양산하기도 하고 급기야 세계 경제를 위기로 몰고 가기도 했습니다. 오늘날 여러 분야에서 무분별하게 경영 개념이 도입되어 또 다른 많은 문제들을 양산하는 것도 그 때문입니다.

오로지 효율성(efficiency)만 추구한 각종 경영 기법들과 인간 심리를 최대한 활용하는 과정에서 나타나는 각종 마케팅 기법의 범람으로 인간 파괴와 노동의 소외, 쇼핑 중독(shopping addiction)이나 다단계 판매(multilevel marketing, 피라미드 판매) 사기 등이 그 예라 할 수 있겠지요.

다단계 판매 사기의 대표적인 예가 최근에 언론의 주목을 받고 있는 조희팔 사기극입니다. 조희팔은 2004년부터 5년간 전국에 10여 개 다단계 업체를 차리고 의료기기 대여업으로 30~40%의 고수익을 보장한다고 속여 투자자 3만여 명으로부터 돈을 가로챈 혐의를 받고 있는데 피해자는 3만여 명에 이르고 피해액도 4조 원대라고 합니다. 이것은 단군 이래 최대 다단계 사기 사건으로 꼽히던 JU 그룹 사건 피해액인 2조 1000억 원을 훨씬 웃도는 규모(《연합뉴스》, 2012. 11. 26)로 점점 더 진화하고 있음을 보여줍니다. 또 다단계 사기는 워낙 큰 액수이기 때문에 정관계도 이런 류의 사건들에 깊이 개입되어 있습니다. 피해자는 물론이고 젊은이들이 가장 짧은 시간에 많은 돈을 벌려고 하다가 가정 전체가 파탄되는 일이 주변에서 너무 많이 발생하고 있습니다. 판매의 자유도 좋지만 이런 류의 마케팅 기법들은 경영학자들이 나서서 애당초 발을 들여놓지 못하도록 했어야 했습니다.

자본주의가 가지고 있는 가장 큰 문제 중의 하나인 끝없는 유행을 만들고 소비를 부추기는 것도 경영학의 발달과 깊은 관련이 있습니다. 앞서 본 한국의 명품 시장은 2010년을 기준으로 무려 5조 원대라고 하는데 이것도 단순히 젊은이들의 소비 성향만의 문제가 아니라 경영학의 발전과 무관하지 않습니다. 뿐만 아니라 인터넷을 열면 각종 기사들을 제대로 보기 어렵게 만드는 각종 팝업(POP UP) 기법이나 태그(tag) 광고 기법들도 사람들에게는 고문(拷問)으로 전락한 지 오랩니다. 특히 한국이 심각합니다. 한국은 마치 각종 마케팅 기법들의 홍수 사태가 난 듯합니다. 여기에 인터넷을 열기만 해도 쏟아지는 각종 성인물 광고도 쓰나미(Tsunami)같이 범람합니다. 이런 상태에서 아이들에게 각종 성인물이나 야동(포르노그래피)을 보지 말라고 하는 것은 사회적 위선(社會的 僞善, social hypocrisy)입니다.

생각해 보십시오. 미국의 대표적인 대학들이 얼마나 많은 MBA 과정을 개설하여 전 세계적으로 확산되었습니까? 그리고 수많은 석학(?)들이 여기에 동원되었습니다. 그런데 공교롭게도 MBA가 범람하는 시점과 세계 경제의 최대 위기들이 나타나는 시기가 대체로 일치하고 있습니다. 학생들이나 기업가들 심지어는 가정주부들도 이제 정상적인 경제 활동이나 건실한 실물 경제(real sector)에 대한 적응력을 키우는 것이 아니라 오로지 베블렌(Thorstein Veblen, 1857~1929)이 말하는 영업(business)과 화폐 부문(money sector)에만 관심을 가지게 되었습니다. 주식놀이로 폐가망신(廢家亡身)하는 일은 일상사가 되었습니다. 대부분의 선진국들이 '돈놀이'에 몰두하는 것은 당연한 일입니다. 그러다 보니 각종 국제 경제 문제들이 발생하고 있습니다. 그런데도 공중파 TV나 각종 케이블 방송, 신문 등 언론에서도 경제 문제를 제대로 다루는 프로그램보다는 주식투자를 위한 정보가 경제면(경제 프로그램)을 대부분 차지하고 말았습니다. 정말 답이 없군요.

이제 정말 더 이상 무분별한 경영학의 이론 개발과 적용은 중지해야 합니다. 지금까지 나타난 각종 경영 이론들로도 당분간은 충분하기 때문입니다. 스티브 잡스(Steve Jobs, 1955~2011)가 광적으로 날뛰면서 특허 전쟁(Patent war)을 시작하여 세계를 아수라장으로 만들어 놓은 것도 경영학의 기업 전략 이론의 결과 가운데 하나일 것입니다.[194] 또 기업 사냥꾼들이 건실한 기업들을 무차별하게 잡아먹는 것도 이와 관련이 있습니다.

세상 모든 일이 그렇듯이 무엇이든지 과도하게 발달하는 것은 항상 위험합니다. 과유불급(過猶不及) 즉 지나친 것보다는 차라리 조금 모자라는 것이 바람직합니다. 경영학이 전 분야에 걸쳐서 무분별하게 확대되어 사회 전체 나아가서는 세계 경제 전체에 큰 짐이 되고 있습니다. 금융공학(financial engineering)도 결국은 경제학 거시 이론(macro Economics) 가운데 화폐 이론(money theory)이 경영학과 결합하여 생긴 부산물이기 때문입니다. 이것이 결국 자본주의 패러다임의 위기를 초래한 것입니다. 그래서 이 경제 위기를 어떤 경제 전문가는 "인류가 경험한 가장 큰 경제 위기는 대공황이며, 그 후 최악으로 꼽을 수 있는 것이 지금 우리가 겪고 있는 것이고 우리는 정말 재수 없는 세대"라고 말하기도 합니다(《프레시안》, 2012. 5. 24).

이제 경영학은 무분별한 영역의 확대보다도 당분간은 지금까지 확산된 각종 이론들에 대한 성찰을 해야 할 시기입니다. 원래의 모태인 자본주의 경제학과 마르크스 경제학의 미시 경제학(micro Economics)의 주요 개념들을 다시 이해하고 이 시대에 맞는 새로운 가치 개념(value concept)을 정립해야 할 시기입니다. 위대한 경영의 스승 테일러(Frederick Winslow Taylor, 1856~1915)의 정신으로 다시 돌아가야 합니다. 경영학이 과연 누구를 위한 것인지 참되게 물어봐야 합니다.

다시 원래의 주제로 돌아가 디지털 상품의 등장을 중심으로 경영학을 바라봅시다.

경영학의 무한 확장성을 벗어나 패러다임의 측면에서 시각을 고정시켜 미국의 경영학이 테일러에 의해 크게 발전했다는 점을 강조한다면, 경영학의 하드코어는 미시경제학에 있습니다. 경영학은 "최소 비용으로 최대의 효과"를 강조하는 근대 경제학의 논리들을 수용하면서 그 구체적인 방법론을 논하고 있는 것이라고 볼 수 있습니다.

앞서 본 대로 디지털 재화가 광범위하게 확산되면 마케팅 이론, 기업 전략 이론, 생산관리, 인사조직론, 재무관리, 산업조직, 노사관계론 등의 변화는 불가피합니다. 즉 일반적인 인사조직 이론이나 생산관리, 노사관계 등의 이론들은 제조업이나 산업화 시대에 적합한 것이었고, 오늘날과 같이 기업이 슬림(slim)화되거나 재택근무가 활성화되는 추세하에서는 이론적 의미가 사라질 수밖에 없습니다.

이런 측면에서 본다면 전통적인 경영학도 디지털 시대의 패러다임으로 인하여 극심한 도전에 직면해 있다고 할 수 있습니다. 왜냐하면 미시 경제학에 바탕을 둔 전통적인 의미에서의 경영학은 디지털 시대의 파도를 감당하기 힘들기 때문이지요. 그러므로 현대의 경영학은 테일러의 정신(Taylor's Spirit)으로 회귀해야 한다는 것과 동시에 디지털 시대에 적응할 수 있는 새로운 패러다임의 구축이라는 이중의 부담을 안게 된 것이지요.

제6장 공용지의 비극과 디지털 공공재
—디지털 시대에 공용지의 비극은 해소될 것인가?

:: 유토피아를 찾아서

토마스 모어(T. More, 1478~1535)의 『유토피아(*Utopia*)』(1516)는 마치 『정감록(鄭鑑錄)』처럼 구성되어 있습니다. 여행가인 히드로데이(Raphael Hythloday)[195]와 나레이터(narrator)인 모러스(Morus)와 그의 친구인 자일스(Peter Gilles)가 등장합니다. 여기서 이 모러스는 바로 토마스 모어 자신을 투영한 인물로 그린 듯합니다. 이 책은 두 개의 부분으로 나눠져 있는데, 제1부에서는 히드로데이가 엔클로저 운동(Enclosure movement) 등으로 내홍을 겪고 있는 영국 사회의 문제를 지적하고 있고, 제2부는 히드로데이가 유토피아를 본 내용을 기록하고 있습니다. 히드로데이의 입을 통하여 본 이상향의 모습은 다음과 같습니다.[196]

무엇보다도 신(God)의 계시 없이 이성(reason)의 지도에 따라 사는 사람들이 있는 곳이 유토피아입니다. 이 유토피아에는 국왕이 없고 사

[그림 ①]『유토피아』에 묘사된 이상향(1516년 초판, 1518년판)

유재산도 없으며, 모든 사람이 똑같이 생산적 노동에 종사하고 하루 6시간 노동만으로 충분하고 남는 시간엔 교양을 쌓습니다. 왜냐하면 인구의 반을 차지하는 여자, 성직자, 귀족, 지주들까지도 모두 노동을 하기 때문입니다. 세습귀족은 없고 건강한 사람으로서 노동을 면제받고 있는 사람은 공무원과 선택받은 지식 계급뿐입니다. 각종 귀금속 보석들은 불결한 곳의 부품이나 어린애들의 장난감으로 쓰입니다.

정리해 보면 유토피아는 도덕적 사회로 최소의 법으로 움직이면서 항상 즐거운 마음으로 일을 하는 사회, 귀금속 같은 사치품들을 돌[石] 같이 보는 사회, 정신적 쾌락을 추구하면서 여가 시간에는 배움을 추구하는 사회, 종교의 자유가 있고, 공동의 이익을 중시하면서 전쟁을 혐오하는 평화 사회입니다. 다만 토마스 모어의 유토피아에는 노예가 등장하고 있어 마음이 쓸쓸하군요.

토마스 모어는 당시 국왕이었던 헨리 8세의 총애를 받았으나 헨리

8세의 이혼을 반대하고 "영국 교회(Church of England)의 수장이 영국의 왕"이라는 법을 지키겠다는 서약을 거부한 죄로 참수되었습니다(1535).

[그림 ②] 토마스 모어 경

유토피아에 대한 논의는 토마스 모어 이후에도 계속 나타납니다. 로버트 오웬(R. Owen, 1771~1858)은 공업 중심의 '생활 공동체'를 제안하였고 자신의 공장 내에서 노동자를 자애롭게 대우하고 "자발적으로 협동조합을 결성하여 자본가에 대항할 것"을 가르쳤습니다.

프랑스의 푸리에(Fourier, 1772~1837)는 빈민 출신의 부두 노동자였는데 밀의 가격이 떨어지자 상인들이 그것들을 바다 속에 폐기하는 데 경악하고 불로소득을 올리는 상인들을 특히 증오합니다. 푸리에는 생활 공동체로 농업 중심의 정원도시(Phalan-stere)를 제안합니다. 정원도시는 대개 400~2000명이 공동 생산하고, 사유재산은 주식 형태로 보전됩니다. 그리고 정원도시의 구성원들은 18세~28세까지 노동을 하지만 자신이 좋아하는 일을 할 수 있다고 합니다.

정원도시는 일종의 조합 형태를 띠고 있어서 중국의 인민공사(人民公司)와도 유사합니다. 정원도시는 1840년대 미국에서 선풍적인 인기를 얻어서 여러 곳에서 이 같은 시도가 있었다고 하는데 대부분은 실패로 끝나고 말았습니다.

(1) 공용지의 비극

'공용지(또는 공유지)의 비극'이라는 말을 들으신 적이 있습니까?

어느 시골 마을에 공동으로 쓰는 목초지가 있었습니다. 즉 주인이 없는 목초지인 것이죠. 그러다 보니 마을 사람들이 풀을 아끼고 관리하기보다는 서로 자기 가축을 끌고 들어가 마구 풀을 먹이니 이 주인 없는 목초지는 곧 황폐해져서 아무도 사용할 수 없는 상태가 되어버렸다는 이야기입니다.

이런 경우를 우리는 흔히 볼 수 있습니다. 바다의 고기를 남획하여 어족 자원이 고갈되는 경우도 이런 경우죠. 이렇게 멀리 갈 필요도 없고요. 공원에 설치해 있는 공공 화장실을 보면 성한 곳이 없는 것을 쉽게 볼 수 있습니다.

따라서 공용지의 비극이란 소유권이 불명확한 공공자원의 경우 자원의 남용으로 결국 모두가 다 사용할 수 없는 비효율적인 결과를 초래하는 현상을 말합니다. 공용지의 비극을 막으려면 그 사회 구성원들에게 끝도 없는 이데올로기 교육을 시켜야 합니다. 그래서 사회주의 국가에서는 끊임없는 정치 교육과 세뇌 교육이 필요했던 것이지요. 이것은 종교도 마찬가지입니다. 어느 종교든지 이 같은 형태의 지속적인 세뇌 교육만이 그 성공을 보장합니다.

사실 이런 모습을 보면서 우리는 왜 사회주의나 공산주의 같은 유토피어니즘(Utopianism)이 실패하는지를 쉽게 알 수가 있습니다. 공용지의 비극은 사유재산이 왜 불가결한 것인지를 보여주는 구체적인 사례이기도 합니다.

최근 한국의 서울시에서 만들어 놓은 '노들섬 텃밭'도 이와 다르지 않죠. 다음의 뉴스를 보세요.

> 2012년 5월, 서울시는 (한강의) 노들섬에 텃밭을 조성하여 도시 농업의 상징으로 삼았습니다. 이전의 오페라 하우스 건설 계획을 백지화하고, 그 자리에 약 2만 2500여 제곱미터 크기의 텃밭을 조성한 겁니다. 하지만 개장한 지 5개월이 지나자 노들섬 텃밭은 '반쪽짜리'로 전락했습니다. 노들섬 텃밭은 절반은 시민 600명에게, 나머지 절반은 도시 농업 단체 7곳에게 분양됐습니다. 그런데 양쪽의 차이가 극명합니다. 그나마 개인이 관리하는 '시민 텃밭'은 대부분이 풍성한 결실을 맺고 있습니다. 하지만 '공동체 텃밭'은 황무지 수준입니다. 관리가 안 돼 말라 비틀어진 작물만 무성하고 잡초가 온 밭을 뒤덮고 있기도 합니다. (《뉴스판》, 2012. 10. 3)

과거 러시아 혁명(1917) 후 수립된 소련의 콜호즈(kolkhoz, 집단농장)는 이론적으로 보면 "해방된" 노동의 결합을 통하여 효과적인 대량 생산을 위해 수립된 것인데, 대부분 농민들이 이를 반대하였습니다. 1929년 10월까지 전체 농가의 겨우 4.1%만이 입주하자 그해 말 스탈린(Stalin)은 입주를 거부하는 농민들을 처형하거나 강제수용소로 끌고 갔습니다. 이를 거부했던 농민은 중국의 변경, 폴란드, 루마니아로 탈출했습니다.

그런데 이것만이 문제가 아닙니다. 농민들은 "이제 더 이상 자신의 소유가 되지 못하는" 해방된 러시아의 가축들을 도살하여, 1929년 당시 3400만 두의 말이 1933년에는 1600만 두로 격감하였고, 이 외에도 3000만 두의 소와 1억여 마리의 양이 도살되었습니다. 그러나 그럼에도 불구하고 1940년 지구 면적의 1/6인 이 국가에서는 96%의 농업집단화가 강압적으로 이루어졌습니다. 이러한 과정에서 국민적 저항을 불러와 러시

[그림 ③] 콜호즈 포스터와 이를 기념하는 우표 (1937)

아 전역에 걸쳐 폭동과 시위가 일어났습니다.

이러한 위기의 상황들에 대하여 소련 정부는 비밀경찰 '체카(Cheka)'를 선두로 한 내무인민위원회(NKVD) 등의 조직들을 통하여 폭력적으로 진압합니다. 체카의 임무는 "인민의 적은 항상 감시하는 눈이 있다고 느끼게 만들어야 하고 또한 그가 소비에트 권력에 반대하는 어떠한 시도라도 하자마자, 그를 재판 없이 처형하거나 사회로부터 분리시킨다."는 것입니다. 특히 내무인민위원회 소속의 별동단원은 사회적 위험분자로 인정된 사람에 대해서는 법적 절차 없이 체포하여 최고 5년까지 구속하거나, 강제노역장에 보낼 권한을 가지고 있었습니다.[197)]

이 사건은 여러 면에서 중요합니다. 인류 최초로 사회주의 혁명이 성공하였지만 사유재산의 폐지가 얼마나 어렵고 힘들고 또한 끔찍한 일인지를 단적으로 보여주기 때문입니다. 극단적으로 보면, 당시 러시아의 지배 세력인 볼셰비키는 총과 칼을 그 유일한 수단으로 하여 전체 인민들에 대해 '동물적 대상화'를 한 것입니다. 그런 종류의 막대한 인명과 재산 피해를 감수하고 또 그 정도의 강력한 물리적 통제력을 가질 때, 통치 불가능한 사회가 어디에 있겠으며, 그 정도의 물리력을 가진 지배자가 그들의 이상(理想)에 합당한 그들만의 유토피아(『성경』에서 말하는 '하나님이 보시기에 좋은' 사회와 같이)를 만들지 못한다면, 그는 확실히 멍청이일 것입니다. 문제는 이것을 유지하기가 매우 어렵다는 것이죠.

사유재산의 폐지 말고도 유토피아를 만들기 힘든 또 다른 큰 이유는 바로 언제든지 나타날 수 있는 관료주의(bureaucratism)입니다. 왜냐하면 사유재산이 폐지되면 결국은 공공재(public goods)의 관리를 누가 하는가에 따라 권력이 배분될 수밖에 없기 때문에 단순한 사회적 직능과 역할이 바로 권력화되는 현상이 나타날 수밖에 없지요. 이게 바로 관료주의입니다. 관료주의가 심해지면 어떤 정책도 먹히지를 않습니다.

레닌(Lenin)은 관료주의란 잠시라도 방심하면 이내 고개를 드는 것이기 때문에 인민의 사업에 피해를 입히려고 하는 모든 사람들을 체포해서, 혁명인민재판소 앞에 세우고, "관료주의라는 잡초를 계속해서, 그리고 지칠 줄 모르게 뽑아내기 위해서는" 밑으로부터의 인민 통제의 방법을 아주 다양하게 하라고 가르쳤습니다. 레닌은 공산주의자들은 모든 종류의 관료주의에 대하여 투쟁하여 소비에트 기관을 관료주의의 진흙탕으로부터 정화시켜야 한다는 것입니다.[198] 한걸음 더 나아가 스탈린(Stalin)은 관료주의자들 가운데 "공산주의 관료주의자가 가장 위험한 유형"인데 그것은 "관료주의를 당원 신분을 가지고 위장하기 때문입니다. 그리고 유감스럽게도 이러한 공산주의 관료주의자들이 우리 내부에는 적지 않게 존재합니다."라고 합니다.[199] 사실 이 시기는 혁명적인 건강성이 상당히 살아 있는 시기였기 때문에 더욱 충격적인 일이 아닐 수 없죠.

후일 소련(소비에트러시아)이 몰락(1991)한 후 여러 차례의 논의 끝에[200] 기업들이나 농장들이 형식적으로는 전체 인민들에게 '사유화'되었지만, 실제로는 전 인구의 2% 이하에 불과한 소련의 특권 계급인 노멘클라투라(nomenklatura)에 의해 대부분 약탈당하고 말았습니다.[201] 무섭고도 한심한 일입니다[현대 중국도 마찬가지입니다. 중국 공산당 서열 3위인 원자바오(溫家寶) 총리가 3조 원대 부정 축재설에 휩싸여 있습니다. 비단 원자바오뿐이겠습니까?]. 스탈린의 말이 한치의 오차도 없는 진리였음이 증명된 것이죠. 이것은 암울한 러시아의 미래를 보여주는 것이 분명합니다.[202] 사유화 과정이 자본주의 국가들에서 나타나는 '자본의 원시적 축적 과정'과 유사하게 판단되더라도 그것은 산업조직의 특권 계층 즉 '산업 노멘클라투라(industrial nomenklatura)'를 중심으로 하여야 하는데, 오히려 '산업 노멘클라투라'를 무력화하는 방향으로 진행되었고, 사유화 과정은 대개의 후진국에서 보여지는 바와 마찬가지로 극심한 정경유착으로 이권을 둘러싼 첨예한 파벌 대립을 낳았습니다.[203]

나아가 '사유화'의 중추 세력들이 가장 비시장적인 속성을 가진 사회주의 관료들이라는 점도 러시아의 위기 상황과 직접 관련되어 있습니다. 이들이 앞서 지적한 대로 "약탈적이고 특권 유지를 위한" 사유화의 주체 세력임[204]은 말할 것도 없거니와 시장경제화하는 데 있어서 긴 시간의 준비 작업도 없이 진행되었기 때문에 각 경제 주체들 간의 대립은 격렬해지고 취약한 금융 부문은 이내 외환 위기를 초래합니다.

결국 1998년 8월 러시아는 모라토리엄(Moratorium, 국가부도)을 선언하고 말았습니다.[205] 이것은 앞서 본 대로 세계 자본주의의 위기를 초래하는 하나의 전초가 되었습니다. 모라토리엄 선언의 직접적인 원인은 과도한 단기 채무의 상환 부담이었지만 그 바탕에는 신자유주의적 경제 개혁 과정에서 심화된 러시아 사회의 모순 즉 사유화 과정에서 나타난 계급간의 이해관계에 따른 자기상해적(自己傷害的)인 소모전과 대비가 안 된 상태에서 진행된 자본주의화 전략 등이 있었던 것이죠.[206]

결국 우리가 바라는 유토피아의 성공은 끝없는 도덕성 강화 교육과 중단 없는 관료주의의 제거에 달려 있는데 제가 보기에 이것은 거의 불가능해 보입니다. 그래서 종교에서는 유토피아는 죽어서만 갈 수 있는 곳으로 상정하고 있는 것일지도 모릅니다. 마치 마르쿠스 아우렐리우스(Marcus Aurelius, 121~180) 황제가 독백하듯이 말입니다.

"너는 배에 올라탔었고, 이제 항해를 마치고 피안(彼岸)에 다다랐다. 그러니 그 땅으로 가거라! 설령 그곳에 또 다른 삶이 있다 해도 그곳엔 또 다른 섭리(攝理)가 있을 것이요. 영원한 망각(忘却)이 있다 하자. 그래도 너는 적어도 오관(伍官)에 사무치는 모든 고통과 번뇌(煩惱)에서 자유로울 수 있고, 무감각한 꼭두각시와 같이 너를 이리 흔들고, 저리 흔들어 놓는 모든 정욕(情欲)으로부터 벗어나 이지(理智)의 멀고 먼 길, 육신에의 수고로운 예속(隷屬)에서 자유로울 수 있을 터이니."

(2) 공공재와 디지털 상품

앞에서 말하는 공용지 즉 공유지는 소유권이 명확하게 지정되어 있지 않은 공공자원으로 일종의 공공재라고 할 수 있습니다. 우리가 말하는 유토피아는 일부의 특별한 사적 재화를 제외하고는 주변의 모든 재화나 서비스가 공공재로 공급되는 사회를 말합니다. 문제는 이 공공재에 대한 사회 구성원들의 태도도 태도지만, 이 공공재 개념이 아직도 불명확하고 이에 따른 이익집단의 논리도 복잡하다는 것입니다.

일단 공공재가 무엇인지 그리고 이것이 사회주의도 다 몰락한 이 시점에서 왜 중요한 것인지를 생각해 봅시다.

먼저 공공재란 주로 나라에서 국민들에게 공급하는 재화를 말합니다. 일반적으로 개인이 자기 영리를 목적으로 시장에 내다 파는 재화를 사적재(private good)라고 하고, 나라에서 국민들에게 제공하는 것을 사회재(social goods) 혹은 공공재(public goods)라고 합니다. 아담 스미스(A. Smith)는 『국부론(*The Wealth of Nations*)』(1776)에서 ① 국방과 치안, ② 공공시설이나 공공 토목사업 등의 부문에 있어서 정당한 정부 활동의 개입이 불가피함을 역설하였습니다.

공공재 이론은 아담 스미스 이후 리카도(D. Ricardo), 밀(J. S. Mill), 마샬(A. Marshall), 사무엘슨(P. Samuelson), 머스그레이브(Musgrave)에 이르기까지 많은 학자들이 연구한 분야이기도 합니다. 그렇지만 아직도 공공재가 무엇인지 속 시원하게 해명하지는 못했습니다.

사무엘슨은 '등량소비성(equal consumption)'이라는 개념을 사용하여 공공재 개념을 정식화합니다. 쉽게 말해서 모든 소비자(국민)가 동시에 함께 소비할 수 있거나 동일한 양을 소비한다는 말이지요. 이 말은 결국 한 사람의 소비가 다른 사람의 소비를 감소시키지 않는 성질('비경합성')을 가졌다는 말도 되겠고, 국민 모두가 좋아하든 싫어하든 함께 소비해야 하는 재화('비선택재')라고도 할 수 있겠군요.

이런 관점에서 보면 가장 이상적이고 전형적인 것은 국방(national

defence)이나 한강철교와 같은 교량이라고 할 수 있습니다. 그런데 한강철교는 누구나 사용할 수는 있지만 출퇴근 시간(rush hour)에는 사용하기가 힘이 들므로 다른 문제가 발생할 가능성도 있습니다.

그래서 저는 공공재라는 것을 좀 더 추상적이지만 보다 실질적인 측면에서 머스그레이브(Musgrave)의 견해를 보는 것이 타당하리라고 봅니다.

머스그레이브는 상품과 서비스를 분류하는 기준으로 '경합성(rivalness)'과 '배제성(excludability)'이라는 명쾌한 개념을 사용합니다.

'경합성(rivalness)'이란 특정한 재화를 먼저 차지하기 위한 개별 소비자들 간의 경쟁성을 말하는데 이때의 재화는 수량이 한정되어 있는 경우에만 해당됩니다. 예를 들면 사람은 10인이 있는데 사과는 2개뿐이라면 경쟁률이 5: 1이 되지 않습니까? 사과를 서로 먹기 위해서 극심하게 싸워야겠죠? 바로 이것이 경합성이라는 것입니다. 정도 차이는 있지만 대부분의 상품과 서비스는 이런 경합성을 가지고 있습니다.

'배제성(excludability)'이란 개별 소비자가 어떤 상품이나 서비스를 소비할 때 다른 소비자들의 소비 가능성을 배제하는 정도를 말합니다. 말이 어렵지만 별 내용은 아닙니다. 내가 사과를 먹으면 그 사과는 다른 사람들이 먹지 못하게 되죠. 어쨌거나 경제학은 쓸데없이 말이 어려워서 탈입니다. 마치 경제학을 공부하지 않은 사람들이 알아듣지 못하도록 암호를 사용하는 듯합니다.

대부분의 사적재는 경합성과 배제성을 가지고 있습니다. 그러나 공공재는 비경합성(non-rivalness)과 비배제성(non-excludability)을 특징으로 하고 있습니다. 즉 그것을 사용하기 위해 남들과 경쟁할 필요가 없으며 내가 사용한다고 해서 남들이 그것을 사용할 수 없는 것도 아니란 말입니다. 이것을 표로 나타내면 다음과 같이 됩니다.

[표 ①] 배제성과 경합성에 의한 상품과 서비스의 분류

구분		배제성(E)	
		배제 가능	배제 불가능
경합성(R)	경합적 소비	순수 사적재 (예) 일반적 재화	배제 불가능하나 경합적 (예) 한강대교
	비경합적 소비	배제 가능하나 비경합적 (예) 홍수 조절용 댐	순수 공공재 (예) 국방, 사법

물론 한강대교도 출퇴근 시간에는 사용하기가 어렵고 댐을 건설한다고 해서 국민 모두가 그 혜택을 누리는 것은 아니라는 것은 일단 알아둡시다. 그렇지만 외교나 국방과 같은 공공서비스는 이 두 속성을 완벽하게 가지고 있으므로 순수 공공재(pure public good)로 볼 수 있겠죠? 그리고 시장에서 거래되는 상품이나 서비스는 이 두 속성을 완전히 가지고 있지 않으므로 순수 사적재(pure private good)가 됩니다.

이와 같이 일반적인 상품들과는 달리 공공재는 비경합성과 비배제성을 가지고 있습니다. 그런데 재미있는 것은 디지털 상품의 경우에도 비경합성과 비배제성을 가지고 있다는 것이지요. 그렇다고 하면 디지털 상품은 그대로 공공재인가요? 그것은 아닙니다. 디지털 상품은 사용할 때 반드시 돈을 지불해야 하는 사적재이기 때문입니다.

즉 디지털 상품은 겉모양은 완전히 공공재이지만 그 내용은 완전히 사적재라는 것이지요. 한마디로 뒤죽박죽입니다. 디지털 상품, 예를 들면 MS 윈도(Windows)를 내가 사용한다고 해서 옆집의 홍길동 군이 사

용할 수 없는 것이 아니고 내가 윈도를 사용하기 위해서 홍길동 군과 경합을 할 필요도 없는 상품이지요. 그러나 내가 MS 윈도를 사용하려면 반드시 돈을 지불해야 하는 것이지요. 이것이 국방이나 외교와는 다른 디지털 상품의 특징이지요.

이 공공재의 성격을 띤 디지털 상품의 등장은 기존의 경제학 지식으로는 이해하기 힘듭니다. 확실히 무언가 새로운 영역의 이론적 패러다임이 필요하다는 생각이 들 것입니다.

(3) 인터넷과 공공재

인터넷이 등장한 초기엔 많은 디지털 상품들이 무료로 제공되었습니다. 그래서 일부 학자들은 이를 선물 경제(膳物經濟, gift economy)라고 부르기도 했습니다. 선물 경제는 디지털 경제의 주요 특징 중 하나로, 광범위하게 제품의 무료 공급 현상이 나타난다는 것입니다. 인터넷이 활성화됨에 따라서 특정한 신기술이 아닌 디지털 상품들은 수명도 매우 짧아지게 됩니다. 그래서 기업들은 한 단계 더 높은 제품을 개발하면서 바로 이전의 버전(version)을 무료로 공급하거나 광고 수익만 지향하면서 각종 프로그램을 무료로 제공하는 비즈니스가 광범위하게 나타나고 있습니다. 하이드(Lewis Hyde)는 이러한 무료화 현상을 선물 경제라 한 것입니다.[207] 디지털 시대의 초기에 나타나는 이 같은 현상은 한편으로는 행복과 부를 순환시키고 창조할 수 있다는 점에서 사람들에게 많은 희망을 주고 있는 것도 사실이기는 합니다. 이렇게 무료로 제공된 디지털 상품은 공공재의 의미를 가질 수도 있습니다.

지금도 우리는 각종 인터넷의 정보들을 무료로 사용하고 있습니다. 가령 각종 포털 사이트는 많은 정보들을 사실상 무료로 제공하고 있습니다. 그래서 인쇄물로 된 신문들을 외면하고 있습니다. 과거에는 신문을 구독하지 않은 가정들이 거의 없었는데 요즘은 신문을 구독하는 가정들이 별로 없는 실정입니다.

물론 국가에서 인터넷 인프라스트럭처(infrastructure)를 만들기 위해서는 많은 세금이 들어갔겠지요. 그런 측면에서 국가가 제공하는 인터넷 인프라스트럭처는 분명히 공공재입니다. 설령 민간 기업들이 인프라스트럭처를 구축한다 해도 그 비용과 인터넷을 통해서 이용할 수 있는 정보와 지식의 양에 비한다면 "사실상 공공재"로 볼 수도 있습니다. 한국의 경우, 한 달 신문 구독료 정도로 수천 · 수만의 언론 기사와 정보 자료들을 모두 공짜로 사용하는 것이 아닙니까?

『한국 인터넷 백서』(2011)에 따르면, 2009년 시점에 전 세계 인터넷 이용자 수는 19억 명에 이르고 있고 인터넷 이용률은 27%에 달하고 있습니다. 2010년 한국의 경우는 국민의 거의 80%인 3700만여 명이 인터넷을 이용하고 있습니다. 노인층의 인구를 감안하면, 한국은 가히 '인터넷 천국'이라고 할 수 있습니다. 이 같은 정도로 인터넷을 사용한다는 것은 그만큼의 인프라스트럭처가 구축되었기 때문에 가능한 것입니다.

그리고 세계경제포럼(WEF, World Economics Forum)에서 각국의 정보통신 기술의 발전도와 경쟁력을 평가한 네트워크 준비 지수는 138개국 가운데 스웨덴, 핀란드, 미국, 한국 등이 톱(TOP) 10위의 국가로 나타났습니다. 즉 한국의 디지털 역량이 세계 10위권의 수준이라는 말입니다.

[표 ②] 세계와 한국의 인터넷 이용자 수 변화 추이

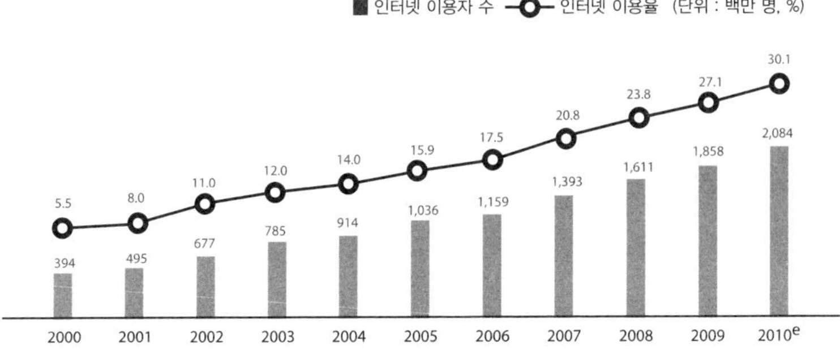

• 자료 : ITU, ITU Statistics, 2010. 10 • e : 추정치

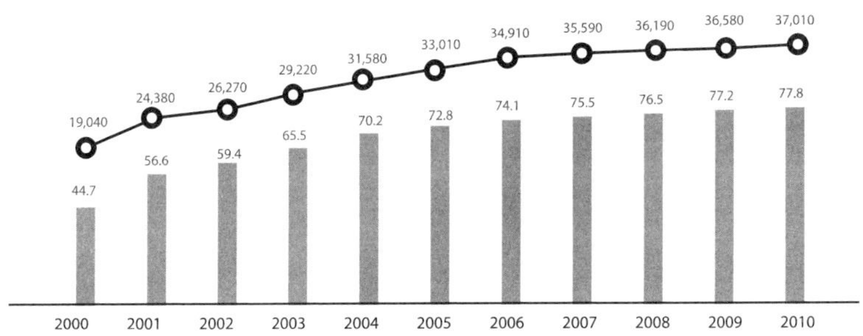

• 2000~2001년 : 만 7세 이상 인구. 2002~2005년: 만 6세 이상 인구. 2006년 이후: 만 3세 이상 인구.

• 자료 : 방송통신위원회 한국인터넷진흥원, 2010년 인터넷이용실태조사, 2010. 12.

그리고 광대역 통신 즉 브로드밴드(Broadband)는 하나의 전송 매체에 여러 개의 데이터 채널을 제공하는 것으로 초고속 인터넷 인프라스트럭처를 말하는데, 이에 대해서도 세계는 경쟁적으로 추진하고 있습니다.

[표 ③] 세계 네트워크 준비 지수(디지털 역량 평가) (단위 : 점)

자료: WEF, The Global Information Technology Report 2010-2011(재구성)

국가명	2010~2011		2009~2010	
	순위	점수	순위	점수
스웨덴	1	5.60	1	5.65
싱가포르	2	5.59	2	5.64
핀란드	3	5.43	6	5.44
스위스	4	5.33	4	5.48
미국	5	5.33	5	5.46
타이완	6	5.30	11	5.20
덴마크	7	5.29	3	5.54
캐나다	8	5.21	7	5.36
노르웨이	9	5.21	10	5.22
한국	10	5.19	15	5.14
일본	19	4.95	21	4.89
중국	36	4.35	37	4.31

[표 ④] 한국 초고속 인터넷 가입자 수 (단위 : 천 명, %)

자료: 방송통신위원회, 농어촌 지역 BcN 구축 중장기 발전 계획, 2010. 12.

<table>
<tr><th colspan="2">사업자</th><th>2005</th><th>2006</th><th>2007</th><th>2008</th><th>2009</th><th>2010</th></tr>
<tr><td colspan="2">KT</td><td>6,242(51.2)</td><td>6,353(45.2)</td><td>6,516(44.3)</td><td>6,712(43.4)</td><td>6,953(42.5)</td><td>7,424(43.1)</td></tr>
<tr><td colspan="2">SK브로드밴드</td><td>2,773(22.2)</td><td rowspan="2">3,613(25.7)</td><td rowspan="3">3,658(24.9)</td><td rowspan="3">3,544(22.9)</td><td rowspan="3">3,847(23.5)</td><td rowspan="3">4,022(23.2)</td></tr>
<tr><td colspan="2">두루넷</td><td>837(6.9)</td></tr>
<tr><td colspan="2">온세통신</td><td>353(2.9)</td><td>220(1.6)</td></tr>
<tr><td colspan="2">드림라인</td><td>100(1.8)</td><td>28(0.2)</td><td>2(0.0)</td><td>1(0.0)</td><td>0(0.0)</td><td>0(0.0)</td></tr>
<tr><td rowspan="2">LG U+</td><td>LG데이콤</td><td>213(1.8)</td><td>112(0.8)</td><td>68(0.5)</td><td>29(0.2)</td><td>12(0.1)</td><td rowspan="2">2,773(16.1)</td></tr>
<tr><td>LG파워콤</td><td>262(2.1)</td><td>1,204(8.6)</td><td>1,721(11.7)</td><td>2,182(14.1)</td><td>2,510(15.4)</td></tr>
<tr><td colspan="2">종합유선방송</td><td rowspan="3">1,155(9.5)</td><td>2,262(16.1)</td><td>2,507(17.0)</td><td>2,786(18.0)</td><td>2,811(17.2)</td><td>2,826(16.4)</td></tr>
<tr><td colspan="2">중계유선방송</td><td>15(0.1)</td><td>16(0.1)</td><td>13(0.1)</td><td>11(0.1)</td><td rowspan="3">199(1.2)</td></tr>
<tr><td colspan="2">전송망</td><td>55(0.4)</td><td>58(0.4)</td><td>50(0.3)</td><td>42(0.3)</td></tr>
<tr><td colspan="2">별정통신</td><td>257(2.1)</td><td>180(1.3)</td><td>164(1.1)</td><td>158(1.0)</td><td>163(1.0)</td></tr>
<tr><td colspan="2">합계</td><td>12,191</td><td>14,043</td><td>14,710</td><td>15,475</td><td>16,349</td><td>17,224</td></tr>
</table>

2010년 시점에 한국의 초고속 인터넷 가입자 현황을 보면 1700만가량의 국민이 이용하고 있습니다. 아마도 이 같은 인프라스트럭처 덕분으로 수많은 디지털 콘텐츠들을 한국인들이 소비하고 있는 것 같습니다. 한국이 '포르노그래피의 천국'이 된 것도 이 같은 인프라스트럭처의 발전과 관련이 있습니다.

[표 ⑤] 주요 국가들의 브로드밴드 정책

자료: 방송통신위원회, 농어촌 지역 BcN 구축 중장기 발전 계획, 2010. 12.

국가	정책명	목표 수준	재원 및 예산	제도 개선
미국	NBP(National Broadband Plan)	2020년 최소 1억 세대에 100Mbps급 제공	USF, CAF 등 총 240억 달러 마련	보편적 서비스 제공 및 상호 접속 제도 개선
일본	차세대 브로드밴드 구상 2010	2010년 전 세대의 90%에 30Mbps 이상	융자 · 세제 및 보조금(구축비 1/3) 지원	보편적 서비스 제도 (보편적 접근으로 전환)
호주	NBP(National Broadband Plan)	2017년 전 세대의 90%에 100Mbps급 제공	총 8년간 430억 달러(A$)	IPTV, VoIP 도입을 위해 법제화 갱신
영국	USC(Universal Service Commitment)	2020년 전 세대에 24Mbps 이상 제공	차세대 네트워크 펀드(NGF)	차세대 네트워크 기금 관리를 위한 기구 설립
핀란드	National Broadband Action Plan 2008	2015년 전 지역에 100Mbps급 제공	정부, 사업자, 지방정부, EU 지원	100Mbps급 인터넷의 보편적 서비스화
독일	The Federal Government's Broadband Strategy	2014년까지 독일 가정 75%에 50Mbps 제공	2차 경기 부양책	무선 브로드밴드를 위한 주파수 분배

세계의 주요국들은 초고속 인터넷 인프라스트럭처를 구축하기 위해서 국가적으로 엄청난 비용을 쏟아 붓고 있습니다. 또한 다른 나라를 기술적으로 이기기 위해 각종 전략들과 산업 스파이들을 동원하고 있는 등 극심한 경쟁을 하고 있습니다. 이 현상을 경제학적으로 말하면, 각국의 정부들이 그만큼의 공공재를 국민들에게 제공하고 있다는 말입

[표 ⑥] 전자정부 서비스 이용률

자료 : 『한국 인터넷 백서』(2011)

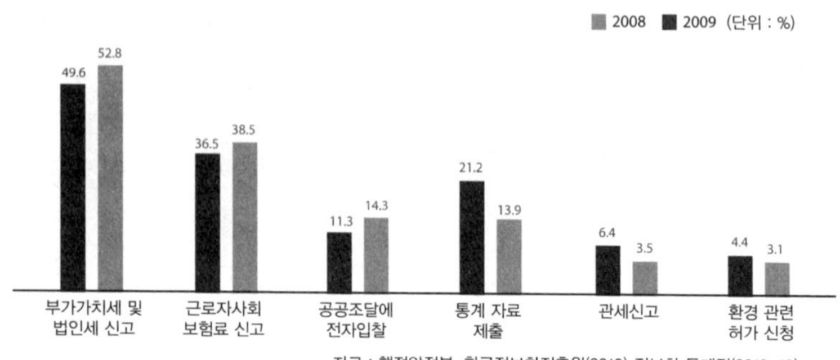

니다. 특히 정부가 제공하는 전자 서비스의 이용을 보면 다양한 범위에서 이용률이 증가하고 있음을 알 수 있습니다.

전자정부의 서비스 이용률을 보면 주로 세금과 관련된 부분과 허가, 입찰과 관련된 부분이 많음을 알 수 있습니다. 이것은 매우 중요한 의미를 가지고 있습니다. 왜냐하면 이 같은 전자 서비스 증가는 기존의 관료주의적인 폐단들을 막을 수가 있기 때문입니다. 한국과 같이 관료주의의 병폐가 극심한 나라에서는 반드시 필요합니다.

일반적으로 보면, 관료들의 부패가 가장 극심한 영역이 주로 G2B 즉 정부와 기업 간의 거래(허가, 승인, 조세, 조달)였는데 이 분야를 공공의 인터넷망을 통해서 전자화하여 처리하게 되면 부정의 소지나 관료들의 도덕적 해이(道德的解弛, Moral Hazard)를 방지할 수가 있습니다. 예를 들면, 주어진 시간에 정부의 해당 부처의 입찰 공고가 나면 다수의 기업들이 전자적으로 즉각 참가하여 모든 것이 전자적으로 처리되어 부정의 소지가 급감하게 됩니다.

과거에 컴퓨터 공학이 기업 경영에 대거 도입되면서 등장한 칼스(CALS) 즉 컴퓨터 병참관리(Computer Aided Logistics Support)[208]나 경영정보 시스템(MIS)에서도 일찌감치 추진된 전자 자재 구매(MRP) 즉 자재 소요 계획(MRP, Material Requirement Planning) 등도 이 같은 이유 때문입니다. 물론 현대의 부품들이 워낙 많고 종류도 다양하여 인간이 관리하기 힘들기 때문에 컴퓨터의 힘을 빌린 것도 맞지만, 이를 통해서 기업들은 자재의 구매와 관련하여 기업 내부에 발생할 수 있는 각종 부패의 고리를 잘라낼 수가 있었습니다. 이것이 점진적으로 발달한 것이 바로 ERP 즉 전사적 자원 관리(ERP, Enterprise Resource Planning)입니다. 즉 우리가 일반적으로 볼 수 있는 기업 관리 시스템이지요. 흔히 인트라넷(intranet)으로 부르기도 합니다. 그 기능을 보는 관점에 따라 다르게 부르는 것뿐입니다.

ERP는 기업이 보유하고 있는 모든 자원에 대해 그 기업의 경영 목표를 달성하기 위해 이루어지는 모든 활동을 컴퓨터 시스템을 통하여 처리하는 통합 시스템입니다. 바로 이 ERP가 DBMS 시스템 통합(SI)의 가장 구체적인 형태인데 이것은 바로 기업의 원활한 자재 · 구매 활동을 위해 제안된 MRP(Material Requirement Planning)에서 시작되었습니다. 이 MRP가 점차 발전해 생산 전반의 관리 개념인 MRP-II(Manufacturing Requirement Planning, 제조 소요 계획)로 확대되었고 이후 회계, 인사 등 기업 전반의 업무를 다루는 시스템으로 확대된 것입니다.[209]

그런데 제가 지금 분석하고 있는 공공재들은 이전의 공공재와는 매우 다른 특징들을 갖고 있습니다. 아직까지 세계적으로 합의된 적합한 용어는 없지만 일단 디지털 공공재(DPG, Digital Public Goods)라고 합시다.

첫째, 디지털 공공재는 이전의 전통적인 공공재와는 달리 공용지의 비극이 나타나지 않습니다. 그와는 반대로 지식(knowledge)이 확산될 때 나타나는 현상과 같은 시너지 효과(synergy effect)가 나타날 수 있습니다. 이른바 눈덩이 효과(snowball effect)지요.[210)]

둘째, 디지털 공공재는 단순히 국민들에게 디지털 인프라스트럭처를 제공하는 데 그치는 것이 아니라 사회 기반 시설을 확충하는 효과와 기술 발전에 중요한 펌핑 효과(pumping effect)를 제공한다는 사실입니다. 이것은 지식의 공유에서 나타나는 효과와 사실상 동일합니다. 즉 펌프에서 물을 받으려면 약간의 물을 먼저 펌프에 부으면 지하의 물이 쉽게 퍼 올려지는 것과 같은 현상이라는 말입니다.

셋째, 디지털 공공재는 막대한 경제적 효과가 나타날 수 있어 이전의 경제 문제들을 해결할 가능성이 나타난다는 점입니다. 즉 사회 전반적으로 디지털화되면 공간적 이동에 따르는 각종 부담이 급격히 감소하고 부동산 문제와 같은 각국의 고질적인 문제들이 둔화되어 서민 생활의 질을 높여줄 수가 있다는 점입니다. 물론 부동산 가격 하락에 따른 새로운 경제 위기가 나타날 수도 있습니다.

넷째, 기존의 공공재의 증가는 필연적으로 관료주의의 확산과 고착화를 초래하지만 디지털 공공재는 오히려 관료주의를 예방하는 효과가 있다는 점입니다.

다섯째, 디지털 공공재의 확산은 이전과는 다른 형태의 반사회적인 문제가 나타나기도 합니다. 즉 신판 오스트라시즘(Ostracism, 마녀사냥)이나 각종 마타도어(Matador, 흑색선전) 등의 확산, 인터넷 또는 스마트폰(smart phone) 중독 현상, P2P의 증가로 인한 반사회적 콘텐츠(예를 들면, 포르노그래피)의 확산 등이 사회적 문제가 된다는 말입니다.

이상의 내용으로 보면 또 하나의 거대한 패러다임이 붕괴하는 것을 알 수 있습니다. 경제학의 역사만큼이나 오래된 공공재 이론을 가지고 공공재만 분석하다가는 낭패가 된다는 말입니다. 디지털 상품들이 고개를 쑥 내밀고 있고 디지털 공공재는 이전과 같이 공용지의 비극과 같은 문제점들이 나타나지 않고 오히려 시너지 효과가 나타나기 때문입니다. 나아가 디지털 공공재는 이전의 공공재와는 달리 관료주의를 오히려 뿌리 뽑을 수 있는 안전장치가 된다는 것입니다.

제7장 열 살의 아이, 천하를 넘보다

:: 도대체 마케팅이란 무엇인가?

제가 대학 다닐 때 유명한 이야기가 있습니다.

상대(商大)의 한 교수가 출제하는 문제가 항상 "마케팅이란 무엇인가?"였다고 합니다. 그래서 학생들은 시험이 발표되면 마케팅에 대한 자신의 생각을 정리하여 달달 외웠습니다.

그런데 어느 해에 조교가 와서 시험 문제를 칠판에 쓰는데 "마케팅"을 쓰지 않고 "도"를 쓰더라는 겁니다. 여기저기서 탄식(歎息)과 곡소리[哭聲]가 들리기 시작했습니다. 큰일이 난 것이죠. 준비가 하나도 안 되었으니 말입니다.

조교는 이런 탄식에도 아랑곳없이 계속 써내려 갔습니다.

"도대체 마케팅이란 무엇인가?"

(1) 마케팅 천하

요즘 경영학의 가장 큰 문제들 가운데 하나는 학생들이 마케팅만 전공하려 한다는 것입니다. 이것이 청년 실업률을 높이는 하나의 이유가 되기도 합니다. 학생들이 좀 어려운 공부는 기피하고 가장 재미있고 쉬운 마케팅만을 전공하려다 보니 회사에서 실제로 필요로 하는 인력은 없고 마케팅 인력만 양산되고 있다는 것이지요.(마케팅은 실제로 매우 재미있는 학문이기도 합니다. 어떤 기업이 같은 조건하에서 특이한 방법으로 상품과 가격, 판촉, 유통 과정을 적절히 조절하여 대성공을 거두는 것은 마치 영웅담을 듣는 듯도 하기 때문입니다). 그러나 이것도 또 다른 의미에서 비실물적인 접근이자 영업적 사고방식이라고 할 수 있습니다. 이 때문에 세계적으로 기업의 신입사원 재교육 비용이 엄청나게 낭비되기도 합니다.[같은 마케팅이라도 IT 기술을 이용하는 데이터마이닝(Data Mining)이나 데이터베이스 마케팅(DB marketing)이라든가 웹로그 분석(web log analysis) 기법 UCC 동영상 편집 기술 등 기술 기반 마케팅(Technology based marketing)을 광범위하게 연구하고 배우면 국가적으로 오죽이나 바람직하겠습니까?]

그런데 문제가 되는 것은 대학에서 배우는 전통적인 마케팅 이론이라는 것이 기업 사장의 입장에서 보면 "돈 쓰기 위해 궁리하는 짓"으로 비친다는 것입니다. 생각해 보세요. 전통적인 마케팅은 아이디어가 좋다고 되는 것이 아니고, 기본적으로 언론 기관을 이용해야 하는데 이 비용이 기업의 입장에서는 감당하기가 힘들다는 것입니다. 예를 들어 주류 신문의 경우 신문 하단의 광고를 하루만 내더라도 수천만 원의 비용이 들어가는데, 그 광고 내용이 반드시 실수요자(그 물건의 구매자)에게만 들어가는 것도 아니기 때문에 문제가 있죠.

제가 보기론 어떤 기업이든지 사장(CEO)들은 자기가 만든 제품에 대한 마케팅 방식을 환하게 알고 있습니다. 다만 그럴 만한 여건이 안 되니까 대학교 마케팅의 교과서에서 나오는 마케팅 기법을 사용하지 못하는 것이지요.

한 나라에서 그것도 인터넷 왕국이라는 곳에서 실질적인 기술을 기피하고 영업 인력만을 양산한다고 생각해 보세요. 미래에 그 결과가 어떻게 되겠습니까? 한국의 대학생들은 나에게 쉬우면 남에게도 쉽다는 평범한 진리를 망각하고 있습니다. 대학은 대학대로 여기에 부화뇌동(附和雷同)합니다. 그리고 설령 어떤 회사가 마케팅에 드라마틱하게 성공했다 하더라도 그것은 이내 모방(copy)됩니다(대부분의 마케팅 기법들은 특허가 되지 않지요). 이렇게 모방이 쉬운 기술이나 아이디어는 현대 사회에서는 아무런 의미가 없습니다.

현대의 치열한 경쟁 속에서 생존하기 위해서는 모방이 힘들거나 불가능한 자원들을 많이 가지고 있어야 합니다. 이것을 기존의 경제학에서는 희소성(scarcity)이라고 하는데 이 희소성을 좀 더 세분화하여 보면, 중국의 희토류(rare earth)와 같이 특정 국가에만 자원이 몰려 있거나 미국의 나이아가라 폭포나 한국의 63빌딩과 같이 지리적으로 매우 좋은 위치에 있어 물리적으로 유일한 경우(physically unique), 코카콜라(Coca Cola)와 같이 일반인들이 그 제품에 너무 길들여져 있거나 그 제조법을 아무도 흉내 내기 힘들어서 새로운 제품이 등장하기에 시간이 걸리는 경우(path dependency)[211] 등 여러 가지 경우가 있습니다. 개인도 마찬가지입니다. 형해화(形骸化)된 지식은 이미 인터넷에서 모두 제대로 잘 관리되고 있습니다. 그런 지식으로 이제 생존하기는 불가능합니다. 이런 점에서, 한번 보면 누구나 모방할 수 있는 마케팅 기법을 배워서 미래에 생존하려는 자체가 문제지요.

원래부터 자원이라는 것은 노후화가 진행되어 수명(durability)이 짧고 가치도 지속적으로 하락합니다. 그런 상황에서 특수성(specificity)이 없는 기술이나 아이디어로 버틴다는 자체가 문제지요.

(2) 앙팡 테리블: 10세의 인터넷, 마케팅 천하를 넘보다

그러면 여기서 마케팅이란 무엇인지 알아나 보고 넘어갑시다. 마케팅이란 소비자들의 욕망이나 필요를 충족시키기 위해 가격(price) · 유통(place) · 판촉(promotion) · 상품(product) 등에 관한 각종 전략을 세우는 행위를 말합니다(이 네 가지를 전통적인 마케팅 이론에서는 4P라고 합니다).[212)]

쉽게 말해서 물건을 잘 팔려고 제품의 모양이나 구조, 가격 정책, 판촉 활동 등을 관리하는 일체의 행위지요. 궁극적으로 기업들은 과거처럼 "나는 내 물건만 팔면 돼."라고 말하지 않고 "내 상품을 써봐, 그러면 당신들은 인생 전체가 품위가 있고 즐거워져!"라고 합니다. 이것을 좀 유식한 말로 소비자의 생애 가치(life time value)를 향상시킨다고 합니다.

이와 같이 마케팅은 자본주의의 한 단면을 보여주는 듯합니다. 즉 최대의 이윤을 뽑기 위해 고객들에게 자기의 상품을 팔기 위해서 행하는 모든 행위가 바로 마케팅이라는 것입니다.

그동안 마케팅 이론은 자본주의의 발달과 함께 엄청난 발전을 하였습니다. 마치 자본주의는 마케팅에 달려 있는 것처럼, "마케팅은 알파요 오메가(marketing is everything)"라는 구호와 함께 했습니다.

[표 ①] 기업의 고객 관리와 마케팅 기법의 발전

<table>
<tr><th></th><th>판매
(1970년대)</th><th>CS
(1980년대)</th><th>DBM
(1990년대)</th><th>CRM
(2000년대)</th></tr>
<tr><td>사회 변화</td><td>산업사회</td><td>산업사회</td><td>고도산업사회</td><td>정보화 사회</td></tr>
<tr><td>수익 개념</td><td colspan="3">시장 점유율</td><td>고객 점유율</td></tr>
<tr><td>시장 환경</td><td colspan="2">지역 경제 및 다국적 기업
제한적 생산요소이동</td><td>세계화강화</td><td>무국경 세계화
(e–business)</td></tr>
<tr><td rowspan="2">마케팅전략</td><td colspan="3">밀어내기(push)</td><td>끌어들이기(pull)</td></tr>
<tr><td colspan="3">매스마케팅(mass marketing) – 1대 다(多)
① 다수에게 한 가지 물건을 판매 ② 고객 차별화</td><td>1대1(one–to–one)
① 한 명에게 많은 상품 판매
② 상품 차별화</td></tr>
<tr><td>고객 특성</td><td>수동적 구매
(기성품 위주)</td><td>선택적 구매
(기성품 위주)</td><td>개성화 · 다양화
(맞춤형 선호)</td><td>프로슈머의 시대
(능동적 파트너)</td></tr>
<tr><td>고객 관계</td><td>일방적 배급</td><td>고객만족도(CSI)
측정–일방적 관계</td><td>그룹화된 고객
과 일방적 관계</td><td>개별 고객과
쌍방향 의사소통</td></tr>
<tr><td>고객 관리</td><td>단순 영업 위주</td><td>영업과 판매</td><td>IT기술 기반 분석
– 전략 수립</td><td>전사적 고객 관리</td></tr>
<tr><td>생산 요소</td><td>후진국 노동 집약
선진국 자본 집약
▷ 규모의 경제</td><td colspan="2">후진국 노동 집약, 개도국–틈새시장
▷ 규모의 경제
선진국 자본 집약</td><td>디지털 디바이드 현상
선진국 지식 집약화
▷범위(영역)의 경제</td></tr>
</table>

그래서 저는 마케팅의 관점에서, 여러 종류의 책들을 다 뒤져, 그동안의 각종 경제학과 경영학의 지식들을 모두 한 곳에 모았습니다. 그것이 위의 [표 ①]입니다.

[표 ①]에서 보면, 그동안 기업의 고객 관리는 단순 판매 → 고객 만족(CS: customer satisfaction) → 데이터베이스 마케팅(DBM: database maketing) → 고객 관계 관리(CRM: Customer Relationship Management)[213)] 등으로 변화하고 있습니다. 즉 1990년대 이전까지만 해도 주로 "자, 내가 이만한

물건을 만들어 내놓았으니 잔소리 말고 사서 쓰기나 해봐!"라는 식으로 밀어내기(push)식의 '강요하기 마케팅 전략'이 주류를 이루었습니다. 이것은 세일즈맨(salesman)들이 교만해서가 아니라 그럴 수밖에 없는 기술적인 환경 때문이었습니다.

그러나 1990년대 이후 전자우편(e-mail)과 데이터베이스(DB)가 발달함에 따라 고객의 기호를 기업이 파악할 수 있고 기업의 상품들을 이들의 기호에 맞춰 정보를 제공할 수 있는 토대가 형성됩니다. 이것을 '끌어들이는 전략(pull strategy)'이라고 합니다. 그리하여 기업과 고객과의 관계도 이전과는 많이 달라집니다. 기업은 이제 소비자의 구매를 자극하면서도 고객의 평생 가치를 높이는 끌어들이기(pull) 전략이 보편화되고 '맞춤 고객화' 또는 일대일 마케팅(One to one marketing)의 등장으로 소비자 권력이 고도화되고 있죠.

그러면서 규모의 경제(economy of scale)라는 말 대신에 범위의 경제(economy of scope)라는 말이 확산되고 있음을 알 수 있습니다. 규모의 경제는 경제 분석에서 매우 중요한 기초 개념으로 생산 요소 투입량의 증대(생산 규모의 확대)에 따른 생산비 절약 또는 수익 향상의 이익을 말합니다. 주로 앞에서 본 포디즘(Fordism) 하에서 나타나는 현상입니다. 일반적으로 대량 생산의 이익, 대규모 경영의 이익이라는 말이죠. 그러나 범위의 경제란 사업 영역을 확장함으로써 평균비용(AC)이 감소하거나 매출액(TR)이 증가하는 것을 말하거나 여러 제품을 함께 생산하는 결합 생산의 방식을 통하여 생산 비용을 줄이는 현상을 말합니다.[214)]

이와 같이 다른 분야와는 달리 마케팅 분야는 디지털 시대에 비교적 잘 적응하고 있는 듯합니다. 그러나 마케팅 분야 또한 상당한 도전에 직면하고 있습니다.

전통적인 마케팅의 가장 큰 문제점은 비용이 비싸고 그러면서도 불특정 다수를 대상으로 하는 경우가 대부분이라는 점입니다. 예를 들면 서울의 영등포의 아파트나 상가 광고를 대구에 사는 사람이 봐야 할 이유가 어디에 있습니까? 물론 한두 명쯤이야 있을 수도 있지만 나머지 사람들은 관심도 없지요. 대부분의 신문이나 방송 광고들은 정도의 차이는 있지만 이런 경우가 많습니다.

인터넷이 등장하면서 마케팅도 근본적인 패러다임의 변화가 불가피하게 되었습니다. 물론 시장 기회(market opportunity)를 분석한다거나 (내 상품이 과연 시장에서 팔릴 가능성이 있는가를 타진하는 것), 타깃 마켓 (target market: 목표 시장. 수많은 소비 대상들 가운데 내 상품의 주고객층을 결정하는 것)을 선정하는 것은 전통적 마케팅 이론과 별로 다를 바 없지만 그 다음에는 제품, 가격, 판촉, 유통 등은 완전히 딴판이라는 얘깁니다.

그러면 먼저 인터넷 마케팅의 전개 과정을 살펴보도록 합시다. 인터넷 광고는 초기에는 그저 PC 통신을 중심으로 진행되다가 2000년대에 접어들면서 본격화되었습니다. 불과 10여 년 만에 전면 광고 → 키워드(keyword) 광고 → 검색 광고 및 UCC 동영상 광고 등으로 다양하고 획기적인 발전이 진행되고 있습니다.

다음으로 인터넷 마케팅이 얼마나 되고 있는지를 살펴봅시다. [표 ③]에서 보면, 인터넷 광고 시장은 전체 광고 시장에서 차지하는 비율이 아직은 높지 않지만 점유율과 성장률은 빠른 속도로 증가하고 있음을 알 수 있습니다. 2010년 시점에 거의 20%(추정치)의 시장을 점유하고 있습니다. 이것이 불과 10여 년 만에 일어나고 있는 상황이라는 점을 감안하면, 인터넷 마케팅은 가히 가공할 만한 파괴력을 가지고 있습니다. 미래 마케팅의 주역이지요.

[표 ②] 인터넷 마케팅 발전사

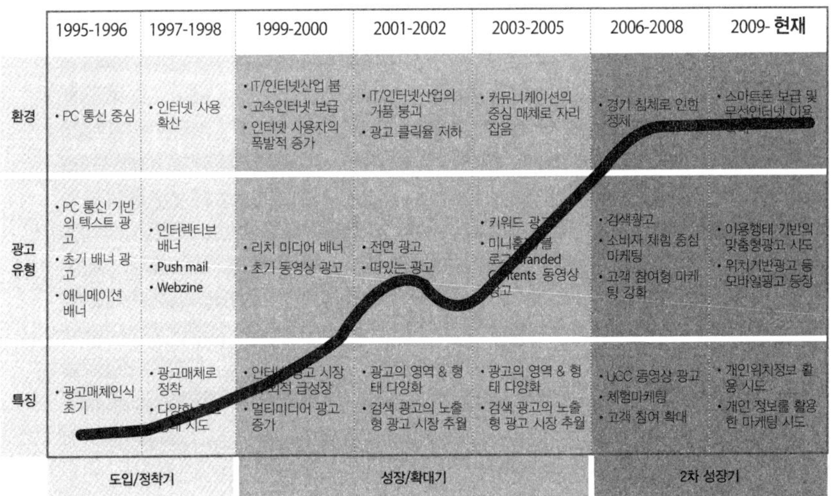

	1995-1996	1997-1998	1999-2000	2001-2002	2003-2005	2006-2008	2009- 현재
환경	• PC 통신 중심	• 인터넷 사용 확산	• IT/인터넷산업 붐 • 고속인터넷 보급 • 인터넷 사용자의 폭발적 증가	• IT/인터넷산업의 거품 붕괴 • 광고 클릭율 저하	• 커뮤니케이션의 중심 매체로 자리 잡음	• 경기 침체로 인한 정체	• 스마트폰 보급 및 무선인터넷 이용 [illegible]
광고 유형	• PC 통신 기반의 텍스트 광고 • 초기 배너 광고 • 애니메이션 배너	• 인터렉티브 배너 • Push mail • Webzine	• 리치 미디어 배너 • 초기 동영상 광고	• 전면 광고 • 떠있는 광고	• 키워드 광고 • 미니홈[illegible]블로그 [illegible]randed [illegible]ntents 동영상 광고	• 검색광고 • 소비자 체험 중심 마케팅 • 고객 참여형 마케팅 강화	• 이용행태 기반의 맞춤형광고 시도 • 위치기반광고 등 모바일광고 등장
특징	• 광고매체인식 초기	• 광고매체로 정착 • 다양한 [illegible] 형태 시도	• 인터[illegible]광고 시장 [illegible]발적 급성장 • 멀티미디어 광고 증가	• 광고의 영역 & 형태 다양화 • 검색 광고의 노출형 광고 시장 추월	• 광고의 영역 & 형태 다양화 • 검색 광고의 노출형 광고 시장 추월	• UCC 동영상 광고 • 체험마케팅 • 고객 참여 확대	• 개인위치정보 활용 시도 • 개인 정보를 활용한 마케팅 시도
	도입/정착기		성장/확대기			2차 성장기	

[표 ③] 전체 광고 시장과 인터넷 광고 시장의 규모

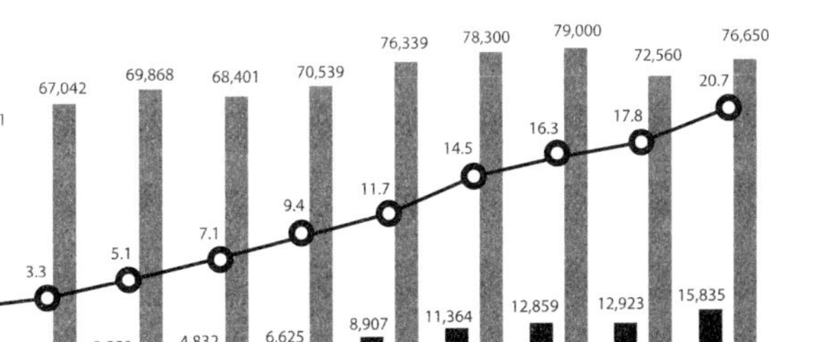

• 자료 : 한국인터넷마케팅협회, 2010년 인터넷 광고비 예측, 2010. 11 • P : 잠정치

[표 ④] 광고 매체 속성별 평가

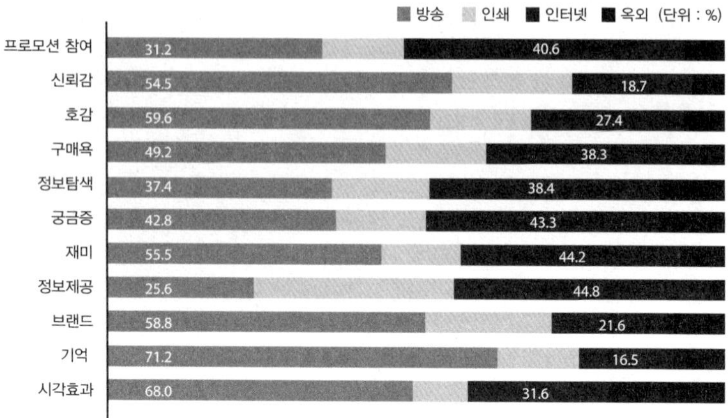

자료 : 한국광고단체협회, 한국인터넷마케팅협의회(2007) 인터넷사용자조사(재구성, 2007)

다음으로 인터넷 마케팅과 전통적인 마케팅 매체들의 속성을 비교해 봅시다. 인터넷 광고는 무엇보다도 각종 판촉 행사들을 손쉽게 할 수가 있어 소비자들의 참여가 쉽게 이루어집니다. 아직까지는 방송 광고보다는 신뢰감이 떨어지지만, 그 가격을 감안한다면 비용 대비 투자 효율은 비교할 수가 없습니다(그만큼 인터넷 광고가 가격이 저렴하다는 것입니다). 인터넷 마케팅은 전통적인 방송 광고보다도 더 많은 정보를 제공하고 제품에 대한 궁금증도 더 많이 유발합니다.

이 같은 현상들이 불과 10여 년 만에 일어나고 있다니 정말 놀랍지 않습니까? 제가 보기엔 미래의 마케팅은 인터넷을 누가 얼마나 효율적으로 이용하는가에 달려 있습니다.

(3) 마케팅 패러다임의 변화

인터넷이 등장하면서 전통적 마케팅과는 다른 여러 가지 양상이 나타났습니다. 어떤 점에서 차이가 있을까요?

첫째, 인터넷 마케팅은 전통적 마케팅 방식보다는 가격(price)이 싸다(cheap)는 측면이 있습니다. 우리가 TV 또는 주류 일간지에 광고를 하는 것보다는 훨씬 싸다는 것입니다.

둘째, 인터넷 마케팅에서 콘텐츠의 중요성이 매우 커졌다는 것입니다. 콘텐츠는 단순히 내용만 좋아서 되는 것이 아니라 콘텐데지그날리지(ContenDesignology)가 좋아야 한다는 것입니다. 즉 인터넷 마케팅을 할 때 사용하는 콘텐츠는 그 내용(contents)뿐만 아니라 시각적 효과(design)와 그것을 구현해 내는 우수한 기술(technology)이 바탕이 되어야 한다는 것입니다.

셋째, 소비자와 쌍방향 접촉(interactive contact)이 가능하다는 것입니다. 즉 과거에는 광고하는 주체가 소비자의 반응 여부에 상관없이 그대로 광고를 살포하는 형식이었는데 인터넷은 마케팅하는 시기와 거의 동시에 그 상품이나 서비스에 대한 소비자의 의견이 바로 인터넷을 타고 올라오게 된다는 것입니다. 그래서 소비자의 불만을 바로 접수하여 그것을 상품이나 서비스에 반영하는 속도가 매우 빨라지게 되었습니다.

과거에는 소비자들의 불만 사항이 있더라도 적당히 무마하면서 그것이 다른 소비자들에게 파급되지 않도록 차단하는 경우가 많았는데 인터넷에서는 섣불리 그렇게 했다가는 오히려 된서리를 맞게 되는 경우가 많아졌다는 것입니다.

넷째, 인터넷 마케팅이 시작되면서 소비자의 역할이 매우 강화되게 되더라는 것입니다. 즉 프로슈머(prosumer)가 제대로 된 역할을 할 수 있게 되더라는 말입니다. 프로슈머란 생산 과정에 참여하는 소비자를 말하는데 소비자들이 상품을 직접 사용해 본 뒤 그 불만 사항을 토로하면 그것을 생산 과정에 반영하는 식입니다. 그래서 "가장 스마트(smart)한 고객을 가진 회사가 가장 성공할 가능성이 높다"는 말이 나오고 있습니다.

다섯째, 일대일 마케팅(one to one marketing)이 손쉬워졌다는 것입니다. 전통적인 마케팅 방식에서도 DM(direct mail) 등을 이용하여 실제 소비자에게 다가가려는 시도들이 있었지만, 매우 힘든 작업이었습니다. 그러나 e-mail을 통한 마케팅을 하게 되면 실제 소비자에게 쉽게 다가갈 수 있다는 것이지요.

예를 들어 봅시다. 마트(mart)에서 회원제(membership)로 하여 할인 혜택을 주면 많은 사람들이 회원에 등록하게 되고 등록할 때 회원 카드를 기록하겠지요. 이때 남자인지 여자인지 나이(age)는 얼마인지 취미는 무엇인지 e-mail 주소는 어떤지 등 공개해도 크게 부담이 없는 내용으로 소비자들의 정보를 파악하고 DB로 만들어 두면 간단히 해결됩니다(이름이나 주민등록번호를 묻지 않아도 됩니다). 가령 영화감상이 취미인 25세의 A라는 여성 고객이 주로 우유나 기저귀를 구매했다면 이 A씨는 2~3세의 유아를 키우는 아줌마라는 것을 쉽게 알 수 있죠. 그러면 마트는 각종 유아용품과 새로 나온 영화 상품들을 e-mail을 통해서 보내기만 하면 됩니다. 이것을 인터넷 마케팅에서는 커스터미제이션(customization, 맞춤 고객화)이라고 합니다.

여섯째, 인터넷 마케팅을 할 때는 최대한 정직하지 않으면 안 되게 되었다는 것입니다. 사기를 쳐서 사람들을 모은 후 돈만 갈취하여 달아나려고 하는 경우라면 모를까 지속적으로 비즈니스를 하려면 '정직이 최선의 정책(Honesty is the best policy)'인 시대에 돌입하고 있는 것이죠. 이것은 인터넷이 가진 특이성이라고 할 수 있습니다.

인터넷이 등장할 때 대부분 사람들은 인터넷은 익명성(匿名性)이 보장되므로 난장판(mess)이 될 것이라고 생각했는데 인터넷은 오히려 반대로 가고 있는 것이죠. 오히려 익명성이 보장되므로 자기 의견을 더욱 솔직하게 표현할 수 있게 된 것이죠. 특히 아시아에서는 자기 주장을 하는 것을 좋아하지 않는 문화가 있는데 이것이 인터넷에서는 반대로 나타나고 있습니다.

일곱째, 프로슈머의 중요성 못지않게 동호회(同好會)의 중요성이 매우 커졌다는 것입니다. 즉 과거에는 상품을 생산하여 바로 소비자에게 다가가지만 이제는 일종의 그 상품에 대한 팬클럽(fan club)이 생겨서 마케팅에 영향을 미치게 되었다는 말입니다. 이것을 인터넷 마케팅 용어로는 커뮤니티(community)라고 합니다.

커뮤니티는 다양한 방식으로 만들어집니다. 포탈(portal) 사이트의 카페(cafe)나 블로그(blog) 등을 통해서 만들어지는 경우도 있고 그 회사가 직접 동호회를 만들어 운영하는 경우도 있습니다. 이 커뮤니티는 향후 인터넷 마케팅에 결정적인 역할을 할 가능성이 높습니다. 예를 들면 한국에서 노무현 후보를 대통령으로 만든 것도 결국은 '노사모(노무현을 사랑하는 사람들의 모임)'라는 커뮤니티였습니다. 2012년 한국의 대통령 선거에서 큰 역할을 한 박사모(박근혜를 사랑하는 모임)도 마찬가지죠. 이것은 상당한 부분이 자발적으로 결성되기 때문에 돈도 그렇게 많이 들지 않아서 매우 중요한 마케팅의 요소가 됩니다. 따라서 성실하고 헌신하는 마음으로 1차적으로 국민을 감동시킬 수 있는 사람이 있다면 오히려 성공하기 쉬운 구조로 가고 있습니다.

여덟째, 커뮤니티의 성장은 부가적으로 다른 상품들의 마케팅도 용이하게 만듭니다. 예를 들면 아이들을 위한 스티커를 파는 회사가 욕탕의 타일 시트지를 개발하여 팔 때도 기존 커뮤니티의 효과를 톡톡히 볼 수가 있다는 점입니다.

생각보다도 인터넷에는 공간이 매우 넓습니다. 오프라인(off line)과는 달리 인터넷은 작은 배너(banner)는 고사하고 글씨 하나라도 그것을 클릭하면 매우 넓은 다른 공간으로 쉽게 옮겨갈 수 있는 특징이 있습니다. 이것은 인터넷이 가진 독특한 기술적 구조 덕분입니다. 좀 어려운 말로 하면 하이퍼텍스트 마크업 랭귀지(HTML) 문서로 구성되어 있기 때문이죠. 그래서 일단 콘텐츠로 사람을 모으고 동호회(community)를 만들고 인터넷 마케팅을 시작하면서 동시에 새로운 거래(commerce)도 할 수가 있는 것이죠.

아홉째, 인터넷 마케팅에서는 기업들 간의 전략적 연계(strategic linkage)가 매우 용이하다는 것입니다. 이것을 인터넷 마케팅에서는 커넥션(connection)이라는 말을 사용합니다. 예를 들면 A라는 포털 사이트(portal site)를 통해서 나의 사이트로 들어와 나의 상품을 사간 경우가 있다면 이 소비자가 들어온 경로를 인터넷 마케팅에서는 모두 추적할 수가 있습니다. 그래서 그 수익을 일정한 비율로 포털 사이트와 나눠가질 수가 있는 것이지요. 이것은 인터넷 마케팅이 전통적 마케팅과는 달리 마케팅 효과 측정 가능성(measurability)이 있기 때문에 나타나는 현상입니다.

이것은 주로 웹로그 파일(web log file)를 분석하는 기법입니다. 물론

서버(server) 전문가들의 영역입니다. 여러분들이 PC로 할 수 있는 것은 아닙니다. 원래 웹로그 파일은 서버에 기록된 파일로 시스템이 고장 났을 때 그것을 복구하기 위한 것이었지만 인터넷 마케팅이 마케팅의 새로운 기원을 열게 됨에 따라서 마케팅 도구로 활용된 경우입니다. 이것을 이용하면 내 사이트에 들어온 고객이 시간별, 일별, 주별, 월별, 계절별 접속 상태는 물론이고 어느 쪽에서 어떻게 움직이는지를 한눈에 알아볼 수가 있습니다.

열째, 인터넷 마케팅은 전반적으로 정보교환이나 의사소통이 매우 쉽다는 것입니다. 어떤 사이트라도 대개는 게시판을 이용하여 파일의 교환이 용이합니다. 그래서 인터넷 마케팅에서는 이를 커뮤니케이션(communication)이라는 용어를 사용하고 있습니다.

열한째, 인터넷 마케팅을 이용하면 돈을 거의 들이지 않고 마케팅하는 방법들이 많다는 것입니다. 주로 검색 엔진(search engine)의 독특한 성질을 이용하여 블로그(blog)나 검색어의 키워드(keyword)를 조정하는 방식을 통하여 효과적으로 마케팅을 수행할 수 있다는 것입니다(이 부분은 악용될 소지가 많아서 여기서는 거론하지 않도록 하겠습니다. 실제로 최근에 이와 관련된 사고들이 많이 발생하고 있기 때문입니다).

열두째, 자기가 마케팅할 부분을 이제는 뉴스의 형태나 기타의 방식으로 정보 생산과 분배(distribution)가 가능하다는 것입니다. 일부의 포털 사이트는 개인들에게 자체적인 뉴스 생산 기능을 부여하고 있습니다. 개별 블로그도 이용할 수 있습니다. 이것은 전통적 마케팅 이론의 근간을 무너뜨리는 것이기도 합니다.

열셋째, UCC 동영상을 이용한 광고 기법들을 사용하여 전 세계적으로 마케팅 활동을 할 수 있다는 것입니다. UCC(User Created Contents)는 사용자가 직접 제작한 컨텐츠를 뜻하는 말로 개인적으로 직접 만든 저작물(영상, 사진 등)들을 말합니다. 물론 개념상으로만 본다면, UCC 자체는 상업적 목적을 배제하지만 그 경계가 불분명하기 때문에 두말할 것도 없이 '돈 없는 광고꾼'들에게는 "잘만 만들면" 이것보다 효과적인 마케팅 기법도 없죠? 다만 일반인들이 공감할 수 있도록 각종 동영상 기법이나 콘텐츠를 제대로 만들어야 할 것입니다. 오늘날 싸이(Psy)를 전세계인의 스타로 만든 것도 결국이 UCC 동영상 아닙니까? 싸이의 '강남스타일'은 최단 기간 유튜브(www.youtube.com) 내 존재하는 전세계 모든 콘텐츠 중 최다 조회수를 기록하며 신기록을 수립했습니다(2012. 11. 24 공식 1위).[215)]

열넷째, 가장 혁명적이고 보다 실전적인 전략으로 인터넷의 지식 사이트나 토털 커뮤니티(total community)의 게시판을 이용한다거나 회원수가 수십만을 헤아리는 분야별로 국내 최대, 최고의 유명 커뮤니티를 공략하거나, 또는 지역적으로 활성화된 수많은 지역 관련 사이트들에 대한 침투들을 통해서 이전의 마케팅과는 차원이 다른 마케팅을 구사할 수가 있다는 것입니다(이 부분도 악용될 소지가 많아서 여기서는 더 이상 상세히 거론하지 않도록 하겠습니다).

지금까지 이야기들 가운데 콘텐츠(contents), 커뮤니티(community), 새로운 거래(commerce), 커스트미제이션(customization), 커넥션(connection), 커뮤니케이션(communication) 등을 인터넷 마케팅의 용어로 6C라고 부르기도 합니다. 이 6C야말로 전통적인 마케팅 패러다임을 송두리째 파괴하고 있습니다.

이 같은 현상을 전통적 마케팅 이론이 포괄하여 기존의 패러다임 안으로 굴복시킨다고 생각한다면, 그것은 착각입니다. 인터넷 기술과 인터넷 커뮤니티가 오히려 전통적인 마케팅 이론을 굴복시키고 있는 것이지요. 바람직한 변화이기도 합니다. 기존의 이론들이 아이디어 정도의 싸움으로 자원 가치가 없는 것이었다면 이제는 기술을 기반으로 하는 마케팅 개념이 수립되고 있는 것이지요. 한마디로 기술적 요소가 전체 마케팅 패러다임을 대대적으로 파괴하고 있습니다.

Capitalism

제4부

새로운 패러다임을 찾아서

새로운 패러다임을 찾아서

:: 나무도 아닌 것이 풀도 아닌 것이

나모도 아닌 거시 플도 아닌 거시
곳기는 뉘 시기며 속은 어이 뷔연난다.
뎌러코 四時(사시)에 프르니 그를 됴하하노라.

윤선도(尹善道, 1587~1671)의 시조입니다. 대나무를 예찬한 것이죠. 윤선도는 시조에 뛰어나 정철의 가사와 더불어 조선 시가에서 쌍벽을 이루었다고 합니다.

대나무를 보면 특이한 것은 분명합니다. 풀[草]이기에는 나무[木] 같고 나무라고 하기엔 풀이 많이 자란 모습이기도 합니다. 꼿꼿하게 서서 사시사철 푸른데 속은 또 텅텅 비었습니다. 속빈 강정도 아니고 선비의 상징이라고 하기에는 좀 그런데, 어쨌거나 선비의 상징이라고 합니다.

뒤죽박죽입니다.

어쩌면 대쪽 같은 선비니 하는 사람들이나, 평생을 한 가지 생각에만 매달려 사는 사람들은 혹시 대나무처럼 속이 텅 빈 것은 아닐까요?

(1) 멀고도 먼 여행

지금까지 우리는 새로운 패러다임을 찾아서 멀고도 먼 여행을 했습니다. 그러나 돌이켜 보면 기나긴 인간의 역사에서 그리고 수백 년에 걸친 자본주의의 역사를 이 정도로 돌아본 것은 오히려 너무 가벼웠을지도 모릅니다.

사실 지금 이 시대와 새로운 미래의 패러다임을 찾아 나선다는 것이 저 혼자의 힘으로는 무립니다. 앞으로 많은 사람들이 서로 협력하여 새로운 패러다임의 구축에 노력해야 할 것입니다.

저는 거대한 미래의 패러다임을 구성하는 기초로서 우선 경제학의 패러다임에 국한하여 생각해 보겠습니다. 경제는 사회 전 분야에 걸쳐서 직접적인 영향을 미치기 때문에 미래 패러다임의 기초를 경제에서 시작하는 것은 당연한 일입니다. 케인즈도 "경제학자나 정치 철학자들의 생각들은 그 옳고 그름에 상관없이 사람들이 생각하는 것보다 훨씬 더 강한 영향력을 가지고 있다. 세상은 이들이 거의 지배하고 있다고 볼 수 있다. 자신은 실용주의자라 그 어떤 영향도 안 받는다고 해도 그는 어느 죽은 경제학자의 정신적 노예일 것이다(『고용 · 이자 및 화폐의 일반이론』)"고 했습니다. 그만큼 경제가 중요하다는 말이지요. 그래서 마치 "천리 길도 한 걸음부터"라는 심경으로 제 생각을 일단 정리해야 할 것 같습니다.

무엇보다도 이제 경제학은 경세제민(經世濟民)의 정신으로 돌아가야 합니다. 단순히 현상 분석에만 치우쳐 과학성이라고 치부만 하고 있을 시기가 아닙니다. 어느 나라나 할 것 없이 "나라를 잘 다스려 수렁에 빠진 국민들을 구한다."는 신념의 표현이 경제학으로 구현될 필요가 있습니다.

오늘날 세계 경제의 위기는 이 같은 정신을 무시하고 근대 경제학 즉 우파 경제학(Bourgeois Economics)이 오로지 기득권의 유지와 이윤 극대화를 위해 패러다임을 구성한 결과로 나타난 것입니다. 결과적으로 인류는 두 차례나 자기 파멸의 세계대전을 비롯, 수많은 전쟁들을 치르게 되었습니다.

우리가 배우고 익히는 우파 경제학 즉 흔히 말하는 근대 경제학이라는 것은 외형적으로는 과학성을 빙자하고 있지만 실질적으로는 특정 세력의 기득권들을 유지하는 데 필요한 이론서에 불과했기 때문입니다. 세상은 이미 제국주의 침탈과 수탈로 불평등(inequality)이 만연하고 경제 구조가 파괴되어 있는데 그 원인에 대한 문제 제기는 없이 무조건 경기장에서 누가 어떻게 뛰고 있는지 과학적이고 실증적으로 관찰만 잘한다고 해서 해결될 문제는 하나도 없습니다.

그동안 우리가 일반적으로 부르는 우파 경제학자들이 하는 꼴이라는 것이 마치 유명 만화였던 『순악질 여사』(길창덕 작)의 스토리나 다를 바 없습니다. 한번 봅시다.

한 아줌마가 마당에서 고등어를 굽는데, 전화가 와서 마침 놀러 와 있던 이웃의 '순악질 여사'에게 "고등어 좀 봐 주세요." 하고 방으로 들어갑니다. 그런데 전화를 받고 와보니 고등어가 다 타버려서 온 동네에 생선 탄 냄새가 진동을 합니다. 그래서 "도대체 왜 이렇게 되었어요?" 라고 물으니, 순악질 여사가 하는 말, "타는지 보라고 했잖아요."

이것이 우파(부르주아) 경제학자들이 말하는 과학성입니다. 케인즈가 그토록 찬양했던 맬서스 이후 거의 모든 부르주아 경제학자들이 추구한 본질은 과연 무엇입니까?

맬서스(Thomas Malthus, 1766~1834)는 신부의 본분을 망각하고 구빈법(救貧法, Poor laws)을 반대하였고, 인간의 역사를 돌이켜 보면 불평등을 강화함으로써 오히려 인간은 위대한 문명을 이룩할 수 있었다고 했는데 이 이론을 케인즈(John Maynard Keynes, 1883~1946)가 그대로 원용하였습니다.

우파 경제학에서 주장하는 것은 골치 아픈 경제학 논쟁들은 경제학자들이 사회복지(social welfare)를 논함으로써 발생한 것이므로 경제학이 과학이기 위해서는 몰가치적이고 가치 중립적(價値中立的, value neutrality)이어야 한다는 것입니다. 경제는 사람들의 먹고 사는 문제들의 집합체요 경제학은 이 문제와 결코 분리될 수 없는 것인데 어떻게 가치 중립적인 입장을 가질 수 있겠습니까? 경제는 바로 정치 행위와 직결되어 있는 문제로 "그래도 지구가 태양 주위를 돈다."는 문제와는 근본적으로 다릅니다. 그 결과 경제학은 더욱 현실과 유리된 수식의 틀 속에 머물기도 하고 경제학자들의 어용화 및 경제학의 민중으로부터의 유리를 초래하게 되었습니다.

그동안 세계를 지배했던 우파 경제학의 패러다임이라는 것은 결국 '과학으로 위장한 정치(science disguising politics)'에 불과했습니다(물론 좌파 경제학도 이 범주를 벗어나기 힘들 것입니다. 그러니 차라리 가치 논쟁을 다시 시작해야 한다는 것입니다). 그럼에도 불구하고 현상 분석에 치우친 그 우파 경제학조차 이제는 현상 분석도 제대로 못하고 있으니 근본적으로 경제학 교과서를 다시 써야 할 때입니다.

초기 자본주의 패러다임의 이론가들, 예컨대 시니어(Nassau Senior, 1790~1864) 류의 헛된 발상은 당시 팽배하고 있던 자연과학적 발전에서 나타난 부산물들을 섭취함으로써 자연과학과 인문 · 사회과학의 연구 방법론을 동일시하는 데서 비롯된 것입니다. 경제학은 원뜻 그대로 세상을 경륜하고 국민 대다수를 구성하는 민중들의 생활 향상에 그 목적을 두지 않을 때는 의미를 상실하는 것이 너무나 당연한 것입니다. 우리가 경제학을 단순히 시장 상황만 분석하려고 배우는 것은 아니지 않습니까?[216)]

그렇다고 해서 마르크스(K. Marx, 1818~1883)의 패러다임이 온전하다는 말은 결코 아니지요. 마르크스의 경제학(좌파 경제학)도 '과학으로 위장한 정치'를 벗어날 수 있는 것은 아닙니다.

패러다임의 관점에서 보면, 마르크스주의는 절반의 성공을 거둔 셈이지만 마르크스는 제자들에게 국제 부문(국제주의)이라는 엄청난 이론적 부담을 남기고 말았습니다. 그래서 마르크스 이후 국제 부문에 대해서는 거의 이론의 춘추전국시대라고 할 만큼 많은 이론들이 봇물처럼 쏟아집니다. 이들이 우왕좌왕하는 사이 자본주의 선진국들은 신속하게 자유민주주의, 자유무역 이론의 우아함과 아름다움을 철저히 프로파간다(propaganda)하면서 세계 전체를 장악해 간 것입니다. 제가 보기엔 반자본주의적 지식인들이 마르크스주의에 경도되어 정신없이 '안 되는 이론 개발'에 몰두하지 않고 차라리 각 나라의 진정한 발전을 위한 패러다임의 다양화를 강화했어야 할 시기였습니다.

세계의 경제 현황을 보면 그래도 이슬람권 국가들이 아프리카나 라틴 아메리카보다도 절대적, 상대적 빈곤이 덜하다는 것을 알 수 있는데, 물론 이 지역의 조사 통계가 부족하고 풍부한 석유자원이 있기 때문에 판단하기 쉬운 일은 아니지만, 이것은 종교나 사회문화적 요소가 서유럽 자본주의 패러다임의 일방적 침투를 막았기 때문에 가능했던 일입니다. 이것이 옳고 그르고는 제3자가 판단할 문제가 아닐 수도 있습니다.

지금까지의 분석을 토대로 보면 현대 경제 문제를 해결하는 일원론(一元論, monism)적인 패러다임은 없다는 것입니다. 즉 선진국과 후진국들에게 보편적으로 적용될 수 있는 단일의 패러다임(monistic paradigm)은 없다는 것입니다. 따라서 선진국은 자기에게만 유리한 패러다임을 일방적으로 강요해서는 안 된다는 것입니다. 좀 더 구체적으로 보면, 일본은 일본식의 독특한 자본주의 운영 방식을 통해서 역동적인 수출 정책으로 서구를 따라잡았고, 중국은 한국형 모델을 기반으로 민간 투자 사업의 중요성을 인식한 후 급속 성장을 이룩하였습니다. 주요 아시아 경제 성장국들은 GATT나 WTO의 근본 정신과 위배되는 중상주의적 모델을 통해서 경제 기적을 일으켰습니다. 중동 지역도 세계경제로부터 철저히 자국의 자원과 산업을 보호하면서 자신의 경제를 지키고 경제 성장을 이루었습니다. 세계은행의 보고서인 『동아시아의 기적』(1993)에서도 선진국들의 일반적인 경제 이데올로기인 자유주의와는 달리 정부의 주도가 동아시아 경제 기적의 원천이었음을 지적하고 있습니다.[217)]

그동안 이른바 규제 완화(정부 간섭 배제), 무역 및 금융 자유화, 민영화 등으로 요약되는 워싱턴 컨센서스(Washington Consensus: 신자유주의 심볼)는 "세계화로 개발도상국들을 가난에서 구제할 수 있다."는 식으로 세상을 호도해 왔습니다. 여기에 현대의 가장 유명한 경제학자의 한 사람인 제프리 삭스(Jeffery Sachs)와 앤드루 워너(Andrew Warner)도 오류 투성이의 논문으로 크게 거들었습니다.[218] 앞서 본 대로 결과를 보면 전혀 다릅니다. 산업혁명 초기에 세계에서 가장 부유한 지역과 가장 빈곤한 지역의 격차가 2배였는데 현재의 그 비율은 20배라고 합니다. 나라별로 본다면, 부국과 빈국의 격차는 80여 배에 이르고 있다고 합니다.

결국 신자유주의(neo-liberalism)니 신현실주의(neo-realism)니 하는 말 자체가 후진국들에게는 감언요설(甘言妖說)이요 허구(虛構)입니다. 후진국은 막연히 세계적인 추세나 선진국형 패러다임을 따라가서는 안 되고, 자국의 경제 현실과 자원 부존도나 생산요소 부존도(production factor endowment) 및 기술 수준에 합당한 패러다임을 찾아가야 합니다. 이 점에서 우리는 이원론(二元論, dualism)적 또는 다원론(多元論, pluralism)적 패러다임을 지향해 가야 합니다.

후진국 또는 저개발 국가들에게는 그들에게 유리한 경제 모델과 패러다임을 연구해야 합니다. 그래서 저는 한국의 경제 개발 모형을 좀 더 제대로 연구 분석하여 이들 나라들이 제대로 발전할 수 있도록 제공해야 한다고 강조했습니다. 예를 들면, 토지개혁(봉건 유제 타파)-신중상주의적 모델(국내 산업 보호와 자본 축적)-유치 산업의 보호(경쟁 가능 산업 육성)-제한적 세계 시장 진입-수출 지향(노동 집약에서 시작하여 자본 집약적으로 확장)-철저한 금융 산업 보호[219] 등을 적절히 배합하여 경제 개발 모델을 만들고 대외적으로 선진국들의 자본 침탈이나 경제 침략에 대응해야 한다는 것이지요. 물론 많은 연구들이 나와야 하겠지요.

(2) 경제의 새로운 패러다임을 위한 기초

저는 현재의 자본주의 패러다임은 그들이 내세우고 있는 현상 분석도 실패하고 있다는 말씀을 지속적으로 드렸습니다.

토마스 쿤(Thomas Kuhn)의 말을 빌려 설명하자면, 이미 자본주의 경제학(우파 경제학)은 정상과학(normal science)으로서의 기능을 상실하고 있는 상태입니다.

패러다임을 변화시키는 어노멀리(anomaly)는 중심부(center)에서보다는 주변부(periphery)에서부터 나타나기 쉽습니다. 패러다임이 견고하게 자리 잡고 있는 중심부에서 나타나기는 어려운 것이기 때문이죠. 예를 들면 원래 마르크스가 봉건제도(feudalism)의 물적 토대로 상정하였던 고전 장원(古典莊園, classical manor)은 유럽 사회에서도 거의 발견되지 않으며 13세기 영국도 비장원 촌락이 전체의 40%에 달했다고 합니다. 그럼에도 불구하고 당시에는 가장 선진적인 형태 또는 지배적인 사회구조를 가지고 이론화하게 되면, 나머지의 다른 부분에는 적용하기가 어렵지요. 어떤 의미에서 마르크스의 이론은 자기 자신의 말대로 선진 자본주의 국가에서만 타당한 이론일 수밖에 없겠지요.

그런데 현재의 자본주의 패러다임은 주변부는 물론이고 중심부에서도 극심하게 도전을 받고 있습니다. 지금까지의 분석을 보시면, 주변부는 기존의 자본주의 패러다임으로 결코 행복한 사회(happy society)를 꿈꾸기는 불가능합니다. 그리고 중심부에서 잘 적용되던 이론들도 인터넷 혁명과 정보통신 혁명으로 깨어지고 있습니다.

그래서 이렇게 찢겨지고 너덜너덜해진 그 이론들을 자꾸 기워서 사용하려 해서는 안 됩니다. 왜 부도덕하고 효용성마저 상실한 패러다임을 끝까지 지키려 안달합니까? 그래서 제가 현재 세계 전반적으로 제시되고 있는 '자본주의 4.0'을 '말장난'에 불과하다고 한 것입니다. 차라리 이번 기회에 패러다임을 아예 새롭게 정립해 가야 합니다.

저는 경제학 패러다임과 관련하여 우리가 앞으로 가야 할 패러다임은 동양의 사상에서 나타난 경세제민(經世濟民)의 정신이라고 누차 강조했습니다. 그러나 이 경세제민도 어떤 의미에서는 철저한 기득권 옹호를 위한 정치적 구호일 경우가 더 많기 때문에 패러다임의 구성은 상당한 시간이 걸릴 것으로 보입니다.

진시황(秦始皇)의 실제 아버지로 알려진 여불위(呂不韋, ?~BC 235)와 그의 아버지의 대화가 오늘날까지 전합니다.

"농사를 지으면 이윤이 얼마나 됩니까? 그야 10배지. 그러면 보석을 팔면 얼마가 남습니까? 100배 정도. 나라에 군주를 세우면 이윤이 얼마나 됩니까? 그것은 헤아릴 수 없지.(『戰國策』卷7「秦策」)"

이것은 경세제민의 정신과는 거리가 있는 이야기입니다. 현실은 항상 이론을 넘어 있고(걷는 이론 위에 뛰는 현실이 있죠?) 어쩌면 "모든 이론은 회색"이라는 말이 맞을지도 모르겠군요.

오늘날에도 공산당의 중국에서조차 다음과 같은 노래가 유행하기도 합니다.

> 마오쩌둥 병사는 청렴결백하고 공정했네(毛澤東的兵 廉潔從公)
>
> 화궈펑의 병사는 그저 그랬네(華國鋒的兵 平平庸庸)
>
> 덩샤오핑의 병사는 백만장자라네(鄧少平的兵 百萬富翁)[220]

동양에서 경제(經濟)라는 말은 사용된 적이 없고, 근대 일본에서 영

[그림 ②] 마오쩌둥, 화궈펑, 덩샤오핑

어의 Economy를 번역한 말입니다. 그 원래의 의미는 인간이 각종의 재화를 이용하여 그 욕망을 충족시키는 일체의 행위로 정의되었습니다.[221] 동양에서는 주로 경세제민 또는 경국제세(經國濟世)라는 용어가 사용되었습니다. 그러니 단순히 재화와 부만 추구하는 개념은 상위 개념으로 존재하지 않았던 것입니다. 다시 말하면 경제라는 것은 단순히 재화의 생산과 유통을 통해서 이익을 챙기려 하는 것은 그 자체로는 중요한 것이 아니라 "어떻게 하면 국부(國富)의 증진과 민생(民生)의 안정을 이룰 수 있는가" 하는 점이 문제의 핵심이었습니다.

일찍이 관자(管子, ?~BC 645)는 "무릇 범인(凡人)의 정은 이익을 보면 좇지 않을 수 없는 것이다. …… 이 때문에 이익이 있는 곳이라면 7~8천 척의 높은 산이라도 오르지 못할 곳은 없고 아무리 깊은 물속이라도 들어가지 않는 곳이 없다.(『管子』「禁藏」)"고 하여 인간이 이익을 탐하는 것은 당연한 일이라고 했습니다. 그래서 "창고 안이 충실해야 예절을 알고, 의식이 족해야 영욕을 안다(倉庫實而知禮節, 衣食足而知榮辱,『管子』「牧民」)"고 했습니다. 즉 사람들이 예절을 지키고 순응하는 것도 먼저 잘 살고 볼 일이라는 말입니다.

관자는 백성을 편안하게 살게 하는 것이 치국(治國)에서 가장 중요한 문제이며 그것은 경제의 발전을 통해서 이룰 수 있다고 보았습니다. 관자는 중국 역사상 가장 위대한 정치가로 꼽히는 사람으로 후일 공자(孔子)에게도 큰 영향을 미쳤습니다. 우리에게 『삼국지』로 유명한 제갈량(諸葛亮)의 롤모델(role model)도 바로 이 관자였습니다. 관자는 부국강병으로 당시 내우외환(內憂外患)에 시달리던 제(齊)나라를 최고 강국으로 만든 사람입니다.

관자는 부국강병 정책을 이루기 위해서 강력한 사치(奢侈) 억제 정책을 동시에 실시합니다. 관자는 특히 "나라를 다스리는데 (지도층이) 사치하면 국고(國庫)를 낭비하게 되어 백성들이 가난하게 된다. 백성들이 가난해지면 (불가피하게) 그들은 간사한 꾀를 내어 나라를 어지럽힌다.(『管子』「八觀」)"라고 하여 노블레스 오블리주(noblesse oblige)를 강조합니다. 그리하여 결국은 "지나치게 부유하면 부릴 수가 없고, 지나치게 가난하면 염치를 모르기(『管子』「侈靡」)" 때문에 관자는 재화가 고루 분배되어야 한다고 보았습니다. 공자도 "적은 것이 걱정이 아니라 고르지 못한 것이 걱정이다.(不患寡而患不均, 『論語』「季氏」)"라고 하였습니다.

[그림 ②] 관자와 공자

공자는 "부귀는 사람의 바라는 바(富與貴是人之所欲, 『論語』「里人」)"이고 또 백성들은 잘 살아야 하지만 재물 자체를 탐해서는 안 되고 교육을 받아야 함

(『論語』「子路」)을 역설했습니다. 그리고 『대학(大學)』에서는 "어진 사람(仁者)은 재물로서 몸을 일으키고, 어질지 못한 사람들은 몸을 망치면서 재물을 일으킨다(仁者以財發身 不仁者以身發財)."고 하여 부(富) 자체가 목적이 되어서는 안 된다고 하였습니다. 즉 재물을 모으면 민심(民心)이 흩어지고 재물을 나누면 민심이 모이게 되는데 어진 사람들은 자기가 모은 재물을 처지가 어려운 사람에게 나누어 덕(德)을 실천함으로써 사회가 안정되도록 한다는 것입니다. 순자(荀子)도 "사람들이 잘 살지 않고서는 그들이 나라를 생각하는 마음이 생길 리 없다(不富 無以養民情, 『荀子』「大略」)."라고 하여 경제의 요체는 반드시 민생의 안정에 두어야 한다고 강조했습니다.

공자는 "소박하게 차린 음식을 먹고 물을 마시고 팔을 굽혀 베고 누워도 즐거움이 그 속에 있다. 의롭지 않는 방법으로 부귀를 누리는 것은 뜬구름과 같다(飯疏食飮水 曲肱而枕之 樂亦在其中矣 不義而富且貴 於我如浮雲, 『論語』「述而」)." 그래서 이익을 취함에 앞서 먼저 사람으로서의 도리를 생각해야 한다(見利思義, 『論語』「述而」)는 것입니다. 맹자(孟子)는 "위와 아래가 오로지 서로의 이익만을 취하려 하면, 나라가 위태롭게 될 것이다(上下交征利 而國危矣, 『孟子』「梁惠王」上)."라고 하면서 이런 경우에는 서로 빼앗고 뺏기는 약육강식의 장이 될 것(苟爲後義而先利 不奪不饜)이라고 합니다.

일반적으로 관자는 안정적인 경제 활동을 중시했고 공자는 정신적인 요소를 중시한 듯이 보이지만, 사실은 이것이 하나의 범주라고 할 수 있습니다. 이들의 사상은 향후 동양의 경제 사상에 가장 큰 영향을 미쳐 대부분의 논의들도 그 용어상의 차이나 시대적 개념상의 차이가 있을지는 몰라도 이 범주에 속한다고 볼 수 있습니다.

사마천(司馬遷)은 『사기(史記)』에서 충신이 순절(殉節)하고 은사(隱士)가 바위굴에 은거하고 병사가 성을 공격할 때 먼저 성에 오르고 돌과 화살을 무릅쓰고 전진하는 것도 자신의 이익을 위해서라고 했습니다(司馬遷, 『史記』 卷129 「貨殖列傳」). 나아가 경제 문제에 관해서 "먼저 재물이 백성들의 손에 들어가야 나라가 부강해진다."고 역설했습니다. 즉 나라의 경제는 국민이 먼저 잘 살아야 나라도 잘 사는 것이라는 말입니다. 그리고 경제를 운영하는 주체들이 개인의 사익(私益)뿐만 아니라 의리(義理)를 가져야 한다는 의리병중론(義理倂重論)을 강조합니다.[222] 하지만 "재물이 지나치게 풍족해지면, 인간은 교만해져서 사치스러운 생활을 추구하여 오히려 도덕이 무너진다(司馬遷, 『史記』 「平准書」)."고 합니다. 뿐만 아니라 사마천은 개인이 영리를 위해 생산과 무역 활동에 종사하는 것은 당연하지만 국가 혹은 관리가 이런 부문에 종사하는 것은 국민과 이익을 다투는 행위이므로 가장 나쁜 정책으로 보았습니다. 이것을 선인론(善因論)이라고 한답니다.[223] 역시 노블레스 오블리주를 강조하고 있습니다. 결국 사마천의 생각이나 관자의 사상이 크게 다르지 않다는 것을 알 수 있습니다.

사실 절제되지 않는 인간의 욕망(desire)은 인간 사회가 감당할 수 없는 것입니다. 따라서 사마천은 국가는 일정한 정도의 거시적인 조정 정책이 필요하다고 인정합니다. 예를 들면 국고를 충실히 하기 위해 죄인이 재물로 속죄하게 한다거나 일반인들도 곡식을 바쳐 요역을 면제받을 수 있으면 굳이 세금을 거두지 않아도 국고가 충실할 수 있다는 점을 주장합니다.[224]

나아가 사마천은 "사물이란 극에 이르면 쇠락하는 것인데, 쇠락이 극에 이르면 또다시 변화하여 한 시기에 질박하면 다른 시기에는 사치하게 되는데 이것이 서로서로 시종 변화하는 것이다(事變多故而亦反是 是以物盛則衰 時極而轉 一質一文 終始之變也, 司馬遷, 『史記』「平准書」)"라고 하여 경기변동과 이에 따른 사회적 변동을 말하고 있습니다. 오늘날 자본주의가 가지는 문제점을 단적으로 나타낸 말처럼 보이기도 합니다. 동양의 수많은 제국들의 쇠퇴와 멸망도 결국은 같은 꼴입니다. 예컨대 서진(西晉)의 멸망을 보면 지배층들이 서로 앞을 다투어 자기의 부(富)를 자랑하는 대목이 나옵니다.

서진 왕조의 창업 일등공신 중 한 사람인 하증(何曾, 199~278)은 식도락(食道樂)으로 재물을 탕진했는데 하루에 1만 전(萬錢)을 썼다고 합니다. 위진시대(魏晉南北朝) 귀족들의 일화 모음집인 『세설신어(世說新語)』(「태치편(汰侈篇)」)에는 왕조의 창업공신(왕개, 석숭, 왕제)들이 앞을 다투어 호화 방탕의 게임을 벌이고 있습니다. 이를 투부(鬪富)라고 합니다. 예를 들면, "왕개(王愷)가 쌀을 쪄서 말린 것으로 밥을 짓자, 석숭(石崇)은 양초로 밥을 짓고, 왕개가 푸른 능견으로 안감을 댄 보라색 비단으로 길이 40리가 되는 장막을 만들자, 석숭은 50리나 되는 비단 장막으로 대응하였다."고 합니다. 왕제(王濟)는 "황제(사마염)가 방문하자, 모두 칠보 유리인 청보석 그릇을 사용하고, 백여 명 남짓한 시녀는 전부 비단 바지와 웃옷을 입고 음식물을 손으로 바쳤다."고 합니다. 이 만찬에서 삶은 돼지고기가 특이한 맛이 나 황제가 그 까닭을 물으니 사람 젖으로 돼지고기를 키웠다고 대답합니다. 이러니 이 나라가 온전할 리가 있겠습니까? 서진은 건국된 지 50여 년도 채 되지 않고 망하고 맙니다.

이것이 현대와는 아무 상관이 없어 보입니까? 아닙니다. 멀리 갈 것도 없습니다. 하룻밤 자는 데 수천만 원 들어가는 호텔도 있고 한국은 명품 시장의 규모만도 5조 원에 달합니다. 물론 "절약은 바늘로 흙을 뜨는 것과 같고 낭비는 물로 모래 부스러기를 치우는 것과 같다(節約好比針挑土 浪費好比水推沙: 절약은 그만큼 어렵고, 낭비는 쉽다는 뜻)."고 해도 이것은 좀 지나칩니다.

중국인들은 고래로 "돈이 있으면 귀신도 부려서 맷돌을 돌릴 수 있다(有錢能使鬼推磨, 魯褒「錢神論」)."라는 속담이 있을 정도로 재물을 중시합니다. 그렇지만 입에 올리기는 꺼리는 사회적 분위기라 조심하지만, 속으로는 돈 모으기를 적극적으로 추구합니다. 당나라 때 장설(張說)은 「전본초(錢本草)」를 지었는데 "돈을 쌓아놓고 흩뜨리지 않으면 도적의 화가 생기고 흩뜨리고 쌓아두지 않으면 추위와 배고픔이 있을 것이다. …… 돈을 알맞게 모으고 주는 것을 의(義)라고 하고, 분수에 맞는 생활을 하는 것을 예(禮)라고 하며, 널리 베풀어 뭇사람을 구제하는 것을 인(仁)이라고 한다(張燕公集)."는 것입니다.

이 글은 현대에 이르기까지 돈을 다스리는 금언(金言)으로 유명합니다. 즉 재물을 모으면 반드시 그것을 가난한 사람들에게 베푸는 것이 사람의 도리라는 것입니다. 청나라 때 편찬된 책(『사상요람』)으로 상인들의 지켜야 하는 수칙을 모은 「사상십요(士商十要)」에서도 "가게를 너무 화려하게 꾸미지 말고, 항상 근신하고 조심하라. …… 술자리에서도 동네사람들에게 겸손하고 양보하여야 하고 시끄럽게 떠들지 말라."라고 하여 지나친 정도의 영업 활동을 경계하고 항상 근신하는 자세를 가져야 한다고 합니다. 나아가 "토끼는 집 근처의 풀을 먹지 않는다(兎子不吃窩邊草)"라고 하였는데 이 말은 대상을 가리지 않고 돈을 벌어서는 안 된다는 것입니다. 즉 무분별하게 장사하여 주변에 큰 해를 끼치지 말아야 한다는 것입니다. 오늘날 한국의 재벌들이 새겨들어야 할 금언(金言)입니다.

이상을 보면 현대의 경제 문제나 고대의 경제 문제가 결국 크게 다르지 않다는 생각을 하게 됩니다. 다만 그 패러다임이 문제겠지요. 현대 경제의 패러다임은 재화의 생산과 운영에 집중되는 반면에 동양의 전통적인 경제 사상에서는 항상 국가적인 안정과 민생의 안정이 가장 중요한 문제라는 것입니다. 무분별하게 자국의 이익만을 위해 아편전쟁을 도발한다거나 오늘날같이 단기성 투기 자금(hot money)의 활용으로 가만히 앉아서 세계의 돈을 다 긁어모으려는 금융공학(financial engineering)에 대한 연구에 몰두한다거나 하는 짓은 애당초 연구 대상도 되지 못했습니다.

바로 이 때문에 동양 사회에서는 고래로 상인을 매우 천시했습니다. 상인에 대해서는 『한서(漢書)』에 "한 사람의 농부가 밭을 갈지 않으면 누군가 굶주리게 되고 한 사람의 직녀(織女)가 길쌈을 하지 않으면 누군가 추위를 당한다. 그러나 지금은 농업을 등지고 수공업과 상업만 좇아서 식량을 소비하는 자가 많으니 이는 천하의 큰 도적(大賊)이다."라고 하였습니다(『漢書』「食貨志」). 실제로 진(秦)나라 때에 상인들은 범죄자로 취급을 받기도 했습니다. 진시황(秦始皇)은 상인들을 변방 지역의 군인으로 보내기도 했습니다. 한나라의 고조 유방(劉邦)은 상인들이 비단옷과 같은 화려한 의복을 입을 수 없고 말이나 마차를 타지 못하게 했습니다(『漢書』「高帝紀」下). 물론 이러한 생각은 반드시 옳은 생각이라고 할 수는 없겠지만, 당시의 실물 중심으로 경제가 운용되던 시대적인 상황을 고려하면 충분히 이해할 수 있는 일입니다.

동양의 대부분의 사상가들이 중농억상(重農抑商: 농사를 중시하고 상업을 억제함)을 역설했고 이 같은 기조는 청나라 때까지도 지속되지만, 명나라 때 대학자 왕양명(王陽明, 1472~1529)이 "사대부(士大夫)는 수기

치인(修己治人)을, 농민(農民)은 구양(具養)을, 공인(工人)은 이기(利器)를, 상인(商人)은 통화(通貨)를 각자 자질과 능력에 맞도록 직업으로 삼아서 마음을 다해야 한다. 중요한 것은 사람들을 살리는 데 유익한 데 있다(王陽明, 「節庵方公墓表」)."라고 하여 경제 발전에 기여합니다. 이러한 사상은 후에 청나라 때 위원(魏源, 1794~1857)의 '상업부국론(商業富國論)' 등으로 발전합니다.

다산 정약용(茶山 丁若鏞)은 맹자(孟子)의 「방벌론(放伐論)」을 발전시킨 「탕론(湯論)」을 통해 국민의 뜻(民意)을 배반하는 통치자는 언제라도 추방할 수 있다는 현대적 의미의 군주제(君主制)를 표방하고 잘못된 제도와 법률은 철저히 개혁해야 한다고 주장했습니다.[225] 다산은 토지의 균등한 분배 없이는 바르고 고른 세상은 올 수 없다고 믿었기 때문에 '손부익빈(損富益貧: 부자의 것을 덜어서 가난한 사람에서 더해야 한다)'을 주장하고 토지의 국유화나 공전(公田) 제도를 구체적 방법으로 제시합니다. 이것은 오늘날의 복지 제도와 다르지 않은 것으로 이 복지 제도의 구현은 각종 제도적인 개혁에 달려 있음을 보여주고 있습니다.

현대적으로 말한다면, 다산은 경제학의 최종 목적을 복지국가(welfare state)의 실현에 두고 있습니다. 그러기 위해서는 무엇보다도 인본 사상을 강조하고 있습니다. 다산의 핵심 사상인 인본주의(人本主義)는 『목민심서(牧民心書)』에서 애민(愛民)으로 나타나고 있습니다. 여기서 말하는 민(民)

[그림 ③] 맹자와 정약용

은 각계 각 층에서 경쟁에서 밀려난 수많은 사회적 약자(loser)를 의미하는 것입니다. 물론 그의 사상은 유교적 국가주의의 한계를 분명히 가지고 있습니다.

동양의 경제 사상은 어느 특정인이나 특수 집단에 의해 재화(財貨)나 부(富)가 집중되는 것을 철저히 반대하고 국민 한 사람 한 사람이 골고루 잘 사는 사회를 만드는 데 국가가 앞장서야 함을 강조하고 있습니다. 그렇다고 하여 획일적이거나 절대적 평등을 주장하는 것은 아닙니다. 동양에서는 상하(上下), 빈부(貧富), 귀천(貴賤)이 있는 것은 자연의 질서이자 우주의 법칙이라고 봅니다.[226]

고래로 어느 정치가들이든지 위민(爲民)을 내세우지 않은 사람이 없습니다. 그러나 이를 제대로 실천한 사람들은 극히 드문 것도 사실입니다. 제가 드리는 말씀은 이전에 일부에서 제기되었던 유교(儒教) 자본주의와는 근본적으로 다릅니다.

유교는 교육, 가족, 근면성, 도덕성 등을 토대로 하여 한 나라의 경제발전에 효과적인 부분이 분명히 있습니다(예를 들면 화교 자본의 성공은 바로 근면성과 가족 경영의 결과입니다). 그러나 그것이 변질되면, 이내 부패, 정경유착, 관료주의의 폐단이 극심하게 나타나기 때문입니다. 무엇보다도 유교 자본주의라는 개념 자체가 모호한 것도 문제지요. 유학에서 말하는 사상들은 일반적으로 다른 종교나 사상에서도 쉽게 접하는 종류이지 유교만의 독특한 개념이라고 보기도 어렵기 때문입니다. 제가 드리는 말씀은 단순히 그동안 중국의 지식인층이나 일부 한국인들에게서 유행했던 식으로 서구 자본주의에 대한 반박이나 반발의 형태로 제시하는 것이 아니라 보다 근본적인 지향점을 찾아야 한다는 말입니다.

이제 우리는 새로운 패러다임으로 나아가는 길목에서 이 인본주의(人本主義)와 현대적 개념인 휴머니즘(humanism)을 다시 정립하고 이를 바탕으로 패러다임을 구성해야만 합니다.

이 휴머니즘 또한 좌파와 우파 사이에 많은 거리가 있습니다. 그러나 좌파나 우파가 머리를 맞대어 우리 모두가 수긍할 수 있는 최소한의 생존(existence)과 생활(life)의 개념을 정립할 수 있을 것입니다. 좌우를 모두 망라하여 무엇이 궁극적으로 인류 사회에 도움이 되는가를 따져서 패러다임을 다시 구성해야만 합니다.

제가 말씀드리는 것을 서양의 학문식으로 말하면, 좌체우용(左體右用)의 정신으로 돌아가야 한다는 말입니다. 즉 휴머니즘과 노동의 소외를 극복하고 참된 복지국가의 실현을 몸체로 삼고 현상 분석 기법들은 우파 경제학들을 중심으로 구성하여 새로운 형태의 경제학 패러다임을 만들어 가야 한다는 것입니다.

이를 위해서 기존의 경제학을 변증법적으로 해체하고 그 발전적 해체의 과정에서 보다 나은 원리와 패러다임을 구성할 수 있을 것으로 봅니다.

이를 위해 그동안의 경제의 이론적인 패러다임을 비교 검토하면서 더 나은 세계 경제 패러다임의 구성을 살펴보도록 합시다.

(3) 새로운 패러다임을 찾아서

일반적으로 대부분의 사람들은 경제학이라고 하면 자본주의(우파) 경제학 또는 부르주아 경제학(Bourgeoisie Economics)을 생각합니다. 그

[그림 ④] 자본주의 경제학 이론 체계

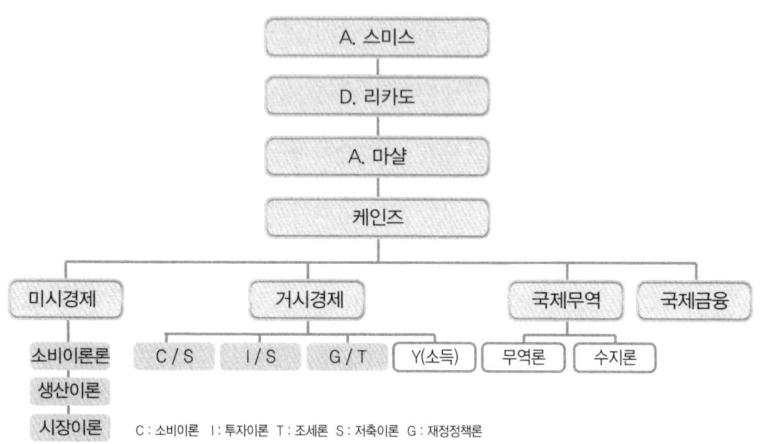

러나 이 경제 이론은 철저히 약육강식, 효율성을 기반으로 한 것으로 세계 경제의 문제들을 더욱 악화시키는 특징을 가지고 있습니다. 자본주의 경제학의 이론 체계를 먼저 살펴봅시다.

[그림 ④]에서 보는 바와 같이 자본주의 경제학의 이론 체계는 가치 개념이 도외시된 이론 체계로 매우 위험한 이론 체계입니다.[227] 특히 세계 경제를 전체적으로 조망하여 문제점들을 해결하기 위한 구조적인 분석이 없고 오로지 중심부 자본주의 경제의 발전에만 초점을 맞추고 있기 때문에 더 이상 세계 경제를 지탱하는 패러다임으로서의 이론적 가치가 없는 이데올로기 체계입니다. 머리(가치)는 없고 몸통(현상분석)만 있는 형상이지요. 그럼에도 불구하고 이 이론들은 경제 현상에

[그림 ⑤] 마르크스주의 경제학 이론 체계

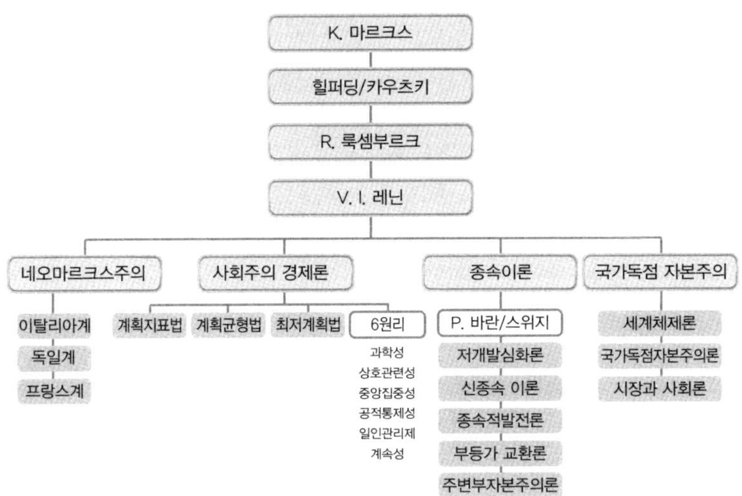

대한 분석 능력이 뛰어난 장점을 가지고 있기 때문에 이론 체계는 발전적인 해체를 해야 하지만, 그 방법론은 수용할 필요가 있습니다.

다음으로 마르크스 경제학 즉 사회주의(좌파) 경제학의 이론적 구조를 살펴봅시다.

[그림 ⑤]에서 보는 바와 같이 사회주의 경제학은 마르크스의『자본론(資本論: *Das Kapital*)』과『공산당 선언(*Manifesto of the Communist Party*)』을 바탕으로 성립한 것이고 인간 소외론을 기반으로 하고 있다는 점에서 가치 개념의 튼튼한 구조를 가지고 있습니다. 마르크스주의의 핵심은 가치 법칙, 변증법적 유물론, 사적 유물론, 계급투쟁 이론 등입니다. 그리고 세계 경제를 세계 체제라는 큰 범주에서 분석하고 있다는 점에서 세

계적인 빈곤과 저개발 등의 문제들에 비교적 손쉽게 접근하고 있다는 점에서 매우 유용할 수 있습니다. 그러나 이 이론들은 정치학, 사회학, 경제학이 통합되어 있기 때문에 경제 현상을 "있는 그대로(as it is)" 제대로 분석하는 데는 한계가 있습니다. 순수한 의미에서 사회주의 계열의 경우에는 경제학만 초점을 맞추고 연구하는 경우는 거의 없다고 봐야 합니다. 머리(가치)만 있고 몸통(현상 분석)이 없다고나 할까요?

무엇보다도 이들 우파나 좌파 경제학 이론들의 특징은 제로섬 게임(zero-sum game: 한쪽이 이익을 얻으면 한쪽은 손해)에 기반하고 있습니다. 그리고 서유럽 중심의 경제사적 관점이나 경제 체제에 경도되어 있기 때문에 통합적인 시각이 부족하고 그 어느 쪽도 세계 경제 문제들을 해결하는 데 적합하지 않습니다. 쌍방이 약탈적인 이론적 기반을 가지고 있기 때문에 지속적인 투쟁 양상을 띠고 있기 때문입니다. 현대 자본주의 경제는 머리 없는 맹수(猛獸)와 같이 날뛰고 있는 듯합니다. 그 안타까운 모습이 마치 형천(刑天)을 연상시킵니다.[228)]

그래서 앞으로 세계 평화를 달성하고 세계적인 빈곤, 저개발 들을 극복하고 보다 나은 세계 체제를 만들기 위해서는 다음과 같은 새로운 패러다임과 이론 체계를 갖추는 것이 바람직할 것입니다.

제가 제시하는 새로운 경제 패러다임은 [그림 ⑥]과 같습니다. 무엇보다도 경제가 휴머니즘(humanism)을 기반으로 해야 한다는 것입니다. 물론 이 휴머니즘도 구체적인 의미를 찾아가기에는 논쟁을 거쳐야 합니다. 설령 공통성을 찾지 못한다 할지라도 끝없는 이론적인 투쟁이 지속적으로 있어야 합니다.

인간의 삶은 '인간'이 그 주체입니다. 따라서 이 인간의 본질을 탐구하여 우리의 삶을 개선해 가야 하는 것이 사회과학의 가장 주요한 과제

[그림 ⑥] 새로운 경제학 이론 체계

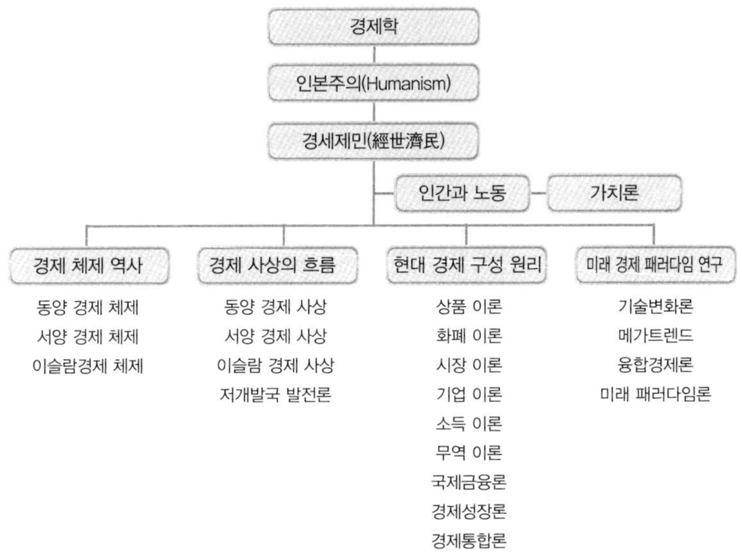

입니다. 인간이 쓰고 있는 가치(value), 진보(progress), 발전(development) 이라는 개념들은 모두 인간을 중심으로 하여 도출된 것입니다. 그러나 인간은 타고나면서부터 차이(difference)를 가지고 있습니다. 그런데 이 차이가 끝없이 차별(discrimination)을 낳고 있습니다. 문제는 이 차별들을 제도적으로 완화시키는 구조를 만들어 가야 한다는 것입니다.

차별이 심화되면 인류는 돌이킬 수 없는 파국들을 맞이하게 됩니다. 예를 들면, 14세기 말에서 16세기 초에 발생했던 유럽의 농민전쟁(農民戰爭) 당시의 사정을 보면, 차별이라는 것이 피차별 대상의 사람들에게 얼마나 엄청난 분노를 주었던가를 짐작할 수 있게 합니다.

"한 무리의 농민들이 기사를 그 가족의 눈앞에서 죽여 꼬챙이에 꿰어 불에 굽는 장면도 있다. 그리고 열 명 내지 열두 명의 농민이 그의 아내를 집단으로 강간하고 남편의 살을 강제로 먹이고 나서 그녀와 자식들을 살해하였다. 반란에 가담한 농민들은 결국 더욱 잔인한 방법으로 귀족들에게 살해되었다."[229)]

빈익빈부익부가 심화되고 사회적 차별이 심화되면 당연히 치를 수밖에 없는 사회적 대가(social cost)들입니다. 한국전쟁 당시에도 얼마나 많은 머슴들이 그 주인들을 고발하고 살해했습니까? 이같이 차별이 극대화되면, 그 사회 체계를 그나마도 유지해 주던 사회적 기구들이 제 역할을 못하므로 분노가 상호 상승작용을 일으켜 보다 더 가속화된 차별을 양산하게 됩니다. 현대 한국 사회에 나타나는 좌우 대립도 그 연원들을 더듬어 가면 60년도 더 지난 빛바랜 한국전쟁(1950)과도 깊은 연관이 있습니다. 생존의 기로에 선 대다수 피차별 대상 사람들은 원상회복을 요구하게 되고 이러한 과정의 반복이 인간 사회의 역사라고 할 수 있습니다.

그렇다고 하여 잘못된 현실을 그대로 참고 견디는 것도 문제입니다. 미국의 정치사회학자 배링턴 무어(Barrington Moore Jr., 1913~2005)는 프랑스 대혁명기에 정부에 의한 무력탄압으로 사망한 사람들을 추정해보면 약 35,000명에서 40,000명에 이를 것이라고 지적합니다. 그러나 그는 또한 구제도의 질곡 속에서 모순된 사회경제적 구조에 의한 사망률은 아마도 혁명에 따른 피해보다 높지는 않더라도(그러한 방식으로 계속 유지되었다면) 최소한 그와 동등한 수준이었을 것이라고 지적한 바 있습니다. 즉 폭력의 사용은 그 대가와 이득을 환산할 때 위험한 것이나, 억압적 현상을 참는 것 또한 위험하다는 것을 그는 보이려 한 것이죠.[230)]

스페인어를 사용하는 중남미 국가들 중에 18세기와 19세기 동안에 내란을 겪지 않은 유일한 나라는 파라과이(Paraguay)였습니다. 이 안정의 대가는 바로 독재 정치였습니다. 독재자 중의 하나인 프란시스코 로페즈(Francisco Solano López, 1827~1870)는 국민들을 아르헨티나, 브라질 그리고 우루과이와의 전장으로 내몰았고, 그 결과 파라과이 인구는 1865년 52만 5천명에서 1871년 22만 1천 명으로 격감했으며, 이 라틴 아메리카 역사상 가장 잔인한 대파괴에서 살아남은 남자들은 단지 2만 8천 명에 불과했다고 합니다. 이것은 경직된 사회구조가 어떠한 내란이 가져올 수 있었던 것보다도 더 커다란 폭력을 국민에게 행사할 수 있다는 것을 보여줍니다.[231)]

인간과 자연이 대립적이지 않고 인간 사회가 무차별성의 확대 및 생존과 생활 공간의 확대 방향으로 전개되어 가는 것을 '발전(development)' 혹은 '진보(progress)'라고 합니다. 그리고 인간이 그러한 방향의 행위를 하게 될 때, 그 행위는 '가치(value)'라는 새로운 개념을 가지게 됩니다. 다시 말해서 한 사람 혹은 사회가 전체 인간 사회의 무차별성과 생존(existence) 및 생활 공간(life space)을 확대시킨다면, 그 행위는 '가치로운 것'이 된다는 말이지요.

여기서 제시되고 있는 생존(existence)과 생활(life)에 대한 개념을 짚고 넘어갑시다.

역설과 낭만의 사상가 루소(Rousseau, 1712~1778)는 "우리는 두 번 태어나는 셈이다. 한 번은 생존하기 위해 태어나고, 또 한 번은 생활하기 위해서 태어난다. 즉 한 번은 남자나 여자로서 태어나고, 또 한 번은 인간으로서 태어나는 것이다(『에밀』 제4부)."라고 하였습니다. 이 말은 여러 면에서 우리가 가야 할 방향들을 제시합니다.

인간의 신체는 일정한 내부 환경 즉 혈당의 농도, 혈액 속의 산소량, 세포 속의 수분의 균형 등 많은 생리적 요소들의 일정한 한계를 유지해야만 하는 생존의 필수적인 조건을 가지고 있습니다. 따라서 인간은 이러한 생존의 필수 조건을 확보하기 위하여 사회적 관계(social relationship)를 맺으면서 살아가는데 그 과정에서 여러 가지 외부적(사회적)인 환경의 영향을 받게 됩니다. 그리고 그 영향들 중에서 자기 안정성(stability)을 강화시키는 것들을 선택하게 됩니다.

대개의 경우 개별 인간의 자기 안정성 확보는 사회적 가치(social value)나 도덕(morality)과는 역방향이기 때문에 사회적 문제(social problem)가 발생하게 됩니다. 이것은 근원적으로 인간이 생득적으로 스스로가 그 에너지를 공급할 수 있는 작용들(가령 광합성)을 하지 못하는 존재적인 기생성을 가지고 있기 때문입니다. 따라서 한정된 재화에 대하여 서로가 자기 안정성의 확보를 위해 대립경쟁하게 되는 것이죠.

쉽게 말해서 한 인간이 적어도 다음 주까지만이라도 살려고 하면, 최하 수준이라도 의식주가 공급되지 않으면 안 될 것이고, 만약 그 공급에 문제가 생기면 안정성은 하락하고, 그 문제가 양적으로 확대된다면 그것은 사회 전체의 안정성(stability)을 하락시킵니다. 마르크스의 사회적 존재의 사회적 의식 결정성이라든가 심화된 차별 상태 속에서 나타날 수밖에 없는 계급투쟁은 생존(existence) 개념을 토대로 성립한 것입니다.

그러나 인간에게 있어서 생존 문제가 해결되었다고 해서 모두 다 해결된 것은 아닙니다. 그것은 인간의 또 다른 본질적 요소 즉 생활(life)에의 욕구가 있기 때문입니다. 카뮈의 말을 들어보시죠.

신들이 시지프스에게 가한 형벌은 쉴 사이 없이 바위를 굴리어 어느 산정에까지 운반하는 것이지만, 일단 산꼭대기에 도착하면 바위는 바위 자체의 무게 때문에 다시 아래로 굴러 떨어지는 것이다. 무익하고 희망이 없는 노동만큼 무서운 형벌이 없다고 신이 생각한 것은 확실히 당연한 일이었다.(알베르 카뮈, 『시지프스 신화』)

이와 같이 인간에게 있어서 그 생존이 어느 정도 보장이 될 경우에는, 생리적인 욕구 말고도 내적 요인과 더불어 경험이나 학습과 같은 사회적 요인이 결합하여 새로운 욕구가 끊임없이 발생합니다. 이 욕구들은 연구자에 따라 매우 다양하겠지만 그 큰 흐름은 대체로 비슷합니다. 가령 아브라함 매슬로(Abraham Harold Maslow, 1908~1970)의 예를 든다면, ① 생리적 욕구(Physiological Needs) ② 안전에의 욕구(Safety Needs) ③ 소속감, 사랑에의 욕구(Belongingness and Love Needs) ④ 자존심의 욕구(Esteem Needs) ⑤ 자기 실현의 욕구(Self-Actualization Needs) 등으로 발전하다고 합니다.[232] 인간은 이 욕구의 목표에 대한 접근이 막히거나 시도가 좌절될 때는 개별 인간 사이에서 갈등과 긴장이 발생하게 되고 그 과정에서 불안, 퇴행, 거부, 억압, 은폐, 합리화 등이 나타나는 것이죠.

따라서 인간의 생존 그 자체라고 하는 단순한 생리적인 단계를 넘어서 존재하는 새로운 차원의 개념을 필요로 합니다. 그것은 생활(life)에의 욕구입니다. 즉 앞에서 제시한 생물학적이고 생리적인 욕구를 생존(existence)의 차원이라고 한다면 후반의 욕구들은 생활의 차원이고, 이러한 생활의 욕구도 그 충족 과정에서 생존의 경우와 마찬가지로 사회적 갈등을 초래하는 것입니다.

이 생존과 생활 개념은 우리가 휴머니즘(humanism)의 본질을 찾아가는 가장 중요한 요소입니다. 그리고 이를 바탕으로 우리는 인간과 노동, 가치론의 본질에 도달할 수 있는 것입니다.

그리고 앞으로의 경제학 패러다임에서는 동양과 이슬람 권역의 경제체제와 제도 및 사상을 보다 긴밀하게 연구해야 합니다. 서유럽의 패러다임에서는 이슬람 권역이 무시하고 과소평가되어 있지만 서유럽에 바로 붙어 있으면서 유럽 제국주의자들의 식민지 체제에 그만큼 시달린 셈치고는 사회가 비교적 안정되어 있다는 점들을 유심히 살펴보아야 합니다. 여기에는 분명 종교(이슬람교)의 역할이 있을 것입니다. 이것을 서유럽과는 다르다고 치부하여 문명의 충돌의 대상으로 삼을 것이 아니라 그 사회가 가진 특성들이 인류의 미래와 세계의 평화에 유익할 수 있는 지를 살펴볼 필요도 있습니다.

그동안 경제학이나 경영학 등 대부분의 사회과학은 이를 너무 무시했습니다. 모르면서 그저 차별의 대상으로 삼은 것이 유럽 학문의 특징이기도 합니다. 유럽이 가는 방향이 최고라는 것이죠. 그러나 생각해 봅시다. 유럽인들은 오직 그들 자신의 부(wealth)와 행복을 위해 대부분의 문명들을 파괴하고 세계 자원을 탕진하여 세계를 빈곤의 늪에 빠뜨렸습니다. 그리고 끊임없이 자신의 이익을 위해 다른 나라들의 경제 자원들을 착취해 왔고, 앞으로도 그렇게 하려고 안달일 것입니다. 이들에게 세계의 패러다임을 맡긴다는 것은 파멸로 가는 지름길입니다.

여러분들에게 다소 생소할 수도 있는 자원 탕진이라는 것이 멀리 있는 게 아닙니다. 간단히 말하면 다소 엉뚱하지만 어떤 의미에서 세계 평화는 미국이나 여러 선진 자본주의 국가들이 석유를 덜 소비하는 것으로부터 달성될 수 있을지도 모릅니다. 미국은 중소도시를 개발하여 집중적으로 인구를 늘리고 대중교통을 활성화해서 차량 사용을 줄여야 합니다. 자본주의 선진국들이 자랑삼아 보여주는 한밤의 위성사진에 미국과 유럽, 한국, 일본의 불야성(不夜城) 그림은 아찔한 자원 탕진의 모습을 보여줍니다.

현재의 자본주의 패러다임을 더 방치하게 되면 인류는 자원 고갈로 인해 회복이 불가능한 상황에 봉착할지도 모릅니다. 제가 말씀드렸듯이 현대 자본주의는 '당나귀 홍당무' 현상이 이미 심각합니다. 즉 나무 막대에 끈을 달고 그 끈에 홍당무를 매어단 후 당나귀를 타면 당나귀는 그 홍당무를 먹기 위해서 질주합니다. 그러다가 결국은 지쳐서 쓰러지게 되지요. 그러면 사람도 다치고 당나귀도 죽게 됩니다. 현대의 자본주의는 마치 끝없는 식욕으로 결국 자기 자신까지 먹어버리는 에리식톤(Erysichthon)의 형상과 같다고나 할까요?

그리고 새로운 경제학 이론 체계에서 저는 경제의 현상 분석에 앞서서 저개발 국가에 대한 개발론을 먼저 고찰해야 된다는 것을 강조했습니다. 인류의 목표가 진정으로 세계 평화(world peace)와 인류의 행복(happiness)을 위한 것이라면 무엇보다도 세계의 기아와 빈곤을 퇴치하는 데 학문이 앞장서야 하기 때문입니다. 학문이라는 이름으로 세계를 약육강식의 경연장으로 만들고서 무슨 세계 평화와 인류의 행복이 달성될 수 있겠습니까?

이러한 전제들을 바탕으로 현상 분석에 들어가야 합니다. 그리고 제가 이 기나긴 패러다임의 논의를 통해서 제시했던 상품과 화폐에 대한 분석들을 바탕으로 수요와 공급의 시장 이론과 생산 및 기업의 새로운 모델에 대한 이론적 체계를 구성해야 합니다. 즉 변화무쌍한 상품 이론과 화폐 이론을 기반으로 하여 기존의 수요 이론(demand theory)과 공급 이론(supply theory)의 타당한 원리들을 접합하여 새로이 형성될 시장 이론을 현상 분석의 토대로 삼아야 할 것입니다.

기존의 자본주의(부르주아) 경제학에서는 수요 이론과 공급 이론으로 바로 경제학이 시작되는데 이것은 분명히 잘못된 것입니다. 인간과 사회에 대한 철저한 분석이 없이 성립된 그 어떤 이론도 제 구실을 하기 어렵기 때문입니다. 그리고 이들이 주장하는 탁월한 현상 분석력 역시 디지털 시대를 맞이하여 그 효용성이 상실되고 있기 때문입니다. 실제에 있어서 자본주의 경제학에서 말하는 시장이 항시 자기 조절적 기능을 다 하고 있다는 생각 자체가 착각입니다. 그 상태는 오히려 역사적으로 특수한 것입니다. 자본주의의 우아함을 상징하는 아담 스미스의 '보이지 않는 손(invisible hand)'은 존재할 수 없는 특수한 가정 속에서만 존재하기 때문입니다.

자본주의는 래쉬와 우라이(Scott Lash & John Urry)의 지적처럼 "사회란 위에서, 아래에서 또 내부에서 변형되고 있다. 조직화된 자본주의, 계급, 산업, 도시들, 국가, 민족, 모든 견고한 것들이, 세계조차도 공중으로 분해되고 있다."고 하는 상황입니다.

나아가 저는 경제학이 제 구실을 하려면, 미래의 패러다임에 대한 연구도 포함되어야 한다고 봅니다. 특히 디지털 시대 이후에는 기술의 변화가 극심하기 때문입니다. 경제학은 단순히 현재 상황만 분석하고 해결하려는 것만으로는 부족합니다. 마르크스 경제학이 그 대표적인 예입니다. 인간의 소외론(疏外論)에서 출발한 마르크스의 경제학이 자본주의 경제학의 성과에도 못 미친 것은 마르크스의 제자들의 미래에 대한 충분한 이론적 대비가 없었기 때문입니다(구체적으로 보면, 세계 무역이 급팽창하고 국제 금융이 확산되는 상황을 노동가치론을 기반으로 하여 이론적으로 해명하는 데 실패한 것입니다).

(4) 위기에서 기회로

지금 세계 경제는 다시 거대한 먹구름이 드리우고 있습니다. 불과 70년 전이었다면 큰 전쟁이 났을지도 모릅니다. 어떤 경제 전문가는 "인류가 경험한 가장 큰 경제 위기는 대공황이며, 그 후 최악으로 꼽을 수 있는 것이 지금 우리가 겪고 있는 것"이라고 말합니다. 그러면서 그는 "우리는 정말 재수 없는 세대"라고 말했습니다. 제가 보기엔 1930년대의 위기처럼 새 패러다임 없이는 위기를 극복하지 못할 것으로 생각됩니다. 또 다른 의미에서는 새로운 패러다임을 구성할 수 있는 좋은 기회가 온 것일지도 모릅니다.

안타까운 것은 사태가 이 지경이 될 때까지 우리는 우리가 사는 자본주의 자체에 대한 진지한 성찰(theoria)과 새로운 대안의 모색이 없이 신자유주의(neo-Liberalism)니 케인지언(Keynsian)이니 하면서 그 많은 세월들을 허송했을까 하는 점입니다. 케인즈와 그를 이은 솔트워터(Saltwater) 학파나 프리드먼(Milton Friedman)과 그를 계승한 프레시워터(Freshwater) 학파 모두 세계 금융 위기를 맞아 확인되거나 반박되기는 커녕 현실과 무관한 공허한 이론들임이 밝혀졌을 뿐입니다.[233)]

우리가 지금까지 본 대로 허술한 가치 이론과 단순하고 상식적인 이론을 바탕으로 자본주의라는 거대한 패러다임이 구축되어 있다는 것은 희극이 아니라 비극입니다. 그러다 보니 자본주의는 머리가 텅 빈 마네킹과 같이 정처도 없이 나아가고 있는 것입니다.

지금이라도 늦지 않았습니다. 주가 분석에 골몰하면서 일생을 보내거나 말도 안 되는 수리경제학으로 평생을 보내는 경제학자들이나, 타인의 돈을 호시탐탐 거덜내려는 월스트리트의 천재들과 금융공학의 대가들이 이제는 동양의 경제제민의 정신을 공부하고 이해할 필요가 있습니다. 경제학은 이제 돈벌이나 돈세탁, 탈세, 투기 등의 학문이 되어서는 안 됩니다. 경제학은 공공의 선을 위한 학문으로 거듭 태어나야 합니다.[234)]

현대 사회는 학문 자체도 위기 상황입니다. 특히 인문 · 사회과학 자체의 패러다임의 위기가 심각하게 도래하고 있습니다. 지금 우리가 보는 경제학은 열심히 그래프만 그리고 있지 우리가 사는 이 세상 자체를 제대로 성찰하고 있지 못합니다.

정보통신 혁명과 인터넷 혁명으로 학문은 커다란 위기를 맞이하고 있습니다. 특히 디지털 재화의 확산으로 경제학은 다시 쓰여지지 않으면 안 됩니다. 우리가 아는 미시 경제 이론은 하나의 작은 부분의 일반론에 불과하기 때문에 하나의 분석 기법이나 기술로 생각해야지 그것을 미래 사회 전체를 관통하는 원리로 생각하면 곤란합니다. 그리고 보이지 않는 손(invisible hand)에 의해 경제가 운용되어 왔습니까? 황당한 왈라스적인 일반 균형 이론(Walras' General Equilibrium)으로 사회를 설명하려고 합니까? 정경유착의 고리를 끊은 나라가 세상에 어디에 있습니까? 그리고 이 보이지 않는 손에 대한 과신으로 범람했던 자유주의, 신자유주의의 폐해는 어떻게 된 일입니까?

인터넷은 기술적으로 상상하기 힘들 정도의 지식을 축적하고 있습니다. 지금까지의 대부분 지식들을 포괄할 수 있습니다. 많은 사람들은 지식이 이미 인터넷에 축적되어 있기 때문에 우리의 머리 안에 지식을 가두는 식의 공부는 더 이상 효용가치가 없다고 하는데 그것은 아닙니다. 모든 창조는 과거의 지식이 고농도로 농축이 되어야 가능한 것입니다. 아이슈타인이 뉴턴 역학을 몰랐더라면 상대성 원리가 나왔을 리가 없었겠죠?

그렇지만 이전 시대를 기반으로 한 사고방식이나 패러다임으로 디지털 시대를 접근하는 것은 때로 위험하기도 합니다. 그래서 어떻게 하면 현재의 패러다임의 한계를 극복하고 미래도 적용 가능한 패러다임을 구성할 수 있는가 하는 점이 큰 숙제로 남아 있습니다. 이것을 저는 항구적으로 살아 있는 표현양식의 구성 조건으로 제시하였습니다.

즉 항구적으로 살아 있는 표현양식은 ① 존재양식의 변화를 항상 변수(variable)로서 구성할 수 있는 시스템적 구조를 가지고, ② 현재의 문제해결 능력의 기능이 탁월하면서도 현재에 지나치게 함몰된 요소들을 배제해야 하고, ③ 인간의 삶과 인식 체계를 기준으로 형성되어야 하며, ④ 표현양식을 구성하는 기본 가정들이 유연(flexible)하면서도 구성원들의 충성도도 높아야 하며 ⑤ 과거 · 현재 · 미래를 관통해 낼 수 있는 일반적인 경향성을 잘 포착할 수 있어야 한다는 것입니다.

즉 인간의 인식 체계를 바탕으로 하되, 변화 그 자체가 표현양식의 일부로 수용이 되어 현재의 변화가 패러다임에 반영되는 구조를 가지면서도 보편적인 성격을 가져야 한다는 말입니다. 이 모든 조건을 충족시킬 수 있는 표현양식은 없다 할지라도 가능한 한 많은 조건들이 충족되도록 패러다임은 설계되어야 합니다. 컴퓨터공학 등을 이용하면 일정 부분은 가능할 수도 있을 것입니다.

인간은 자유의지가 매우 강한 존재로 생득적으로 한 가지 방식만으로 세상을 인식할 수 있도록 만들어지지는 않았기 때문에 하나 이상의 패러다임이 있을 수 있습니다. 쉽게 말해서 인간은 다양한 방식으로 자기가 사는 세상을 이해하는 속성을 가지고 있습니다. 따라서 기존의 패러다임의 구속에서 해방될 수 있는 사람이 디지털 시대의 새로운 패러다임을 찾아갈 수 있을지도 모릅니다.

글을 마치며

시간은 실타래처럼 뭉쳐있는 기억의 덩어리들이다. 시간은 구불구불한 길처럼 나에게로 왔다가 다시 멀어져 가는 불순한 반복이다. 시간은 우리를 과거라는 흔적 속에 떨어뜨려 놓고 미래라는 알 수 없는 가능성으로 달려가는 무한한 확산이다. 시간은 공간을 무작위로 감고 있는, 끊어짐과 뭉침이 존재하는 울퉁불퉁한 띠와 같다. 어느 순간 그것은 끊어질 듯 존재감이 없다가 어느 순간에서는 믿을 수 없을 만큼 둘둘 뭉쳐 아주 느리게 지나가거나 아예 멈춰 서서 우리를 고통스럽게 하거나 아름답게 한다.

—노태맹(시인)

1

이제 길고도 길었던 이 책을 마무리할 때가 되었습니다. 지금까지 우리는 세계 경제 위기의 본질과 패러다임의 실체 그리고 그 방향과 미래 등을 중심으로 살펴보았습니다. 그동안 수세기를 넘어 끝없이 계속되었던 좌우 대립의 논쟁과 설전들의 대상이 되었던 문제들에 대해서는 해명하려고 노력했습니다만 이것은 단순히 이론의 문제만이 아니고 현실적인 수많은 장애물이 있기 때문에 지속적인 관심이 필요합니다.

패러다임의 연구는 우리가 피해갈 수 없는 문제입니다. 그리고 이것은 철저히 현실에 기반하고 있기 때문에 수많은 이해관계의 대립이 있을 수밖에 없습니다.

저는 한국 사회의 좌우 대립 자체를 쌍방이 지식이 부족한 소치라고 생각하고 있습니다. 서로가 서로의 논리를 경청하고 보다 나은 대안을 찾아가는 자세는 어디에도 없습니다. 오히려 그런 사람들이 있으면 '마녀사냥'으로 몰아서 철저히 고립시킵니다.

우리 사회의 가장 큰 문제는 묵수적(墨守的)이고 교조적(敎條的)인 진영 논리에 빠져서 세상을 바라본다는 것입니다. 정치인들은 물론 당연한 일입니다. 그들은 오로지 권력 획득을 위해 모인 집단이기 때문입니다. 그러나 학문을 하는 사람들은 그렇게 하면 안 됩니다. 우리가 꼭 알아야 할 중요한 사실들을 '모르면서 무시하는 것'만큼 위험한 일은 없습니다. 세상의 불행이 시작되는 이유 중의 하나입니다.

예를 들면 한국과 같이 독과점 기업들의 횡포가 심한 나라에서 세계적으로 충분히 경쟁력이 있는 산업들도 많은데 이른바 진보 진영에 있다는 사람들이 무작정 FTA와 같은 경제 개방을 반대하는 것도 이상합니다. 독과점 기업이 경제를 장악하고 있는데도 개방을 반대하면 결국 독점기업들의 초과이윤만 키워주거나 정경유착이 심화되고 나아가 국제 경쟁력도 떨어지는 결과를 초래하게 됩니다. 재벌을 배척한다고 하면서도 재벌의 이익을 옹호하려고 발버둥치는 것은 또 무슨 이유입니까? 개방을 하되 면밀히 검토하여 선별적으로 접근하면 될 일인데 덮어놓고 반대하는 것은 무식의 소치입니다. 이런 무식한 사람들이 이데올로기적인 혼동 속에서 사회를 이끌고 있기 때문에 한국 사회의 진보 개념이 제대로 정립이 안 되는 것이지요. 또 한국 경제는 이미 라틴 아메리카나 아프리카 경제가 아니고, 무역으로 먹고 사는 나라라는 점을 하시라도 잊으면 안 됩니다. 한국은 신중상주의로 세계적으로 악명이 높았던 나라인 점도 잊어서도 안 됩니다. 무역을 하는 나라가 국제 사회에서 자기 이익만 챙기려고 하면 안 되지요.

학문을 하는 사람들은 무엇보다 '진리(truth)'를 궁구해야 할 필요가 있습니다. 그리고 사회가 균형추를 상실할 때 그것을 바로 잡도록 하는 실천적 의지와 역량을 갖고 있어야 합니다.

한국 지식인의 문제는 복잡합니다. 저도 세계인이기 이전에 한국인이기 때문에 세계 경제나 패러다임의 고민과 한반도의 고민이 일치할 수 없습니다. 알베르 카뮈(Albert Camus)와 같은 위대한 문호처럼 세계인의 문제만을 해결하려는 의지를 가질 수도 없는 처지입니다. 이런 점에서 저의 주된 관심은 한국의 성공입니다. 한국의 지식인으로서 비굴할 수밖에 없는 문제지요.

한국은 주변의 강대국에 둘러싸여 있기 때문에 그것도 고려해야 하고 세계 경제의 주요국으로 성장해 왔기 때문에 이것을 유지해 가는 것도 한국인으로서는 중요한 문제입니다. 한국은 외압(外壓)의 영향을 많이 받는 나라이기 때문에 그것도 항상 살펴야 합니다. 그것은 한국 지식인의 소명이기도 합니다.

이 점과 관련하여 트릴레마(trilemma)에 대한 이해가 필요합니다.

이 말이 원래 경제학에서 사용되는 개념으로서는 일반적으로 삼중고(三重苦)라는 뜻으로 ① 물가 안정(price stability) ② 경기 부양(economic stimulus, pump-priming) ③ 국제 수지(balance of payments) 개선 등의 세 가지를 가리키는데, 이 세 가지를 동시에 달성하는 것은 거의 불가능하다는 말입니다. 즉 물가 안정에 치중하면 경기가 침체되고, 경기를 부양하려 하면 인플레이션의 유발(물가 불안정)과 국제 수지 악화가 초래될 위험성이 있는 등 서로 물리고 물려서 정책 선택의 딜레마에 빠지게 된다는 뜻입니다.

마찬가지로 세계화(globalization), 민주주의(democracy), 국민 국가(national state)도 같은 경우입니다. 세계화를 추진하려고 하면 민주주의나 국민 국가 가운데 하나를 포기해야 하고 민주주의를 제대로 하려면 세계화나 국민 국가를 포기해야 한다는 것이죠. 또 국민 국가로서 민족자결권을 수호하려면 민주주의나 세계화 가운데 하나를 포기해야 한다는 것입니다. 만약 민주주의와 세계화를 제대로 추진하려면 철저히 민주적인 국제 정치 공동체가 있어야 하는데 이는 망상(妄想)입니다. 국민 국가들 사이에는 차이점들이 너무 많기 때문입니다.

특히 현대에는 금융의 세계화로 인하여 경제파탄이 일어나는 것이 너무 일반화되어 있습니다. 멕시코(1994), 베네수엘라(1995), 브라질(1998), 태국(1997), 한국(1997), 러시아(1998), 아르헨티나(2001), 터키(2001), 인디아(2008), 그리스, 스페인 등 수많은 나라에서 이미 겪었거나 겪고 있는 일인데도 정신을 못 차립니다. 일찍이 넉시(Ragna Nukse)는 "외국 자본은 누구나 빌릴 수 있지만 그것은 마치 비가 오면 바로 돌려줘야 하는 우산과 같다."라고 했습니다. 방만한 재정 운영으로 적자재정이 심각한데도 해외 자본을 빌려서 '빚으로 경제를 운영하다가'

경제침체가 계속되면, 어느 날 갑자기 해외 자본이 돈줄을 끊어버리면 (sudden stop), 그 경제는 그대로 주저앉게 되는 것이죠. 물론 미국의 달러($)와 같이 국제 기축통화(key currency)는 일부 예외일 수 있습니다. 안 되면 달러를 찍어내면 되지 않습니까? 그러나 일반적인 나라가 자국 화폐가 아니라 달러로 빚을 지고 있다면 이것은 언제든지 심각한 문제가 터질 수 있는 상황입니다.

이 긴 글을 통해서, 저는 자본주의의 패러다임에 대해서 강력하게 비판해 왔습니다. 그 시작부터 도대체 무엇이 잘못 되었는지 또 그것이 왜 현재의 세계 경제 문제를 해결할 수 없는 것인지를 여러분들께 분석해 드렸습니다. 그런데 세계는 제가 분석하고 제시하는 대안들을 제대로 수용할지는 의문입니다. 경제 위기가 더욱 심화되어 어쩔 수 없는 상황에서 수용될지는 몰라도 현재의 패러다임으로는 힘들지도 모릅니다. 따라서 저는 제가 드리는 대안들을 한국 경제나 사회가 바로 수용하는 것도 위험할 수도 있다고 봅니다.

가령 우리가 경제 민주화를 한답시고 재벌을 해체해 버리면 이들은 결국 외국의 재벌 기업들에 의해 먹히고 맙니다. 그러면 집안의 도둑을 잡으려고 더 큰 외부의 도둑을 끌어들이는 꼴이 됩니다. 이것이 세계 경제라는 것입니다. 이 때문에 우리의 고민들이 깊어지는 것입니다.

지금까지의 분석을 토대로 보면 선진국과 후진국들에게 보편적으로 적용될 수 있는 단일의 패러다임(monistic paradigm)은 없다는 것입니다. 가령 일본은 일본식의 독특한 자본주의 운영 방식을 통해서, 중국은 한국형 모델을 기반으로 급속 성장을 이룩하였습니다. 주요 아시아 경제 성장국들은 WTO의 근본 정신과 위배되는 중상주의적 모델을 통해서 경제 기적을 일으켰습니다. 중동 지역도 세계 경제로부터 철저히 자국의 자원과 산업을 보호하면서 자신의 경제를 지키고 경제 성장을 이루었습니다.

따라서 선진국들은 자기에게만 유리한 패러다임을 일방적으로 강요해서는 안 된다는 것입니다. 그동안 이른바 규제 완화(정부 간섭 배제), 무역 및 금융 자유화, 민영화 등으로 요약되는 워싱턴 컨센서스(Washington Consensus: 신자유주의 심볼)는 "세계화로 개발도상국들을 가난에서 구제할 수 있다"는 식으로 세상을 호도해 왔습니다. 그러나 결과를 보면 전혀 다릅니다. 산업혁명 초기에 세계에서 가장 부유한 지역과 가장 빈곤한 지역의 격차가 2배였는데 현재의 그 비율은 20배라고 합니다. 나라별로 본다면, 부국(富國)과 빈국(貧國)의 격차는 80여 배에 이르고 있다고 합니다.

어떤 경우라도 세계화가 되면 될수록 빈익빈부익부가 점점 더 심각해지고 있는 것이죠. 하바드 대학의 프리쳇(Pritchett)은 이것을 디버전스(divergence)라고 부릅니다. 하나는 부자의 길로 하나는 가난의 길로 다시는 돌아와 만날 수 없는 큰 강을 건너는 커다란 분기점(分岐點)이라는 의미입니다.

많이 늦었지만 인류의 미래를 생각한다면, 지금이라도 진정 후진국 또는 저개발 국가들에게는 그들에게 유리한 경제 모델과 패러다임을 연구해야 합니다. 그래서 저는 한국의 경제 개발 모형을 좀 더 제대로 연구 분석하여 이들 나라들이 제대로 발전할 수 있도록 제공해야 한다고 강조했습니다. 대부분의 경제적 성공을 이룬 국가들 예컨대 타이완, 중국, 모리셔스(Mauritius) 등은 한국형 모델임을 세계인들은 명심하여야 합니다.

다만 저는 현재 한국인의 입장과 세계 민중의 입장은 같지 않다는 점을 말씀드립니다. 현재 한국의 경제 상황을 보면, 세계 경제 상황을 이대로 두는 것이 이익을 극대화할 수 있는 최상의 환경일 수도 있습니다. '굿이나 보고 떡이나 먹으면 될 일'이지요. 저개발 국가들이 일정 수준의 빈곤 상황으로 유지되면 한국에는 유리할 것이 분명합니다. 그만큼 장기적으로 경쟁국들이 줄어드는 효과가 있습니다. 또 미국과 남유럽에서 경제 위기가 터지니 그마나 한국 경제가 더욱 안정적으로 보입니다. 실제로 현재의 세계 경제 상황을 보면, 다른 어떤 나라들보다 중국과 한국이 비교적 안정적인 상태입니다.

그러나 지식인의 입장으로 돌아가 보면, 한국의 입장에서만 생각해서는 세계 평화를 운운할 수가 없습니다. 그리고 불평등이 심화되면 결국 그것이 부메랑(boomerang)으로 돌아오게 됩니다. 또 그렇다고 해서 세계 열강(列强)으로 둘러싸인 한국에서 세계 민중의 입장에 서는 것도 크게 부담스러운 일이기도 합니다. 한국에서 '지식인으로 산다는 것' 그래서 골치 아픈 일입니다. 일단은 제가 사는 이 땅이 먼저 안정되어야 한다는 생각은 변함이 없습니다. 저는 세계인이기 이전에 한국인이기 때문입니다.

이 점에 있어서 대니 로드릭(Dani Rodrik)이 말하는 '여우와 고슴도치'의 비유를 음미해 볼 필요가 있습니다. 경제학자는 여우형과 고슴도치형이 있다는 것이죠.[235] 고슴도치형 이론가는 경제 문제의 올바른 해결은 시장 자유화나 또는 정부 주도의 정책뿐이라고 믿는 사람들이고 여우형 이론가들은 시장의 기능을 일부 존중하지만 갖가지 현실적인 문제 때문에 교과서의 해답이 불확실하다고 보는 사람들이라는 말입니다. 재미있는 것은 고슴도치형의 이론가들 중에서 노벨 경제학상을 받은 사람들이 많다는 사실입니다. 이들은 노벨상을 받을 정도의 이론적

업적을 달성해도 여러 경제 문제들을 교과서적이고 판에 박힌 논리로 접근한다는 것입니다. 경제가 어디 경제만의 문제였습니까?

2

오래전에 탄자니아 마라톤 선수 존 스티브 아쿠와리(John Stephen Akhwari)라는 이가 있었습니다. 1968년 멕시코 올림픽 당시 부상에도 불구하고 완주에 성공했던 사람입니다.

아쿠와리가 신호음과 함께 출발하다가 다른 사람과 부딪혀 넘어져 심한 부상을 당하게 되었습니다. 의료진의 만류에도 불구하고 넘어지면서도 절뚝거리며 한 발짝씩 뛰는데 온몸이 땀과 피범벅이 되어버렸습니다. 그 몸으로 길고도 긴 마라톤 코스를 달리고 또 달립니다.

마침내 아쿠와리는 결승선에 골인하고 그대로 바닥에 쓰러졌습니다. 물론 꼴찌로 들어온 것입니다. 눈물을 흘리고 있는데 그의 입가엔 편안한 미소를 짓고 있었습니다.

취재진들과 수천 명의 관중들이 그가 도착할 때까지 그 긴 시간을 기다렸다가 그에게 물었습니다.

"부상도 심한데 왜 그렇게 열심히 뛰었습니까?"

아쿠와리는 대답했습니다.

"내 나라는 나를 경주에서 출발만 하라고 이곳에 보낸 것이 아닙니다. 마라톤 완주를 하라고 나를 이곳에 보낸 것입니다."

어쩌면 인생이란 각자에게 주어진 길을 끝까지 완성해 나아가는 것일지도 모릅니다. 인생의 깊고 깊은 의미를 우리가 다 알지는 못해도 '내가 세상에 해야 할 일'에 대해서 그리고 그것을 누가 알아주지 않는다 해도 적어도 죽을 때까지는 완성해 가야 하는 것일지도 모릅니다.

학업보국(學業報國: 학업으로 나라의 은혜에 보답한다)

그동안 이 네 글자를 가슴에 새기며 살아와 이제 반백년이 지났습니다. 세월이 흐르면서 젊은 날의 생각과 가치가 항상 같지 않음도 알게 되었습니다. "젊은 날 그대를 진정 사랑했는데 지금 우리 사랑은 왜 변해만 가는지"라는 유행가 가사처럼 삶과 사랑의 다양한 의미도 알게 되었습니다.

세상을 넓게 그리고 높게 보면 볼수록 더 복잡하다는 생각을 하게 되었습니다. 젊은 날, 악의 축으로 여겨졌던 그 많은 것들이 다들 저마다의 논리와 정의가 있고 또한 곡절들이 있다는 것을 알게 되었고 그 나름대로 한국 경제에 중요한 역할을 했다는 사실도 알게 되었습니다. 저의 원래 관심은 역사(history)였지만 경제학을 전공하여 공부했다는 것은 제게 세상을 '있는 그대로' 볼 수 있는 큰 힘이 되기도 했습니다. 그리고 미약하나마 작은 사업을 실제로 해보면서 여러 실험들을 해본 것도 제게는 사회를 아는 데 큰 도움이 되었습니다.

젊은 날, 제가 마르크스(좌파) 경제학을 깊이 공부한 이후 서울대학교의 우파 경제학 대가인 스승과 논쟁이 붙었습니다. 그런데 이분과의 논쟁에서 한국 경제를 보는 시각 자체가 서로 워낙 다르다는 것을 알게 되었습니다. 제가 보는 한국 경제와는 달리 그분은 한국 경제에 큰 희망을 가지고 계셨습니다(당시 좌파는 한국 경제가 이내 망할 것이라고 생각해 왔고 저도 그 생각을 가지고 있었습니다). 그리고 그분이 사용하고 있는 각종 우파 경제학의 현란한 개념들을 도저히 따라갈 수가 없었습니다. 마르크스 경제학은 가치적이고 구조적이며 관념적이고 추상적인 데 반해서 우파 경제학은 구체적이고 현실적이며 사실적이고 분석적이기 때문에 그 이론들을 모르고서 논쟁을 한다는 것은 의미가 없다는 사실을 알게 되었고, 우파 경제학을 모르고서 세상을 재단한다는 것은 매우 위험하다는 생각을 하게 되었습니다.

그날 이후 저는 우파 경제학을 누구보다도 열심히 공부하게 되었습니다. 많은 후배들에게 좌파 경제학은 물론 근대 경제학(우파 경제학)에 대한 이해의 중요성을 역설하였고 한국 사회를 보다 냉철하게 보아야 한다고 가르쳤습니다. 그리고 수없이 많은 책들을 보고 통계를 찾고 개념들을 익혔습니다. 덕분에 좌우파 경제학과 경제학의 대부분의 분야들을 공부할 수가 있었습니다. 아마 그 시절의 독서량은 제가 불혹(不惑)이 지난 후 읽은 전체 책의 양보다 더 많았을 것입니다.

시간이 흐르자 경제(經濟)가 서서히 보이기 시작했습니다. 정치는 혁명이 있을 수도 있지만 경제는 혁명이 없다는 평범한 진리를 그제서야 깨닫게 되었습니다. 정말이지 경제란 선진 경제가 간 길들을 결국 가지 않으면 안 된다는 것을 알게 된 것입니다.

나아가 이 길만이 우리 민족의 살 길이라고 믿었던 그 많은 것들도 때로는 우리 모두를 파멸시킬 수도 있다는 것을 알게 되었습니다. 현대의 경제 기적인 한국 경제는 그 수많은 부조리(不條理)의 결과이고 그것이 많이 개선되고 있다는 것도 알게 된 것입니다. 그토록 긴 세월 동안 증오했던 이들이 갑자기 심복의 총탄에 쓰러져 형체를 알 수 없는 모습으로 세상을 떠나고, 또는 어느 날 초라하고 힘없는 한 늙은이의 모습으로 청문회장에 끌려 나오는 것을 보고 사필귀정(事必歸正)이라는 생각보다는 인생무상(人生無常)을 느끼게 되었습니다. 아마 이 점은 그 시대를 치열하게 살았던 사람들의 공통된 느낌이 아니었을까 하는 생각이 듭니다.

이야기가 길었군요. 『왜 자본주의는 고쳐쓸 수 없는가』는 제가 이승의 삶이 다하기 전에 반드시 해야만 하는 남은 인생의 숙제였습니다. 그렇지만 차일피일 미루고 있었습니다. 제 마음의 준비도 충분하지 못했고 그동안 해온 연구들도 마무리를 못했고 공부도 만족스럽지가 못했기 때문입니다. 또 핑계 같지만, 여러 가지 일들로 바빴습니다.

그러나 세계 경제가 위기에 접어들었고 상대적으로 안전한 한국에서는 극심한 좌우 대립이 계속되는 상황에서 더 이상 미룰 수도 없어 다른 일들을 제쳐두고 일단 서둘러 발표한 것입니다.

이 글이 여러분께 또 세계인들에게 얼마나 도움이 되는 것이었는지는 좀 더 지켜보겠습니다. 또 제가 거창하게 내어 걸었던 『왜 자본주의는 고쳐 쓸 수 없는가』에서 보여주는 그 패러다임이 마법사의 주문 같은 해결책이기를 기대한 많은 분들에게는 실망스러웠을지도 모릅니다.

그러나 이제 시작이라고 생각합시다. 잘못된 패러다임의 문제점을 제시하고 새로운 경제학의 패러다임을 설계한 것만으로도 어쩌면 제 할 일은 다 한 셈입니다. 그리고 제가 제시한 여러 가지 정책들이나 패러다임들의 실현 가능성도 현실 속에서 검토하는 일들이 남아 있을 것입니다.

그동안 『왜 자본주의는 고쳐 쓸 수 없는가』를 읽어주신 독자 여러분께 감사드립니다. 제게 용기를 북돋워주신 많은 분들께 고마운 말씀을 전합니다. 특히 인터넷 신문 〈프레시안〉의 박인규 대표께 감사

합니다.

언젠가 연구가 되는 대로 세계인들이 세계 경제 문제를 제대로 이해할 수 있는 『경제학 원론』으로 다시 여러분을 뵙도록 하겠습니다.

항상 건강하시고 하시는 일마다 성공하시기를 바라마지 않습니다.

2013년 6월

金雲會 드림

주석

1부 1장 역사의 종언

1) Leo Huberman, *We the People*(New York: Monthly Review Press, 1964), 260쪽.

2) 즉 비교우위론에 입각하여 값싼 노동력에만 의존하는 수출 주도형 공업화 전략은 원자재, 자본재 수입을 급증시켜 해당국으로 하여금 경상수지의 적자 체질을 구조화하고, 이것은 다시 외채 증가의 가속화 → 외채 상환 부담의 증가 → 계속적인 수출 증대의 강요 → 경상 수지 악화의 가속화 → 외채의 누증 → 외채를 갚기 위한 외채의 도입 → 경제의 종속성 심화 → 강요된 내핍으로 국민 경제 생활 파탄 → 채무 지불 정지 선언 → 내핍의 가속화 등의 일련의 악순환 구조를 양산하게 된 것이다. 윤진호, 「세계자본주의와 제3세계의 공업화」, 『세계자본주의론』(까치, 1984), 237쪽.

3) Sterling Power Lamprecht, 『서양철학사』(을유문화사, 1963), 제13장. F. Grundriss Uberweg, *der Geschite der Philosophie*, 3 Bde.

4) 헤겔의 『역사철학』의 '대강'을 요약하여 평가한 것이다. 히틀러와 관련하여 '헤르만 라우슈닝그'는 『히틀러의 대화록』에서 다음과 같이 말한 바 있다. 즉 "도스토예프스키라면 저 병적인 정신착란과 히스테릭한 창조력으로 히틀러와 같은 악령의 인물을 창조했을지도 모른다."고 하였다. 이와 관련하여 히틀러의 사상에서 나타나는 헤겔의 전통들을 몇 가지 소개해 보는 것도 흥미로울 것이다. 히틀러는 "영원한 자연은 자연의 법칙을 침범하는 자에게 복수한다. …… 요컨대 어떤 새로운 관념이 훌륭히 성공하지 않는 이상, 대중이 그 이전에 어떻게 그 관념을 이해할 수 있단 말인가? 대중의 인기를 얻지 못하는 정치가가 무슨 일을 해낼 것인가? …… 국가란 상공업 단

체나 실업자들의 모임이 아니다. 그것은 육체적으로나 정신적으로 평등한 인간이 그 종족의 발전을 위해서 결합된 하나의 공동체이다. 경제는 단순한 부가물에 지나지 않는다. …… 국가란 결코 평화적인 경제의 힘으로 건설되는 것이 아니라 항상 민족의 보존과 유지의 본능으로 말미암아, 또는 영웅적 행위 내지는 책략에 의해서만 건설되는 것이다." 등의 주장들을 늘어놓았다.(아돌프 히틀러, 『나의 투쟁』, 홍경호 옮김, 한그루, 51쪽, 56쪽, 81쪽).

5) 이른바 신제국주의(new-imperialism)를 말한다. 최근에도 이 개념을 사용하는 경우가 있지만, 이 개념은 1980년대에 등장한 개념이다. 주로 소련과 중국의 패권주의에 대한 비판에서 비롯된 것이다. 이 패권주의와 사실상 동의어로서 신제국주의라는 용어가 등장하였는데 엄밀한 의미에서 신제국주의란 자국의 경제적 이해 또는 헤게모니 장악을 위해 다른 나라를 침공하는 행위로 보면 된다. 대표적인 경우가 소련의 동유럽 침공과 중국에 대한 간섭, 중국의 베트남 침공, 베트남의 캄보디아 침공 등이다. 중소 분쟁은 신제국주의 경쟁의 단면을 보여준다. 소비에트러시아(소련)는 중소 분쟁 이후 상당히 오랜 기간을 대중국 포위에 몰두하였다. 1980년대를 기준으로 당시 소련 지상군 180개 사단 가운데 50개 사단을 중소 국경 지역에 배치하였다. 여기에는 장거리 폭격기, ICBM, MRBM, IBRM, SAM 등 최신예 장비를 갖추고 있었다(미 국방성 비밀 자료, 「소련의 군사력」, 《신동아》, 1981). 1981년판 『일본의 방위』는 소련의 극동지상군 병력 51개 사단 가운데 대부분이 중소 국경 지역에 배치되어 있다고 본다(《요미우리신문》, 1981. 10. 23). 당시 소련은 잠수함의 30%, 지상 총병력의 25%, 해군항공대의 30%, 전술항공기의 30%, 장거리 항공 병력의 30%를 대중국 국경 지역에 배치하고 있다. 그런데 만일 "소련이 이들 전력을 대자본주의 지역으로 돌린다면 그 결과는 충격적일 것이다."라는 당시의 보고가 있었다.(〈The China Card in Play〉, *The Far Eastern Economic Review*, October. 2. 1981) 즉 자본주의 국가를 겨냥해야 할 사회주의국의 군대가 형제 사회주의 국가에 집중되어 있었던 것이다. 이 같은 상황에서 당시 중국은 소련에 대하여 패권주의라고 비난했지만, 중월전쟁 당시 중국이 보인 행태는 소련과 다를 바 없었다. 마찬가지로 베트남(월남)의 캄보디아 침공도 캄보디아의 입장에서 보면 역시 패권주의라고 할 수 있다.

6) 헤겔은 정신의 자기 전개 3단계 발전을 ① 존재가 하등의 규정이 가해지기 전에는 무라고 하는, 아무런 매개도 거치지 않는 즉자적인 존재, ② 공간과 시간의 구속을 받는 자연의 형식으로 외화되는 대자적 존재, ③ 정신이 자기 외화의 상태를 벗

어나 다시 자기 자신으로 복귀하는 즉자대자적인 존재로 나아간다고 보았다(Hans Joachim Störig, 『서양철학사』, 228쪽). 이에 대하여 사르트르는 다음과 같이 말하고 있다. "즉자(卽自)는 인간의 의식을 넘어서 그 자체에 존재하는 것이다. 그러나 의식은 즉자같이 그 자체에 있어서만은 '있는 것'이 되지 못한다. 따라서 존재와의 관계 속에서 존재한다. 즉 그 무엇에 관한 의식으로서만 의식은 있다. 의식의 이러한 성격이 대자(對自)이다. 의식이란 원래 자기 자신을 벗어나 자기를 넘어서 자기가 아닌 것으로 향하는 것이므로 그 본성은 탈자적(脫自的) 자기 초월적이다. 의식에는 그 핵심에 분열이라는 부정적인 것(無)이 있다. 이것은 존재의 구멍이고 이것의 출현에 의해서 대자라는 구조가 생기는 것이다. 의식은 단순히 무엇에 대해서뿐만 아니라, 자기 자신에 대하여서도 항상 무(無)를 개입시켜 언제나 거리를 두는 방식으로 존재하는 것이다. 따라서 의식은 존재 속에 출현하면서 존재에 관해 의식함으로써 존재의 중심에 무를 분비한다. 대자는 무를 간직하지만 즉자는 존재에 충실하다. 대자는 존재가 결여됨에 따라서 공허를 메울 것을 요구하게 되는 것이다. 근본적으로 즉자와 대자는 상반된 개념이다. 따라서 즉자-대자는 신과 같은 이상일 뿐 이를 희구하는 것은 헛된 정열이다."(한진숙, 『현대의 철학 1』(서울대 출판부, 1980), 31쪽~40쪽).

7) J. Bhagwati, "Immiserizing Growth", *Review of Economic Studies*, Vol. 25.

8) Hammer, *U.S.S.R: The Politics of Oligarchy*(Hinsdale: The Dryden Press, 1974), p. 307.

9) 프랜시스 후쿠야마도 역시 책에 실린 「개인인가 공동체인가-세계화와 개인주의 사이에서」라는 글에서 낙관적 확신을 수정하고, 세계화가 가져온 사회 변화의 불안정성을 인정하고 있다. 즉 자유주의적 개인주의가 확산됨으로써 나타나는 공동체성의 파괴는 자유민주주의 자체를 위협하고 있다고 진단한다.

10) 1991년에서 2004년까지 옛 사회주의 국가들의 1인당 평균 실질소득 증가는 그 이전의 15년(공산주의 치하)보다 훨씬 낮았다. 이와 함께 소득격차는 엄청나게 심각해져서 최상위 소득 계층 1%가 사적 자산의 80%와 소득의 50%를 지배하게 되었다. 빈곤층은 50%를 상회하고 있다. 옛 소련, 특히 아르메니아, 조지아, 우즈베키스탄 등의 중앙아시아 지역에서는 생활 표준이 80%나 떨어졌다. 인구의 25%가 이민을 가거나 극빈 상태에 놓였으며, 산업과 공공자금, 에너지는 강탈당했다. 과학, 보건, 교육 시스템은 거의 붕괴되었다. 아르메니아는 결국 대다수 인민들이 중앙난방장치와 전기 없이 사는 국가로, 국가의 경제적 자원들을 마피아들에게 강탈당한 국가로 전락했다(《내셔널 지오그래픽》, 2004년 3월호). 러시아의 문제도 심각하다. 사

회주의 붕괴 초기 즉 1990년대 중반에는 인구 50% 이상이 빈곤층이며 노숙자는 증가 추세이고 국가적 차원의 보건·교육 시스템은 붕괴했다. 비(非)전시 상황에서 한 나라의 경제가 이토록 빠르고 철저하게 무너진 경우는 현대사에서 '러시아 자본주의' 밖에 없다. 러시아 경제는 자본주의화 과정에서 민영화되면서 마피아들에게 접수되었다. 러시아 마피아를 이끄는 것은 8개의 억만장자 과두 체제이다. 이들은 뉴욕, 텔아비브, 런던, 스위스 등의 은행으로 2천억 달러 이상을 반출한 바 있다. 이로 인해 러시아의 전 경제 부문에서 살인과 테러는 '경쟁력'이 되었고, 과학은 말살되었다. 공산주의 체제하에서는 세계적으로 가장 높은 수준이었던 러시아 과학자들이 현재는 저소득과 설비 부족 때문에 굶주리고 있다. 2004년을 기준으로 보면, '러시아 자본주의화'의 수혜자는 옛 소련의 관료, 마피아 보스, 미국과 이스라엘의 은행, 유럽의 땅 투기꾼, 미국의 제국주의자, 군부, 초국적 기업들이다. 이렇게 약탈과 대량실업, 빈곤, 절망이 만연하면서 자살과 알코올, 약물 중독이 폭증하고 있다. 소련 체제하에서는 좀처럼 보이지 않았던 질병도 나타나고 있다. 옛 소련이 붕괴되던 당시 남성의 예상 수명은 65세였으나 2003년엔 58세로 줄어들었다. 이는 방글라데시보다 낮은 수준이다(《월스트리트 저널》, 2004. 2. 4). 최근 러시아 일간지인《니자비시마야 가제타》(2012. 4. 18)의 보도에 따르면, 경제 전문가들은 메드베데프 대통령이 2008년 집권 초기부터 내세웠던 혁신과 현대화는 실현되지 못한 꿈으로 남았으며 만성적인 부패는 치유될 수 없는 질병으로 확인됐다고 꼬집었다. 전문가들은 개혁이 없으면 러시아에 1991년과 같은 경제 혼란기가 찾아올 것이라고 경고하였다. 전문가들은 러시아가 2008~2011년 사이 국내총생산(GDP) 성장률 5.5%를 기록했는데, 같은 기간 중국(44.2%), 인도(34.1%), 브라질(15.6%), 남아프리카공화국(8%) 등 신흥공업국들의 GDP 성장률과 비교하면 최하위 수준이다. 옛 소비에트러시아권 국가 모임인 독립국가연합(CIS) 11개 회원국 가운데서도 러시아의 경제성장률은 겨우 9위에 머물렀다(《연합뉴스》, 2012. 04. 18).

1부 2장 마르크스, 절반의 성공

11) 원래 마르크스가 말하는 과학이란 19세기의 자연과학적인 방법론에 입각한 과학의 개념이다. 마르크스는 이론의 전제에 있어서, "인간 사회는 수학과 물리학

의 언어로 묘사되고 분석 표현될 수 있다."고 보고, 따라서 "인간의 역사는 자연 역사의 연장이며 또한 부분"이라고 하였다. 물론 인간의 역사가 자연 역사의 한 부분인 것은 사실이나 자연 자체를 목적론적으로 분석했던 난센스가 인간 역사에까지 확대 적용됨으로써 오늘날의 관점에서 볼 때 마르크스의 학문은 그 뿌리에서부터 과학성의 결핍을 초래하게 된 것이다. 실제에 있어서 마르크스주의의 자연과학적 영역이 변증법적 유물론이라고 볼 때, 그들이 말하는 인과론적이고 목적론적인 과학관은 프랑스의 생물학자 모노(Jacques Lucien Monod, 1910~1976)에 의해 조소거리가 되고 말았다. 마르크스를 계승한 레닌 역시 인간 역사의 발달에는 자연의 법칙과 유사한 객관적 법칙이 있다고 주장하였다. 마르크스는 아리스토텔레스로부터는 지식의 응용 가능성으로서의 실천을, 헤겔로부터는 정신의 실천을, 키에즈코프스키로부터는 행위의 실천을 비판적으로 수용함으로써 이론과 실천의 통합 문제를 혁명적 실천론으로 바꿔놓았다. 그는 존재와 당위의 분열을 극복하기 위해서 자본주의의 필연적 산물인 동시에 새로운 도덕적 이상으로서 프롤레타리아를 발견한 것이다(K. Marx, *Writings of the Young Marx*, p. 61. T. Bottmore, *Critique of Hegels philosophy of Right Earls Writing*(London: Lawrence & Wishart, 1963). Lenin, *Materialismus und Emprior*(Kritizimus Verlag fur literatur & Polilik, 1927).

12) 이 말은 원래 19세기 영국의 문필가였던 새뮤얼 버틀러(1835~1902)가 출간했던 동명의 소설에서 나왔다. 버틀러는 미지의 나라로 에레훤을 상정하고 기존의 모든 질서가 거꾸로 된 역유토피아의 세계를 풍자적으로 표현하였다. 토마스 모어의 '유토피아'는 '이 세상에 없는 곳'이라는 뜻이고 새뮤얼 버틀러의 '에레훤(Erehwon)'은 '없는 곳(no where)'을 뒤집은 말이다.

13) 영국의 노벨상 수상 작가인 윌리엄 골딩(William Golding, 1911~1993)의 대표적인 장편소설이다. 『파리대왕』은 1954년에 발표된 소설로, 무인도에 고립되어 야만 상태로 돌아간 소년들을 통해 인간 내면에 잠재해 있는 권력과 힘에 대한 욕망을 그려낸 작품이다.

14) 엥겔스는 마르크스에게 부친 편지에서 트카체프를 폭동주의자일 뿐만 아니라, 자본주의를 대체하는 또 하나의 독재 체제를 수립하려는 사람이라고 비판하였다. 그는 마르크스에게 이렇게 썼다. "공식적 지위를 페스트처럼 멀리하는 우리와 같은 사람이 어떻게 당에 들어가겠는가? 우리가 인기를 얻기 시작하면 우리 스스로 잘못 보게도 되기 때문에 인기라면 침을 뱉는 우리에게 당이 무엇인가?"(1891. 2. 11, 엥겔스

의 편지. *Kritik des Gothaer Programms*(Neuer Weg, 1945), p. 54).

15) Marx & Engels, *Werke, Bd* I (Diez Verlap, 1976), p. 249.

16) 자유시 사변(自由市事變)이란 1921년 러시아령 자유시(알렉세예브스크)에서 러시아 군에 의해 한국 독립군 부대가 전멸한 사건이다. 자유시는 러시아 제야 강(Zeya river)변에 위치한 알렉세예브스크(Alekseyevsk)라는 마을이며, 현재는 스바보드니(Svobodny)이다. 제야 강이 흘러 흑룡강(黑龍江)과 합류하는 지점에 있는 중국의 국경 도시 헤이허(黑河)의 지명을 따서 흑하사변(黑河事變)이라고도 한다. 1921년 일본군의 압박으로 대한 독립군의 여러 부대들은 자유시에 집결하였는데 이들 가운데 군통수권을 둘러싸고 갈등이 일어났다. 이 갈등 속에서 많은 수의 독립군(구체적으로는 사할린 의용군)이 러시아 적군의 포위와 집중공격에 몰살 또는 포로가 된 사건이었다. 문제는 이 사건의 내막에는 일본과 러시아 공산당의 밀약(密約)이 있었다는 것이다. 즉 자유시 사변은 시베리아 연해주를 점령하고 있는 일본군을 협상으로 철수시킬 필요가 있었던 러시아 공산당(볼셰비키)이 대한 독립군을 제거해야 했던 일본의 요구를 받아들인 결과였던 것이다.

17) E. H. Carr, 『Bolshevik Revolution 1917-1929(러시아혁명)』(나남, 1984), 74쪽.

18) Roy A. Medvedev, *Let history judge the origin & consequences of Stalinism*(NY: Vintage book), p. 239.

19) 김학준, 『러시아혁명사』(문학과지성사, 1979), 435쪽.

20) Schrum, *Chairman Mao Talks to the People*(NY: Pantheon Books, 1974), pp. 227~228.

21) K. Korsh, *Marxismus und Philosophie*(Frankfurt am Main, 1966), pp. 137~139.

22) 현대의 대표적인 신고전파 무역 이론인 헥셔올린(Heckscher-Ohlin)의 이론에 따르면, 노동이 풍부한 나라(후진국)는 노동의 가격(임금)이 싸기 때문에 섬유, 가발 등과 같은 노동 집약적 상품을 특화하여 수출하는 것이 유리하고 자본이 풍부한 나라(선진국)는 자본 가격(이자율)이 싸기 때문에 첨단기기나 기계 등과 같은 자본 집약적 상품에 특화하여 수출하는 것이 유리하다. 이 경우 자본 집약적 상품 수출국(선진국)은 자본을 더 많이 사용하게 되므로 자본 가격(이자율)이 상승한다. 자본이 풍부한 나라지만 그 자본을 더 많이 사용하게 되면 공급 부족이 나타나기 때문이다. 마찬가지로 후진국의 경우에도 노동 집약적인 상품 생산을 강화하면 노동력에 대한 수요가 높아져서 노동의 가격(임금)이 오르게 된다. 오늘날 중국 경제에서 나타나고 있는 지속적인 임금 상승 압박이 바로 이 때문이다. 이 상태에서 선진국 노조가 후진

국 상품(노동 집약적 상품)에 대해 수입 규제를 실시하게 되면, 무역 이익은 상실하지만 그 규제한 만큼 국내 대체 생산(노동 집약적 상품 생산)이 이루어질 수밖에 없다. 즉 과거에는 섬유를 포기하고 기계를 생산했는데 노조가 크게 반발하여 섬유에 대한 수입을 못하게 하면 선진국 내의 섬유공장이 가동될 수밖에 없게 되기 때문이다. 이 경우 선진국에는 처음부터 상대적으로 희소했던 생산요소인 노동의 가격(임금)이 상승하게 되고 이에 따라 자유무역 시에도 채산성이 없었던 산업이 다시 개발되게 되고 고용 및 임금이 증가하게 된다. 따라서 선진국(자본 집약적 상품 수출국) 노조는 무역의 이익을 팽개치고라도 후진국의 수출이나 노동임금에 대한 고려 없이 자국의 고용 증가와 임금의 상승만을 위해 수입 규제를 하게 된다. 선진국 노조의 이 같은 행태는 즉각적으로 후진국 경제에 마이너스 성장을 초래한다. 따라서 선진국의 노동자와 후진국의 노동자가 결코 동일한 이해관계에 있을 수 없는 상호 적대적인 관계에 있다는 것을 알 수 있다. 수입 규제에 따른 선진국 노동자들의 임금 상승은 후진국 노동자들의 실업 증대 및 임금 감소, 나아가 노동 강화를 초래하게 된다.

1부 3장 철학의 빈곤으로 번성하는 자본주의

23) 토마스 쿤, 『과학혁명의 구조』(정음사: 1988), 32~33쪽.

24) Jeremy Bentham, An Introduction to the Principle of Morals and Legislation, *A Bentham Reader*, M. P. Macked, ed.(NY: Pegasus, 1969)

25) President's Commission on Obscenity and Pornography, Report of The Commission on Obscenity and Pornography(1970. Washington, D.C.: U.S. Government Printing Office). Eric Schlosser, *Reefer Madness: Sex, Drugs, and Cheap Labor in the American Black Market*.

26) Jerry Ropelato, "Pornography Statistics 2007", *Top Ten Reviews*.

27) 의학 전문지《헬스코리아뉴스》(2011. 12. 15).

28) 양질전화(量質轉化)는 변증법적 유물론의 중요한 개념으로 양(量)이 축적되어 쌓이면 어느 순간 질(質)적인 변화를 일으킨다는 것이다. 예를 들어 물의 온도가 점점 증가하다 100도가 되면 물이 끓어 넘치고 0도 이하가 되면 얼음이 되는 것과 같다. 구체적으로 보면, 양질전화는 물질 자체의 양질전화와 그 물질과 매개 관계

에 있는 존재에서도 양질 관계가 나타난다. 원자는 물체의 구성 단위로 개개의 원자일 때는 성질도 동일하지만 그것을 종합하는 양이 확대됨에 따라서 성질이 다른 물체가 만들어질 뿐만 아니라 매개 관계에 따라서도 그 성질이 달라진다. 예를 들면 오존(O3)의 양도 양의 증감에 따라 약용량, 중독량, 치사량 등으로 나눠지지만, 이것을 먹는 사람이 어린이일 경우에는 약용량도 치사량이 될 수가 있다. 나아가 양적 변화가 질적 변화를 초래하면 이것은 다시 질적 변화가 양적인 변화를 또 초래할 수도 있다. 여러 원소로 만들어진 화약이 폭발하는 것이 그 예가 될 수 있다.

1부 4장 죽은 표현양식이 산 존재양식을 구속하다

29) E. Kosminsky, *Studies in the Agrarian History of England in the 13th Century*(Oxford, 1956).

30) 김종현, 『경제사』(경문사, 1985), 77쪽. 고전 장원이란 가장 전형적인 형태의 장원으로 영주가 직영지(直營地)를 갖고 부역농노제(賦役農奴制)를 기반으로 하여 자신의 영지를 경영하는 유럽 장원의 기본 형태를 말한다. 이것은 13세기 영국의 잉글랜드 동남부에서 발달한 전형적인 장원을 가리키는데, 이것은 부역을 금납화(金納化)하는 과정에서 붕괴되었다.

31) 김철준, 『한국사학의 몇 가지 문제』(문학과지성사, 1970).

32) 사회구성체 이론은 1985년《창작과비평》57호에서 국가독점(國家獨占) 자본주의론(박현채)과 주변부(周邊部) 자본주의론(이대근)이 충돌하면서 시작되었다. 이 논쟁은 세계사의 유례가 없을 만큼 치열하게 진행되었다. 이 논쟁에서 주변부 자본주의론이 패퇴하고 식민지반봉건론(NL)이 등장해 국가독점 자본주의론(PD)과 맞서는 상황에서 다시 정통 마르크스-레닌주의 입장에서 나온 자본주의 사회구성체 이론(1987)이 등장하기도 하였다. 특히 식민지(植民地) 반봉건론(半封建論)은 일제 식민지였던 조선은 봉건 사회에서 자본주의로 이행한 것이 아니라 근대적 지주제를 토대로 하여 식민지 국가 권력이 상부구조를 이루는 특수한 사회구성체라는 것이다. 마치 19세기 말 동학혁명(1894)의 구호를 보는 듯하다. 동학혁명의 핵심은 반제(反帝) 반봉건(反封建) 투쟁이다. 1960년대 이후 이른바 이촌향도(離村向都)로 인구의 절반 이상이 도시 노동자인 한국 사회의 현실을 봉건 사회로 규정하는 것은 시대착

오적인 발상이다. 차라리 정통 마르크스주의에 입각한 '자본주의 구성체 이론'은 다소 설득력이 있다. 그러나 이 모든 이론은 한국 사회는 사회주의 혁명만이 구원할 수 있다는 입장이라는 점에서 문제가 있었다. 더욱 큰 문제는 식민지 반봉건론에 입각한 운동 세력들이 북한과의 연계와 협력을 중시했다는 점이다.

33) 황태연, 『공자와 세계』(청계, 2011), 389쪽.

34) 이승환, 『유교 담론의 지형학』(푸른숲, 2004). 황태연, 『공자와 세계』(청계, 2011).

35) 코페르니쿠스는 프라우엔부르크 성당의 신부로 취임(1512)하였고, 알렌슈타인 교회 평의원이 되어 전임(1516)하였으며, 프라우엔부르크 대교구장으로 귀임(1520)하여, 그곳에서 일생을 마쳤다. 코페르니쿠스가 지동설(地動說)을 착안하고 그것에 확신하게 된 시기가 언제인지는 명확하지 않으나 그의 저서인 『천체의 회전에 관하여(*De revolutionibus orbium coelestium*)』(전4권)는 그가 세상을 떠나기 훨씬 전에 저술된 것으로 보고 있다.

36) 예를 들면 초전도체는, 물리학자 뮐러(Karl Müller, 1987년 노벨상 수상)에 의해 발견되었다(1986). 당시 냉매(冷媒)로 액체 헬륨(He)을 사용하는데 매우 희귀한 원소라 비용이 많이 들었고 당시까지만 해도 영하 250도 이하에서는 물질의 모든 전기 저항이 없어진다는 이른바 23K 장벽에 막혀 전혀 진전이 없었다. 그런데 뮐러의 젊은 조수 베트노르츠(Georg Bednorz)가 오븐을 사전에 충분히 달구어놓지 못했기 때문에 생긴 우연한 사고 덕분에 세라믹을 발견했다. 당시 아무도 세라믹이 전기 절연체로서 유용하다는 것을 알지 못했는데 초전도체 패러다임에 대하여 아무것도 모르던 뮐러 박사가 세라믹에 대해 인식한 것이다.

37) K. Marx, *Writings of the Young Marx*, p. 61. T. Bottmore, *Critique of Hegels philosophy of Right Earls Writing*(London: Lawrence & Wishart, 1963).

38) 1975년 4월 프랑스 유학파 출신의 공산주의자 폴 포트가 프놈펜(캄보디아의 수도)을 접수하던 당시, 캄보디아에는 800만 명에 가까운 국민이 살고 있었다. 그러나 베트남이 침공하여 괴뢰 정부를 수립하던 1978년, 이들 가운데 400만 명이 살아남았고 태국의 난민수용소와 태국 접경지대에 약 80만 명이 무위도식하며 살아간다(아리아 네바르트, 티지아노 테르자니, 「모두 죽는다. 도망가야 한다. 지금도 울부짖는 소리가 들린다」, 《슈피겔(*Der Spiegel*)》, 1978. 5).

39) 2010년을 기준으로 한국의 5대 백화점 명품 매출은 1조 1507억 원으로 전년 대비 17%나 늘어나 연간으로는 2조 3000억 원을 넘어설 전망이다. 2005년 8670억 원에 불과했던 5대 백화점의 명품 매출이 5년 만에 세 배 가까이 성장하는 셈이다. 이것은 수입 자동차와 화장품, 향수, 수입 가구 등은 제외한 수치다. 면세점에서 판매되는 명품 매출도 1조 8800억 원으로 전년 대비 12.8% 늘어났다. 즉 백화점과 면세점에서만 연간 4조 원이 넘는 명품이 팔려나가는 셈이다. 여기에 인터넷 쇼핑몰 등 여타의 명품 매장의 매출을 합치면 한국의 명품 시장 규모는 5조 원이 넘을 것으로 업계에서는 추산하고 있다.(《한국경제》, 2010. 7. 5)

40) 베네딕트는 『국화와 칼(*The Chrysanthemum And the Sword*)』(1946)에서, 일본 문화는 타인을 의식하는 수치의 문화라고 한 바 있다. 즉 타인의 눈을 의식하여 자기 행동을 규제하는 문화로 개인의 의지와 신과 개인 간의 관계를 의식하는 서유럽 문화와는 본질적으로 다르다고 본 것이다. 그런데 이 문화적인 전통은 한국이나 일본이나 큰 차이가 없다.

41) 스놉 효과란 1950년 미국의 하비 라이벤스타인(Harvey Leibenstein)이 발표한 이론으로 특정한 제품에 대한 소비가 사회적으로 증가하게 되면 그 제품의 수요가 줄어들기 시작하는 현상이 나타나기도 하는데 이 현상을 스놉 효과라 한다. 일부 소비자들을 중심으로 다른 사람과는 차별화된 고가의 명품이나 일반인들이 구매하기 힘든 상품들에 대한 소비가 늘어나기 시작한다는 것이다.

42) 네이버의 지식백과에 따르면, 된장녀란 2006년 야후 코리아가 조사한 인터넷 신조어와 유행어 1위에 오른 단어라고 한다. 된장녀는 해외 명품 소비를 선호하지만 정작 자신은 경제적 활동을 하지 않기에 부모나 상대 남성의 경제적 능력에 소비 활동의 대부분을 의존하는 젊은 여성을 비하하여 일컫는 말이다. 된장녀란 말의 유래는 '젠장'이 '된장'으로 전이되었다는 주장, 실제 좋은지 나쁜지도 모르면서 무조건 해외 명품을 선호하는 여성들을 똥과 된장을 구분하지 못한다고 비꼬기 위해 된장녀라 부르게 되었다는 주장, 아무리 명품으로 치장을 해봤자 정작 자신들은 순수 국산으로 된장 냄새에 익숙한 존재라는 의미로 사용하게 되었다는 주장 등이 있으나 모두 확실한 것은 아니라고 한다.

43) 한국의 유명한 코미디 프로그램에서 나온 말로 실질적인 생산 업무는 누가 담

당하는가라는 말을 코믹하게 표현한 말.

44) '88만 원 세대'는 최근에 등장한 신조어로서 월 평균 88만 원을 받는 20대 비정규직(아르바이트, part-time job)을 말한다. 최저 임금인 1시간당 약 3,570원씩 하루 8시간 동안 한 달간 일한다고 가정할 때 약 88만 원을 모을 수 있기 때문에 이를 88만 원 세대라고 한다. 의료보험, 연금, 퇴직금이 안 되는 일거리이며 그나마 언제든지 해고당할 수 있는 열악한 환경이다.

45) 프랑크(A. G. Frank)는 현 체제의 자본주의는 제3세계 국가들에 있어서 '저개발'을 개발시키는 결과를 초래한다고 주장하였다. 즉 제3세계 국가들에 만연한 빈곤과 가난을 자본주의가 더욱 확대시킨다는 의미이다. 나아가 서구의 발전은 제3세계에 대한 착취를 통하여 가능했으며, 제3세계는 서구의 발전에 기여하였으므로 저발전하게 되었다는 것이다. 그리고 이것은 자본주의의 발전 과정에서 생겨난 것으로 지속적으로 만들어지고 있는 현상이자 발전과 저개발은 모두 자본주의 자체의 내적 모순의 결과라는 것이다. A. G. Frank, *Crisis in the Third World*(NewYork: Holms and Meire, 1981), A. G. Frank, *Latin America: Underdevelopment or Revolution*(NewYork: Monthly Review, 1969). '저개발의 개발'이라는 표현은 지금까지 보통 후진성을 주요 내용으로 하던 저개발의 개념을 달리 파악하여 세계 자본주의 발전을 구성하는 하나의 부분이라고 보고 이것을 저개발의 개발이라는 역설적 표현을 사용한 것이다. 이 부분은 A. G. Frank, The Development of Underdevelopment, in Rhodes, R.I.(ed), *Imperialism and Underdevelopment*(NewYork: Random House, 1970)를 참조.

1부 6장 돈으로 일어난 자 돈으로 망하나니

46) 최초의 예금을 C라 하고, 은행이 금고에 남겨야 할 예금의 비율, 즉 지급준비율이 r이면 전체 통화량은 $\frac{C}{r}$ 신용 창조는 무한 등비급수 $\frac{C(1-r)}{r}$ 로 표현된다.

47) 네오콘은 네오 콘서버티브(neo-conservatives)의 약어다. 미국 공화당의 신보수주의자들 또는 그 세력을 통틀어 일컫는다. 미국식 민주주의를 비민주적인 세력들로부터 지키는 것을 지상 최대의 과제로 삼는데 미국의 정치철학자 스트라우스(Leo Strauss)의 사상을 기원으로 한다고 한다. 레이건(Ronald Wilson Reagan)과 부시(George Walker Bush) 정권의 멤버들이 중심이었다. 이들의 목표는 미국식 패권주

의의 완성 즉 팍스 아메리카나(Pax Americana)로 그 바탕이 되는 것은 군사력이다.

48) 참고로 최근 한국의 상황을 보여주는 언론 보도를 보면, 한국 경제도 세계 경제 전반적인 문제에서 한 치도 벗어나 있지 않음을 알 수 있다. "2012년 8월 현재 경기침체 속에 소비 심리가 위축되면서 서민들이 지갑을 닫고 있다. 가계 소비가 10년 만에 최저치를 기록했다. 소비자 한 명이 구입하는 금액은 2002년 수준으로 뚝 떨어졌다. 물가상승분을 감안하면 큰 폭의 감소다. 이처럼 소비자들이 지갑을 닫으면서 가구 소득에서 소비 지출이 차지하는 평균 소비 성향도 74.1%로 10년 만에 최저치를 기록했다. 가처분 소득이 1000원이라면 741원만 썼다는 뜻이다. 식료품 지출이 가장 많이 줄었고 가전제품과 자동차 구입도 감소했다. 특히 이 같은 소비 위축은 올 2분기 가구당 월 평균 소득이 6% 늘어난 상황에서 나온 것이어서 소비 심리가 얼마나 위축됐는가를 잘 보여준다."(《KBS》, 2012. 8. 17)

49)《조선일보》, 2012. 6. 11.

50) Dani Rodrik, 『자본주의 새판짜기(*The Globalization Paradox*)』(21세기북스, 2011), 20~21쪽, 193쪽, 273~300쪽 등을 참조.

51)《조선일보》, 2012. 6. 11.

52) 혁신 도시는 행정중심복합도시 사업과 연계하여 노무현 정부(2003~2008)가 추진한 지방 균형 발전 사업으로 공공기관 지방 이전과 산 · 학 · 연 · 관이 서로 협력하여 지역의 성장 거점 지역에 조성되는 미래형 도시이다. 혁신 도시는 모두 4가지 유형으로 건설되며 각각 지역의 시도별 지역 산업과 도시별 테마를 설정하여, 지역별로 특색 있는 도시로 개발될 예정이다. 혁신 도시 사업은 단계적으로 1단계(2007~2012, 이전 공공기관 정착 단계) 2단계(2013~2020, 산 · 학 · 연 정착 단계) 3단계(2021~2030, 혁신 확산 단계) 등으로 진행될 예정이다.

53) 뉴타운은 낙후된 구도심의 개발을 목적으로 한다. '도시 및 주거환경 정비법'의 개발 방식 중 재개발과 가장 밀접한 사업이다. 재개발, 재건축, 주거환경 개선 사업, 도시환경 정비 사업 등 시행 방식에서 뉴타운은 이 모든 것을 포괄하는 개념이다. 즉 군소 단위의 개발을 하나로 묶어 대단위의 사업으로 추진하고 보다 효과적으로 지원하기 위해 시작된 것이 뉴타운 사업인데 그 시행 근거는 2003년도에 제정한 '서울시 지역 균형 발전 지원에 관한 조례'이다. 뉴타운의 필요성이 인정되면서 법으로 만들어진 것이 '도시 재정비 촉진을 위한 특별법'이고 그동안 지자체의 조례로 움직여 왔던 '뉴타운'이란 명칭은 법령으로 제정되면서 사라지고, 법령에 의한 정확한 명칭은

'도시 재정비 촉진기구(도촉지구)'이다.

54) 재건축, 재개발 통합법으로서 많은 논의를 거쳐 2002년 12월 30일자로 제정 공포되어 2003년 7월 1일부터 시행되고 있는 "도시 및 주거환경 정비법(약칭하여 "도시정비법"이라고 한다)"은 종전의 재건축 · 재개발을 규율하고 있었던 개별 법들을 하나로 통합하여 같은 규율로 진행시켜 절차의 민주성과 경제성, 효율성을 담보하기 위하여 제정되었다. 이로써 보다 효율적인 재개발이 가능하게 되었다.

55) 2002년 연말 당시 김대중 정부는 수도권 택지 505만 평 공급을 결정하였다. 그래서 당시에는 '주택 구입 시기를 2003년으로 미뤄라.'는 소문이 무성하였다. 건설교통부가 수도권 지역의 주택 시장 안정을 위해 연말까지 택지 505만 5000평을 일시에 공급한다. 이들 지역에서 공급되는 주택은 모두 14만 1400여 가구. 2007년 입주 목표로 약 2만 가구를 공급할 예정인 판교 신도시의 7배에 해당하는 물량이었다. 2002년 당시 택지개발촉진법에 의해 정부가 공급하는 택지는 비교적 대단위 면적(10만 평 이상)의 미니신도시로 개발된다는 계획이었다. 수도권의 경우 아파트 용지에 25.7평형 이하 규모를 60% 이상 공급하고, 이 가운데 30% 이상은 18평형 이하를 공급한다. 또 의무적으로 30% 이상을 임대주택으로 공급해야 한다. 택지개발촉진법에 의해 공급되는 택지는 29개 지구, 313만 1000평. 이 가운데 가장 큰 규모로 공급되는 택지는 경기 화성 동탄 지구로 총 273만 5000평(4만 14가구분)이었다. 김대중 정부의 집값 안정 대책에 따라 2003년 공급 예정이었던 인천 논현2지구(5400가구) 등 5개 지구 56만 8000평(1만 3400가구)도 앞당겨 공급되었다. 수도권 지방자치 단체들도 2002년 말까지 92만 4000평(6만 1600가구)의 택지를 공급하였다.《한국일보》(2002. 10. 3).

56) 2011년 10월 교육과학기술부와 한국교육개발원이 집계한 '2010학년도 초중고 유학생 출국 현황' 자료에 따르면 2010학년도(2010년 3월~2011년 2월) 조기 유학생 수는 총 1만 8741명으로 전년도 1만 8118명보다 623명(3.4%) 증가했다. 2007~2009년 출국자는 크게 감소하고 귀국자는 증가하다가, 다시 출국자 수가 증가한 것이다. 이에 따라 매년 5조 원에 달하는 조기 유학 비용으로 인하여 가계에도 큰 그늘이 지고 있다. 조기 유학이 본격화된 지 10년이 넘었지만 유학을 떠난 나라에서 취업에 성공한 경우가 드물고 한국에 되돌아온 학생들이 또 다른 어려움을 겪는다. 그리고 교육과학기술부(2010)가 발표한 자료에 따르면, 조사 시점인 2009년 4월 1일 현재 전체 대학생 가운데 해외 연수 중인 학생들이 전체의 5%에 달했다. 대학생 20명 중 1명은 해외 연수 중이라는 뜻이다. 6개월짜리 단기 연수생까지 합치면 적어도 대학생 5명

중 1명은 졸업할 때까지 해외 연수를 다녀오는 셈이다.《연합뉴스》(2010. 2. 3).

57) 현대경제연구원,「국내 가계부채, 대비책 필요하다」(2010. 2. 26), 10쪽 및 참여연대 이슈 리포트인「한국의 가계부채, 현황과 과제」(2010. 3. 9).

58) 이성복,『도시정책론』(법문사, 1995).

59) 수도권 땅값은 2001년 711조 원에서 2011년 2361조 원으로 232% 증가한 반면, 지방 땅값은 같은 기간 595조 원에서 1174조 원으로 97.3% 늘어나는 데 그쳤다(《서울신문》, 2011. 9. 20).

60) 2011년 5월 30일 통계청이 발표한 '2010년 인구주택 총조사 전수 집계 결과(인구 부문)'에 따르면 서울과 인천, 경기를 포함한 수도권 인구는 2384만 명으로 전체 인구의 49.1%를 차지. 이는 5년 전 48.2%에 비해 0.9% 증가한 것이다.

61) 2010년 총예금 가운데 서울 지역 비중이 사상 최고치를 기록했다. 한국은행에 따르면, 2010년 말 기준 서울 지역의 은행 예금은 403조 962억 원으로 전체 예금의 53.7%이다. 지난 1995년 집계가 시작된 이후 가장 높은 수치였다(《문화일보》, 2010. 3. 4)

62) 국방부에 대한 국정감사(2011. 9. 20)에서 한민구 합참의장은 "북한의 장사정포는 1시간에 만여 발 정도 서울을 공격할 수 있다."고 밝혔다. 한나라당 김학송 의원은 "한 시간이면, 서울 면적의 2% 정도, 10시간 이상 공격되면 20% 파괴될 것이지만 가스, 전기 등 폭발사고가 같이 일어나면 피해는 엄청날 것"이라고 덧붙였다(SBS 뉴스 2011. 9. 20 / EBN 산업뉴스).

63) 최근 가장 비싸게 건설된 고속도로는 서울 외곽순환도로의 판교~학의 구간으로 km당 경부고속도로의 347배, 중부고속도로의 약 12배나 되는 347억 원이 투입되었다. 고속도로 건설 비용이 이처럼 서로 다른 이유는 용지비(고속도로 부지 매입비)가 차지하는 비율의 차이 때문이다(《경남매일》, 2007. 1. 18).

64) 다소 오래된 통계이기는 하나 자동차 대기오염으로 인한 직접적 사회 비용이 매년 2조 6천억 원 정도라고 한다(《월간조선》, 1998. 4).《사이언스》(2001. 8)에 따르면, 대기오염으로 목숨을 잃는 사람이 교통사고 사망자보다 많다는 연구 결과가 나왔다(《조선일보》, 2001. 8. 18). 서울은 대기오염 물질 배출 1위로 1996년 Km^2당 대기오염 물질 발생량이 654톤으로 전국 평균(40톤)의 16배, 2위인 인천은 651톤으로 3위인 부산(346톤)보다 무려 300톤 이상 차이가 난다(《중앙일보》, 1997. 10. 16). 우리나라의 단위 면적당 대기오염 물질 배출량이 경제협력개발기구(OECD) 가입국 가

운데 최고 수준이다. 이 통계는 10년 전이므로 현재는 더욱 악화되었을 것이다.

65) 2011년을 기준으로 보면, 서울은 날로 증가되는 통제가 불가능한 비점오염원 수질오염에 극히 취약한 구조다. 수질오염원은 크게 점오염원과 비점오염원로 나뉘는데, 점오염원은 공장, 가정 하수와 같이 관거를 통해 일정한 유량이 유출되며 유지 관리가 용이하다. 반면 비점오염원은 도시, 도로, 농지, 산지, 공사장 등에서 강우 시 유출돼 하수 등으로 흘러드는 수질오염 물질원을 말한다. 배출 지점이 불명확해 배출량을 예측하기 곤란하고 모으기 어렵다. 비점오염원 비중도 점점 증가 추세로 1990년대 후반에 21% 정도에 불과했던 비중이 2015년에는 80% 정도에 달할 것이라고 예측되고 있다(《메디컬투데이》, 2011. 7. 11).

66) 다스는 "지난 30여 년간 우리가 이룬 성장과 부(富)는 빌린 돈과 투기로 만들어낸 것이다. 이건 우리가 인정해야만 하는 불편한 진실(dirty secret)이다. 1980년대 이후 성장을 견인한 핵심 요소는 수요를 창출하기 위한 부채, 즉 '경제의 금융화'였다. 중국 · 일본 · 독일 같은 수출국들은 미국 같은 소비국에 돈을 빌려줌으로써 수요를 창출했다. 돈을 빌려주고 물건을 판 셈이다. 2001~2008년 미국의 기록적인 경제 성장의 절반은 집값 상승을 기대하고 무분별하게 공급한 대출이 기여했다."라고 지적했다. 다스는 "세계 경제가 어려움에 빠진 원인은 금융이 너무 많은 유동성을 만들어낸 것이 원인이다. 미국 서브프라임 모기지처럼 갚을 능력이 없는 사람들에게도 초저금리로 대출이 됐고, 금융파생상품들은 높은 레버리지(빚)를 일으켰다. 1달러만 있으면 20~30달러를 빌릴 수 있었고, 자산가치가 조금만 하락해도 파산자가 속출하게 됐다. 금융상품이 복잡해져 은행과 투자자들이 아주 복잡한 방식으로 얽히고설켰고, 규제 당국조차 이런 연결고리를 제대로 알지 못했다. 금융 부실은 재정 부실로 이어졌다. 금융이 이렇게 위험한 일을 벌인 것은 단기 수익에만 급급하는 미친(crazy) 보너스 제도 때문이다. 직원들이 단기 실적만 잘 올리면 엄청난 급여를 받으니 위험을 신경 쓸 겨를이 없다. 이는 기업은 주주들의 이익을 극대화하기 위해 존재한다고 보는 주주 자본주의가 빚어낸 결과이기도 하다."라고 지적하였다(《조선일보》, 2012. 08. 11).

67) 스탠리 데이비스 외, 『변화의 충격』(씨앗을뿌리는사람들, 2000).

68) 정보는 자본 시장과 불가분의 관계에 있다. 그렇기 때문에 자본 시장 이론 발달사에서도 정보가 얼마나 빠르게 자본 시장의 가격 형성에 반영되는가라는 물음은 매우 중요한 문제로 다루어 왔다. 정보가 빠르게 가격에 반영될수록 효율적인 시장이라고 볼 수 있다.

69) 여기서 펀드매니저나 금융 전문가들이 이론적으로 주식의 가격에 접근하는 방식을 살펴보자. 주식이 원래 가진 가치(value)가 가격(price)과 일치하지 않으면 즉 현재의 주식 가격이 고평가 또는 저평가되어 있다고 사람들이 느끼게 된다면, 사람들은 가격과 가치가 일치할 때까지 베팅(betting)을 하게 된다. 그래서 언제 '가격=가치'가 될 수 있는가를 연구하는 것은 금융 부문의 오랜 숙제이기도 하다. 많은 학자들은 시장이 효율적이라고 생각하고 있다. 즉 주가와 관련된 정보는 주가에 빠르게 반영되고 있기 때문에 시장에서 공짜 돈을 그저 챙기기가 매우 어렵다는 말이다. 모딜리아니(Modigliani)와 밀러(Miller)는 이를 두고 공짜 점심(free lunch)이라고 말한다. (참고로 자본 시장의 효율성에 관련된 대표적인 논문으로 E. F. Fama, "Efficient Capital Markets: A Review of Theory and Empirical Work," *Journal of Finance*, May 1970, pp. 383~417 / E. F. Fama "Efficient Capital Market Ⅱ" *Journal of Finance*, May 1970, pp. 1575~1617 등이 있다.) 일부 학자들은 주가의 변화가 어느 정도는 일정한 흐름을 가지고 있다고 보고 있다. 즉 정신없이 바뀌는 듯 보이는 주가도 계절적으로 일정한 흐름이 나타나고 있으며 새로운 정보에 매우 민감하며 기업 회계 정보에 이상 반응을 한다는 것이다. 이를 주식 시장의 이례적 현상(stock market anomalies)이라고 하기도 한다. 예를 들면 세계의 주요 주식 시장에서는 1월의 주가 수익률이 다른 달에 비해 평균적으로 높으며, 한 달을 기준으로 보면 월말에서 월초의 주식 가격이 평균적으로 높다는 것이다. 특히 1월 초 소형주의 수익률은 다른 날에 비해 월등히 높은 수준을 나타내고 있다. 또한 1개월을 놓고 볼 때 주가는 월말부터 월초의 수일간에 걸쳐 평균적으로 크게 상승한다. 1일의 주가 추이를 보면 거래 종료 직전 15분간의 주가가 크게 상승하고 월요일의 낮은 수익률의 대부분은 거래가 시작되고 나서 최초 45분간에 나타나는 것으로 알려져 있다. 이것은 주가의 일반적인 패턴을 보여주는 것이다. 무엇보다도 주가는 인간의 기대 심리 또는 희망 심리를 반영하고 있다는 것이다. 대

개의 경우 연초나 명절 때는 주식이 과대평가되기도 한다. 실제로 명절의 경우에는 명절 준비를 위해 주식에 투자할 돈이 별로 없는데도 주가는 오르는 현상이 나타난다. 그리고 케인즈가 지적한 대로 주가가 크게 올랐을 경우에는 그 주가가 떨어지고, 크게 떨어진 경우에는 그 주식 가격이 다시 오른다는 것이다. 그러면서 주가는 나름대로 그 진폭을 조정하면서 원래의 가격대로 회귀하려는 경향이 나타나는데 이와 같이 일시적으로 폭락한 주식의 가격이 2~3년에 걸쳐 원래의 주가를 회복해 가는 것을 주가의 평균회귀성(mean reversion)이라고도 한다.

70) 《이투데이》(2012. 6. 15), [이채용의 머니전쟁] '전문가'들의 '비전문성'.

71) John Quiggin, 『경제학의 5가지 유령들(*Zombi Economics*)』(21세기북스, 2012), 68쪽.

2부 1장 공중분해되는 자본주의

72) 토드 부크홀츠, 장석훈 옮김, 『러쉬』(청림출판, 2012).

73) Charles R. Nelson, *Macroeconomics: An Introduction*(McGraw-Hill's Custom Publishing, 2003) 참조.

74) Luther S. Luedtke, *Making America*(Forum Series U.S. Information Agency, 1987), p. 185.

75) Peter Viereck, *Conservatism: From John Adams to Churchill*(Princeton University Press, 1956). Rossiter Clinton, *The Seed time of the Republic: The Origin of the American Tradition of Political Liberty*(NY Harcourt Brace & World, 1953).

76) Popcock, "Virtue and Commerce in the Eighteenth Century", *Journal of Interdisciplinary History*, 3-1, sum. 1972. pp. 120~121.

77) 《동아일보》(1987. 11. 2).

78) 하우스 푸어(house poor)는 워킹 푸어(working poor, 근로 빈곤층: 일을 해도 소득이 적어 가난에 허덕이는 사람)에서부터 파생된 말로, 집을 가지고 있어도 무리한 대출로 인한 이자 부담 때문에 빈곤하게 사는 사람들을 가리키는 말이다. 주택 가격이 계속 상승할 것이라는 기대감 때문에 무리하게 은행이나 각종 금융기관에서 대출을 받아 집을 장만했지만 금리 인상, 주택 가격 하락, 주택 거래 감소 등으로 인하여 하우스 푸어가 된 경우가 많다. 특히 한국 사회에서는 부동산을 가장 가치 있는 재테

크 수단으로 생각하여 자산의 대부분을 부동산에 쏟아 붓는 관습 때문에 하우스 푸어가 양산되고 있다. 한국 가계의 부동산 자산 비중은 전체 자산의 약 80%로, 미국 37%, 일본 40%에 비하여 두 배 이상 높은 것으로 알려져 있다.

79) Scott Lash & John Urry, *The End of Organized Capitalism*(Cambridge: Polity Books, 5th 1998).

80) 피에르 부르디외는 프랑스의 사회학자이자 지식인으로 '부르디외 학파'를 형성할 정도로 큰 영향력을 행사했다. 그는 사회학을 '구조와 기능의 차원에서 분석하는 학문'으로 보고 신자유주의자를 비판하면서 범세계적인 지식인 연대의 필요성을 주장하기도 했다.

2부 2장 슘페터와 그람시의 봄, 서울

81) "원래 자본주의라고 하는 것은 경제 변동의 하나의 형식 또는 방법이며, 따라서 자본주의는 결코 정태적이 아님은 물론 결코 정태적일 수가 없는 것이다. …… 자본주의 엔진을 가동시키며 그 운동을 계속시키는 기본적 충격은 자본주의 기업이 창조해 내는 새로운 소비재, 새로운 생산 방법 내지 새로운 수송 방법, 새로운 시장, 새로운 산업조직 형태에서 연유되는 것이다." 슘페터, 이상구 옮김, 『자본주의 사회주의 민주주의』(삼성출판사, 1999).

82) 이와 관련한 책으로는 권용립, 『미국-보수적 정치문명의 사상과 역사』(역사비평사, 1991)를 권할 만하다.

83) 마르크스 이론은 크게 ① 소외론과 인간 해방, ② 자본주의 사회 구조의 법칙과 그것의 내적 모순, ③ 내적 모순 해결의 논리 등으로 대별이 된다. 마르크스의 초기 저서들은 소외에 관한 일반론에 토대를 두고 있다. 자유란 외화(外化)된 활동에서의 인간의 자기 실현이며 소외는 자유의 부정이다. 마르크스는 인간이 그의 본질과 목적을 자유롭게 외화시키지 못하게 되는 상황들을 분석하였으며, 이를 토대로 자본주의 비판을 전개시켰다.

84) 독일의 프랑크푸르트와 미국을 중심으로 활동한 네오 마르크스주의의 한 분파를 말한다. 이 명칭은 1923년에 세워진 프랑크푸르트 사회조사연구소에서 따온 것이지만, 이들은 1930년대 히틀러의 통치 기간 동안 미국으로 이주하여 활동하였다. 그

후 1953년에 연구소를 다시 프랑크푸르트에 설립하였다. 중심 인물은 막스 호르크하이머, 테오도르 아도르노, 허버트 마르쿠제, 에리히 프롬 등이다. Ben Agger, *Western Marxism An Introduction Classical and Contemporary Sources*(Goodyear Publishing Co., 1979), 박재주 · 임종화 옮김, 『현대 마르크스주의에 대한 이해』(청아, 1987), 23쪽.

85) Agger. 같은 책, 234~244쪽.

86) 그람시의 개념 언어는 마르크스주의 일반적인 용어 사용법과는 거의 공통점이 없다. 그의 핵심 개념인 '헤게모니', 역사적 블록, 시민사회와 정치사회 등은 지금까지 마르크스주의가 등한시한 영역, 즉 상부구조와 그것의 다양한 단계 및 상호 관련의 영역을 가리킨다. Karin Priester, *Studien Zur Staatstheorie Des Italienischen Marxismus*, 윤수종 옮김, 『이탈리아 마르크스주의와 국가이론』(새길, 1993), 20쪽. 참고로 그람시의 주저인 『옥중수기(獄中手記, *Kerkerheften*)』(1937)는 검열 등의 어려움을 피하기 위해 쓰여 애매모호하거나 망실된 부분도 있다.

87) Karin Priester, 앞의 책, 그리고 石堂淸倫(編), 『グラムシ問題別選集(全4巻)』(東京: 現代の理論社, 1971) 및 山崎功, 『イタリア勞動運動史』(東京: 青木書店, 1970)를 참조.

88) 그람시는 마르크스주의자들이 과학적 예측을 강조하면서 정치적 역할을 등한시하는 '숙명론적 경향성'을 우려하면서, 혁명적 변혁은 인간의 모든 차원을 포괄하여 총체적으로 진행되어야만 진정한 변혁이 가능하다고 보았다. Carl Boggs, *Gramsci's Marxism*(London: Pluto, 1976), 강문구 옮김, 『다시 그람시에게로』(한울, 1992), 25쪽, 35쪽.

89) Gramsci, 이상훈 옮김, 『옥중수고』Ⅱ(거름, 1993), 70~156쪽. 그람시의 궁극적인 관심은 노동자 계급 출신의 지식인 창출이었으며, 그 자신의 일생이 바로 그러한 지식인 형성의 역사였다.

90) 그람시는 "동유럽에서 국가는 시민사회가 그 초기에 가지고 있던 것이며 그 윤곽은 뚜렷하지 않다. 서유럽은 국가와 시민사회 사이에 정선된 관계가 형성되어 있었고, 국가가 동요할 때는 당장에 시민사회의 견고한 구조가 모습을 드러내었다. 국가는 앞에 설치된 참호이며, 그 뒤에는 보루와 포곽의 굳건한 연쇄가 버티고 있다. 물론 보루와 포곽의 수는 나라마다 다를 것이지만, 바로 그렇기 때문에 이것이 민족적 성격에 대한 철저한 탐색을 요구하는 것"(『옥중수고』, 866)이라고 하여 매우 유연한 논리를 전개한다.(『옥중수고』의 번호 표기는 Karin의 책에 따름)

91) 그람시는 그 자신이 은유로 묘사한 '진지전'의 유형이 서구 사회에는 적합하다고 하였다. 그람시는 서유럽과 같이 오래된 시민사회는 잘 기능하는 오래된 헤게모니의 장치가 존재하고, 이것이, 경제적 갈등이 전체 체계로 직접적인 위기로 전화되지 않도록 하는 역할을 수행해 왔다고 하였다. 여기에 바로 진지전의 필연성이 있는 것이다. 즉 서유럽과 같이 발달한 시민사회에서는 자신의 적대 계급들을 대자적으로 파악할 수 있는 메커니즘이 효과적으로 작동하기 때문에 극단적인 파국을 언제나 피할 수가 있다는 것이다. 따라서 진지전에서의 혁명은 특정한 시점에서의 권력 장악이라는 일회적이고 단기적인 것이 아니라 장기적인 과정으로 이해될 수밖에 없다. 진지전의 과정에서는 '지적, 도덕적 개혁'이 혁명 모형을 특징지으며, 이것은 어떤 형태든 간에 블랑키주의(Blanquism, 소수 정예 혁명)적 속성을 거부하는 것이며, 동시에 근본적인 원리 자체를 거부하는 어떠한 형태의 개량주의도 거부하는 것이다(Karin Priester, 앞의 책, 79~81쪽).

2부 3장 히틀러의 우상, 레닌의 영웅: 포디즘의 그늘

92) 소비에트형 경제 조직(Soviet type economic system)은 역사적으로 시행착오를 거쳐서 형성된 것이다. 자본주의가 미성숙한 러시아에서 사회주의 혁명이 일어난 것은 마르크스의 생각과는 상반된 것이다. 그러나 레닌은 러시아를 "자본주의의 가장 약한 고리(the weakest link in the capitalist chain)"이라 규정하고, 볼셰비키에 의해 권력을 장악한 후 마르크스주의에 따른 공산주의를 실현하기 위한 조치 등을 취하였다. 그 주요 내용은 산업의 국유화, 화폐 제도와 개인 상거래 폐지, 노동자 계급의 군대화, 평등 임금제와 농산물 배급제 실시 등이었다. 이러한 일련의 조치가 취해졌던 1918년부터 1921년까지를 소련 역사에서 전시 공산주의(War Communism)라고 한다. 그러나 이 시기의 소련은 자국 영토의 1/3이 볼셰비키의 적들에 의해 점령되어 있었고, 현실적 상황에 굴복하여 1921년에 레닌은 전시 공산주의의 원칙을 후퇴시키고, 자유 시장 경제에 바탕을 둔 신경제 정책(NEP: New Economic Policy)을 실시하였다. 이로써 공산당과 농민 간의 갈등도 해소되고 경제도 회복되었다. 그러나 1924년 레닌이 죽고 1920년대 후반에 들어서 소련의 경제 정책에 관한 일대 논쟁을 거쳐 NEP는 폐기되고 1928년부터 소위 '스탈린주의'에 의한 억압과 명령을 특징으

로 하는 '계획경제'가 구축되었다. 그 후 스탈린 치하에서 소련의 경제 조직은 급속한 공업화와 경제 성장을 목표로 하는 소위 '스탈린주의 모형(Stalinist model)'의 실현을 위한 제도적 장치로 구축되었다. 일반적으로 지적되는 NEP 포기의 이유는 다음과 같다. 즉 ① NEP는 당면한 위기 모면의 일시 조치에 불과, ② 공산당과 적대 관계에 있던 부농(富農)과 사상인(私商人, Nepman)의 제거의 필요성, ③ NEP 기간 중 농업 부문의 급속한 성장으로 1923년 말부터 협상 가격차가 커지는 등 시장 통제의 필요성, ④ NEP는 소련의 경제적 낙후를 벗어날 수 있는 급속한 공업화 추진 정책으로는 한계가 있다는 인식 등이다. 이와 관련된 내용은 Paul R. Gregory & Robert C. Stuart, *Soviet Economic Structure and Performance*(New York: Harper & Row, 1981), pp. 52~55를 보라.

93) 베르나르 앙리 레비(Bernard-Henri Levi), 『그럼에도 나는 좌파다』(프로네시스, 2008), 279쪽.

94) Piore and Sable, *The Second Industrial Divide*(Basic Books, 1984).

95) John Agnew, Michael Shin, Paul Richardson, "The Saga of the 'Second industrial divide' and the history of the 'third Italy': Evidence from export data", *Scottish Geographical Journal* Vol. 121 No.1 pp. 83~101, 2005.

96) 클러스터(cluster)란 일정 지역에 어떤 산업과 상호 연관관계가 있는 기업과 기관들이 모여 정보를 교류하고 새로운 기술을 창출하는 '산업 집적 지역'을 말한다. 대표적인 예가 실리콘밸리, 포항 지역의 철강 단지, 이탈리아 북부의 섬유단지 등이다. 이것은 산업 사회의 공업단지(공단)와는 다르다. 즉 공단은 단순한 기업의 집단 입주지로 입주한 기업들 간의 연관성이 낮고, 비용 절감을 주목적으로 형성되어 입주 업체들 사이에 나타나는 시너지 효과가 적은 반면, 클러스터는 비슷한 산업 관련 기업들과 각종 (정부 또는 비정부) 기관들이 네트워크를 구축, 정보 교류 상호 협력 체계 구축 등을 통해 경쟁력을 높여 큰 시너지 효과를 창출할 수 있다.

2부 4장 카오스의 여명: 포스트 포디즘과 케인즈의 그늘

97) 정운찬 교수는 "요즘 문제가 되고 있는 대기업들의 싹쓸이식 기업 행태의 출발점이 언제부턴지 아나? 원래 대기업이 중소기업 고유 업종으로 못 넘어오게 만드는

제도는 박정희 대통령 때 생겼다. 그게 어느 정도 지켜져 오다가 한순간에 무너져 내린 것이 2006년 노무현 대통령 때다. 진보라고 하면서도 대통령 주변을 포위한 경제적 신자유주의자들에게 홀딱 넘어가 대기업들에게 길을 터준 거다. 참여정부의 과도한 기업간 경쟁 유도 정책이 양극화를 키운 기본 원인이다."라고 지적하고 있다(《조선일보》, 2012. 4. 7).

98) 임재화, 「도요타 생산방식(TPS)과 NEW JIT에 관한 이론적 연구」, 『산학경영연구』(2006) 19권, 1호, 93~115쪽.

99) 이영희, 「신기술과 작업조직의 변화: 도요타형과 볼보형의 비교」, 『한국사회학 제28집』(1994), 가을호, 73쪽.

100) "조립 라인을 옥죄는 공포의 노래 '장미꽃이 피었습니다.'"(《한겨레신문》, 2006. 5. 1)

101) Ash Amin(ed), *Post Fordism: A Reader*(Cambridge MA: Blackwell, 1994).

102) 이들 조절 이론가들이 사용하는 용어로는 Regimes of Accumulation(축적 체제)이다. 이들이 사용하고 있는 용어는 마르크스의 『자본론』에 입각한 개념들이다.

103) Robert Boye, *La Theorie de la regulation analyse critique*(Agalma, 1986).

104) Fernand Braudel, *Civilization materielle, economew et capitalisme, XVe-XVIIIe siecle; tome I, Les Structures de Quotidien: Le Possible et L'Impossible*(Paris: Librairie Armand Colin, 1979), 주경철 옮김, 『물질문명과 자본주의, 일상생활의 구조』(까치. 1995), 473쪽, 624쪽.

105) Giovanni Dosi, *Technical Change and Industrial Transformation*(New York: St. Martin's Press, 1984), p. 11.

106) Freeman, C. and Perez, C.(1988), "Structural Crises of Adjustment, Business Cycles and Investment Behaviour," in DOSI et al., eds., pp. 38~66.

107) 즉 세계적인 회사들과 은행들이 시장에 대해서 조직적인 힘을 행사하는 것(in which global corporations and banks will exercise systematic power over market)을 말한다.

108) E. Sternberg, 'Preparing for the hybrideconomy: The new world of public-private partnerships', *Business Horizons 26*(6), 1993.

109) Cole G. W, *Colbert and Century of French Mercantilism* 2Vols, 1939. Locke, Some consideration of the consequences of the lowering of interest and raising the value of money. Coleman, e.d, *Revisions in Mercantilism*, 1969.

110) 아수라(阿修羅, asura)는 인도 신화에서 등장하는 것으로 선신(善神)들의 적(敵)에 대한 총칭이다. 동아시아에서는 주로 불교 용어로 사용된다. 불교에서는 육도(六道)의 하나에 아수라도(阿修羅道)를 꼽고 있는데 아수라도는 전쟁이 끊이지 않는 세계를 말한다.

111) 이하의 내용들은 Thomas Malthus, *An Essay on the principle of Population*(1798), Principles of political economy considered with a view to their practical application ; Nassau Senior, *Three Lectures on the rale of wages*(NewYork, Augustus M. Kelly, 1966), An Outline of Science of Political Economy ; Carl Menger, *Problems of Economics and Sociology*, Principles of Eocnomics ; Schumpeter, *Ten Great Economist From Marx to Keynse*(1951) ; E. K. Hunt, *The History of Economic Thoughts*(1979) 등을 참조.

112) John Maynard Keynse, *Essays in biography*(NewYork: Norton, 1963), 120쪽.

113) R. N. Berki, "The Marxian concept of Bourgeosie Ideology: some aspects and perspectives", Robert Benewick and R. N. Berki & Bhikhu Parekh eds, *Knowledge Belief in Politics: The Problem of Ideology*(London, Allen & Unwin, 1973), 88쪽.

114) 이와 관련하여 백종국(2009)은 박정희 정권의 통치 기간에 경제 발전을 이끈 이 세력을 '신중상주의 지배 연합'이라고 부른다. 즉 박정희 정부는 국민 주력 기업으로서 재벌을 육성하였고, 이들이 전 국가적인 지원을 받으며 한국 경제의 성장을 주도했다고 한다. 신중상주의 지배 연합은 정부 주도로 경제 개발 계획을 수립하고 수출 대체 산업화로 경제 성장을 이끌었다. 재벌들이 해외에서 자본을 빌려오고자 했을 때도 정부가 앞장서 보증해 주었다. 이들 신중상주의 지배 연합의 성공 요인은 ① 성공적인 토지개혁과 자영농의 등장, ② 높은 교육열로 질 좋은 노동력의 산업 현장 투입 가능, ③ 냉전 체제에서 미국의 막대한 원조(미국은 40여 년 동안 150억 달러를 지원), ④ 지배연합의 단결력과 시의적절한 전략 등을 지적하고 있다. 이를 통해서 한국은 자립적이고 경쟁력 있는 후발 산업화를 달성했다고 한다. 백종국은 한국 자동차 산업이 후발 주자였음에도 불구하고 국제 경쟁력을 갖춘 주력 산업으로 성장할 수 있었던 요인을 정부와 재벌 기업의 노력, 즉 '지배 연합의 단결'에서 찾았다. 멕시코는 자동차 산업을 주력 산업으로 육성하려 했지만 실패한 반면, 후발 주자 가운데 한국만이 유일하게 자동차 산업을 주력 수출 산업으로 육성하는 데 성공했다고 한다. 백종국, 『한국자본주의의 선택』(한길사, 2009).

115) 민감성(sensibility)은 민감한 상호의존(sensible interdependence) 관계를 말하

는데, 어떤 외부적 변화에 대응함에 있어서 기존의 정책을 바꿀 시간적인 여유가 없다든지 혹은 시간적인 여유가 있다 해도 대안이 없다든지 등의 기타 이유로 인하여 새로운 정책이 마련되기 이전에 외부의 변화에 의해 치러야 하는 대가의 정도를 의미한다.

116) 취약한 상호의존(vulnerable interdependence)이란 어떤 외부적 변화에 직면하여 그 대응책이 마련된 이후에도 치러야 할 대가가 있는 상호의존 관계를 말한다.

117) 전통적인 분석에 있어서 정치가들은 정치 · 군사적인 문제에 중점을 두었기 때문에 구체성이 강한 의제(agenda)에는 거의 주목하지 않았다. 각 분야별로 필요에 따라 발생하는 요구들을 정부가 수용하여 공식화하고 정책 담당자들이 논의를 시작하는데 이렇게 정책 담당자나 전문가들이 논의를 하고 대안을 모색하는 이슈들을 의제라고 한다. 복합적인 상호의존을 특징으로 하는 국제 체계에서는 불만을 가지고 있는 국내의 정치 세력이 이슈를 정치화하고 나아가 국제적인 의제로 설정할 수 있다.

118) 군사력이 차지하는 비중이 작아지는 국제 정치의 경우에서 강대국은 오히려 불리한 경우가 발생할 수 있다. 즉 강대국들은 각각의 쟁점들을 해결할 수 있는 연계를 맺기가 어렵게 되는 반면에, 약소국의 경우는 연계의 수단으로써 국제 기구와 같은 것을 적은 비용으로 효과적으로 이용함으로써 이슈들을 연계시켜 강대국으로부터 양보를 얻어내기가 보다 용이해진다고 볼 수 있다.

2부 5장 한국에 몰아친 신자유주의 광풍

119) 루소는 악의 원인을 인간이 아니라 사회에 있다고 보았다. 대개 전쟁의 원인은 '군주의 탐욕'에서 비롯되었기 때문에 국제적인 평화 달성은 공적인 중재자, 즉 '국가연합'과 같은 기구들에 의해 가능하다고 보았다.

120) 칸트는 「영구평화론」에서 상비군 폐지를 주장하고 평화를 위한 확정 조항으로 '~해야 한다'는 적극적 의무를 제시하였다. 구체적으로, ① 제1결정 조항: 모든 국가의 헌법은 공화주의여야 하고(The Civil Constitution of Every State shall be Republican), ② 제2결정 조항: 국가의 권리는 자유국가의 연합에 의해 기초되어야만 한다(The Right of Nations shall be based on a Federation of Free States). ③ 제3결정 조항: 세계의 권리는 보편적인 편의의 조건에 한정되어야 한다(Cosmopolitan Right

shall be limited to Conditions of Universal Hospitality) 등을 칸트는 제시하였다. 이 같은 칸트 이론의 사상적 의의는 국제연맹으로 세계평화를 모색하자는 논의로 국제 평화 사상의 원류로 평가되고 있다.

121) 윌슨은 국제적 평화기구[보편적 국가연합체(a general association of nations)]의 설립 필요성을 역설하였다. 윌슨은 1918년 1월 8일 의회에서 자신의 이상을 집대성한 유명한 〈14개조(Fourteen Points)〉의 연설을 하였다. 이 14개조에는 비밀 외교의 철폐와 공개 외교의 수립, 군비 축소, 국제연맹의 창설 등이 포함되어 있다. 윌슨은 국가 간의 장벽을 낮출수록 전쟁의 가능성은 낮아진다고 보았다.

122) 베버에 따르면, 국가는 강제력을 사용할 권리의 유일한 원천이라고 하였다. 즉 국가란 주어진 영토 내에 물리적 강제력을 합법적으로 독점하는 인간 공동체를 의미한다고 하였다.

123) 카는 자신의 주저인 『The Twenty Years' Crisis(1919~1939)』에서 "정치는 화합할 수 없는 유토피아(자유의지론)와 현실(결정론)로 이루어져 있다."고 주장했다. 카는 국제 영역에서의 정치 권력을 '군사력', '경제력', '여론에 대한 지배'로 나누고 경제력은 군사적 수단과 결합될 때 정치력의 수단이 된다고 하였다.

124) 모겐소는 "정치는 끝없는 권력투쟁"이라고 하였다. 모겐소는 국가를 기초로 이론을 전개하였는데, 그에 의하면 "국익 방어는 그 자체가 도덕적"이라는 것이다.

125) 케넌에 따르면 국제적 조화를 추구한 윌슨의 이상주의적 가정은 미국 외교의 적절한 토대가 아니다. 국익이 위태로우면 평화는 선이 아니다. 국가 안보는 착각에 빠진 유엔(UN)에 달린 것이 아니라 적대적 이익 세력 간의 평형에 의해 좌우된다.

126) 워터게이트 사건(Watergate Affair)은 1972년 6월 당시 대통령 닉슨(Nixon)의 재선을 획책하는 비밀공작반이 워싱턴의 워터게이트 빌딩에 있는 민주당 전국위원회 본부에 침입하여 도청 장치를 설치하려다 발각 · 체포된 사건이다. 실제로 당시에는 닉슨의 재선(再選) 가능성이 매우 높은 상태에서 이 사건이 터졌다고 한다. 이 사건은 미국 정치에서 도덕성(morality)이 중요한 잣대가 되는 계기가 되었다.

127) 미국의 공화당이나 미국의 민주당은 정당의 이데올로기적인 편향성을 기준으로 본다면 완전히 같은 정당이다. 미국이 이렇게 된 데에는 많은 역사적 이유가 있다. 이 부분은 미국적 예외주의(Exceptionalism), 합의 이론(Concensus Theory), 아메리카니즘(Americanism) 등을 찾아보면 된다. 이와 관련한 책으로는 권용립, 『미국-보수적 정치문명의 사상과 역사』(역사비평사, 1991)가 권할 만한 책이다.

128) 멕시코는 1994년 북미자유무역협정(NAFTA) 이후 경제구조를 1차 산품 수출 위주에서 마킬라도라(Maquiladora, 보세 가공업) 산업 위주로 전환했지만 2001년 중국의 세계무역기구(WTO) 가입으로 멕시코의 마킬라도라 산업이 중국과 경쟁하게 됨에 따라 북미자유무역협정(NAFTA)으로 인한 멕시코 산업의 경쟁력이 상실되었다. 게다가 2008년 미국의 경제 위기는 수출의 80% 이상을 미국 시장에 의존하고 있던 멕시코 산업에 결정적인 타격을 가했다. 김기현 · 권기수, 『라틴아메리카 경제의 이해』(한울, 2011), 22쪽, 52쪽.

129) Curious George, "Latin America's economies", *The Economist*(2009. 4. 25).

130) 1994년 멕시코가 외환 위기를 겪었으며, 1995년에는 베네수엘라가, 1998년에는 브라질이 외환 위기를 맞았다. 그리고 2001년에는 아르헨티나마저도 경제 위기에 빠져들었다. 김기현 · 권기수, 『라틴아메리카 경제의 이해』(한울, 2011), 170쪽.

131) 지역(특히 농어촌)에서 도시로 인구가 이동하는 이유는 도시가 인구를 끌어들이는 '흡인 요인(吸引要因: pulling factor)'과 농촌이 인구를 밀어내는 '압출 요인(押出要因: pushing factor)'이 복합적으로 작용해서이다. 한국 인구 이동의 가장 중요한 직접적인 동기는 경제적 동기 및 교육 기회에의 접근이다[노춘희, 『도시학개론』(형설, 1994), 13쪽]. 수도권 인구집중을 주도하는 연령층은 20대로 취업이나 학원 수강 등이 주된 목적인 20대의 순유입 규모는 10만 6095명으로 전체 순유입의 70.6%를 차지하고 있다. 수도권 지역 가운데 서울로의 진입은 줄어드는 대신 경기도로의 전입은 늘고 있다(《중앙일보》, 2001. 4. 11).

132) 《조선일보》, 2011. 6. 14.

2부 6장 시대도착의 이론가, 다니엘 벨

133) 다니엘 벨, 『이데올로기의 종언』(범우사, 1999).

134) Daniel Bell, *The Coming of Post-Industrial Society: A Venture in Social Forecasting*(New York: Basic Books, 1973).

135) 산업 사회의 서비스업은 운수업(철도와 트럭), 공익 사업, 은행업 등과 같이 제품 생산을 보조하는 것이었지만 탈산업 사회의 서비스업에는 인간 서비스업(human service)과 전문 서비스업(professional services) 등이 특징적으로 나타난다.

인간 서비스업은 교육, 건강 등 사회적 서비스를 말하며, 전문 서비스업은 시스템 분석이나 시스템 설계, 프로그래밍, 정보 처리 등의 서비스업을 말한다. 이 분야의 고용은 지속적으로 증가하는 추세를 보이고 있다.

136) 벨에 의하면, 지식인에는 크게 세 가지 상이 존재한다. 학문의 수호자로서 신성한 것과 관계된 지식인, 전문인으로서의 지식인, 비판가나 이데올로기로서의 지식인이 그것이다. 놀랄 만한 사실은 전문인으로서의 지식인이 급격하게 팽창했다는 사실이다. 이것은 탈산업사회의 산물이다.

137) 리프킨(Rifkin)은 『노동의 종말』에서 첨단 기술 정보 사회가 인간을 노동으로부터 해방시키는 유토피아를 낳을 것인가라는 핵심적인 문제를 제기한다. 전 세계 실업자가 10억 명으로 늘어난 지금, 기술 진보가 실업자를 양산한다고 리프킨은 말한다. 즉 첨단기술과 정보화 사회, 경영 혁신 등이 인간의 삶을 풍족하게 만드는 것이 아니라 일자리를 사라지게 만든다는 것이다. 이제 산업사회의 줄기찬 행진이 막을 내리고 공장이 노동자들을 방출하는 동안, 제3의 부문(시민사회 즉 사회 · 문화적 생활을 구성하는 모든 공식적, 비공식적인 비영리적 활동들)은 유사 경제(parallel economy)로서 공동체적 유대와 사회적 질서를 창출한다. 『노동의 종말』은 제3차 산업혁명으로 정보통신 기술로 인한 대량 실업 사태(제2부), 생산 관행의 재구축 및 기계에 의한 노동력 대치(제3부)를 검토하고 있다. 진보의 대가로 정보와 커뮤니케이션 기술과 세계 시장은 결코 화해할 수 없고 전쟁까지 불사할 두 개의 집단으로 빠른 속도로 양극화하고 있다고 지적한다(제4부). 리프킨은 자본과 노동의 변화 과정을 구체적으로 분석하면서 현대는 세계 시장과 생산 자동화라는 시대로 진입하고 있으며 노동자 없는 경제로 향하고 있다고 지적한다. 기계가 새로운 노동계급이다. 리프킨은 "자유 시간은 다가오고 있다. 실업이냐 레저이냐가 유일한 선택이다. 불행하게도 현재까지 그 선택권은 자본이 가지고 있다." 제러미 리프킨, 『노동의 종말』(민음사, 2005).

138) 베트남 전쟁은 '30년 전쟁'이라고도 부르며 시기적으로 2개로 구분한다. 1차 베트남 전쟁은 인도차이나 전쟁이라고도 부르며 1946~1956년까지 주로 베트남과 프랑스 간에 일어난 전쟁을 말하고, 2차 베트남 전쟁은 1960~1975년까지 주로 베트남과 미국 간에 일어난 전쟁을 말한다. 이 전쟁의 과정에서 전장이 캄보디아와 라오스로 확장되었다.

139) 프랑스가 인도차이나 반도의 우위권을 확보하기 위해 베트남(베트민) 군대와

교전한 사건을 말한다. 베트남에 진주한 프랑스군과 미국 군사고문단의 작전 계획에 의하여 1953년 11월 프랑스군의 낙하산부대가 디엔비엔푸에 투하되어 폭 13km에 달하는 요새를 구축하고 정예부대 6,000여 명을 주둔시켰다. 이 해 겨울부터 1954년 4월까지 3회에 걸쳐 베트남 군대와 프랑스 군대 사이에 대규모 전투가 벌어졌지만 결국 열대 밀림에서 탄약과 보급품이 떨어져 고전한 끝에 1954년 5월 7일 프랑스군이 항복하였다. 이 전투에서 프랑스군은 약 1만 1,000명이 항복하고, 약 5,000명이 전사하였다. 이 전투로 프랑스의 인도차이나 지배는 종말을 고했다.

140) 1976년 3월, 대구를 중심으로 이재문 등이 적화통일과 민족해방을 구실로 남조선민족해방전선 준비위원회(남민전)를 비밀리에 조직한 것으로 알려져 있다. 1977년 1월, 반유신 투쟁을 전개하다가 1979년 10월 이재문, 김남주 등 84명의 조직원이 구속되었다. 남민전은 유신 독재가 심화되는 과정에서 북한의 지시에 의해서가 아니라 자생적으로 나타난 것으로, 무장 게릴라 방식의 봉기를 전술로 하는 베트콩(남베트남 인민해방전선)과 같은 성격의 공산 혁명 조직이었다.

141) 신인민군(NPA, New People's Army)은 1968년 필리핀 공산당 산하 군사 조직으로 창설되었다. 노동자와 농민이 혁명의 주체가 되어 추구하는 사회주의 국가 건설을 목표로 하는 군대이다. 모택동 사상에 입각하여 중국의 홍군(紅軍)의 전통과 전략에 따르는 군사 조직이다. 소극적이고 레닌주의에 충실했던 필리핀 공산당에서 급진 세력이 이탈해 나와 신인민군(NPA)을 결성했다. 주로 모택동의 군사 전술에 입각한 게릴라전을 주요 전술로 하고 있다. 1971년 350명이었던 부대원들이 1980년대에 점점 힘을 길러 1980년대 말에는 2만 명이 넘었다. 1980년대 중반까지는 활발하게 군사 활동을 전개했지만 1986년 아키노 정권이 수립된 뒤 집권 체제가 안정되면서 정부군의 군사 압력, 세계적인 공산주의의 퇴조, 지도부의 노령화 등으로 활동이 위축된 상태에서 2002년 8월 미국에 의해 필리핀 공산당(CPP)과 함께 해외 테러 집단으로 지정되었다.

142) 해방신학은 제2차 바티칸 공의회(1962~1965년)와 콜롬비아에서 열린 제2차 라틴 아메리카 주교 회의(1968년) 후 라틴 아메리카에서 본격적으로 확산되었다. 이후 1970년대와 1980년대에 걸쳐 지속적으로 발전하다가 로마 교황청에서 1984년과 1986년 두 차례에 걸쳐 마르크스주의와의 연관성을 우려하는 경고가 발표된 후, 영향력이 약화되었다.

143) 엘리트층이나 정부에 밀착하여 정책 목적으로 자신의 지식을 이용하는 전문

가 및 조언자.

144) 사상투쟁에 참여하는 사람들로 기존의 제도를 공격하거나 수호하기 위하여 사상이나 가치관을 동원하는 지식인.

145) 예를 들면, 비판을 주요 특성으로 하는 지식인들은 ① 지식인과 지식 창조자, ② 문화 창조자와 비평가, ③ 문화 지식 전달자, ④ 뉴스와 오락 관계자, ⑤ 지식 응용자와 전달자, ⑥ 기업, 공공기관, 비영리기관의 경영자 등으로 나눌 수가 있다. ① 지식인과 지식 창조자란 새로운 지식의 생산과 평가, 연구 수준에서의 지식 전달 및 응용에 관계하는 사람들로, 자연과학자 및 인문과학자, 수학자 및 경제학자, 이론물리학자, 그리고 법학자 등이 여기에 속한다. ② 문화 창조자와 비평가는 주로 예술가들 예컨대, 소설가, 화가, 음악가, 비평가들로서 예술 세계에서 상호-비평 체계를 형성한다. ③ 문화 지식 전달자란 문화 및 지적 정기간행물, 박물관, 출판사, 도서관에 종사하는 사람들을 말한다. ⑤ 지식 응용자와 전달자란 공학자, 의학자, 변호사, 교사, 그리고 사회사업가들이 속하며 이들은 동업자 단체나 조합을 조직하는 경우가 많으며 이런 전문직 분야에 참여하려면 특정 자격증이 요구된다.

146) 여기서 외부 효과(externality)는 어떤 경제 활동과 관련하여 다른 사람에게 의도하지 않은 이익이나 손실(loss)를 주면서도 이에 대한 대가를 받지도 않고 비용(cost)을 지불하지도 않는 상태를 말한다. 외부 효과는 외부 경제(external economies)와 외부 비경제(또는 외부 불경제, external diseconomies)로 구분된다. 독자의 이해가 쉽도록 본문에서 사용된 마이너스 외부 효과는 외부 비경제를 말한다. 가령 양봉업자가 과수원 옆에서 득을 보고 있으면서 이에 대한 비용을 지불하지 않을 경우 이것이 외부 경제 효과이다. 그런데 서울의 매연 때문에 자주 옷을 갈아입어야 한다면 외부 비경제가 있는 것이다. 이 비용을 청구할 대상이 없기 때문에 서울 시민이면 누구나 치러야 하는 마이너스 외부 효과이기 때문이다.

147) 탈산업사회의 특징은 시스템 분석 및 의사결정 이론의 주요 도구로서 새로운 지적 기술들이 창조되고 있다는 것이다. 즉 20세기 후반에 들어 시스템의 복잡성과 수많은 변수를 가진 이론의 복잡성들을 관리하는 지식이 그 예다. 1940년 이후 정보 이론, 사이버네틱스, 의사결정 이론, 게임 이론, 효용 이론, 확률 과정 등이 나타나며 이러한 연구 분야와 방법에서 선형계획법(LP), 통계적 의사결정 이론, 마아코프 연쇄, 몬테칼로법, 미니맥스 전략 등과 같은 독특한 기법들이 탄생하였던 것이다. 이러한 기법들은 대체적 최적성과 불확실한 상황 하에서의 합리적 행위를 도출해 낼 수

있는 방법론들이다.

148) Daniel Bell, *The Windingpassage: Essays and Sociological Journeys 1960-1980*(Cambridge, Massachusetts, 1980). 이 책은 다니엘 벨(Daniel Bell)이 쓴 논문 모음집이다.

149) 벨은 정보를 넓은 개념으로 보았을 때 '자료 처리(Data processing)'라고 말한다. 자료의 처리, 저장, 검색은 모든 사회적, 경제적 교환에 있어 중요한 자원이 된다는 것이다. 넓은 의미에서 자료 처리는 ① 기록에 대한 자료 처리(월급, 사회보장비, 은행 결제 등), ② 계획을 위한 자료 처리(비행기 예약, 생산 일정 계획, 제품 믹스 정보 등), ③ 데이터베이스(DB: 시장조사, 여론조사) 등이 포함된다. 다니엘 벨이 말하는 지식이라는 개념은 '사실이나 아이디어의 논리적인 진술(statement)'이다.

150) 송충기 외,『세계화 시대의 서양현대사』(아카넷, 2010), 382쪽.

151) Angus Maddison, *Growth and Introduction in the World Economy: the Roots of Modernity*(Washington, DC: American Enterprise Institute, 2004), Table 2. 및 Lant Pritchett, "Divergence, Big time," *Journal of Economic Perspective*, Vol.11 no.3(Summer 1997), pp. 3~17.

2부 7장 예언자 이니스, 디지털 성 앞에서 외치다

152) Harold Innis, *Empire and Communications*(Toronto: Dundurn Press, 2007), pp. 1~8.

153) Harold Innis, *The Bias of Communication*(Toronto: University of Toronto Press, 1951), pp. 3~5.

154) Harold Innis, *Empire and Communications*(Toronto: Dundurn Press, 2007), p. 7.

155) Alexander John Watson, *Marginal Man: The Dark Vision of Harold Innis*(Toronto: University of Toronto Press, 2006), p. 313.

156) Harold Innis, *Empire and Communications*(Toronto: Dundurn Press, 2007), p. 104.

157) 그리스에 대한 언급은 Paul Heyer, *Harold Innis. Lanham*(MD: Rowman & Littlefield Publishers Inc., 2003), p. 66. 현대 문명에 대한 이니스의 경고는 Harold Innis, *Changing Concepts of Time*(Toronto: University of Toronto Press, 1952), p. 15.

158) "The overwhelming pressure of mechanization evident in the newspaper and the magazine, has led to the creation of vast monopolies of communication. Their

entrenched positions involve a continuous, systematic, ruthless destruction of elements of permanence essential to cultural activity." Harold Innis, *Changing Concepts of Time*(Toronto: University of Toronto Press, 1952), p. 15.

159) Crowley, D., & Heyer, P. *Communication in history: Technology, culture, society, 2nd edition*(White Plains, NY: Longman, 1995).

3부 1장 인터넷과 지식 그리고 춤추는 돈

160) 일반적으로 아날로그의 세계는 디지털 세계의 모태로 자연과 물질(원자)의 세계이고 디지털은 비트(bit: 0과 1로 이루어진 데이터의 최소 단위이자 정보를 구성하는 기본 단위)의 세계로 보고 있다. 과연 디지털의 모태가 아날로그인지 아니면 디지털은 사물에 대한 인식을 전혀 새로운 각도에서 추진한 방식인지에 대한 검토는 계속 필요하다. 컴퓨터의 등장으로 아날로그 세계가 디지털로 전환되고 있기도 하지만 사람들의 기대와는 달리 아날로그 콘텐츠들(analog-contents) 모두가 디지털 콘텐츠(digital-contents)로 전환할 수 있는 것은 아니다. 다만 디지털-아날로그의 본질에 대한 접근에서 가장 중요한 것은 인간의 인식(recognition)에 대한 규정이 선행되어야 한다는 점이다. 바로 이 점에서 칸트(Kant)의 물 자체(物自體, thing itself) 개념이 필요한 것이다.

161) 칸트는 한 번도 경험과 '물 자체(사물 그 자체)'와의 관계에 대한 그의 생각을 뚜렷하게 규정한 적이 없었다. 그는 현상(외부적으로 나타나는 것)으로서의 경험을 논하였다. 그는 오직 현상에 대해서만 선천적 종합 인식을 가질 수 있는바, 이것은 현상 이외의 것에 대해서는 정신의 활동이 아무것도 구성할 수 없기 때문이라고 주장하였다. 따라서 그는 사물들 그 자체를 과학을 통해서 인식할 수 없다고 결론지었다. 이와 같이 그의 말의 많은 부분은 경험되지 않은 외부의 대상과 경험되는 현상을 갈라서 보는 로크의 이원론으로 되돌아감을 시사하지만, 칸트가 로크의 이원론을 지지한 적은 한 번도 없었다. 이에 대하여 헤겔은 칸트의 상정을 거부하고, 세계 밖에 절대가 있는 것이 아니라 세계 그 자체가 절대라고 하여 일원적인 설명 원리로서의 관념론을 집대성하였다. S. P. 램프레히트, 『서양철학사』(을유문화사, 1996).

162) J. C. R. Licklider, The History of Computing Project. thocp.net. July 8, 2001.

Retrieved August 7, 2011.

163) 운영 체제(operating system)란 컴퓨터를 구성하는 여러 장치들 즉 프로세서, 메모리, 보조 기억 장치 등을 이용자가 효율적으로 사용할 수 있도록 관리해 주는 소프트웨어를 말한다. 1940년대에는 없었다가 단일 스트림(1950년대), 다중 프로그램(1960년대: 여러 프로그램을 동시에 병렬로 수행), 실시간 처리 기능 다중 모드 시분할 시스템(1970년대)을 거쳤지만 불특정 다수를 위한 알기 쉬운 형태의 운영 체제는 MS의 윈도(Windows)에서 시작되었다.

164) 케인즈는 화폐의 수요(demand of money)를 유동성 선호(liquidity preference)라고 하였다. 즉 우리가 화폐를 가지고 있으면 언제나 필요에 따라 다른 재화나 서비스를 쉽게 교환할 수 있기 때문에 이렇게 표현한 것이다. 케인즈는 이 같은 화폐의 성질을 물에 비유하여 유동성(liquidity)이라고 한 것이다. 즉 물은 둥근 컵에 들어가면 둥글게 되고 네모난 그릇에 들어가면 사각형이 되듯이 어떤 형태든지 자유롭게 성질을 바꿀 수가 있다.

165) 환투기란 외국환 시세, 즉 환율의 변동에 대한 기대 심리가 작용하여 금리차(金利差) 또는 환차익(換差益)을 목적으로 이루어지는 외국 화폐의 매매 거래를 말한다. 환투기가들은 환율이 상승할 것이 예상되면 외국환을 매입하고, 하락할 것이 예상되면 매각한다. 그래서 환율이 예상대로 변동하면 그만큼의 이익을 보고, 그렇지 못할 경우에는 손해를 보게 된다. 환투기는 선물환 거래(先物換去來)와 연계하여 환율에 중대한 교란을 일으킬 수도 있고, 투기 대상국의 통화를 유리하게 또는 불리하게 조작할 수도 있으므로 항상 위험이 도사리고 있다.

3부 2장 디지털 국가의 패러독스

166) 세르반테스는 『돈키호테』에서 산손 카라코스의 입을 빌려, "아이들도 뒤적거려 보고, 젊은이들도 읽고 어른들은 외우고 노인들은 극구 칭찬합니다."라고 하였다.(『돈키호테』, 2권 3).

167) Frances Cairncross, *The Death Of Distance*(Harvard Business School Press, 1998).

168) 미국의 레이건 대통령(재임 1981~1989)에 의하여 추진된 경제 정책으로 '레이건'과 '이코노믹스'의 복합어이다. 쌍둥이 적자(twin deficits)로 무너지고 있는 미

국의 경제를 세출의 삭감, 소득세의 감세, 기업에 대한 정부 규제의 완화, 안정적인 금융 정책 등을 통해 경제를 재활성화함으로써 '위대한 미국'을 재건한다는 정책이다. 당시 미국 경제는 스태그플레이션(인플레이션 + 경기침체)에 시달리고 있었는데, 좀 더 적극적으로 '공급 측면'을 자극함으로써 파급 효과가 수요의 증대로 미치게 한다는 '공급 경제학'을 내세웠다. 이전에도 이론적인 정비는 되었지만 레이건 시기에 처음으로 정책에 반영되었다. 그러나 당시 소련과의 체제 경쟁도 강화되어 사상 최대의 군비 증강을 시도하였기 때문에 재정 적자 급증의 주요 원인이 되기도 했다.

169) 도편 추방제는 고대 그리스 민주정(民主政) 시대에 시민 전체가 비밀투표를 하여 위험인물을 10년간 국외(國外)로 추방한 제도를 말한다. 이 제도는 독재자(참주)를 제거하기 위한 민주적 대개혁의 하나로 시작되었지만, 독재자와는 상관없이 유력한 정치가를 추방하기 위한 정쟁(政爭)의 도구로 이용되기도 했다. 이때의 희생자들을 보면, 페르시아 전쟁의 영웅인 아리스테이데스, 테미스토클레스 등도 있었다.

170) 카톡은 카카오톡(KakaoTalk)의 줄인 말로 주식회사 카카오가 2010년 3월 18일 서비스를 시작한 글로벌 모바일 인스턴트 메신저인데 스마트폰 사용자를 대상으로 프리웨어(freeware)로 제공되고 있다.

171) 인터넷을 통한 투표에 있어서 미국의 경우에는 절반 정도가, 영국의 경우에는 69% 정도가 참여한 바 있다. 이것은 일반 시민들이 상당히 소외되었음을 의미하는 것이기도 하다. Mercurio, B.(2003), Overhauling Australian Democracy: The Benefits and Burdens of Internet Voting, *University of Tasmania Law Review*, 21(No. 2), pp. 23~65.

172) GDP(y)를 자율적인 규제 능력(Sp)의 정(+)의 관계로 보는 것은 사이버 민주주의가 결정 과정에 있어서 투표의 평등(voting equality)을 보장할 수 있는 효과적인 정치적 참여가 가능해야 하는데 이것은 어느 정도의 정치경제적인 선진성을 내포하여야 하기 때문이다. 다만 일부 천연자원에 의존하여 GDP(y)가 높아진 경우는 예외로 할 수도 있을 것이다.

173) 사이버상에서 존재하는 비정부기구(NGO), 이익단체(interest group), 커뮤니티(community) 또는 단체(associations)는 개인의 정치적 참여에서 매우 중요한 영향을 미친다. 시민들은 이 같은 조직체들을 통하여 정치에 대한 많은 지식들을 얻을 수 있기 때문이다. 사이버상의 커뮤니티(community)들은 오프라인의 많은 시민 정치

단체들을 소멸시키는 결과를 가져올 수 있고, 그렇지 않다 하더라도 오프라인(off-line)상의 시민 단체들을 사이버로 불러오게 하는 역할을 수행해 갈 것이다.

174) Center for Digital Government, "ENGAGE: Creating e-Government that Supports Commerce, Collaboration, Community and Common Wealth", 2008. http://www.nicusa.com/pdf/CDG07_NIC_Engage.pdf.

3부 3장 델타 8988의 걸음마

175) 선별적으로 빨리 잊는 것을 단기 기억이라고 하고, 경우에 따라서 기억이 지속적으로 유지되는 것을 장기 기억이라고 한다. 장기 기억은 마치 디스켓처럼 기억을 보존하는데 문제는 이 장기 기억들 가운데 살면서 경험할 수 없는 것들이 종종 나타난다는 보고들이 있다. 여러 가지 실험들을 통하여 사람에게는 경험적 사실이 아닌 경우에도 가지고 있는 장기 기억들이 있으며 그것은 불교에서 말하는 전생(previous life)이나 융(Carl Gustav Jung, 1875~1961)이 말하는 집단무의식(集團無意識, collective unconsciousness)과도 관계가 있을 수 있기 때문에 앞으로 많은 연구와 관심이 필요하다.

176) 현대의 시스템 이론은 다양한 분야에서 매우 광범위하게 발전해 왔다. 예를 들면, 오덤(Howard T. Odum, Eugene)과 카프라(Capra)의 생태 시스템(ecological systems), 센게(Peter Senge)와 같은 경영과 조직 이론(organizational theory and management), 스완슨(Richard A. Swanson)의 논문에 바탕을 둔 인적 자원 발전 이론(Human Resource Development), 해먼드(Debora Hammond)와 몬투오리(Alfonso Montuori) 등의 교육학 이론 등이 있다.

177) 옛날 북유럽의 어부들이 북해 연안에서 잡은 청어(pacific herring)를 운반하는데 청어의 천적(natural enemy)인 메기와 함께 수조에 넣어두면 청어가 메기를 피하느라 싱싱하게 살아 있어 목적지까지 운반할 수 있었다고 하는 데서 유래한 것이라고 한다.

178) 엔트로피 개념은 1865년 클라우지우스(Rudolf Julius Emanuel Clausius, 1822~1888)에 의해 거시적으로 정의된 것이다. 엔트로피는 트로피(희랍어로 변형의 뜻)를 에너지라는 단어에 가능한 한 비슷하게 만들기 위해서 생성된 것이었다.

엔트로피는 물체의 변형 용량이라고 보면 된다. 열이 한 물체로부터 그보다 낮은 온도의 또 다른 물체로 이동하게 되면, 역학적 에너지의 절대적 낭비가 있게 된다. 이 경우 에너지의 낭비를 에너지의 변형으로 본 것이 바로 엔트로피 개념이다. 클라우지우스는 이러한 엔트로피 개념으로 우주의 두 가지 근본 법칙을 도출하였다. 그것은 첫째, 우주의 에너지 총량은 언제나 일정하다. 둘째, 우주의 엔트로피는 항상 증가한다는 것이다. 이때 전자는 열역학 제1법칙, 후자는 열역학 제2법칙이라고 한다[(Thomson, *On a Universal Tendency in Nature to Dissipation of Mechanical Energy*, 1856, Clausius 1854. 김영식, 『과학사 개론』, 제24장 「에너지와 엔트로피」(다산출판사, 1986)].

179) 패킷(packet)이란 특정 형식으로 배열되어 전송되는 데이터 및 제어 비트열을 말한다. 패킷은 하나의 소포라는 의미로 이해하면 된다. 즉 컴퓨터 네트워크 내에서는 긴 메시지는 교통 체증을 일으킬 염려가 있으므로 메시지를 1,000~2,000비트 정도로 구분하여 각각 수신 부호를 붙여 송출하는데, 이렇게 메시지를 작은 꾸러미로 나눈 것을 패킷이라고 한다. 메시지의 종착지에서는 이를 다시 재조립한다.

180) DB는 사용자의 입장에서는 ① 전문 지식이 없는 사용자라도 이용하기 쉽고, ② 응답 시간이 짧아야 하고, 관리자의 입장에서는 ① 자료의 진화 즉 변동 자료의 입력(up-grade)과 수정이 쉽고 자료 기지의 확장 가능성이 커야 하며, ② 불의의 사고가 발생할 때에 자료의 원상복구가 쉬워야 하며 자료의 보안 유지가 가능해야 한다.

3부 4장 사티로스와 프랑켄슈타인, 그리고 디지털 상품

181) http://www.familysafemedia.com/pornography_statistics.html

182) President's Commission on Obscenity and Pornography, *Report of The Commission on Obscenity and Pornography*(Washington, D. C.: U. S. Government Printing Office, 1970). Eric Schlosser, *Reefer Madness: Sex, Drugs, and Cheap Labor in the American Black Market*.

183) Jerry Ropelato, "Pornography Statistics 2007", *Top Ten Reviews*.

184) 사티로스(Satyros)는 판(Pan)과 완전히 똑같이 생겼는데 상체는 인간, 하체는 염소(말)의 모습을 하고 있고 몸에는 털이 무척 많다고 한다. 사티로스는 디오니소스(Dionysos)를 섬기고 술과 장난을 매우 좋아하여 디오니소스의 제사가 난잡하고 광기 어린 것으로 유명하다. 사티로스는 색(色)을 밝히고 숲의 님프들(요정들)을 만

나는 족족 유혹하려 들기 때문에, 사티로스는 호색한(Satyric)의 어원이 되었고 남성들의 병적인 섹스 탐닉의 음란증(淫亂症)을 사티리아시스(satyriasis)라고 한다.

185) 코덱(codec)은 코더(coder)와 디코더(decoder)의 합성어로, 음성이나 비디오 데이터와 같은 멀티미디어 콘텐츠들을 컴퓨터가 처리할 수 있게 디지털로 바꿔주고, 그 데이터를 컴퓨터 사용자가 알 수 있게 모니터에 본래대로 재생시켜 주기도 하는 소프트웨어(S/W)를 말한다. 특히 동영상과 같이 용량이 매우 큰 파일(file)을 작게 묶어주고 이를 다시 본래대로 재생할 수 있게 해주는데 파일의 크기를 작게 해주는 것을 인코딩, 본래대로 재생하는 것을 디코딩이라고 한다.

186) 만약 포르노그래피 사이트를 국내에서 구축하는 것을 허용하게 되면, 고도로 발달한(?) 미국과 일본, 유럽의 포르노 업체들이 마음대로 국내 시장을 공략하여 점거하게 된다는 문제점이 있다. 한국에서도 포르노그래피를 공식적으로 허용하자는 요구가 거센 것이 사실이지만 그 경우는 현재처럼 포르노그래피 비즈니스 자체를 금지하는 상황보다도 더욱 상황이 악화될 소지도 있어서 많은 연구와 논의가 필요하다. 만약 포르노그래피를 전면 허용하게 될 경우 일반적인 한국 소비자들의 접근성이 더욱 쉬워져서 포르노그래피가 일상화되는 문제점이 나타날 수밖에 없을 것이다.

187) 황보열 · 정영현, "디지털 재화의 인터넷 무역과 가상정부", 『정책분석평가학회보』, 제7권, 1997.

188) 디지털 콘텐츠란 기존의 아날로그적인 형태의 정보, 문화 창작물 등의 콘텐츠가 디지털화된 것을 의미하기도 한다. 한국소프트웨어진흥원에 따르면, 디지털 콘텐츠에는 디지털화된 형태로 표현되는 출판, 영화, 방송, 사진 등의 시각적인 미디어와 음악, 라디오 등의 청각적 미디어, 게임이나 DB 등의 상호 반응적인 형태를 취하고 있는 콘텐츠까지 광범위한 분야가 포함된다. 한국소프트웨어진흥원, 『디지털콘텐츠 산업백서』(2007), 53쪽.

189) 19세기 초 프랑스 경제학자 세이(Jean B. Say, 1767~1832)는 주저인 『정치경제론(1803)』에서 "공급이 수요를 창출한다."는 법칙을 주장했다. 경제가 불균형(수급 불일치) 상황에 빠지더라도 그것은 일시적인 것이고 장기적으로 수요가 공급에 맞춰 자율적으로 조정되기 때문에 경제는 늘 균형을 유지할 수 있다는 것이다. 이것을 '세이의 법칙(Say's Law)'이라고 하는데 고전파 경제학의 주요 원리였다. 즉 상품이 생산(공급)이 되면 그만큼의 소득이 생기고 이 소득이 수요로 나타나기 때문에 장기적으로 보면, 과잉 생산은 있을 수 없다는 것이다. 따라서 생산된 것이 판매되지 않아

기업이 문을 닫고 실업이 발생하는 사태는 이론적으로 있을 수 없다. 그러나 세이의 법칙은 1930년대 대공황의 발생과 함께 사실상 폐기되었고 케인즈는 이를 대신하여 '유효 수요' 개념을 도입하였다.

190) 이에 대한 구체적인 내용은 CNET News.com 및 MS, "반독점 소송 '사실상 승리'" IT-News, 2004. 07. 02. 22:34를 참고.

191) 마르크스 경제 이론은 원래 사회주의나 공산주의 사회를 위한 것이 아니라, 자본주의 경제의 운동 법칙에 관한 연구를 목적으로 한 것이었기 때문에 마르크스의 가치에 관한 논의는 자본주의의 상품에서 출발한 것이다. 즉, 그는 "자본주의 생산 방식이 지배하는 사회적 부(富)는 그 단위가 단일 상품인 '거대한 상품의 축적'으로 나타나므로 우리의 연구는 반드시 상품의 분석으로부터 출발해야 한다."고 하였다. 마르크스는 고전 경제학자들과 마찬가지로 상품의 두 가지 성질 즉, 인간의 욕구를 충족시키는 효용성과 다른 재화와의 교환성을 근거로 하여 재화의 사용가치(use-value)와 교환가치(exchange-value)를 인정하였다. Karl Marx, *Das Kapital*, edited by Engels(condensed by Serge Levitsky)(Washington: Gateway, 1996), p. 7.

3부 5장 자본주의 시장 이론의 붕괴가 시작되다

192) 프랑스인 사바리(J. Savary)가 『완전한 상인』(1675)을 출판한 이래 상업학으로 연구되었다.

193) 스마트폰 시장은 하드웨어 시장도 크지만 소프트웨어 시장 즉 어플리케이션 시장이 매우 큰데, 그중에서 애플이 가장 선두를 달리고 있다. 2010년 애플은 전체 스마트폰 앱 시장 수익의 98%를 차지하였다. 애플의 앱 수익 구조는 개발자가 70%, 애플이 30%를 가져가기 때문에 개발자는 열심히 앱(app)을 개발하고, 애플은 유통 비용으로 30%를 가져감으로써 앱스토어(appstore)를 활성화시킨 것이다. 이에 대항하여 구글(google)의 안드로이드 OS는 개발자가 수익을 대부분 가져가게 하고 있다. 즉 구글은 판매를 통해서 수익을 남기지 않고 무료 앱에 광고를 넣어서 수익을 남기는 방식을 채택하고 있다. 구글의 전략은 유료 앱 시장을 무력화시키고 모바일 생태계를 교란시킬 가능성이 큰 것으로 지적되고 있다(《디지털 타임즈》, 2010. 11. 15). 그러나 이 전략으로 구글은 크게 약진하고 있다. 2011년 초반 애플 앱스토어의 앱 수가

약 40만 건인 반면 구글플레이가 그 절반인 약 20만 건에 불과했지만, 2012년 10월 현재 구글플레이에 등록된 게임 앱 수는 11만 7748건으로 애플 앱스토어의 게임 앱 수 9만 2640건보다 많다. 세계 전체로 보더라도 구글이 지난달 말 발표한 구글플레이 전체 등록 앱 수는 67만 5000건으로, 애플이 지난달 초 발표한 전체 등록 앱 수 70만 건에 바짝 따라붙었다(《국민일보》, 2012. 10. 14).

194) 예를 들면 얼과 피니(Earl and Feeny)는 인텔(Intel), 마이크론 테크놀로지(MT: Micron Technology), TI(Texas Instruments) 등은 이윤을 유지하기 위해 자사의 혁신을 타사가 모방하지 못하도록 철저히 봉쇄한 점을 지적하고 있다. 이 IT기업들의 성공적인 이윤 보호 전략은 지적 자산 봉쇄 전술(blocking), 주행 전술(running), 제휴 전술(teaming up) 등의 형태로 진행되었다고 한다. 얼과 피니의 사례 연구(1999)에 따르면, 당시 인텔(Intel)의 성공은 마이크로프로세스(microprocessor)에 치중하면서 지적 재산권 보호를 철저히 하여 다른 기업들의 시장 진입을 차단하였다고 한다. 가령 인텔의 마이크로프로세서가 지배적인 설계(dominant design) 모델로 떠오르자, 인텔은 지적 재산권을 침해하는 어떤 경우도 법률적으로 용납하지 않았다. MT의 경우도 가격 변화를 철저히 없애려 했고, 특허권의 침해에 대해 강경한 대응을 통하여 경영 환경과 경쟁력을 변화시켜 왔다. Earl and Feeny, "Strategies to Turn Adversity into Profits", SMR, Vol.41, No.2, Winter, 1999.

3부 6장 공용지의 비극과 디지털 공공재

195) 히드로데이는 그리스어로 헛소문을 퍼뜨리는 자라는 의미이다. 이 책에서 히드로데이는 유토피아의 내용을 영국에 도입하자고 주장하는 반면, 모러스는 보다 신중할 것을 권고하고 있다.

196) 유토피아의 원 제목은 "De optimo rei statu, deque nova insula Utopia"로 라틴어로 저술된 것이다. 여기에서 '유토피아'란 "어디에도 없다"라는 의미로 모어가 직접 만든 말이다. 제1권은 사회의 현실에 맞지 않는 엄격한 법률, 무위도식하는 다수의 귀족, 전쟁을 좋아하는 군주, 양털 값이 올라 밭과 땅과 목장까지 넓혀가는 지주, 사유재산 등 영국 사회의 현실에 대한 매우 강한 비판을 담고 있다. 제2권에서는 히드로데이가 본 '유토피아' 섬의 도시 · 인간 · 풍습 · 제도 · 법률 등이 서술되어 있다.

문화적인 면에서 결혼은 여자 18세, 남자 22세에 달하지 않으면 허가가 안 되며, 이혼은 원칙적으로 허가되지 않는다.

197) 이 당시 소련 상황에 대한 구체적인 내용은 안택원 편역, 『소련정치의 체계적 이해』(경남대학교 극동문제연구소, 1986), 67~116쪽. 김학준, 『소련정치론』(일지사, 1976). Osborn, *The Evolution of Soviet Politics*, 1974, pp. 58, 78. Jesse Clarkson, *A History of Russia*(NY: Random House, 1966), p. 492.

198) 『레닌 전집』 26권, 294쪽 및 『레닌 전집』 27권, 266쪽. 나아가 레닌은 노동조합에서조차 극심한 관료주의가 나타난다는 점을 개탄하고 있다. 즉 "나는 우리 인민위원회, 그것도 모든 인민위원회 내부에 많은 관료주의가 존재한다는 사실에 대하여, 한 번도 의심해 본 적이 없습니다. 그러나 노동조합 안에도 그에 못지않은 관료주의가 존재한다는 것은 예상하지 못하였습니다. 이것은 엄청난 수치입니다."(『레닌 전집』, 35권, 409쪽).

199) 공산주의청년동맹의 제8차 회의(1928년 5월)에서 행한 스탈린의 연설.『스탈린 전집』, 11권, 63쪽.

200) 당시 사유화의 기본 방향은 1990년 당시 옐친 러시아 대통령을 비롯한 개혁파의 지지 하에 샤탈린(S. Shatalin) 등에 의해 작성된 "500일 경제개혁안"에 제시된 원칙에 바탕하고 있었는데, 동 개혁안은 사유화의 방식으로써 ① 사유화 대상 기업의 경영자 및 노동 집단에로의 무상 이전, ② 모든 국민에게 사유화에 참여할 수 있는 기회를 제시한다는 것, ③ 국가 기업의 매각 등의 세 가지를 제시하고 있었다. Yavlinsky, G. & Fedorov B., 500 Days Programs: Transition to the Market, 한종만 옮김, 『소련의 시장경제로의 이행』(열린책들, 1990), 94쪽.

201) 러시아의 사유화 진행 과정은 1995년을 기준으로 크게 두 단계로 나누어진다. 1992년부터 1995년 전반기까지의 1단계 사유화는 주로 경영자, 노동 집단, 일반 국민을 대상으로 진행되었으며, 1995년 주식 담보 대출 방식이 동원되면서 국내 은행 및 외국 자본을 대상으로 대규모 국가 기업이 매각되는 제2단계 사유화가 진행되었다. 그런데 실제로 러시아의 사유화는 흔히 '노멘클라투라 사유화' 혹은 자생적 사유화(Sachs, J. D., Privatization in Russia: Some Lessons from Eastern Europe, *AEA Paper and Proceedings*, Vol. 32, No. 2, May 1992, p. 43), 심지어 약탈적 사유화라고도 지칭되는 형태로 소연방 해체 이전부터 사실상 전개되고 있었다(Clarke, S., Book Review: Blasi, J.R, et al, Klemlin Capitalism, *The British Journal of Sociology*, Vol. 49, No. 1, 1998). 러시아

는 사유화 법령이 시행될 수 있는 여건이 충분히 마련되지도 않은 상태에서 서둘러 사유화에 착수하였는데 불발 쿠데타 후인 1991년 10월 28일 옐친은 "우리가 신중하게 사유화를 논하는 사이 과거의 기득권층이 국가 재산을 탈취하고 있으므로 서둘러 개혁파가 사유화의 주도권을 장악해야 한다."는 방침을 발표하고[이병로, 『에또러시아』(미래M&B, 1998), 107쪽], 이어 11월에 사유화를 주관할 국가재산관리위원장에 추바이스(Anatoly Chubais)를 임명하였다.

202) 보스렌스키(Voslensky)는 소비에트연방에 있어서 권력은 소비에트(soviet) 수중에 있는 것이 아니라 당 지도부 즉 노멘클라투라 계급(관리자 계급)의 수중에 있다고 잘라 말했다(하권, 94쪽). 그에 의하면 사회주의의 잉여 생산은 노멘클라투라를 위해 생산되는 것이며 그것은 '수익'으로 그들에게 돌아가지만, 그것은 '이윤'의 다른 명칭에 불과하다는 것이다(상권, 286쪽). 이것은 궁극적으로 생산력 발전도 억압하게 된다. 이 노멘클라투라는 인텔리겐치아 집단의 새로운 지배 계급으로 당시의 소련이 하나의 귀족 사회를 이루고 있음을 보여주는 충격적인 사례였다고 할 수 있다. 이들은 동료들과 기존의 우호적인 관계를 유지하면 자신의 지위를 충분히 유지할 수 있으며(상권, 175쪽), "사실상" 세습이 가능하고(상권, 198~200쪽), 인원수는 극비이나 대체로 전체 인구의 1.2~2% 미만으로 알려져 있다. 따라서 노멘클라투라에게 있어서 가장 중요한 것은 권력일 수밖에 없다. 이것은 마치 봉건적 귀족계급과 유사한 형태의 계급적 이해를 가지고 있음을 의미하는 충격적인 예이다. 보스렌스키는 "사회주의적 소유는 노멘클라투라의 소유"라고 극언하기도 하였다. Voslensky, Michael. S. Nomenklatura, 차근호 외 옮김, 『노멘클라투라—소련의 붉은 귀족』(명문당, 1988), 상, 하.

203) 러시아의 사유화 과정에는 하버드 대학의 국제개발원(Institute for International Development) 연구팀이 깊이 개입하였다. 당시 추바이스(Anatoly Chubais)가 사유화를 주관하는 '국가재산위원장'으로 임명되었는데, 이것의 정치적 함의는 산업 기반 시설의 파괴를 무릅쓰더라도 가장 강력한 정치적 반대 세력이 될 수 있는 '산업 노멘클라투라'를 무력화해야 한다는 정치적 동기에서 비롯된 것이다. Clarke, S., 1998, 및 Sachs, J. D., 1992 앞의 책, p. 47.

204) 옐친을 포함한 개혁파들은 매우 관료적인 '제도권 출신'이다. 러시아에서 사적 자본가 계급을 배출할 가능성이 가장 높은 사회집단은 노멘클라투라라고 지적되지만 그 구조와 경제 교류 방식은 여전히 행정 지령적이다(Gimpel'son, V., "New

Russian Enterpreneurship", *Problems of Economic Transition*, Vol. 36, No. 12, April, 1994. p. 31).

205) 러시아의 모라토리엄 선언과 1997년 7월 태국 바트화의 가치폭락으로 시작된 아시아 금융 위기(인도네시아, 한국)와의 연계성에 대해서는 많은 연구가 필요한 상황이다. 그러나 아시아 금융 위기가 일본, 미국과 연계된 상황인 것은 확실하기 때문에 미국이 러시아의 자본주의화에 깊이 개입한 점을 고려한다면, 러시아의 금융 위기 또한 이와 무관한 변수가 되기는 어렵다. 그러나 러시아 경제 자체가 세계 자본주의 경제에서 차지하는 비중이 미미하기 때문에 세계의 실물 생산이나 자금 흐름에 직접적으로 영향을 미치는 바는 크지 않았다.

206) 보다 구체적으로 ① 기존 체제에서 기업과 집단농장의 유보기금 외에 자본주의적 조세 개념이 부재한 상황에서 사유화와 가격 자유화가 진행되자 정부의 재정 적자는 계속 증가하고, ② 화폐 금융 부문의 취약성과 관련하여, 기술적인 수준에서 러시아 환율 제도의 경직성이 있었으며, 보다 근본적인 요인으로 ③ 국제 금융 시장의 불안정성 등을 지적할 수가 있다. 특히 가격 자유화와 사유화 바우처(voucher) 발행으로 인하여 루블화 가치는 폭락하였고, 인플레이션을 진정시키기 위해 러시아 정부가 2~3년간 루블화 환율의 안정에 지나치게 집착함으로써 외환보유고를 소진하였으며 투기 자본의 루블화 공격을 자초하였다. 그러나 보다 중요한 배경으로서 러시아 은행 제도의 난맥상, 그리고 그에 따라 러시아 경제에 여전히 남아 있는 비화폐적 특성을 지적해야 할 것이다. 사회주의 몰락 이전 소련의 정치경제학 교과서에 따르면 "사회주의 하에서 화폐는 근로인민의 이익에 맞게 계획경제를 수행하기 위한 수단이다."라고 한다. 이에 따라 소연방이 해체될 때까지도 국가 기업간 거래는 단일 국립은행인 고스방크(Gosbank: 구소련의 국립은행, 현재는 중앙은행)의 구좌를 통해 청산되는 비화폐적인 장부상의 거래였다. 기존 체제에서 신용 할당과 이자율은 중앙 및 지역별로 계획 당국에 의해 정해졌는데 실제로는 명확한 원칙과 지침이 없어서 대부분 산업별 지역별 로비와 인맥에 의해 결정되고 그 과정에서 국가 보조금 형태로 신용이 제공되기도 하였다.(김윤자, 「러시아의 신자유주의」, 『한국사회경제학회 연구논문집』(1999), 102쪽.)

207) Kevin Kelly, 『디지털 경제를 지배하는 10가지 법칙』(황금가지, 1998), 98쪽.

208) CALS는 그 개념이 진화되어 왔기 때문에 한 마디로 정의하는 것은 적절하지 못하다. CALS의 개념은 1985년에 처음으로 미군 내부의 업무 개선에 중점을 둔

개념으로써 무기 매뉴얼의 디지털화 등 컴퓨터에 의한 병참지원(Computer Aided Logistics Support)이라는 명칭으로 출발하였다. CALS는 정보 시스템을 이용하여 종이 없는 전자적 통합 물류 · 생산 · 유통 시스템을 구현하고자 하는 것이다. 즉 상품의 설계, 개발, 생산, 판매, 유지 · 보수, 폐기 등 상품의 전 수명 주기에 걸쳐 기업 활동 전반을 전자화하는 것이다. CALS는 이후 지속적인 조달과 제품의 라이프 사이클 지원(Continuous Acquisition and Life Cycle Support, 1993)이라는 개념을 거쳐 광속 거래(Commerce At Light Speed: 1994 이후 현재까지 전자상거래 및 결제의 속도화 · 효율화)라는 개념으로 진화하였다.

209) ERP의 목적은 기업 내의 모든 자원을 파악하고 자원의 효율적인 활용을 통해 빠르게 변하는 환경에 신속하게 대응함으로써 기업의 경쟁력 강화를 위한 인프라스트럭처를 구축하는 것이다. ERP는 소프트웨어를 개발한 회사가 최적 업무 프로세스를 구현하는 것을 목적으로 하고 있고, 각 기업의 업무 프로세스를 ERP 소프트웨어에 맞게 변경하는 것을 원칙으로 하고 있어 업무 혁신(business process reengineering)의 한 방법으로도 활용되고 있다.

210) 눈덩이 효과는 어떤 사건이나 현상이 작은 출발점에서부터 점점 커지는 과정을 비유적으로 이르는 말인데 일반적으로 부정적인 의미를 가지고 있지만, 여기서는 긍정적인 의미로 사용하고 있다. 즉 현대 지식사회에서 사용될 때 눈덩이 효과란 지식 재화의 속성을 표현할 때 자주 인용되는 말로 전통적인 토지, 노동, 자본과는 달리 지식은 여러 사람이 공유할수록 새로운 지식의 창출이 용이하다는 의미이다.

3부 7장 열 살의 아이, 천하를 넘보다

211) 이른바 경로 의존성(path dependency)을 말한다. 인간 사회에서는 법률이나 제도, 관습이나 문화 나아가 상품까지도 한번 형성되어 버리면 잘 바뀌지 않는 어떤 관성(inertia)이 생기는데 이것을 경로 의존성이라고 한다. 이런 관성이 생긴 후에는 외부로부터의 다양한 충격이 와서 쉽게 변하지 않는다. 이와 같이 과거에 일반적으로 이루어진 하나의 선택이 관성(inertia) 때문에 쉽게 변화되지 않는 현상을 '경로 의존성'이라고 한다.

212) 마케팅에는 수많은 변수가 있다. 정치경제적 변화는 물론이고 천재지변도 마

케팅 변수가 된다. 그러나 이 같은 많은 변수들을 공급자 입장에서는 통제(control)할 수 있는 것이 아니다. 여기서 말하는 이른바 4P는 공급자가 통제 가능한 것을 모은 것이라고 보면 된다. 즉 제품의 생산이나 가격은 공급자가 경우에 따라서 임의로 조정할 수 있고 유통 경로나 판촉 활동의 방법들도 마음대로 선택할 수 있다.

213) 위에서 말하는 고객관계관리(CRM)는 가장 최근에 나타난 개념으로 장기적인 관점에서 기업에 진정한 가치를 주는 고객에 대하여 지속적인 관계를 형성함으로써 고객이 해당 기업 제품에 대하여 창출하는 생애 가치(lifetime value)를 극대화한다는 개념(Rogers, 1993)인 동시에 기업 입장에서는 고객과 관련된 자료를 분석하여 고객 특성에 기초한 마케팅 활동을 계획 · 지원 · 평가하는 관리 체제(삼성경제연구소 자료)를 의미한다. 여기서 말하는 마케팅은 일 대 일의 직접적 · 지속적인 관계 형성을 지향하는 것이며, CRM의 궁극적인 목표는 장기적 · 지속적인 기업의 수익 기반을 구축하는 것(LG경제연구원)이다. 따라서 CRM은 가치 있는 고객, 즉 기존의 우수 고객을 유지하고 이탈 고객을 최소화하는 관계 마케팅이다. 간단히 말하면 '단골 관리'인 셈이다.

214) 범위의 경제(economy of scope)에서 중요한 점은 기존의 익숙한 분야가 아니라 전혀 다른 분야로 진출하려 하는 것은 매우 위험하다는 것이다. 예를 들면 주로 제과류를 만들던 과거의 해태(HaiTai)가 전자산업에 뛰어들어서 만든 해태전자는 매우 위험한 시도였고 진로(Jinro)와 같은 주조회사가 유통업에 뛰어드는 것은 어느 정도 납득이 가는 일이지만 전혀 시너지 효과나 비용 절감 효과가 없는 건설 업종에 뛰어드는 것은 매우 위험하다. 결국 이 회사들은 파산하였다. 사업 영역을 확장하는 방식은 ① 지역적인 확장, ② 제품 혹은 시장의 확장, ③ 기업 결합을 통한 확장(주로 수직 통합) ④ 연구개발(R&D)에 의한 영역 확장, ⑤ 브랜드(Brand) 확장을 통한 영역 확장 등을 지적할 수 있다. 여기서 기업 결합 방식에 대한 부분을 조금 살펴볼 필요가 있다. 가령 면(원료) → 섬유 → 실 → 천 → 옷 → 유통 → 소매 → 소비자(최종 소비) 등의 과정을 거쳐서 우리가 물건을 구매하는 경로가 있다고 가정하자. 이 과정은 원료에서부터 각 단계별로 가치가 부가되는 사슬을 보여주는 것으로 각 사슬의 연결점에서는 기업이 참가하게 되고 각자의 이윤을 추구한다. 원료에 가까운 방향으로 기업을 통합하는 것을 후방 통합이라고 하고 최종 소비에 가까운 방향으로 통합하는 것을 전방 통합이라고 한다. 기업 통합은 이러한 전후방 통합뿐만 아니라 수평 통합과 수직 통합이 있다. 즉 수평 통합이란 기업이 같은 단계의 가치사슬에서 서로 통합

하는 것을 말하고 수직 통합은 보다 큰 회사가 작은 회사들을 아래로 통합하는 것을 말한다. 예를 들면, 현대자동차가 기아자동차를 통합했다면 수평적 통합이지만 현대자동차가 판매를 증진시키기 위해 기아자동차의 광주 판매대리점을 통합하는 경우는 수직적 통합이다. 수직 통합은 기업이 전방 통합과 후방 통합에 의해 보다 총체적이고 효율적으로 새로운 부가가치를 창조하는 것을 말한다[김길평 · 이봉수, 『현대경영학원론』(금왕출판사, 1999), 307~309쪽]. 그러나 범위의 경제가 가진 한계도 많이 나타난다. 주로 ① 조직 구조의 변화로 인한 문제나 ② 조정의 문제가 발생하여 규모의 비경제와 동일한 현상이 나타나기도 한다.

215) 가수 싸이(본명: 박재상)의 '강남스타일' 뮤직비디오가 유튜브 조회 수 9억 건을 돌파하는 신기록을 세웠다. '강남스타일'의 유튜브 조회 수는 2012년 12월 7일 오후 3시 현재 9억 20만 건을 기록 중이다. 지난 7월 15일 최초로 공개된 '강남스타일' 뮤직비디오는 9월 4일 대한민국 뮤직비디오 사상 처음으로 조회 수 1억 건을 돌파한 후 10월 20일에는 5억 건을 넘기더니 11월 24일에는 8억 369만 건을 넘어서면서 부동의 1위를 자랑하는 '저스틴 비버(Justin Bieber)'의 '베이비(Baby)'를 제치고, 유튜브 사상 가장 많이 본 동영상이라는 기록을 세우며 1위를 차지했다. 특히 비버가 8억 건을 달성하는 데는 33개월이 걸렸으나, '강남스타일'은 4개월 만에 그 기록을 갈아치웠다(《뉴스타운》, 2012. 12. 7).

4부 새로운 패러다임을 찾아서

216) Nassau Senior, *Three Lectures on the rale of wages*(NY, Augustus M. Kelly, 1966), An Outline of Science of Political Economy.

217) Dani Rodrik 앞의 책, 298쪽, 221~225쪽 참조. 세계은행 보고서의 원 제목은 『The East Asian Miracle: Economic Growth and Public Policy』(1993). 특히 한국은 국내 시장을 철저히 보호함으로써 유치 산업을 보호하였고, 한국의 기업들이 신기술을 충분히 습득할 시간적 여유를 확보하기 위해 다국적 기업의 진입을 막았다. 보호받는 산업들은 정부 주도로 수출 산업으로 성장하였고 정부는 수출보조금을 통해서 이들의 국제 경쟁력 강화를 도왔다.

218) Jeffery Sachs and Andrew Warner, "Economic Reform and the Process of Global

Integration", *Brookings Papers on Economic Activity, 1*(1995), pp. 1~95. 이 논문은 무역시장을 개방한 나라가 개방하지 않은 나라에 비하여 1인당 국민소득이 2.45% 빠르게 성장한 것으로 무역시장의 개방을 통해서 2배의 성장률을 달성할 수 있음을 보여줌으로써 세계화 또는 개방이 얼마나 중요한지를 보여주려고 했다. 문제는 여러 국가를 개방 국가와 폐쇄 국가로 단순 이분법으로 분류한 데에 있다. 예를 들면 한국, 태국, 인도네시아 등을 개방 국가라고 하는데 이들 나라가 1980년대 이전까지는 철저한 보호 무역주의 국가였던 것을 망각하고 분석한 것이다.

219) 가장 간단한 예로 1990년대 후반 아시아에 밀어닥친 경제 위기가 발생하기 1년 전 세계은행은 시장자유주의의 모범 사례로 '아시아 경제의 기적'에 대한 찬사를 보냈으나 결국 아시아 국가들은 거대한 금융 위기를 맞았다. 이것은 세계화가 이 시대의 트렌드로서 불가피하면서도 유익하다는 것을 중심부 경제가 프로파간다한 것이다. 그러나 아이러니하게도 외환 거래를 철저히 규제한 말레이시아만이 이 위기를 벗어날 수 있었다. John Quiggin, 『경제학의 5가지 유령들(*Zombi Economics*)』(21세기북스, 2012), 77쪽. 이들 아시아 국가들은 수십 년간 높은 성장률을 기록하였고, 각종 국제 금융 기관과 개발 전문가의 사랑을 받았던 곳인데 이 지역의 경제 위기는 러시아로, 브라질로 퍼지더니 LTCM(Long Term Capital Management)까지도 붕괴시키고 결국 세계 경제를 위기로 몰고 가는 전초가 되었다.

220) 李玠, 『老百姓的 知慧』, 211쪽.

221) 심백강, 「동양고전에 있어서의 경제사상」, 『정신문화연구』 통권 제36호(1989).

222) 소준섭, 『사마천 경제학』(서해문집, 2011), 24쪽, 43쪽.

223) 소준섭, 같은 책, 53쪽.

224) 소준섭, 같은 책, 63쪽.

225) 다산의 『경세유표』에 나타난 '신아구방(新我舊邦)'은 "오래된 나라를 새 나라로 바꾸기 위해서는 토지 제도, 과거 제도, 세금 제도, 군제(軍制), 신분 제도, 행정 제도, 관제(官制)까지 총체적으로 변화시켜야 한다."는 것으로 제도 개혁에 초점을 맞추고 있다.

226) 구체적인 내용은 심백강, 앞의 논문.

227) 원래 거시경제학은 케인즈에서부터 비롯되었다. 즉 케인즈의 『고용 · 이자 및 화폐의 일반 이론』이 출판되기 전까지의 경제 이론은 현재의 미시경제학으로 불리는 것이 전부였다. 다만 미시경제학은 오래된 이론이지만 현실성이 떨어지고 거시경

제학은 연원은 짧지만 현실 설명력은 뛰어나다는 특성이 있다.

228) 형천(刑天, Hsing-t'ien)은 음악에 조예가 깊어 염제 옆에서 음악을 담당했던 중국 고대 전설에 등장하는 거인이다. 이 거인은 원래 이름이 없는데 '형천(刑天)'이란 머리를 베인 자라는 뜻으로 황제(黃帝)와 대결하다가 칼에 맞고 목이 떨어지자 젖꼭지를 눈으로, 배꼽을 입으로 삼아 끝까지 싸웠던 전신(戰神)이다.

229) Gras, *A History of Agriculture in Europe*(New York, Appleton, 1940), p. 108.

230) B. Moore jr., *Social Origins of Dictatorship & Democracy*(Boston: Becon Press, 1966). pp. 103~104.

231) Hubert Herring, *A History of Latin America*(New York: Alfred A Knopt, 1957), pp. 674~675.

232) Abraham Maslow, *Motivation and Personality*(New York: Harper & Low, 1954) 및 Abraham Maslow, 『욕구의 위계(*hierarchy of needs theory*)』(1967).

233) John Quiggin, 『경제학의 5가지 유령들(*Zombi Economics*)』(21세기 북스, 2012), 113~115쪽.

234) 1970년대 이후 금융 부문은 엄청난 성장을 하고 있다. 미국 기업들이 거둬들이는 총수익에서 금융 서비스 산업이 차지하는 비율은 1980년대에는 10%에 불과했지만, 2007년에는 40%까지 치솟았다. John Quiggin, 같은 책, 68쪽.

글을 마치며

235) Dani Rodrik, 앞의 책, 180쪽. 로드릭은 주로 프리드먼류의 이론가들이나 시장주의자들을 고슴도치에 비유하고 있다. 그러나 로드릭의 견해도 근본적으로는 서구경제 중심에서만 고찰하고 있는 한계점이 있다. 여기서 말하는 여우형이라는 것은 필자가 앞서 말했던 여러 가지 정치 · 경제 · 사회 상황 등을 복합적으로 고려하는 것을 말한다.

찾아보기

가

나

다

라

마

바

사

아

자

차

카

타

파

하

왜 자본주의는 고쳐 쓸 수 없는가

1판 1쇄 발행 2013년 6월 25일

지은이 | 김운회
디자인 | 김상보
펴낸이 | 조영남
펴낸곳 | 알렙

출판등록 | 2009년 11월 19일 제313-2010-132호
주소 | 서울시 마포구 합정동 373-4 성지빌딩 615호
전자우편 | alephbook@naver.com
전화 | 02-325-2015
팩스 | 02-325-2016

ISBN 978-89-97779-26-0 03320

* 책값은 뒤표지에 있습니다.
* 잘못된 책은 바꾸어 드립니다.